国学典藏书系

与圣贤对话 与经典同行

四书五经详解

全注全译⊙精彩解读⊙开启智慧⊙砥砺人生

孔子等 著
思履 主编

北京联合出版公司
Beijing United Publishing Co.,Ltd.

图书在版编目（CIP）数据

四书五经详解 / 思履主编 . 一北京：北京联合出版公司，2015.3（2020.1 重印）
ISBN 978-7-5502-4742-0

Ⅰ . ①四… Ⅱ . ①思… Ⅲ . ①四书—研究②五经—研究 Ⅳ . ① B222.15 ② Z126.27

中国版本图书馆 CIP 数据核字（2015）第 031762 号

四书五经详解

编　　者：思　履
责任编辑：张　萌
封面设计：子　时
责任校对：王　宁
美术编辑：宇　枫

出　　版：北京联合出版公司
地　　址：北京市西城区德外大街 83 号楼 9 层　100088
经　　销：新华书店
印　　刷：北京德富泰印务有限公司
开　　本：720 毫米 ×1040 毫米　1/16　印张：26　字数：620 千字
版　　次：2015 年 8 月第 1 版　2020 年 1 月第 3 次印刷
书　　号：ISBN 978-7-5502-4742-0
定　　价：59.00 元

前言

四书五经是“四书”和“五经”的合称，它是儒家思想文化的重要核心载体，是中华民族最为宝贵的精神财富。古代上至帝王将相、下至黎民百姓，他们修身、齐家、治国、立德都以四书五经为根本依据。现代人要想真正了解中华国学传统文化经典，就必须阅读四书五经。

四书五经之名始见于南宋，南宋著名理学家朱熹将“四书”“五经”进行编校整理后合称四书五经。所谓四书，是指《大学》《论语》《孟子》《中庸》这四本书，它们为儒家传道、授业的基本教材；所谓“五经”，是《周易》《尚书》《诗经》《礼记》和《春秋》这五本书的合称，经朱熹编定之后广为流传。四书五经自南宋定名后一直延续至今，影响极为深远。

四书五经内容博大精深，蕴含着丰富的文化内涵，阅读时必须仔细琢磨品味。南宋理学家朱熹在阅读“四书”时曾说，要“先读《大学》，以定其规模；次读《论语》，以定其根本；次读《孟子》，以观其发越；次读《中庸》，以求古人之微妙处”。按照这个由浅入深的次序，我们将逐一介绍“四书”，以便对“四书”的大致内容有个基本的把握。

《大学》原本是《礼记》中的一篇，相传经由孔子的学生曾参整理成文，是孔子讲授“初学入德之门”的要籍。主要讲述“修身”“齐家”“治国”“平天下”的重要思想，这也成为儒家传统思想中知识分子尊崇的信条和最高的理想。

《论语》由孔子的弟子及其再传弟子编撰而成，是儒家学派的经典著作之一，集中体现了孔子的政治主张、伦理思想、道德观念及教育原则等。

《孟子》由孟子和他的弟子记录并整理而成，是孟子言论的汇编， 记录了孟子的治国思想、政治观点（仁政、王霸之辨、民本、格君心之非，民为贵社稷次之君为轻）和政治行动，成书大约在战国中期，属儒家经典著作。

《中庸》也是《礼记》中的重要一篇，相传是“孔门传授心法”的著作，是孔子的孙子子思“笔之子书，以授孟子”的。中庸是儒家的一种主张，意思是“执两用中”。中庸也是完美之意，即在处理问题时不要走极端，而是要找到处理问题最适合的方法，使人生变得完美。

《大学》《论语》《孟子》和《中庸》这“四书”一起表达了儒学的基本思想体系，是研治儒学的最重要文献。与“四书”相比，“五经”则是儒家学子最为重要的五本基础研究书籍。

《周易》被誉为“群经之首，大道之源”，是我国最古老且最深邃的哲学经典。《周易》在内容上特别强调宇宙变化生生不已的性质，提出了“天地之大德曰生”“生生之谓易”的主张；又提出通变观念，“穷则变，变则通，通则久”，发挥了“物极必反”的思想，强调“居安思危”的忧患意识；还肯定了变革的重要意义。

《尚书》是我国现存最早的官方史书，是上古历史文件的汇编。该书分为《虞书》《夏书》《商书》和《周书》四个部分，主要记录虞、夏、商、周各代一部分帝王的言行。其最引人注目的思想倾向，是以天命观念解释历史兴亡，以便为现实提供借鉴。

《诗经》是我国第一部诗歌总集，收录西周初年至春秋中叶三百余首诗歌，根据音乐不同划分为“风”“雅”“颂”三部分，全面反映了先秦时期社会生活的方方面面，同时诗中广泛运用赋、比、兴的写作手法，并开创了我国传统诗歌的现实主义之先河。

《礼记》是一部儒家思想的资料汇编，里面包含的儒家思想史料相当丰富。它的思想理论性内容深厚而丰富，它以礼乐为核心，内容主要是记载和论述先秦的礼制、礼仪，记录孔子和其弟子等的问答，记述修身做人的准则等，涉及政治、伦理、哲学、美学、教育、宗教、文化等各方面的思想学说。

《春秋》是中国现存最早的一部编年体史书，据传是由孔子修订的。记载了从鲁隐公元年（公元前 722 年）到鲁哀公十四年（公元前 481 年）的历史，内容包括诸侯国间的聘问、会盟、征伐、婚丧、篡弑等。书中几乎每个句子都暗含褒贬之意，这种“微言大义”的写法被后人称为“春秋笔法”。

四书五经是中国历史悠久、地位崇高的文化典籍，这些经典中蕴含了华夏先哲的智慧，记述了儒家学说的核心思想，内容涉及历史、政治、哲学、文学等诸多方面。自西汉“独尊儒术”后，这些经典就一直备受推崇。阅读四书五经，既可修身养性，又可增智广识，还可立德励志。然而，传统国学经典对我们多数人来说可能存在着某些阅读障碍，因此我们在编辑本书时，精选四书五经各书中的精华篇段，增加注音、注释、译文等辅助性项目，为读者扫除了字、词、句等阅读障碍，使两千年前的经典浅显易解。同时，为帮助读者更为直观地理解和领会古代先贤的思想与精神，本书选取了与正文相契合的精美插图，原汁原味地再现了当时历史背景、社会生活和人物的情感、精神风貌，诠释圣贤的思想和言论。对于文章中难以理解的部分，更做详细图解，让人一目了然。图文配合，意境悠远，与经典古籍相得益彰，为读者的阅读增添了不少趣味，使阅读变为一种赏心悦目的视觉享受。

阅读四书五经，通晓古今智慧，塑造完整人格，丰富美好情感，同时改进我们的生活态度、工作态度和思维方式，成就不一样的人生。

目录

第一卷 大学

大学……1

第二卷 中庸

中庸……11

第三卷 论语

学而篇第一……32

为政篇第二……37

八佾篇第三……44

里仁篇第四……52

公冶长篇第五……58

雍也篇第六……67

述而篇第七……75

泰伯篇第八……85

子罕篇第九……91

先进篇第十一……100

颜渊篇第十二……108

子路篇第十三……115

宪问篇第十四……124

卫灵公篇第十五……137

季氏篇第十六……146

微子篇第十八……151

第四卷 孟子

梁惠王章句上……155

梁惠王章句下……161

公孙丑章句上……166

公孙丑章句下……172

滕文公章句上……176

滕文公章句下……179

告子章句上……183

告子章句下……186

尽心章句上……189

尽心章句下……191

第五卷 诗经

国风·周南……194

关 雎……194
卷 耳……195
桃 夭……196
汉 广……196

国风·召南……197

鹊 巢……197
草 虫……197
采 蘋……198
甘 棠……199

国风·邶风……199

柏 舟……199
绿 衣……200
燕 燕……201
击 鼓……201
式 微……202
静 女……202

国风·鄘风……203

柏 舟……203
君子偕老……204
桑 中……204
相 鼠……205
载 驰……206

国风·卫风……207

硕 人……207
氓……208
河 广……209
木 瓜……209

国风·王风……210

黍 离……210
君子于役……211
扬之水……211
采 葛……212

国风·郑风……212

缁 衣……212
叔于田……213
风 雨……213
子 衿……214

国风·齐风……214

东方未明……214
甫 田……215

国风·魏风……216

园有桃……216
伐 檀……216

硕 鼠 …………………………… 217

国风·唐风……………………218

绸 缪 …………………………… 218
有杕之杜 ………………………… 219

国风·秦风……………………219

蒹 葭 …………………………… 219
无 衣 …………………………… 220

国风·陈风……………………221

衡 门 …………………………… 221
月 出 …………………………… 221

国风·桧风……………………222

匪 风 …………………………… 222

国风·曹风……………………222

蜉 蝣 …………………………… 222

国风·豳风……………………223

七 月 …………………………… 223

小 雅…………………………225

鹿 鸣 …………………………… 225
常 棣 …………………………… 226
采 薇 …………………………… 227
鸿 雁 …………………………… 228
鹤 鸣 …………………………… 229

大 雅…………………………229

文 王 …………………………… 229
思 齐 …………………………… 231
板 ………………………………… 231
荡 ………………………………… 233

颂·周颂……………………234

维天之命 ………………………… 234
烈 文 …………………………… 234
昊天有成命 ……………………… 235

颂·鲁颂……………………235

駉 ………………………………… 235
有 駜 …………………………… 236

颂·商颂……………………237

玄 鸟 …………………………… 237

第六卷 尚书

虞 书…………………………238

尧 典 …………………………… 238
舜 典 …………………………… 241
益 稷 …………………………… 245

夏 书…………………………249

禹 贡 …………………………… 249
甘 誓 …………………………… 255

商 书…………………………256

汤 誓 …………………………… 256
伊 训 …………………………… 257

周 书…………………………259

牧 誓 …………………………… 259
酒 诰 …………………………… 260
秦 誓 …………………………… 262

第七卷 易经

上 经…………………………264

乾卦第一 ………………………… 264
坤卦第二 ………………………… 268
屯卦第三 ………………………… 270

蒙卦第四 …………………… 272
需卦第五 …………………… 273
讼卦第六 …………………… 274
师卦第七 …………………… 276
比卦第八 …………………… 277
小畜卦第九 …………………… 278
履卦第十 …………………… 280
泰卦第十一 …………………… 281
否卦第十二 …………………… 282
同人卦第十三 …………………… 284
大有卦第十四 …………………… 285
谦卦第十五 …………………… 286
豫卦第十六 …………………… 287
随卦第十七 …………………… 289
蛊卦第十八 …………………… 290
临卦第十九 …………………… 291
观卦第二十 …………………… 292
噬嗑卦第二十一 …………………… 294
贲卦第二十二 …………………… 295
剥卦第二十三 …………………… 296
复卦第二十四 …………………… 297
无妄卦第二十五 …………………… 299
大畜卦第二十六 …………………… 300
颐卦第二十七 …………………… 301
大过卦第二十八 …………………… 303
坎卦第二十九 …………………… 304
离卦第三十 …………………… 305

下　经……………………………307

咸卦第三十一 …………………… 307
恒卦第三十二 …………………… 308
遁卦第三十三 …………………… 309
大壮卦第三十四 …………………… 310
晋卦第三十五 …………………… 312
明夷卦第三十六 …………………… 313
家人卦第三十七 …………………… 314
睽卦第三十八 …………………… 316
蹇卦第三十九 …………………… 317
解卦第四十 …………………… 318
损卦第四十一 …………………… 320
益卦第四十二 …………………… 321
夬卦第四十三 …………………… 322
姤卦第四十四 …………………… 324
萃卦第四十五 …………………… 325
升卦第四十六 …………………… 326
困卦第四十七 …………………… 328
井卦第四十八 …………………… 329
革卦第四十九 …………………… 330
鼎卦第五十 …………………… 332
震卦第五十一 …………………… 333
艮卦第五十二 …………………… 334
渐卦第五十三 …………………… 336
归妹卦第五十四 …………………… 337
丰卦第五十五 …………………… 338
旅卦第五十六 …………………… 340
巽卦第五十七 …………………… 341
兑卦第五十八 …………………… 342
涣卦第五十九 …………………… 344
节卦第六十 …………………… 345
中孚卦第六十一 …………………… 346
小过卦第六十二 …………………… 347
既济卦第六十三 …………………… 349
未济卦第六十四 …………………… 350

第八卷　春秋

隐　公……………………………352

元　年 …………………… 352
二　年 …………………… 353
三　年 …………………… 353
四　年 …………………… 354
五　年 …………………… 354
七　年 …………………… 355

桓　公……………………………355
元　年 ……………………… 355
二　年 ……………………… 356
三　年 ……………………… 356
四　年 ……………………… 357
五　年 ……………………… 357
六　年 ……………………… 358
十二年 ……………………… 358

僖　公……………………………359
元　年 ……………………… 359
五　年 ……………………… 360
十五年 ……………………… 360
二十三年 …………………… 361
二十六年 …………………… 361
三十一年 …………………… 362
三十三年 …………………… 362

文　公……………………………363
元　年 ……………………… 363
二　年 ……………………… 363
三　年 ……………………… 364
五　年 ……………………… 364
六　年 ……………………… 365
九　年 ……………………… 365
十　年 ……………………… 366
十二年 ……………………… 366
十四年 ……………………… 367
十五年 ……………………… 367
十六年 ……………………… 368
十七年 ……………………… 368

哀　公……………………………369
元　年 ……………………… 369
二　年 ……………………… 369

第九卷　礼记

曲礼上第一……………………………371

曲礼下第二……………………………390

学记第十八……………………………401

冠义第四十三…………………………405

第一卷

大学

【原文】

古之欲明明德于天下者先治其国。

大学之道①，在明明德②，在亲民③，在止于至善④。

知止而后有定⑤，定而后能静，静而后能安，安而后能虑，虑而后能得⑥。

物有本末⑦，事有终始。知所先后，则近道矣。

古之欲明明德于天下者，先治其国；欲治其国者，先齐其家；欲齐其家者，先修其身；欲修其身者，先正其心；欲正其心者，先诚其意；欲诚其意者，先致其知；致知在格物⑧。

物格而后知至，知至而后意诚，意诚而后心正，心正而后身修，身修而后家齐，家齐而后国治，国治而后天下平。

自天子以至于庶人，壹是皆以修身为本⑨。

其本乱⑩，而末治者，否矣。其所厚者薄，而其所薄者厚，未之有也。

【注解】

①道：指一定的人生观、世界观、政治主张和思想体系。②明明德：前一个“明”为动词，使……明显。明德，就是美德，光明的德行。③亲民：亲，当作“新”，动词，使……革旧更新。民，天下的人。④止：达到。至善：指善的最高境界。至，极。⑤止：所到达的地方，作用名词，指上文所说的“止于至善”。⑥得：获得。⑦本：树的根本。末：树梢。⑧致知：致，达到，求得。知，知识。格物：推究事物的原理。⑨壹是：一切。⑩乱：紊乱。这里指破坏的意思。

【译文】

大学的主旨，在于使人们的美德得以显明，在于鼓励天下的人革除自己身上的旧习，在于使人们达到善的最高境界。

知道所应达到的境界是“至善”，而后才能有确定的志向，有了确定的志向，而后才能心静不乱，心静不乱而后才能安稳泰然，安稳泰然而后才能行事思虑精详，行事思虑精详而后才能达到善的最高境界。

世上万物都有本有末，万事都有了结和开始，明确了它们的先后秩序，那么就与道接近了。

在古代，想要使美德显明于天下的人，首先要治理好他的国家；想要治理好自己国家的人，首先要整治好他的家庭；想要整治好自己家庭的人，首先要努力提高自身的品德修养；想要提高自身品德修养的人，首先要使他心正不邪；想要心正不邪，首先要他自己意念诚实；想要意念诚实，首先要获得一定的知识；而获得知识的方法就在于穷究事物的原理。

只有将事物的原理一一推究到极处，而后才能彻底地了解事物，只有彻底地了解事物，而后才能意念诚实，只有意念诚实，而后才能心正不邪，只有心正不邪，而后才能提高自身的品德修养，只有提高了自身的品德修养，而后才能整治家庭，只有整治好家庭，而后才能治理好国家，只有治理好国家，而后才能使天下太平。

从天子到老百姓，都要以提高自身品德修养作为根本。

自身的品德修养这个根本被破坏了，却要家齐、国治、天下平，那是不可能的。正如我所厚待的人反而疏远我，我所疏远的人反而厚待我，这样的事情是没有的。

【原文】

《康诰》曰[①]：“克明德[②]。”

《太甲》曰[③]：“顾諟天之明命[④]。”

《帝典》曰[⑤]：“克明峻德[⑥]。”皆自明也。

【注解】

①《康浩》：是《尚书·周书》中的篇名。周公在平定三监（管叔、蔡叔、霍叔）武庚所发动的叛乱后，便封康叔于殷地。这个诰就是康叔上任之前，周公对他所作的训辞。②克：能够。明：崇尚。③《太甲》：是《尚书·商书》中的篇名。④顾諟天之明命：这是伊尹告太甲的话。顾，回顾，这里指想念。諟，是，此。明命，即明德，古人认为是天所赋予的，故称为明命。⑤《帝典》：即《尧典》，《尚书·虞书》中的篇名，主要记述尧、舜二帝的事迹。⑥峻：大。

【译文】

《康诰》中说：“能够崇尚美德。”

《太甲》中说：“经常想念上天赋予的美德。”

《尧典》中说：“使大德能够显明。”这些都是说要使自己的美德得以发扬。

【原文】

汤之盘铭曰[①]：“苟日新[②]，日日新，又日新。”

《康诰》曰：“作新民。”

《诗》曰[③]：“周虽旧邦[④]，其命维新[⑤]。”

是故，君子无所不用其极[⑥]。

【注解】

①汤：即商汤，商朝的建立者。盘：青铜制的盥洗器具。铭：是镂刻在器皿上用以称颂功德或申鉴戒的文字，后来成为一种文体。②苟：假如，如果。③《诗》：指《诗经》。是我国第一部诗歌总集。这里所引得两句诗，出自《诗经·大雅·文王》，这是一首歌颂周文王的诗。④周：指周国。邦：古代诸侯封国之称。⑤命：天命。⑥君子：这里指统治者。极：尽头，顶点。

【译文】

商汤在盘器上镂刻警辞说："如果能在一天内洗净身上的污垢，那么就应当天天清洗，每日不间断。"

《康诰》中说："振作商的遗民，使他们悔过自新。"

《诗经》中说："周国虽是一个旧的诸侯国，但由于文王初守天命除旧布新，所以它的生命力还是旺盛的。"

所以，那些执政者在新民方面，没有一处不用尽心力，达到善的最高境界。

【原文】

《诗》云："邦畿千里[①]，维民所止[②]。"

《诗》云："缗蛮黄鸟[③]，止于丘隅[④]。"子曰："于止，知其所止，可以人而不如鸟乎[⑤]？"

《诗》云："穆穆文王，于缉熙敬止[⑥]。"为人君，止于仁；为人臣，止于敬；为人子，止于孝；为人父，止于慈；与国人交，止于信。

《诗》云："瞻彼淇澳[⑦]，菉竹猗猗[⑧]。有斐君子[⑨]，如切如磋[⑩]，如琢如磨[⑪]。瑟兮僩兮[⑫]，赫兮喧兮[⑬]。有斐君子，终不可谊兮[⑭]！""如切如磋"者，道学也；"如琢如磨"者，自修也；"瑟兮僩兮"者，恂慄[⑮]也；"赫兮喧兮"者，威仪也；"有斐君子，终不可谊兮"者，道盛德至善，民之不能忘也。

《诗》云："于戏[⑯]！前王不忘。"君子贤其贤而亲其亲，小人乐其乐而利其利，此以没世不忘也[⑰]。

【注解】

①邦畿(jī)，古代指直属于天子的疆域。即京都附郭地区，以后多指京城管辖地区。千里：方圆千里②维：犹"为"。止，居住。③缗(mín)蛮：鸟鸣声。缗。原诗为"绵"字。黄鸟：即麻雀。④止：栖息。丘：多树的土山。隅：原诗为"呵(ē)"字，即较大的丘陵。这两句诗引自《诗经·小雅·绵蛮》篇。⑤"子曰"一句：孔子这段话的意思是，鸟都知道在应该栖息的地方栖息，那么人更应当努力达到善的最高境界。⑥于：同"於"，乌的古字，叹词。缉熙：光明的样子。止：语气词。这两句诗引自《诗经·大雅·文王》篇。⑦淇：淇水，在今河南省北部。

邦畿千里，维民所止。

澳（yù）：水弯曲的地方。⑧猗猗：优美茂盛的样子。⑨斐：有文采的样子。君子：指卫武公。⑩如切如磋：切，用刀切断。磋，用锉锉平。指治学应如切锉骨器那样严谨。⑪如琢如磨：琢，用刀雕刻。磨，用沙磨光。指修身应如琢磨玉器那样精细。⑫瑟：庄重。僩（xiàn）：威严。⑬赫：光明。咺（xuān）：有威仪貌。⑭諠：忘记。⑮恂：惶恐。慄：恐惧。恂慄，即谦恭谨慎的样子。⑯于戏：音义同"呜呼"，叹词，相当于现代汉语的"哎呀"。⑰没世：终身，一辈子。

【译文】

《诗经》中说："方圆千里的京都，那里都为许多百姓所居住。"

《诗经》中说："缗蛮叫着的黄鸟，栖息在山丘多树的地方。"孔子说："黄鸟在栖息的时候，都知道栖息在它所应当栖息的处所，难道人反而不如鸟么？"

《诗经》中说："端庄美好的周文王啊，为人光明磊落，做事始终庄重谨慎。"做君主的要尽力施行仁政，做臣子的要尽力恭敬君主，做儿女的就要尽力孝顺父母；做父亲的就要尽力做到对儿女慈爱，与他人交往，要尽力做到诚实守信。

《诗经》中说："看那淇水弯曲的岸边，绿竹优美茂盛。那富有文采的卫武公，研究学问如切磋骨器，修炼自身如琢磨美玉，认真精细。他的仪表庄重威严，他的品德光明显赫。这样的一位文采斐然的卫武公，真是令人难忘啊！""如切如磋"，是说他研求学问的工夫；"如琢如磨"，是说他省察克治的工夫；"瑟兮僩兮"是说他戒慎恐惧的态度；"赫兮喧兮"，是说他令人敬畏的仪表；"有斐君子，终不可諠兮"，是说他盛大德性臻于至善的地步，人民所以不能忘记他啊。

诗经上说："呜呼！前代贤王的德行我们不能忘记啊！"后世的贤人和君主，仰赖前代贤王的教化，尊敬他们所尊敬的贤人，亲近他们所亲近亲人；后世的人民，也仰赖前代贤王的教化，享受他们赐予的安乐和福利。所以在他们没世以后永久也不忘记啊！

【原文】

子曰："听讼，吾犹人也，必也使无讼乎①！"无情者不得尽其辞②。大畏民志③，此谓知本。

【注解】

①"子曰"一句：引自《论语·颜渊》。听：处理，判断。讼：诉讼，争讼。②无情：情况不真实。辞：此处指虚诞之辨。③畏：作动词，让……敬服。意谓在上者之明德既明，自然能使人民的心志为之畏服。

【译文】

孔子说："听诉讼审理案子，我也和别人一样，最要紧的，在于使诉讼不再发生。"使隐瞒真实情况的人不敢陈说虚诞的言辞来控告别人，自然没有争讼。让人民敬服圣德，

听讼，吾犹人也，必也使无讼。

没有争讼，这才叫知道根本。

【原文】

此谓知本①。此谓知之至也②。

【注解】

①此谓知本：这一句和上一章的末句相同，程子以为是“衍文”，就是多余的一句，应该该删去。
②此谓知之至也：朱子以为这一句的上面有阙文，这是阙文结尾的一句。

【译文】

这才叫知道听讼的根本。这才叫了解得彻底。

【原文】

所谓诚其意者，毋自欺也①。如恶恶臭②，如好好色③，此之谓自谦④。故君子必慎其独也⑤。

小人闲居为不善⑥，无所不至。见君子而后厌然⑦，揜其不善⑧，而著其善⑨。人之视己，如见其肺肝然，则何益矣！此谓诚于中，形于外。故君子必慎其独也。

曾子曰：“十目所视，十手所指，其严乎⑩！”

富润屋，德润身⑪，心广体胖⑫，故君子必诚其意。

【注解】

①自欺：自己欺骗自己。②恶（wù）恶（è）：前一个“恶”字，动词，憎也。后一个“恶”字，形容词，不善也。③好（hào）好（hǎo）：前一个“好”字，动词，爱也。后一个“好”字，形容词，美也。④谦：同“慊（qiè）”，快也，足也。⑤独：独处也。⑥闲居：即独处。⑦厌然：闭藏貌。就是藏藏躲躲见不得人的样子。⑧揜：覆蔽也，就是遮掩的意思。⑨著：显明。⑩其严乎：严，敬畏也。其严乎，是说敬畏之甚也。⑪润身：谓润益其身，荣泽见於外也。可引伸为修养身心之意。润，益也，泽也。⑫心广体胖（pán）：广，宽大之意。胖，舒坦。

【译文】

经文中所说“诚其意”的意思，是说不要自己欺骗自己。要使厌恶不好的事物如同厌恶腐坏的气味一样，喜爱善良如同喜爱美色一样，这就是求得满足，没有丝毫矫饰的意思。所以君子致力於自修，特别慎重在一个人独处，所行所为没有别人知道的时候。

小人在他一个人独处的时候做坏事，无所不为，见到君子便藏藏躲躲地掩盖他的坏处，彰显他的善良。可是别人看来，看到他的坏处如同看见他的肺腑一样清清楚楚，这样掩饰，又有什么益处呢？这就是说，一个人内心的真实，一定会表现于外的。所以君子致力于自修，特别慎重在一个人独处，所行所为没有别人知道的时候。

曾子说：“在一个人独处的时候，就像有十只眼睛在注视着自己，十只手在指着自己，这是多么严峻而可畏啊！”

财富可以修饰房屋，道德可以修饰人身，使心胸宽广而身体舒泰安康。所以，品德高尚的人一定要使自己的意念真诚。

【原文】

所谓修身，在正其心者。身有所忿懥[①]，则不得其正；有所恐惧，则不得其正；有所好乐，则不得其正；有所忧患，则不得其正。

心不在焉，视而不见，听而不闻，食而不知其味。

此谓修身，在正其心。

【注解】

①身：程颐认为应为“心”。忿懥（zhì）：愤怒。

【译文】

经文中所说“修身在正其心”的意思，是说心里有了忿怒，于是心就不得端正；有了恐惧，于是心就不得端正；有了贪图，于是心就不得端正；有了愁虑，心就不得端正。

如果心不专注，心中有了忿怒、恐惧、贪图、愁虑而不知检察，为它们所支配。那么，眼睛看着东西却像没有看到，耳朵听着声音却像没有听到，口里吃着东西也不知道是什么滋味了。

所以说修身在于端正自己的心。

【原文】

所谓齐其家，在修其身者。人之其所亲爱而辟焉[①]，之其所贱恶而辟焉，之其所畏敬而辟焉，之其所哀矜而辟焉[②]，之其所敖惰而辟焉[③]。故好而知其恶，恶而知其美者，天下鲜矣！

故谚有之曰：“人莫知其子之恶，莫知其苗之硕[④]。”

此谓身不修，不可以齐其家。

【注解】

①之：同“于”，对于。辟：偏向。②哀矜：同情，怜悯。《诗经·小雅·鸿雁》：“爰及矜人，哀此鳏寡。”③敖：倨慢。惰：怠慢，不敬。④硕：本谓头大，引申为大，这里是茂盛的意思。

【译文】

经文中所说“齐其家在修其身”的意思，是说一般人对于自己所亲近爱护的人往往有过分亲近的偏向；对于自己所轻蔑厌恶的人往往有过分轻蔑厌恶的偏向；对于自己所畏服敬重的人往往有过分敬畏尊重的偏向；对于自己所哀怜悯恤的人往往有过分爱怜悯恤的偏向；对于自己所鄙视怠慢的人往往有过分鄙视怠慢的偏向。所以，喜爱一个人而又能了解他的坏处，厌恶一个人而又能了解他的好处，这种人真是天下少有了。

因此谚语有说：“人都不知道自己儿子的缺点，不满足自己禾苗的茁壮。”

这就叫做不提高自身的品德修养，就不能整治好家庭。

【原文】

所谓治国，必先齐其家者，其家不可教而能教人者无之。故君子不出家而成教于国。孝者，所以事君也；弟者，所以事长也；慈者，所以使众也。

《康诰》曰：“如保赤子[①]。”心诚求之，虽不中，不远矣，未有学养子而后嫁者也。

一家仁，一国兴仁；一家让，一国兴让；一人贪戾，一国作乱；其机如此。此谓一言偾事[②]，一人定国。

尧、舜帅天下以仁而民从之[③]。桀、纣帅天下以暴而民从之，其所令，反其所好，而民不从。是故，君子有诸己而后求诸人[④]；无诸己而后非诸人，所藏乎身不恕，而能喻诸人者，未之有也。

故治国，在齐其家。

《诗》云："桃之夭夭，其叶蓁蓁。之子于归，宜其家人[⑤]。"宜其家人，而后可以教国人。

《诗》云："宜兄宜弟[⑥]。"宜兄宜弟，而后可以教国人。

《诗》云："其仪不忒，正是四国[⑦]。"其为父子兄弟足法，而后民法之也。

此谓治国，在齐其家。

【注解】

①赤子：初生的婴儿。孔颖达疏："子生赤色，故言赤子。"《尚书·周书·康诰》原文作"若保赤子。"②偾（fèn）事：犹言败事。偾，覆盖。③帅：同"率"，率领，统帅。④有诸己：为自己所有的。这里指自己有了善的品德。诸，"之于"的合音。⑤"桃之"四句：这四句诗引自《诗经·周南·桃夭》的最后一段。《桃夭》这首诗是祝贺女子出嫁时所唱的歌。夭夭：草木茂盛的样子。诗以桃树喻少女。蓁蓁（zhēn）：树叶茂盛的样子。之子：那个少女，指待嫁少女。于归：出嫁。⑥宜兄宜弟：这句诗引自《诗经·小雅·蓼萧》。《蓼萧》是一首感恩祝福的诗歌。宜兄宜弟意为使家中兄弟互相友爱。⑦"其仪"两句：这两句诗引自《诗经·曹风·鸤鸠》。仪：指礼仪。忒：差错。正是：亦作"是正""整正"的意思。

【译文】

所谓治理国家，必须首先治好家庭，意思是说，如果连自己的家人都不能教育好而能教育好一国人民的人，那是没有的。所以君子能够不出家门，就把他的教化推广及于全国。在家里孝顺父母，就是能侍奉君主的；在家里恭顺兄长，就是能侍奉尊辈长上的；在家里慈爱子女，就是能善于使用属下和民众的。

《康浩》中说："（爱护百姓）如同爱护婴儿一样。"这就要求做父母的以诚恳之心去忖度婴儿的心情。虽然不能完全中意，但是也不会差得很远。爱子之心出于天性，人人都有。谁也没有见过女子先学会抚养孩子的方法而后再出嫁的。

国君的一家能够践行仁爱，仁爱就会在一个国家里盛行起来；国君的一家能够践行礼让，礼让就会在一个国家里盛行起来；要是国君自己贪婪暴戾，那么一国的人也会跟着起来作乱了。国君所作所为的关键作用竟有这样的重要。这就叫做一句话可以败坏事业，一个人的行为可以安定国家。

尧、舜用仁政统率天下，于是人民就跟随着仁爱；桀、纣以暴政统率治天下，那么人民也就跟他们不讲仁爱。他们要人民从善的政令，与他们喜好暴虐的本性是相违背的，于是人民不服从他们的政令。所以说，国君自己有了善的品德而后才能要求别人为善，自己身上没有恶习而后才能去批评别人，使人改恶从善。如果自己不讲恕道，却去开导别人要讲恕道，那是办不到的事。

所以君主要治理好国家，首先要治好他的家庭。

《诗经》中说："桃花是那么娇嫩美好，叶子又是那么茂盛，像花一样美好的这个女子，嫁到夫家，一定会和他的家人和睦相处。"君主只有使一家人和睦相亲，而后才能教育全国的人民。

《诗经》中说："家中兄弟和睦友爱。"君主只有使自家兄弟和睦相处，互相友爱，而后才能教育全国的人民。

《诗经》中说："他的行为规范仪容端庄没有差错，才能整正好各国。"国君要使自己家中的人，做父亲的讲慈爱，做儿子的讲孝顺，做兄长的讲友爱，做弟弟的讲恭敬，只有使他们的言行足以成为全国人民的标准，然后全国人民才会效法。

这些都说明，国君要治理好国家，首先要整治好他的家庭。

【原文】

所谓平天下，在治其国者，上老老而民兴孝①，上长长而民兴弟②，上恤孤而民不倍③，是以君子有絜矩之道也④。

所恶于上，毋以使下；所恶于下，毋以事上；所恶于前，毋以先后；所恶于后，毋以从前；所恶于右，毋以交于左；所恶于左，毋以交于右，此之谓絜矩之道。

《诗》云："乐只君子⑤，民之父母。"民之所好好之，民之所恶恶之。此之谓民之父母。

《诗》云："节彼南山，维石岩岩。赫赫师尹，民具尔瞻。"有国者不可以不慎，辟则为天下僇矣⑥。

《诗》云："殷之未丧师，克配上帝。仪监于殷，峻命不易⑦。"道得众，则得国；失众，则失国。

是故君子先慎乎德⑧。有德此有人，有人此有土，有土此有财，有财此有用。

德者，本也；财者，末也。

外本内末，争民施夺⑨。

是故财聚则民散，财散则民聚。

是故言悖而出者，亦悖而入；货悖而入者，亦悖而出。

《康诰》曰："惟命不于常⑩。"道善则得之；不善则失之矣。

《楚书》曰："楚国无以为宝，惟善以为宝。"

舅犯曰："亡人无以为宝，仁亲以为宝⑪。"

《秦誓》曰："若有一个臣，断断兮无他技⑫。其心休休焉⑬，其如有容焉。人之有技，若己有之。人之彦圣，其心好之，不啻若自其口出⑭。寔能容之⑮。以能保我子孙黎民，尚亦有利哉。人之有技，媢疾以恶之⑯。人之彦圣，而违之俾不通⑰。寔不能容，以不能保我子孙黎民，亦曰殆哉！"

唯仁人放流之，迸诸四夷⑱，不与同中国⑲。此谓"唯仁人为能爱人，能恶人。"

见贤而不能举，举而不能先，命也⑳。见不善而不能退㉑，退而不能远，过也。

好人之所恶，恶人之所好，是谓拂人之性，菑必逮夫身㉒。

是故君子有大道，必忠信以得之，骄泰以失之。

生财有大道，生之者众，食之者寡，为之者疾，用之者舒㉓，则财恒足矣！

仁者以财发身，不仁者以身发财。

未有上好仁，而下不好义者也；未有好义，其事不终者也㉔；未有府库财，非其财者也。

孟献子曰㉕："畜马乘㉖，不察于鸡豚㉗；伐冰之家㉘，不畜牛羊；百乘之家㉙，不畜聚敛之臣，与其有聚敛之臣，宁有盗臣。"此谓国不以利为利，以义为利也。

长国家而务财用者，必自小人矣。彼为善之㉚，小人之使为国家，菑害并至，虽有善者，亦无如之何矣。此谓国不以利为利，以义为利也。

【注解】

①老老：尊敬老人。②长长（zhǎng）：尊重长上。③恤：体恤，怜爱。倍：同“背”，违背。④絜：量度。矩：制作方形的工具。⑤只：犹“哉”，语气词。⑥节：高峻，雄伟的样子。维：发语词。岩岩：高峻的山崖。赫赫：显赫。师尹：太师尹氏的简称。师，太师，周王朝执政大臣之一。具：通“俱”。瞻：望。这里是“注视”的意思。僇（lù）：通“戮”，杀戮。⑦丧：丧失。师：众人。克：能。配：符合。仪监于殷：是说应以失败的殷商为借鉴。峻命：指天命。峻，大。⑧乎：在。⑨争民：使人民争斗。施夺：进行抢夺。⑩惟：只。命：指天命。不于常：没有一定常规。⑪亡人：流亡在外的人。⑫断断：诚恳的样子。⑬休休：平易宽容的样子。⑭不啻（chì）：不仅，不但。⑮寔：“实”的异体字。《尚书》为“是”，可以通用。是，“这”的意思。⑯娼（mào）疾：嫉妒。“娼”，《尚书》为“冒”。⑰俾：使。不通：即不达于君。通，《尚书》为“达”。⑱迸：通“屏”，驱除。四夷：古代泛指我国边境的少数民族。东夷、西戎、南蛮、北狄，谓之四夷。⑲中国：汉族多建都于黄河南北，故称其地为“中国”。⑳先：尽早地使用。命：当作“慢”字，是怠慢的意思。㉑退：离去。引申为摈斥。㉒菑：“灾”的异体字，灾祸。逮：及，到。㉓舒：舒缓，适当。㉔终：完成。㉕孟献子：鲁国的大夫。姓仲孙名蔑。㉖乘（shèng）：古时一车四马为一乘。㉗察：细看。引申为计较。㉘伐：凿。㉙百乘之家：指诸侯之下的大夫，有封邑，可出兵车百辆。㉚彼为善之：朱注：“此句上下，疑有阙文误字。”

【译文】

所谓要使天下太平在于治理好国家，是因为国君尊敬老人，便会使孝敬之风在全国人民中兴起，国君尊敬长上，便会使敬长之风在全国人民中兴起，国君怜爱孤幼，便会使全国人民照样去做。所以，做国君应当做到推己及人，在道德上起示范的作用。

我憎恶上面的人以无礼待我，我就不能以无礼对待我下面的人；我憎恶下面的人以不忠诚待我，我就不能以不忠诚来侍奉我上面的人；我憎恨前面的人以不善待我，我就不能把不善加在我后面人的身上；我憎恶后面的人以不善待我，我就不能以不善施于我前面的人；我憎恶右边的人以不善待我，我就不能以不善施于我左边的人；我憎恨我左边的人对我不善，我就不能以不善对待我右边的人。这就是所说的道德上的示范作用。

《诗经》中说：“快乐啊国君，你是全国人民的父母。”国君应当喜爱人民所喜爱的东西，憎恶人民所憎恶的东西。这才能称为人民的父母。

《诗经》中说：“雄伟高峻那南山，石崖高峻不可攀。权势显赫尹太师，人民目光把你瞻。”掌握了国家大权的人不可以不慎重，如有偏差，就会被天下人民所不容。

《诗经》中说：“殷代没有丧失众人拥护的时候，还能与上天的旨意相配合。今天我们周朝应以殷商的失败为借鉴，因为天命是不容易获得的。”国君能在道德上起模范作用，就会得到众人的拥护，也就会得到国家；否则，就会失去众人的拥护，也就会失去国家。

所以，国君首先要在道德修养上慎重从事，有了道德就会有人；有了人就会有国土；有了国土就会有财富；有了财富国家就好派用场。

道德像是树的根本，财富像是树的枝梢。

如果国君把道德和财富二者本末倒置，就会使人民相互争斗、抢夺。

所以，国君只是聚敛财富，就会使人民离散；国君把财富散发给人民，就会使人民归聚在他的周围。

所以，用违背情理的言语出口去责备别人，别人也将以违背情理的言语来回敬；用违背道理的手段聚敛来的财富，最终也会被别人用违背道理的手段掠夺去。

《康诰》中说："只有天命的去留没有常规。"好的道德就能得到天命，没有好的道德就会失去天命。

《楚书》说："楚国没有什么可以当作宝贝的，只有把'善'当作宝贝。"

（晋献公之丧，秦穆公使人吊公子重耳）重耳的舅舅子犯教晋文公回答说："逃亡在外的人没有什么可以当作宝贝，只有把热爱父亲当作宝贝。"

《秦誓》中说："假如我有这样一个臣子，忠诚老实而没有其他本领，但是他品德高尚，胸怀宽广，能够容人，别人有才能，就像他自己有才能一样；别人具有美德，他打从内心喜爱，不只是像从他口中说出来的那样，这种胸怀宽广的人如果加以重用，那是完全可以保住我子孙后代和人民的幸福的，是完全可以为我子孙后代和人民谋利益的。如果别人有才能，便嫉妒和憎恨他；别人有美德，便对人家进行压抑，使别人的美德不能被国君所了解，这种心胸狭窄的人如果加以任用，那是不能够保住我子孙后代和人民的幸福的，这种人也是太危险了啊！

只有有仁德的人，才能把这种避贤忌才的人给予流放，驱逐他到边远蛮荒的地方，不许他们与贤能的人同留在中原地区。这就是说"只有有仁德的人，才懂得爱什么人，恨什么人。"

见到贤才而不能荐举，或是虽然推举却又不能先于己而重用，这是以怠慢的态度对待贤才；见到坏人而不能予以黜退，或是已予黜退却有不能驱之远离，这是政治上的失误。

如果你喜爱大家所厌恶的坏人，厌恶大家所喜爱的好人，这叫做违背了人的本性，灾祸必然会降临到你的身上。

所以国君要有在道德上起示范作用的大道理，必须以忠诚老实的态度才能获得它，如果傲恣放纵，那就会失掉它。

创造财富有个重要方法，这就是让众多的人投入到生产中去，减少消费的人数，并且要使生产加快，使用资财留有余地。这样才能使国家财富经常充足。

有仁德的国君会用散财使自身兴起，没有仁德的国君会用尽心机专门聚敛财富。

从来没有在上的国君爱行仁政，而在下的臣民不以忠义事君的事情；从来没有臣民都爱好仁义，而有什么事情做不成功的道理；没有听说过人民爱好忠义，而不能把国家府库中的财富当成自家财富那样给予保护的道理。

鲁国的贤大夫孟献子曾说："有四匹马拉车的大夫之家，不应该去计较那些饲养鸡豚的微利；能够凿冰丧祭的卿大夫之家，不应该饲养牛羊以图利；有兵车百乘并有封地的卿大夫之家，不应该蓄养只懂得聚敛民财的家臣。与其有这种敛财的家臣，还不如有盗窃府库的家臣。这就是说，一个国家不应该以财货为利，而应该以仁义为利。

治理国家的君主专门致力于财富的聚敛，这一定是受了来自小人好利心理的影响。那些小人想以此投其所好，以获得国君的喜爱。如果国君重用那些小人来治理国家，那么天灾人祸就会同时到来。到那时，虽然有善人贤才，也是无可奈何，挽救不了的。这说明治理国家的人不能以自己的私利为利益，而应当以仁义为利益。

第二卷

中庸

【原文】

天命之谓性[①]，率性之谓道[②]，修道之谓教[③]。

道也者，不可须臾离也；可离，非道也。是故君子戒慎乎其所不睹，恐惧乎其所不闻。莫见乎隐[④]，莫显乎微[⑤]。故君子慎其独也。

喜怒哀乐之未发，谓之中[⑥]；发而皆中节[⑦]，谓之和。中也者，天下之大本也；和也者，天下之达道也。致中和，天地位焉，万物育焉。

【注解】

①天命之谓性：人的本性是上天所赐予的。命，令也。性，指天赋予人的本性。②率：循，遵循。道：是指事物运动变化所应遵循的普遍规律。③教：教化，政教。④见：通“现”，表现。隐：隐蔽，暗处。⑤微：细事。⑥中：指不偏不倚，不过与不及。⑦发：表露。中（zhòng）：合乎，符合。节：法度。

【译文】

天所赋予人的就是本性，遵循着本性行事发展就是道，把道加以修明并推广于众就是教化。

道，是不可以片刻离开的，如果可以离开，那就不是道了。所以，君子就是在没有人看见的地方也是谨慎小心的，在没有人听见的地方也是有所戒惧的。要知道，最隐暗的地方，也是最容易发现的。最微细得看不见的事物也是最容易显露的。因此，君子要特别谨慎一个人独居的时候。

人们喜怒哀乐的感情没有表露出来的时候无所偏向，叫做中；表现出来以后符合法度，叫做和。中，是天下万事万物的根本；和，是天下共行的普遍标准。达到“中和”的境界，那么，天地一切都各安其所，万物也都各遂其生了。

【原文】

仲尼曰：“君子中庸[①]，小人反中庸，君子之中庸也，君子而时中[②]。小人之反中庸也，小人而无忌惮也。”

【注解】

①中庸：不偏不倚，无过不及。②时中：做事恰到好处。

【译文】

孔子说："君子的言行都符合中庸不偏不倚的标准，小人的言行违背了中庸的标准，君子之所以能够达到中庸的标准，是因为他们的言行处处符合中道。小人之所以处处违背中庸的标准，是因为他们无所顾忌和畏惧！"

【原文】

子曰："中庸其至矣乎！民鲜能久矣[①]。"

【注解】

①鲜：少。

【译文】

孔子说："中庸是最高的道德标准了吧！可是人民已经长时间不能做到了。"

子曰：人莫不饮食也，鲜能知味也。

【原文】

子曰："道之不行也[①]，我知之矣：知者过之[②]，愚者不及也。道之不明也，我知之矣：贤者过之，不肖者不及也[③]。人莫不饮食也，鲜能知味也。"

【注解】

①道：中庸之道。②知者：指智慧超群的人。知，通"智"，智慧，聪明。③不肖者：柔懦的庸人，与贤者相对。

【译文】

孔子说："中庸之道不能在天下实行，我知道原因了：聪明的人自以为是，实行的时候超过了它的标准，而愚蠢的人智力不及，不能达到它的标准。中庸之道不能为人所明了，我也知道原因了：有德行的人要求过高，因而把它神秘化了，没有德行的人要求又太低，因而把它庸俗化了。这正像人们没有谁不吃不喝，但却很少有人能够真正品尝滋味。"

【原文】

子曰："道其不行矣夫[①]！"

【注解】

①其：助词，表示推测。矣夫：感叹语，意犹未尽的意思。

【译文】

孔子说："中庸之道恐怕不能在天下实行了啊！"

【原文】

子曰："舜其大知也与！舜好问而好察迩言[①]，隐恶而扬善，执其两端，用其中于民。其斯以为舜乎！"

【注解】

①迩言：浅近的话。《诗经·小雅·小旻》："维迩言是听，维迩言是争。"

【译文】

孔子说："舜帝可算是一个拥有大智慧的人吧！他乐于向别人请教，而且喜欢对那些浅近的话进行仔细审察。他替别人包涵缺点而表扬优点，他度量人们认识上"过"与"不及"两个极端的偏向，用中庸之道去引导人们。这就是舜之所以成为舜的原因吧！"

【原文】

子曰："人皆曰'予知'，驱而纳诸罟擭陷阱之中[①]，而莫之知辟也。人皆曰'予知'，择乎中庸，而不能期月守也[②]。"

【注解】

①罟（gǔ）：网的总称。擭（huò）：装有机关的捕兽木笼。罟擭陷阱，这里比喻利的圈套。②期（jī）月：一整月。

【译文】

孔子说："人人都说：'我是明智的'，但是在利欲的驱使下，他们都却都像禽兽那样落入捕网木笼的陷阱中，连躲避都不知道。人人都说：'我是明智的'，但是选择了中庸之道却连一个月也不能坚持下去。"

【原文】

子曰："回之为人也[①]，择乎中庸。得一善，则拳拳服膺[②]，而弗失之矣。"

【注解】

①回：即颜回，字子渊，鲁国人，孔子最得意的门生。②拳拳：奉持之貌，牢握不舍的意思。服膺：谨记在心。

【译文】

孔子说："颜回的为人，选择了中庸之道。他得到了这一善道，就牢牢地把它记在心中，丝毫不敢忘却。"

【原文】

子曰："天下国家可均也[①]，爵禄可辞也[②]，白刃可蹈也[③]，中庸不可能也。"

【注解】

①均：平治。②爵禄：爵位俸禄。辞：辞掉。③蹈：踩踏。

【译文】

孔子说："天下国家是可以平治的，官爵俸禄是可以辞掉的，利刃是可以践踏上去的，只有中庸之道是不容易做到的。"

【原文】

子路问强。子曰："南方之强与？北方之强与？抑而强与[①]？宽柔以教，不报无道[②]，南方之强也，君子居之。衽金革[③]，死而不厌[④]，北方之强也，而强者居之[⑤]。故君子和而不流[⑥]，强哉矫[⑦]！中立而不倚，强哉矫！国有道，不变塞焉[⑧]，强哉矫！国无道，至死不变，强哉矫！"

【注解】

①抑：抑或，表示选择。而：同"尔""汝"，指子路。②报：报复。无道：横暴无礼。③衽金革：枕着武器、盔甲睡觉。衽，卧席，这里作动词用。金，指刀枪剑戟之类。革，指盔甲之类。④厌：悔恨。⑤居之：属这一类。⑥流：随波逐流，无原则地迁就。⑦矫：强盛的样子。⑧不变塞：不改变穷困时的操守。塞，原指堵塞，这里指穷困。

【译文】

子路问孔子要怎样才算得刚强。孔子回答说："你问的是南方人的刚强呢，还是北方人的刚强呢，还是像你这样的刚强呢？用宽容温和的态度去教化别人，即便别人对我蛮横无礼也不加以报复，这是南方人的刚强，君子就属于这一类。经常枕着刀枪、穿着盔甲睡觉，在战场上拼杀，战死而不悔，这是北方人的刚强，性格强悍的人属于这一类。所以，君子善于与人协调，又决不无原则地迁就别人，这才是真正的刚强啊！君子真正独立，不偏不倚，这才是真正的刚强啊！国家太平、政治清明时，君子不改变穷苦时的操守，这才是真正的刚强啊！国家混乱，政治黑暗时，君子到死坚持操守，这才是真正的刚强啊！"

【原文】

子曰："素隐行怪[①]，后世有述焉，吾弗为之矣。君子遵道而行，半途而废，吾弗能已矣。君子依乎中庸，遁世不见知而不悔[②]，唯圣者能之。"

【注解】

①素：据《汉书》，应为"索"，寻求。②遁世：避世。

【译文】

孔子说："世上有些人总爱去追求那些隐僻的道理，去做那些怪异荒诞的事情，虽然后代有人称道他们，但是我绝不会做这样的事。有些君子遵循中庸之道行事，却往往半途而废，但我是不会中途停止的。有些君子依着中庸之道行事，虽然避世隐居不为人们所了解，他也不悔恨，这只有圣人才能做到。"

【原文】

君子之道，造端乎夫妇。

君子之道，费而隐。

夫妇之愚可以与知焉[①]，及其至也[②]，虽圣人亦有所不能焉。夫妇之不肖，可以能行焉，及其至也，虽圣人亦有所不能焉。天地之大也，人犹有所憾[③]。故君子语大，天下莫能载焉；语小，天下莫能破焉。

《诗》云："鸢飞戾天，鱼跃于渊[④]。"言其上下察也。

君子之道，造端乎夫妇[⑤]，及其至也，察乎天地。

【注解】

①夫妇：非指夫妻之夫妇，而是指匹夫匹妇。②至：最，指最精微之处。③撼：不满意。④"鸢飞"两句：这两句诗引自《诗经·大雅·旱麓》。《旱麓》是一首赞扬有道德修养的人，求福得福，能培养人才的诗。戾：到达。⑤造端：开始。

【译文】

君子所持的中庸之道，作用非常广泛而且本体非常精微。

匹夫匹妇虽然愚昧，但是对于日常的道理他们也是可以知道的，若要论及这些道理的精微之处，那即使是圣人也会有不知道的奥秘。匹夫匹妇虽然不贤。但是对于日常的道理他们也是能够实行的，若是达到这些道理的最高标准，那即使是圣人也有不能达到的地方。天地可以说是十分辽阔广大的了，但仍然不能使人一切都感到满意。因此，君子所持的道，就大处来讲，天下没有什么能承载得了的；就小处来讲，天下没有谁能剖析得了的。

《诗经》中说："老鹰高飞上青天，鱼儿跳跃在深渊。"这两句诗是比喻持中庸之道的人能够对上对下进行详细审察。

君子所持的中庸之道，开始于匹夫匹妇之间，达到最高境界，便彰明于天地之间，到处存在。

【原文】

子曰："道不远人。人之为道而远人，不可以为道。

《诗》云：'伐柯伐柯，其则不远[①]。'执柯以伐柯，睨而视之[②]，犹以为远。故君子以人治人，改而止。

忠恕违道不远[③]，施诸己而不愿，亦勿施于人。

君子之道四[④]，丘未能一焉[⑤]。所求乎子以事父，未能也；所求乎臣以事君，未能也；所求乎弟以事兄，未能也；所求乎朋友先施之，未能也。庸德之行[⑥]，庸言之谨，有所不足，不敢不勉，有余不敢尽。言顾行，行顾言，君子胡不慥慥尔[⑦]！"

【注解】

①“伐柯”两句：这两句诗引自《诗经·豳风·伐柯》。《伐柯》是一首描写关于婚姻的诗。伐：砍。柯：斧柄。②睨：斜视。③忠恕：儒家伦理思想。尽己之心为“忠”；推己及人为“恕”。④君子之道四：即孝、悌、忠、信。⑤丘：孔子自称其名。⑥庸德：平常的道德。⑦胡：何。慥慥（zào）：笃厚真实的样子。

【译文】

孔子说：“中庸之道并不是远离人们的，假若有的人在行道时使它远离人们，那就不可以叫做中庸之道了。

《诗经》中说：‘砍斧柄啊砍斧柄，斧柄的样子在眼前。’拿着斧柄作样子来砍制斧柄，斜着眼睛瞧瞧就看得见，但对砍制斧柄的人来说，还算是离得远的。所以，君子以其人之道还治其人之身，直到他们改了为止。

能够做到忠和恕，那就离中庸之道不远了。何为忠恕？心中不乐意别人加给自己的东西，也施加给别人。

君子之道有四种，我孔丘一种也不能做到。做儿子的道理在于孝，我常要求做儿子的必须孝顺父母，但我却不能完全做到这一点；做臣子的道理在于忠，我常要求臣子必须忠于国君，但我自己却不能对国君尽忠；做弟弟的道理在于尊敬兄长，我常要求做弟弟的这样做，但我自己往往不能完全做到这一点；做朋友的道理在讲信用，我常要求别人这样做，但我自己往往不能首先这样做。在平常道德的实行上，在日常语言的谨慎上，我有许多做得不够的地方，这使我不敢不努力去加以弥补，有做得较好的地方，也不敢把话全部说尽。言语要照顾到行动，行动也要照顾到言语。如果能这样做，那么君子的心中还有什么不笃实的呢！”

【原文】

君子素其位而行①，不愿乎其外②。素富贵，行乎富贵；素贫贱，行乎贫贱；素夷狄，行乎夷狄；素患难，行乎患难；君子无入而不自得焉。

在上位，不陵下③。在下位，不援上④。正己而不求于人，则无怨，上不怨天，下不尤人。故君子居易以俟命⑤，小人行险以徼幸⑥。

子曰：“射有似乎君子⑦，失诸正鹄⑧，反求诸其身。”

【注解】

①素：处在。位：地位。②愿：倾慕，羡慕。其外：指本位之外的东西。③陵：同“凌”，凌虐，欺压。④援：攀附，巴结。⑤居易：处在平易而不危险的境地。俟：等候。命：天命。⑥行险：即冒险。徼：“侥”的异形字。⑦射有似乎君子：这句是以射箭的道理来比喻君子“正己而不求于人”的道理。⑧失诸正鹄：指未射中靶子。失，这里指没有射中。正鹄，箭靶。

【译文】

君子在自己所处的低位上行使自己所奉行的道理，从来不会倾慕本位之外的东西。处于富贵的地位上，就做富贵地位上所应该做的事情；处于贫贱的地位上，就做在贫贱地位上所应该做的事情；处在夷狄的地位上，就做在夷狄地位上所应该做得事情；处于患难中，就做处在患难中应该做的事情。君子无论处于什么地位，都不会感到不安适的。

君子高居上位，不会去凌虐居于下位的人。君子居于下位，也不会去巴结居于上位的人。自己正直就不会去乞求别人，这样，就无所怨恨，对上不怨恨天命，对下不归咎别人。所以，君子按照自己现时所处的地位来等候天命的到来，而小人则企图以冒险的行为来求得偶然成功或意外地免除不幸。

孔子说："射箭的道理与君子'正己而不求于人'的道理有相似之处。比如没有射中靶子，应该回过头来从自己身上去找原因。"

【原文】

君子之道①，辟如行远，必自迩；辟如登高，必自卑。

《诗》曰："妻子好合，如鼓瑟琴。兄弟既翕，和乐且耽。宜尔室家，乐而妻帑②。"子曰："父母其顺矣乎！"

【注解】

①君子之道：指求取君子之道的方法。②"妻子"六句：这几句诗引自《诗经·小雅·棠棣》。《棠棣》是一首称述家庭和睦、兄弟友爱的诗。鼓：弹奏。琴瑟：是古代两种拨弦乐器的名称，比喻夫妻感情和谐。翕：聚合。耽：久。原诗为"湛"字。妻帑：妻子儿女的统称。帑，儿子。

妻子好合，如鼓瑟琴。

【译文】

求取君子之道的方法，就像走远路一样，一定要从近处开始；就像登高处一样，一定要从低处开始。

《诗经》中说："你和妻子很和好，就像琴瑟声调妙；兄弟相处极和睦。团聚快乐实在好。组织一个好家庭，你和妻儿感情深。"孔子赞叹说："像这样，父母就能安乐无忧，心情舒畅啊！"

【原文】

子曰："鬼神之为德①，其盛矣乎！视之而弗见；听之而弗闻；体物而不可遗。使天下之人，齐明盛服②，以承祭祀③，洋洋乎如在其上④，如在其左右。

《诗》曰：'神之格思，不可度思，矧可射思⑤。'夫微之显⑥，诚之不可揜，如此夫！"

【注解】

①鬼：古代迷信者认为人死后精灵不灭，称之为鬼。一般指已死的祖先。神：宗教及古代神话中所幻想的主宰物质世界，超乎自然，具有人格和意识的精灵。②齐明：在祭祀之前必须斋戒沐浴，以示虔诚。

齐（zhāi），同"斋"。盛服：衣冠穿戴整齐华美。③承：奉。祭祀：指祭鬼祀神。④洋洋：舒缓漂浮的样子。⑤"神之"五句：这几句诗引自《诗经·大雅·抑》。《抑》主要写的是规劝周朝统治者修德守礼，指责某些执政者的昏庸。格：至，来。思：语助词，无意义。矧（shěn）：况且。射（yì）：厌弃。⑥微：这里指鬼神的事情隐匿虚无。显：指鬼神可将祸福显现于人间，所以又是明显的。

【译文】

孔子说："鬼神的德行可真是大得很啊！看它也看不见，听它也听不到，但它却体现在万物之中使人无法离开它。天下的人都斋戒净心，穿着庄重整齐的服装去祭祀它，无所不在啊！好像就在你的头上，好像就在你左右。

《诗经》说：'神的降临，不可揣测，怎么能够怠慢不敬呢？'从隐微到显著，真实的东西就是这样不可掩盖！"

【原文】

子曰："舜其大孝也与！德为圣人，尊为天子，富有四海之内，宗庙飨之①，子孙保之。故大德，必得其位，必得其禄，必得其名，必得其寿。故天之生物，必因其材而笃焉，故栽者培之，倾者覆之。

《诗》曰：'嘉乐君子，宪宪令德。宜民宜人，受禄于天。保佑命之，自天申之②。'故大德者必受命。"

【注解】

①宗庙飨之：指在宗庙里受祭献。飨，祭献。②"嘉乐"六句：《这是诗经·大雅·假乐》中的第一章。《假乐》是一首为周成王歌功颂德的诗。嘉乐：喜欢，快乐。嘉，原诗为"假"字。宪宪：原诗为"显显"，意同，即盛明的样子。令德：美德。令，善，美。民：泛指庶人。人：不包括庶人的"民"在内，一般指士大夫以上的人，即在位的人。这句意为，周成王既能与在下之民相处得好，又能与在位之人相处得好。

【译文】

孔子说："舜帝可以说是个大孝子吧！他有圣人的崇高品德，有天子的尊贵地位，普天下都是他的财富，世世代代在宗庙中享受祭献，子子孙孙永保祭祀不断。所以，像舜这样有大德大仁的人，必然会获得天下至尊的地位，必然会获得厚禄，必然会获得美好的名声，而且必然会获得高寿。所以，天生万物，必定要由各自资质的本身来决定是否给予厚施，能够栽培的就一定会去栽培它，而要倾覆的也就只能让它倾覆。

《诗经》中说：'欢喜快乐周成王，美德盛明放光芒。善处庶人百官中，获得天赐厚禄长。上帝保佑周成王，使他福禄能长享。'所以说，有崇高道德品质的人，一定会受到上天的命令而成为天下的君主。"

【原文】

子曰："无忧者，其惟文王乎①！以王季为父②，以武王为子③，父作之④，子述之⑤，武王缵大王、王季、文王之绪⑥，壹戎衣而有天下⑦，身不失天下之显名，尊为天子，富有四海之内，宗庙飨之，子孙保之。

武王末受命，周公成文武之德⑧，追王大王、王季⑨，上祀先公以天子之礼。斯礼也，达乎诸侯大夫，及士庶人。父为大夫，子为士，葬以大夫，祭以士；父为士，子为大夫，葬以士，祭以大夫。期之丧[⑩]，达乎大夫；三年之丧，达乎天子；父母之丧，无贵贱，一也。”

【注解】

①文王：指周文王。②王季：名季烈，周太王子，周文王之父。③武王：周武王，西周王朝的建立者。④父作之：指父亲王季为文王开创了基业。作，开创，创始。⑤子述之：指儿子武王继承文王的遗志，完成统一大业。述，循、继承。⑥缵：继承。大王："大"古读"太"。大王，即王季之父古公亶父。绪：事业，这里指前人未竟的功业。⑦壹戎衣：即歼灭大殷。壹，同"殪"，歼灭。戎，大。衣，"殷"之误读。⑧周公：西周初年的政治家。姓姬名旦，武王之弟，故又称"叔旦"，因采邑周地，又称"周公"。⑨王：第一个"王"为动词，即尊……为王。⑩丧：丧礼。

【译文】

孔子说："自古帝王中，无忧无虑的大概只有周文王吧！因为他有显明的王季做父亲，有英勇的武王做儿子，父亲王季为他开创了基业，儿子武王继承了他的遗志，完成了他所没有完成的事业。武王继承了太王、王季、文王的未竟功业，灭掉了殷朝，取得了天下。周武王这种以下伐上的行动，不仅没有使他自身失掉显赫天下的美名，反而被天下人尊为天子，普天下都是他的财富，世世代代在宗庙中享受祭献，子子孙孙永保祭祀不断。

周武王直到晚年才受上天之命而为天子，因此他也有许多没有完成的事业。武王死后，周公辅助成王才完成了文王和武王的功德，追尊太王、王季为王，用天子的礼节来追祭祖先，并且把这种礼节一直用到诸侯、大夫以及士和庶人中间。周公制定的礼节规定：如果父亲是大夫，儿子是士的，当父亲亡故时，那就必须以大夫的礼节来安葬他，在祭祀时儿子只能用士的礼节。父亲是士，儿子是大夫的，当父亲亡故时，那就必须以士的礼节来安葬他，在祭祀时儿子用大夫的礼节。为期一年的丧礼，只能在大夫中使用；为期三年的丧礼，就只有天子才能使用；至于父母的丧礼，没有贵贱之分，天子、庶人都是一样的。"

【原文】

子曰："武王周公其达孝矣乎！夫孝者，善继人之志；善述人之事者也。春秋[①]，修其祖庙，陈其宗器[②]，设其裳衣，荐其时食[③]。

宗庙之礼，所以序昭穆也[④]；序爵，所以辨贵贱也；序事，所以辨贤也；旅酬下为上[⑤]，所以逮贱也[⑥]；燕毛[⑦]，所以序齿也[⑧]。

践其位，行其礼，奏其乐；敬其所尊，爱其所亲；事死如事生，事亡如事存，孝之至也。

郊社之礼[⑨]，所以事上帝也；宗庙之礼，所以祀乎其先也。明乎郊社之礼，禘尝之义[⑩]，治国其如示诸掌乎[⑪]！"

【注解】

①春秋：四季的代称。这里指祭祖的时节。②陈：陈列。宗器：古代宗庙祭祀时所用的器物。③荐：进献。时食：指古代祭祀祖先所进献的时鲜食品。④昭穆：是古代一种宗法制度。宗庙的次序是有规定的，始祖庙居中，以下是父子（祖、父）递为昭穆，左为昭，右为穆。昭穆，在这里指祭祀的时候，可以排出父子、长幼、亲疏的次序。⑤旅：众。酬：以酒相劝为酬。⑥逮：及。⑦燕毛：指祭祀完毕，举行宴饮时，以毛发的颜色来区别老少长幼，安排宴会的座次。燕，同"宴"，宴会。毛，头

发。⑧序齿：即根据年龄的大小来定宴会的席次或饮酒的次序。齿，年龄。⑨郊社：周代于冬至的时候，在南郊举行祭天的仪式，称为“郊”；夏至的时候，在北郊进行祭地的仪式，称之为“社”。⑩禘尝：在此应为宗庙四时祭祀之一，每年夏季举行。尝，也是四时祭祀之一，在秋季举行。《礼记·王制》：“天子诸侯宗庙之祭，春曰礿，夏曰禘，秋曰尝，冬曰烝。”⑪示：同“视”。

【译文】

孔子说：“周武王和周公，他们可以算达到孝的最高标准吧！所谓孝的标准，就是要像周武王和周公那样，善于继承前人的遗志；善于完成前人所未完成的事业。在春秋祭祀的时节，及时整修祖宗庙宇；陈列祭祀要用的祭器，摆设先王遗留下来的衣裳；进献时鲜食品。

按照宗庙的礼节，就能把父子、长幼、亲疏的次序排列出来；把官职爵位的秩序排列出来，就能将贵贱分辨清楚；排列祭祀时各执事的秩序，就能分辨清楚才能的高低；在众人劝酒时，晚辈必须为长辈举杯，这样就能使爱抚之情延伸到地位低下的人身上；以毛发的颜色来决定宴席的座次，就能使老老少少秩序井然。

站立在先前排定的位置上，行使祭祀的礼节；奏起祭祀的音乐；尊敬那些理应尊敬的人；爱护那些理应亲近的人；侍奉死去的人就像侍奉活着的人一样；侍奉亡故的人就像侍奉生存着的人一样，这才是孝的最高标准。

制定了祭祀天地的礼节，是用来侍奉上帝；制定了宗庙的礼节，是用来祭祀祖先。明白了郊社的礼节和夏祭秋祭的意义，那么治理天下国家的道理，也就像看着自己手掌上的东西那样明白容易啊！”

【原文】

哀公问政[①]。子曰：“文武之政，布在方策[②]。其人存，则其政举；其人亡，则其政息。人道敏政[③]，地道敏树[④]。夫政也者，蒲卢也[⑤]。

故为政在人，取人以身，修身以道，修道以仁。仁者，人也[⑥]，亲亲为大[⑦]。义者，宜也，尊贤为大。亲亲之杀[⑧]，尊贤之等，礼所生也[⑨]。

在下位不获乎上，民不可得而治矣[⑩]。故君子不可以不修身；思修身，不可以不事亲；思事亲，不可以不知人；思知人，不可以不知天。

天下之达道五，所以行之者三。曰：‘君臣也；父子也；夫妇也；昆弟也[⑪]；朋友之交也’。五者，天下之达道也。‘知、仁、勇’三者[⑫]，天下之达德也。所以行之者一也[⑬]。

或生而知之，或学而知之，或困而知之，及其知之一也。或安而行之，或利而行之，或勉强而行之，及其成功一也。”

子曰：“好学近乎知，力行近乎仁，知耻近乎勇。

知斯三者，则知所以[⑭]修身；知所以修身，则知所以治人；知所以治人，则知所以治天下国家矣。

为政在人，取人以身。

凡为天下国家有九经[15]，曰：修身也；尊贤也；亲亲也；敬大臣也；体群臣也；子庶民也[16]；来百工也[17]；柔远人也[18]；怀诸侯也[19]。

修身，则道立；尊贤，则不惑；亲亲，则诸父昆弟不怨；敬大臣，则不眩[20]；体群臣，则士之报礼重[21]；子庶民，则百姓劝；来百工，则财用足；柔远人，则四方归之；怀诸侯，则天下畏之。

齐明盛服[22]，非礼不动，所以修身也；去谗远色[23]，贱货而贵德，所以劝贤也；尊其位，重其禄，同其好恶，所以劝亲亲也；官盛任使[24]，所以劝大臣也；忠信重禄，所以劝士也；时使薄敛[25]，所以劝百姓也；日省月试，既禀称事[26]，所以劝百工也；送往迎来，嘉善而矜不能，所以柔远人也；继绝世[27]，举废国，治乱持危，朝聘以时[28]，厚往而薄来，所以怀诸侯也。凡为天下国家有九经，所以行之者一也。

凡事豫则立，不豫则废。言前定，则不跲[29]；事前定，则不困；行前定，则不疚；道前定，则不穷。

在下位不获乎上，民不可得而治矣；获乎上有道，不信乎朋友，不获乎上矣；信乎朋友有道，不顺乎亲，不信乎朋友矣；顺乎亲有道，反诸身不诚，不顺乎亲矣；诚身有道，不明乎善，不诚乎身矣。

诚者，天之道也；诚之者，人之道也。诚者，不勉而中，不思而得，从容中道[30]，圣人也。诚之者，择善而固执之者也[31]。

博学之，审问之，慎思之，明辨之，笃行之。有弗学，学之弗能弗措也；有弗问，问之弗知弗措也；有弗思，思之弗得弗措也；有弗辨，辨之弗明弗措也；有弗行，行之弗笃弗措也。人一能之，己百之；人十能之，己千之。果能此道矣，虽愚必明，虽柔必强。

【注解】

①哀公：即鲁哀公，名蒋。春秋时鲁国国君，在位二十七年，谥号哀公。②布：陈列。方策：指典籍。方，方版，古时书写用的板。策，同“册”，竹简。③人道：是我国古代哲学中与“天道”相对的概念。这里指以人施政的道理。敏:迅速。④地道：谓以沃土种植的道理。⑤蒲卢：即芦苇。⑥仁者，人也：意思是说，所谓仁就是人民之间相亲相爱。⑦亲亲为大：意思是说，人们虽然相互亲爱，但都是以爱自己的亲属为主要方面。亲亲，前一个“亲”为动词，意为“爱”。后一个“亲”指亲属。⑧杀（shài）：降等。⑨礼所生也：这句是说“亲亲之杀，尊贤之等。”都是从礼仪中产生。礼，泛指奴隶社会或封建社会贵族等级制的社会规范和道德规范。⑩此句疑误印，与下文重复。⑪昆弟：兄弟。昆，兄长。⑫知、仁、勇：这三种是儒家的伦理思想，被誉为通行于天下的美德。⑬一：专一，诚实。⑭所以：怎样。⑮经：常规。⑯子：动词，即爱……如子。庶民：众民，指一般的人民。⑰来：招来，招集。百工：西周时对工奴的总称，春秋时沿用此称，并作为各种手工业工匠的总称。⑱柔：安抚，怀柔，引申为优待。远人：这里指远方的来客，即外族人。⑲怀：安抚。⑳眩：眼花，引申为迷惑。㉑报：报答。礼：这里是敬意。重：深厚。㉒齐明：这里专指内心虔诚。盛服：衣冠穿戴整齐，这里指外表仪容端庄。㉓去谗：摒弃谗佞小人的坏话。去，摒弃。谗，谗佞小人的坏话。远色：远离女色。㉔官盛：官属众多。任使：听任差使。㉕时使：使用百姓要适时。薄敛：减轻赋税的征收。㉖既禀：与“饩廪”同。饩廪，古代指月给的薪资粮米。称：相称。事：工效。㉗绝世：指卿大夫子孙中已经失去世禄的人。㉘朝聘：古代诸侯定期朝见天子。《礼记・王制》：“诸侯之于天子也，比年一小聘，三年一大聘，五年一朝。”㉙跲（jiá）：窒碍。㉚从容：举止行动。㉛固执：坚守不渝。执，握住。

【译文】

鲁哀公向孔子询问政事。孔子回答说："周文王和周武王的政治理论都记载在典籍上。如果今天有像周文王和周武王那样的人存在，那么他们的政治理论便能实施；如果今天没有像周文王和周武王那样的人存在，那么他们的政治理论也就也就废弛了。以人施政的道理在于使政治迅速昌明；以肥沃土地种植树木的道理在于使树木迅速生长。以人施政最容易取得成效，就像种植蒲苇那样容易生长。

所以国君处理政事的方法就在于获得贤才，而获得贤才的方法，就在于国君努力提到自身的品德修养，要提高自身的品德修养，就在于使自己的言行符合道德规范；要使自己的言行符合道德规范，就在于树立仁爱之心。所谓仁，就是人与人之间相互亲爱，而以爱自己的亲属最为重要。所谓义，就是说人们相处应该适宜得当，而以尊敬贤人最为重要。爱自己的亲属有等级，尊敬贤人有级别，这些都是从礼仪中产生出来的。

处在下位的人不能够得到上面的信任和支持，那么他就不可能管理好人民。所以，君子不能不努力提高自身的品德修养；想提高自身的品德修养，就不能不侍奉好自己的亲人；想侍奉好自己的亲人，就不能不知道尊贤爱人；想知道尊贤爱人，就不能不了解和掌握自然的法则。

天下普遍共行的大道有五种，而实行这些大道的美德有三种。就是说：'君臣之道，父子之道，夫妇之道，兄弟之道，交朋友之道。'这五种就是天下共行的大道。'智慧，仁爱，勇敢'这三种，就是天下共行的美德。而实行这些大道和美德的方法只能是诚实专一。

有的人生来就知道这些道理，有的人通过学习才知道这些道理，有的人是在遇到困难后去学习才知道这些道理。虽然人们掌握这些道理有先有后，但是到了真正知道这些道理，他们又都是一样的了。有的人心安理得去实行这些道理，有的人是看到了它的益处才去实行这些道理，有的人则是勉强去实行这些道理。虽然人们实行这些道理有差别，但是当他们获得了成功的时候，却又都是一样了。"

孔子说："爱好学习的人接近智，努力行善的人接近仁，知道羞耻的人接近勇。

知道这三项的人，就知道怎样提高自身的品德修养；知道怎样提高自身的品德修养，就知道怎样治理别人；知道怎样治理别人，就知道怎样去治理天下国家了。

大凡治理天下国家有九条常规，那就是：努力提高自身的品德修养，尊重贤人，爱护自己的亲人，敬重大臣，体恤众臣，像爱自己的儿子那样去爱人民，招集各种工匠以资国用，优待远方的来客，安抚四方的诸侯。

能够提高自己的品德修养，就能树立一个良好的道德典范；能够尊重贤人，就不会被事物的假象所迷惑；能够爱自己的亲人，就不会使叔伯、兄弟产生怨恨；能够尊敬大臣，在处理事情时就不会感到迷惑不定；能够体恤众臣，那些为士的人就会重重报答恩德；能够做

或生而知之，或学而知之，或困而知之。

到爱民如子，百姓们就会更加勤奋努力；能够招集各种工匠，就可以使国家财务充足；能够优待远方的来客，四方的人都会归顺；能够安抚各国诸侯，全天下的人都会自然敬畏。

必须内心虔诚外表端庄，不符合礼节的事绝不要去干，这才是提高自身品德修养的方法；摒弃那些谗佞小人的坏话，远离那些诱人的女色，轻视钱财货物，珍视道德品质，这才是劝勉贤人最好的方法；加升他们的爵位，重赐他们的俸禄，与他们的喜好厌恶相同，这才是劝勉人们去爱自己亲人的好方法；为大臣多设属官，这才是奖励大臣的好方法；对待士要讲究‘忠’‘信’，并以厚禄供养他们，这才是劝勉士为国效力的好方法；役使百姓要适时，赋税征收要减轻，这才是劝勉百姓努力从事生产的好方法；天天省视工匠的工作情况，月月考查他们的技术本领，发给他们的粮米薪资要与他们的工效相称，这才是劝勉各种工匠努力工作的好方法；对于远方的客人，要盛情相迎，热情相送，对其中有善行的人要给予嘉奖，对其中能力薄弱的人要给予同情，这才是招徕远方来客的好方法；延续已经绝禄的世家，复兴已经废灭的国家，整顿已经混乱的秩序，扶救处于危难之中的国家，让诸侯各自选择适当的时节来朝聘，贡礼薄收，赏赐厚重，这才是安抚四方诸侯的好方法。大凡治理天下国家有九条常规，但是，实行这些常规的方法只是一条，即诚实专一。

无论做什么事情，如能预先确立一种诚实态度，就一定能成功，不能这样，就不能成功。人们在讲话之前能规定自己必须诚实，讲起话来就会流畅而无障碍；做事以前规定自己必须诚实，做事时就不会感到有什么困难；行动之前规定自己必须诚实，行动之后就不会产生内疚；实行道德之前规定自己必须诚实，实行时就不会有什么行不通的地方。

处在下位的人不能得到上面的信任和支持，那就不可能治理好人民。要想得到上面的信任和支持，有一定的道理，这就是在交朋友时要讲信用，如果连朋友都不信任自己，那么就不能得到上面的信任和支持；要使朋友信任自己，有一定的道理，这就是要孝顺父母，如果不能孝顺父母，那么就不能得到朋友的信任；要孝顺父母，有一定的道理，这就是要使自己内心诚实，不能使自己内心诚实，就不能孝顺父母；要使自己内心诚实，有一定的道理，这就是要显出自己善的本性来，如果不能使自己善的本性显出来，那么就不能使自己的内心诚实了。

诚，是上天赋予人们的道理；实行这个‘诚’，那是人为的道理。天生诚实的人，不必勉强，他为人处世自然合理，不必苦苦思索，他言语行动就能得当，他的举止，不偏不倚，符合中庸之道。这种人就是我们所说的‘圣人’，要实行这个诚，就必须选择至善的道德，并且坚守不渝才行。

要广泛地学习各种知识，详尽细密地探究事物的原理，对自己所学的东西要谨慎思考，辨清是非，当获得了真理之后，就要坚决地去实践它。有的东西不学习也就罢了，学了，就一定要能掌握它，如果还不能掌握，那就不要停止学习；有的东西不问也就罢了，问就得问一个清楚，如果还没有弄清楚，那就不要罢休；有的问题不思考也就罢了，要思考就要有切身体会，如果不能获得什么体会，那就不要停止思考；有的事情不辨别也就罢了，要辨别就一定要把是非辨清，如果不能辨清，那就不要停止辨别；有的措施不实践也就罢了，要实践就一定要做到彻底，如果不彻底，那就不要停止实践。别人一遍能做好的，我做它一百遍也一定能做好；别人十遍能做好的，我做它一千遍也一定能做好。一个人如果能够按照这个道理去做，那么即使是愚蠢的人，也一定会变得聪明；即使是柔弱的人，也一定会变得刚强。

【原文】

自诚明[①]，谓之性；自明诚，谓之教；诚则明矣，明则诚矣。

【注解】

①自：由于。

【译文】

由于内心诚实而明察事理，这叫做天赋的本性；由于明察事理后达到内心真诚，这叫做后天的教育感化。凡心真诚也就会自然明察事理，而明察事理也就会做到内心诚实。

【原文】

唯天下至诚，为能尽其性[①]；能尽其性，则能尽人之性；能尽人之性，则能尽物之性；能尽物之性，则可以赞大地之化育；可以赞天地之化育，则可以与天地参矣[②]。

【注解】

①尽其性：即尽量发挥自己的天赋本性。②与天地参：与天地并列为三。参，并立。

【译文】

只有天下至诚的圣人，才能尽量发挥自己天赋的本性；能尽量发挥自己天赋的本性，就能尽量发挥天下人的本性；能尽量发挥天下人的本性，就能尽量发挥万物的本性；能尽量发挥万物的本性，就可以帮助天地对万事万物进行演化和发展；能帮助天地对万事万物进行演化和发展，就可以与天地并立为三了。

【原文】

其次致曲[①]，曲能有诚，诚则形，形则著，著则明，明则动，动则变，变则化，唯天下至诚为能化。

【注解】

①致曲：推究出细微事物的道理。致，推致。曲，郑玄注：“犹小小之事也。”

【译文】

那些次于圣人的贤人，如果能通过学习而推究一切细微事物的道理，那么由此也能达到诚；内心诚实了就会表现出来，表现出来了就会日益显著，日益显著就会更加光明，更加光明而后能使人心感动，就会使人发生转变，使人发生了转变，就可以化育万物，只有天下至诚之人才能做到化育万物。

【原文】

至诚之道，可以前知。国家将兴，必有祯祥；国家将亡，必有妖孽。见乎蓍龟[①]，动乎四体[②]。祸福将至：善，必先知之；不善，必先知之。故至诚如神。

【注解】

①见乎蓍（shī）龟：从蓍草、龟甲的占卜中发现。蓍龟，即蓍草和龟甲，古代用来占卦。②动乎四体：即从人们的仪表、行动中察觉。四体，四肢。

【译文】

掌握了至诚之道，就可以预知未来的事。国家将要兴旺，一定有吉祥的征兆；国家将要衰亡，必然会有妖孽出来作祟。这些或呈现在蓍草龟甲上，或表现在人的仪表上。祸福即将要来临时，是吉兆，是一定可以预先知道的；是凶兆，也一定可以预先知道。所以说掌握了至诚之道的人就像神灵一样。

【原文】

诚者，自成也；而道，自道也。诚者①，物之终始，不诚无物。是故君子诚之为贵。诚者，非自成己而已也，所以成物也。成己，仁也；成物，知也。性之德也，合外内之道也，故时措之宜也。

【注解】

①诚：此处的诚，是从广义上讲，指的是贯穿于一切事物中的实理，即事物的本质和发展规律。

【译文】

诚，就是完成自身道德修养的要素；道，就是知道自己走向完成品德修养所应该走的道路。诚，是天地自然之力，它贯穿在世界上万事万物之中，而始终不能离开，没有“诚”就没有世界上的万事万物。所以，君子把“诚”看作是一种高贵的品德。所谓诚，并不仅仅是完成自身的品德修养就算到头了，而是要使万物都得到完成。完成自身的品德修养便是“仁”；使万物得到完成便是“智”，“仁”和“智”都是人们天性中所固有的美德，它们内外结合，便是“成己”“成物”的道理，所以经常实行就没有不适宜的地方。

【原文】

故至诚无息，不息则久，久则征①，征则悠远，悠远则博厚，博厚则高明。博厚，所以载物也；高明，所以覆物也；悠久，所以成物也。博厚配地，高明配天，悠久无疆。如此者，不见而章，不动而变，无为而成。

天地之道，可一言而尽也：其为物不贰②，则其生物不测。天地之道：博也，厚也，高也，明也，悠也，久也。今夫天，斯昭昭之多③，及其无穷也，日月星辰系焉④，万物覆焉。今夫地，一撮土之多，及其广厚，载华岳而不重⑤，振河海而不泄⑥，万物载焉。今夫山，一卷石之多⑦，及其广大，草木生之，禽兽居之，宝藏兴焉。今夫水，一勺之多⑧，及其不测，鼋鼍蛟龙鱼鳖生焉，货财殖焉。

《诗》云：“维天之命，于穆不已⑨。”盖曰天之所以为天也⑩。“于乎不显⑪，文王之德之纯⑫。”盖曰：文王之所以为文也，纯亦不已。

【注解】

①征：验证，证明。②不贰：无二心。③斯昭昭之多：这句是指天由小小的明亮所积累。昭昭，小小的光明。④星辰：星系的总称。系：悬系。⑤华岳：即西岳华山，为五岳之一。⑥振：郑玄注“振，

犹收也。”此处引申为“收容”的意思。洩：同“泄”，泄露。⑦一卷石之多：山由小小石堆积累而成。⑧勺：古代舀酒用的器具。⑨“维天”两句：这两句诗引自《诗经·周颂·维天之命》。《维天之命》这首诗是祭祀周文王的乐歌。于：叹词。穆：庄严，肃穆。不已：不止。⑩盖：推原之词。⑪于乎：与“呜呼”同。显：光明。⑫纯：纯洁无瑕。

【译文】

所以，至诚的道理是从来不会止息的。没有止息就会长久流传，长久流传就会得以验证，得以验证就会悠远，悠远就会广博深厚，广博深厚就会精明高妙。广博深厚，所以能承载天下万物；精明高妙，所以能覆盖天下万物；悠远长久，所以能生成天下万物。广博深厚可以与地相比，精明高妙可以与天相比，悠远长久则是永无止境。像这样，虽然不加以表现，却自然彰明；虽然不去行动，却自然可以感人化物；虽然无所作为，却自然会获得成功。

天地的道理用一句话就可以全部概括：它自身诚一不贰，而化生万物，形形色色，难以测知其中奥秘。天地的道理还在于：广博，深厚，高妙，精明，悠远，长久。现在就拿天来说吧，它只不过是由点点光明所积累，可是论到天的整体，那真是无穷无尽，日月星辰都靠它维系，世界万物都靠它覆盖。现在拿地来说吧，地，不过是由一撮土一撮土聚积起来的，可是论及地的全部，那真是广博深厚，承载像华山那样的崇山峻岭也不觉得重，容纳那众多的江河湖海也不会泄漏，世间万物都由它承载了。再说山吧，不过是由拳头大的石块聚积起来的，可等到它高大无比时，草木在上面生长，禽兽在上面居住，宝藏在上面储藏。再说水吧，不过是一勺一勺聚积起来的，可等到它浩瀚无涯时，蛟龙鱼鳖等都在里面生长，珍珠珊瑚等值价的东西都在里面繁殖。

《诗经》中说，“只有那天命啊，肃穆庄严，运转不停！”这大概就是说的天之所以为天的原因吧。“多么显赫光明啊，文王之德大而且纯！”这大概就是说的文王之所以被称为“文”王的原因吧，就是因为它纯洁无瑕的品德常行不止。

【原文】

大哉圣人之道！洋洋乎发育万物，峻极于天①。优优大哉②，礼仪三百③，威仪三千④。待其人而后行。故曰：苟不至德，至道不凝焉。故君子尊德性而道问学，致广大而尽精微，极高明而道中庸，温故而知新，敦厚以崇礼。是故居上不骄，为下不倍⑤。国有道，其言足以兴；国无道，其默足以容⑥。《诗》曰：“既明且哲，以保其身⑦。”其此之谓与！

【注解】

①峻极：极其高峻。于：至②优优：宽裕充足的样子。③礼仪：经礼，典礼制度。④威仪：曲礼，指礼的细节。⑤倍：同“悖”，违背。⑥其默足以容：谓缄默不语，足以为执政者所容，因而也就可以远避灾祸。⑦“既明”两句：这两句诗引自《诗经·大雅·烝民》。《烝民》是一首歌颂仲山甫（周宣王的臣子）的诗。

【译文】

伟大啊，圣人的道德！充满于天地之间，使万物生长发育，它高及苍天，无所不包。真是充裕而又伟大啊，礼的大纲多到三百天，礼的细节有三千多条。一定要等那有才德的圣人出来才能够实行。所以说，假如不是像伟大的圣人那样具有最高的德行，那么伟大的道理就不会凝聚在他心中。因此君子一定要恭敬奉持天生的德行，广泛学习，探究事理，使学问和天赋德行日臻广大，达到精深高妙的境界，不偏不倚，遵循中庸之道。在学习方面，要做到温习已有的知识从而获得新知识；在道德修养方面，要使专诚之心更加充实，用以崇尚礼仪。所以身居高位不骄傲，身居低位不自弃，国家政治清明时，他的言论足以振兴国家；国家政治黑暗时，他的沉默足以保全自己。《诗经》说："既明智又通达事理，可以保全自身。"大概就是说的这个意思吧！

【原文】

子曰："愚而好自用①；贱而好自专②；生乎今之世，反古之道③；如此者，灾及其身者也。"

非天子，不议礼，不制度④，不考文⑤。今天下，车同轨⑥，书同文⑦，行同伦⑧。虽有其位，苟无其德，不敢做礼乐焉⑨；虽有其德，苟无其位，亦不敢作礼乐焉。

子曰："吾说夏礼⑩，杞不足征也⑪；吾学殷礼⑫，有宋存焉⑬。吾学周礼，今用之，吾从周。"

【注解】

①自用：只凭自己的主观意图行事。②自专：按自己的主观意志独断专行。③反：同"返"，引申为恢复，④制：制定。度：法度。⑤考：考订。文：指文字的笔画和形体。⑥轨：车子两轮间的距离。古代制车，两轮之间的距离都有定制。⑦书同文：书写的是同样的文字。⑧伦：指伦理道德。⑨乐：音乐。古代天子治理作乐，以治天下。⑩说，解说。一说为"悦"，喜爱。夏礼：夏代的礼法。⑪杞：古国名。⑫殷礼：殷代礼法。⑬宋：古国名，开国君主是商纣的庶兄微子启。

【译文】

孔子说："愚昧的人往往喜欢凭自己的主观意图行事；卑贱的人却常常喜欢独断专行。他们生于现在的时代不遵守当今的法律，却一心想去恢复古代的法律。这样的人，灾祸一定会降到他们的身上。"

不是天子，不敢议论礼制，不敢制订法度，不敢考订文字的笔画形体。现在天下车子的轮距一致，文字的字体统一，实行的伦理道德相同。虽然处在天子的地位，如果没有圣人的德行，是不敢制作礼乐制度的；虽然有圣人的美德，如果没有天子的地位，也是不敢制作礼乐制度的。

孔子说："我解说夏朝的礼制，但是夏的后代已经衰败，现在只有一个杞国存在，所以不足以验证；我学习殷朝的礼制，现在还有它的后代宋国存在；我学习周朝的礼制，它正是当今所使用的，所以我遵从周礼。"

【原文】

王天下有三重焉，其寡过矣乎！上焉者①，虽善无征；无征不信；不信民弗从。下焉者②，虽善不尊③；不尊不信；不信民弗从。故君子之道，本诸身，征诸庶民，考诸三王而不缪④，建诸天地而不悖，质诸鬼神而无疑⑤，百世以俟圣人而不惑。质诸鬼神而无疑，知天也；百世以俟圣人而不惑，知人也。

是故，君子动而世为天下道，行而世为天下法，言而世为天下则。远之则有望，近之则不厌。

《诗》曰："在彼无恶，在此无射。庶几夙夜，以永终誉[⑥]。"君子未有不如此，而蚤有誉于天下者也[⑦]。

君王治理天下要做好议订礼仪，制订法度，考订文字规范这三件大事。

【注解】

①上焉者：指远于当今之世的礼仪制度，如前文所说的夏礼、商礼。②下焉者：指虽为圣人，而地位在下，他主张的礼仪制度虽善却不能实施。③不尊：没有尊贵的地位。④三王：指夏禹、商汤、周文王。缪：通"谬"，错误。⑤质：证实，保证。一说为质问。⑥"在彼"四句：这四句诗引自《诗经·周颂·振鹭》。《振鹭》这首诗是周王设宴招待来朝的诸侯时，在宴席上唱的乐歌。在彼无恶：彼，诸侯所在国。无恶，无人憎恨。这句是说，诸侯勤于政事，本国无人憎恨。在此无射：此，指周王所在地，即朝廷。无射，不厌恨。这句是说，诸侯来到朝廷朝见天子，朝廷里没有人厌恨他。庶几夙夜：庶几，差不多。夙夜，早晚，犹言早起晚睡。这句是说，各诸侯早起晚睡，勤于政事。以永终誉：永，长。终，"众"的假借字。誉，赞誉。这句是说，各诸侯能长受众人的称赞。⑦蚤：通"早"。

【译文】

君王治理天下能够做好议订礼仪、制订法度、考订文字规范这三件重要的事，他的过失就会减少了。离当今社会很远的礼仪制度，虽然好，但由于年代相隔太远，因而得不到验证，得不到验证就不能取信于民，不能取信于民，老百姓就不会听从。身为圣人而身处下位的人，他所主张的礼仪制度虽然好，但由于没有尊贵的地位，也不能取信于民；不能取信于民，老百姓就不会听从。所以君子治理天下的道理，应该以自身的品德修养为根本，并从老百姓那里得到验证和信任，用夏、商、周三代的礼仪制度来考察而没有谬误，建立于天地自然之间而没有违背之处，得到了鬼神的证实而没有疑问，这样就是等到百世以后的圣人来实行也不会有什么疑惑之处了。得到鬼神的证实而没有疑误不明的地方，这是因为了解和掌握了天理；等到百世以后的圣人来实行也不会有什么疑惑之处了，这是因为知道了人的情理。

所以君王的言语行动能世世代代成为天下共行的道理，君王的所作所为能世世代代成为天下遵循的法度，君王言谈话语能世世代代成为天下必守的准则。隔得远的则有仰慕之心，离得近的也不会有厌恶之意。

《诗经》说："诸侯在国没有人憎恶，在朝同样没有人厌烦，早起晚睡政事勤，众人称赞美名存。"君王中没有不这样做而能够早早在天下获得名望的。

【原文】

仲尼祖述尧舜[①]，宪章文武[②]，上律天时[③]，下袭水土[④]。辟如天地之无不持载[⑤]，无不覆帱[⑥]。辟如四时之错行，如日月之代明[⑦]。万物并育而不相害[⑧]，道并行而不相悖[⑨]，小德川流，大德敦化，此天地之所以为大也。

【注解】

①祖述：遵循前任的行为或学说。这句是说孔子遵循尧舜二帝的道统。②宪章文武：宪章，效法。这句是说效法周文王和周武王的典章制度。③上律天时：律，效法。天时，谓自然变化的时序，或言节气、气候或言阴晴寒暑的变化。“天时”在古时用意很广。④袭：合符。水土：犹言地理环境。⑤“辟如”句：这句是说天地广博深厚没有什么不能承载。⑥无不覆帱：没有什么不能覆盖。覆帱，覆盖的意思。⑦代：交替的意思。⑧并育：即同时生长。相害：互相妨害。⑨道：指天地之道，即四季更迭，日月交替之道。悖：违背。

【译文】

孔子遵循尧舜二帝的道统，效法文王、武王所定制的典范，上依据天时变化规律，下符合地理环境。譬如天地广博深厚，没有什么不能承载，没有什么不能覆盖。又譬如四季的更迭运行，日月的交替照耀。天地间万物同时生长而互不妨害，天地之道同时并行而互不冲突。小的德行如河水一样长流不息，大的德行使万物敦厚淳朴，无穷无尽。这就是天地之所以盛大的原因。

【原文】

唯天下至圣，为能聪明睿知，足以有临也[①]；宽裕温柔，足以有容也[②]；发强刚毅，足以有执也[③]；齐庄中正[④]，足以有敬也；文理密察[⑤]，足以有别也[⑥]。

溥博渊泉[⑦]，而时出之[⑧]。溥博如天，渊泉如渊。见而民莫不敬，言而民莫不信，行而民莫不说[⑨]。

是以声名洋溢乎中国，施及蛮貊[⑩]；舟车所至，人力所通，天之所覆，地之所载，日月所照，霜露所队[⑪]，凡有血气者，莫不尊亲[⑫]，故曰配天。

【注解】

①临：本指高出朝向低处，后引申为上对下之称。②容：包容，容纳。③执：操持决断天下大事。④齐庄：庄重恭敬。中正：不偏不倚。⑤文理：条理。密察：详察细辨。⑥别：分别是是非邪正。⑦溥博渊泉：溥博，普遍广博。溥，普遍。渊泉，深潭。《列子·黄帝》：“心如渊泉，形如处女。”后引申为思虑深远。⑧而时出之：出，溢出。这句是说，至圣的人的美德就像渊泉外溢一样，常常表现出来。⑨说：同“悦”，喜悦。⑩施：传播。及：到。蛮貊：谓南蛮北狄等边远少数民族。⑪队：同“坠”，坠落。⑫尊亲：尊重亲近。“尊、亲”二字后面省略了宾语。

【译文】

只有天下最圣明伟大的人，才能做到聪明智慧，足以居上位而临下民；宽博优裕，温和柔顺，足以包容天下的人和事；奋发图强，刚强坚毅。足以操持决断天下大事；庄重恭敬。处事中正，足以获得人民的尊敬；条理清晰，祥辨明察，足以分辨是非邪正。

圣明伟大的人，他们的美德广博而深厚，并常常会表露出来。他们的美德就像天空一样广阔，就像潭水一样幽深。这种美德表现在仪容上，老百姓没有谁不敬佩；表现在言谈中，老百姓没有谁不信服；表现在行动上，老百姓没有谁不喜悦。

因此，他们美好的名声充满了整个中原地区，并且传播到边远少数民族的地方；凡是船只车辆所能到达的，人所能通行的，苍天所能覆盖的，大地所能承载的，天阳和月亮所能照耀着的，霜露所能坠落到的地方，凡是有血气生命的人，没有不尊重和不亲近他们的；所以说圣人的美德可以和天相配。

唯天下至圣，为能聪明睿知。

【原文】

唯天下至诚，为能经纶天下之大经[①]，立天下之大本[②]，知天地之化育。夫焉有所倚？肫肫其仁[③]，渊渊其渊[④]，浩浩其天[⑤]。苟不固聪明圣知[⑥]，达天德者[⑦]，其孰能知之？

【注解】

①经纶：原指整理丝缕，这里引申为创制天下的法规。大经：指常道，法规。②大本：根本大德。③肫肫：诚挚，与“忳忳”同。忳，恳诚貌也。④渊渊其渊：意思是说圣人的思虑如潭水一般幽深。渊渊，水深。⑤浩浩其天：圣人的美德如苍天一般广阔。浩浩，原指水盛大的样子。⑥固：实。⑦达天德者：通达天赋美德的人。

【译文】

只有天下达到诚的最高境界的人，才能创制天下的法规，才能树立天下的根本大德，掌握天地化育万物的道理，这怎么会有偏向呢？他的仁心是那样的真诚，他的思虑像潭水般幽深，他伟大的美德像苍天一样广阔。假如不是具有真正聪明智慧而通达天赋美德的人，谁又能真正了解他呢？

【原文】

《诗》曰：“衣锦尚絅[①]。”恶其文之著也。故君子之道，闇然而日章[②]；小人之道，的然而日亡[③]，君子之道，淡而不厌，简而文，温而理，知远之近[④]，知风之自[⑤]，知微之显[⑥]，可与入德矣。

《诗》云：“潜虽伏矣，亦孔之昭[⑦]。”故君子内省不疚[⑧]，无恶于志[⑨]。君子之所不可及者，其唯人之所不见乎！

《诗》云：“相在尔室，尚不愧于屋漏[⑩]。”故君子不动而敬，不言而信。

《诗》曰：“奏假无言，时靡有争[⑪]。”是故君子不赏而民劝[⑫]，不怒而民威于𫓧钺[⑬]。

《诗》曰：“丕显惟德，百辟其刑之[⑭]。”是故君子笃恭而天下平。

《诗》云：“予怀明德，不大声以色[⑮]。”子曰，“声色之于以化民，末也。”《诗》曰：“德輶如毛[⑯]。”毛犹有伦[⑰]，“上天之载，无声无臭[⑱]。”至矣。

【注解】

①“衣锦”句：这句诗引自《诗经·卫风·硕人》。《硕人》写的是庄姜初嫁庄公为妻时的场景。衣：动作词，穿。锦：这里指色彩华美的丝绸服装。尚：加在上面。絅：用麻纱制作的单罩衣。尚絅：即加上麻纱罩衣。②闇然，暗淡的样子。闇，“暗”的异体字。日章：日渐彰明。章，同“彰”。③的然：鲜艳的样子。的，鲜艳，显著。④知远之近：意思是要往远去必从近开始。⑤知风之自：风，谓教化。这句是说，教化别人必须从自己做起。⑥知微之显：微，隐蔽之处。这句是说，隐蔽之处

君子之道，淡而不厌。

对明显之处也有一定的影响。⑦“潜虽”两句：这两句诗引自《诗经·小雅·正月》。《正月》是一首揭露现实的诗。潜：潜藏。伏：隐匿。孔：很，甚。昭：明。⑧内省（xǐng）：经常在内心省察自己。疚：原意为久病。引申为忧虑不安。⑨无恶：引申为“无愧”。志：心。⑩“相在”两句：这两句诗引自《诗经·大雅·抑》。相：看。在尔室：你独自一个人在室。尚：当。不愧于屋漏：意指心地光明，不再暗中做坏事或者起坏念头，屋漏，指古代室内西北角阴暗处。⑪“奏假”两句：这两句诗引自《诗经·商颂·烈祖》。《烈祖》是商的后代宋在祭祀祖先时唱的乐歌。奏假：祷告。无言：默默无声。⑫不赏而民劝：不需赏赐就能使人民受到鼓励。⑬铁钺：古代执行军法时用的斧子，与“斧钺”同。这里引申为刑戮。⑭“丕显”两句：这两句诗引自《诗经·周颂·烈文》。《烈文》是周王在举行封侯仪式上所唱的乐歌。丕显：充分显扬。丕，大。百辟：谓诸侯。刑：同“型”，法则。⑮“予怀”两句：这两句诗引自《诗经·大雅·皇矣》。《皇矣》是一首史诗，叙述周朝祖先开国创业的历史。⑯“德輶”句：这句诗引自《诗经·大雅·烝民》。德：指德的微妙。輶：古时候一种轻便车辆，引申为轻。毛：羽毛。⑰毛犹有伦：这句是说羽毛虽然轻微，但还是有东西可以类比的。⑱“上天”两句：这两句诗引自《诗经·大雅·文王》。载，事。臭（xiù），气味。这句诗的大意是说，上天化育万物的道理，没有声音和气味，世上没有什么东西可以形容它的高妙。

【译文】

《诗经》说：“身穿锦绣衣服，外面罩件套衫。”这是为了避免锦衣花纹太鲜艳。所以，君子为人的道理在于，外表黯然无色而内心美德才日益彰明；小人的为人之道在于，外表色彩鲜艳，但是随着时间的推移便会日渐黯淡。君子为人的道理还在于，外表素淡而不使人厌恶，外表简朴而内含文采，外表温和而内有条理，知道远是从近开始，知道感化别人是从自己做起，知道微小隐蔽的地方会影响到显著的地方，能够掌握以上这些道理的，就可以进到圣人崇高的美德中去了。

《诗经》说：“即使鱼潜藏很深，但仍然会看得明显的。”所以君子经常在内心省察自己，就不会有过失和内疚，就不会有愧心。由此可知，人们之所以不能超越君子的原因，大概就是因为君子在这些不被人看见的地方也严格要求自己。

《诗经》说：“看你独自在室内的时候，应当也无愧于神明。”所以，君子就是在没做什么事的时候也是怀着敬畏谨慎的心理，在没有言语的时候就已经诚信专一了。

《诗经》说：“默默无声暗祈祷，今时不再有争斗。”所以，君子不用赏赐而老百姓也会受到鼓励；不用发怒而老百姓畏惧他就会胜过刑戮的威严。

《诗经》说：“弘扬好的德行，诸侯们便会来效法。”所以，君子笃实恭敬，就能使天下太平。

《诗经》说：“怀念文王光明的美德，从不用厉声厉色。”孔子说：“用厉声厉色去感化老百姓，这是没有抓住根本。”《诗经》说：“美德轻如羽毛。”羽毛虽轻微细小，但还是有东西可以类比。《诗经》中说“化育万物上天道，无声无息真微妙”这才是达到了最高的境界啊。

第三卷

论语

学而篇第一

【原文】

1.1　子曰①："学而时习之②，不亦说乎③？有朋自远方来，不亦乐乎④？人不知而不愠⑤，不亦君子乎⑥？"

【注解】

①子：中国古代对有学问、有地位的男子的尊称。《论语》中"子曰"的"子"都是指孔子。②习："习"字的本意是鸟儿练习飞翔，在这里是温习和练习的意思。③说（yuè）：同"悦"，高兴、愉快的意思。④乐（lè）：快乐。⑤愠（yùn）：怒，怨恨，不满。⑥君子：《论语》中的"君子"指道德修养高的人，即"有德者"；有时又指"有位者"，即职位高的人。这里指"有德者"。

【译文】

孔子说："学到的东西按时去温习和练习，不也很高兴么？有朋友从很远的地方来，不也很快乐么？别人不了解自己，自己却不生气，不也是一位有修养的君子么？"

【原文】

1.2　有子曰①："其为人也孝弟而好犯上者②，鲜矣③；不好犯上而好作乱者，未之有也④。君子务本，本立而道生。孝弟也者，其为仁之本与⑤！"

【注解】

①有子：孔子的学生，姓有，名若。在《论语》中，孔子的学生一般都称字，只有曾参和有若称"子"。②弟（tì）：同"悌"，敬爱兄长。③鲜（xiǎn）：少。④未之有也："未有之也"的倒装句，意思是没有这种人。⑤与：即"欤"字，表示疑问的助词。《论语》中的"欤"字皆作"与"。

【译文】

有子说："那种孝顺父母、敬爱兄长的人，却喜欢触犯上级，是很少见的；不喜欢触犯上级却喜欢造反的人，更是从来没有的。有德行的人总是力求抓住这个根本。根本建立了便产生了仁道。孝敬父母、敬爱兄长，大概便是仁道的根本吧！”

【原文】

1.3　子曰：“巧言令色①，鲜矣仁②！”

【注解】

①巧言令色：巧，好。令，善。巧言令色，即满口说着讨人喜欢的话，满脸装出讨人喜欢的脸色。②鲜：少的意思。

【译文】

孔子说：“花言巧语，伪装出一副和善的面孔，这种人是很少仁德的。”

【原文】

1.4　曾子曰①：“吾日三省吾身②：为人谋而不忠乎？与朋友交而不信乎？传不习乎③？”

【注解】

①曾子：孔子晚年的学生，名参（shēn），字子舆，比孔子小四十六岁。生于公元前505年，鲁国人，是被鲁国灭亡了的鄫国贵族的后代。曾参是孔子的得意门生，以孝著称，据说《孝经》就是他撰写的。②三省（xǐng）：多次反省。③传：老师讲授的功课。

【译文】

曾参说：“我每天从多方面反省自己：替别人办事是不是尽心竭力了呢？与朋友交往是不是诚实守信了呢？对老师传授的功课，是不是用心复习了呢？”

【原文】

1.5　子曰：“道千乘之国①，敬事而信②，节用而爱人③，使民以时④。”

【注解】

①道：通“导”，引导之意。此处译为治理。千乘（shèng）之国：乘，古代用四匹马拉的兵车。春秋时期，打仗用兵车，故车辆数目的多少往往标志着这个国家的强弱。千乘之国，即代指大国。②敬事：“敬”是指对待所从事的事务要谨慎专一、兢兢业业，即今人所说的敬业。③爱人：古代“人”的含义有广义与狭义之分。广义的“人”，指一切人群；狭义的“人”，仅指士大夫以上各个阶层的人。此处的“人”与“民”相对而言。④使民以时：“时”指农时。古代百姓以农业为主，这里是说役使百姓要按照农时，即不要误了耕作与收获。

【译文】

孔子说：“治理拥有一千辆兵车的国家，应该恭敬谨慎地对待政事，并且讲究信用；节省费用，并且爱护人民；征用民力要尊重农时，不要耽误耕种、收获的时间。”

【原文】

1.6　子曰：“弟子入则孝①，出则弟②，谨而信③，泛爱众，而亲仁④。行有余力[⑤]，则以学文[⑥]。”

【注解】

①弟子：有二义，一是指年幼之人，弟系对兄而言，子系对父而言，故曰弟子；二是指学生。此处取前义。入：古时父子分别住在不同的居处，学习则在外舍。入是入父宫，指进到父亲住处；或说在家。②出：与“入”相对而言，指外出拜师学习。出则弟，是说要用悌道对待师长，也可泛指年长于自己的人。③谨：寡言少语称之为谨。④仁：指具有仁德的人，即温和、善良的人。此形容词用作名词。⑤行有余力：指有闲暇时间。⑥文：指诗、书、礼、乐等文化知识。

【译文】

孔子说：“小孩子在父母跟前要孝顺，出外要敬爱师长，说话要谨慎，言而有信，和所有人都友爱相处，亲近那些具有仁爱之心的人。做到这些以后，如果还有剩余的精力，就用来学习文化知识。”

【原文】

1.7　子夏曰[①]：“贤贤易色[②]；事父母，能竭其力；事君，能致其身[③]；与朋友交，言而有信。虽曰未学，吾必谓之学矣。”

【注解】

①子夏：姓卜，名商，字子夏，孔子的高足，以文学著称。比孔子小四十四岁，生于公元前507年。孔子死后，他在魏国宣传孔子的思想主张。②贤贤：第一个“贤”字作动词用，尊重的意思。贤贤即尊重贤者。易：有两种解释，一是改变的意思；二是轻视的意思，即尊重贤者而看轻女色。③致其身：致，意为“奉献”、“尽力”。这里是要尽忠的意思。

【译文】

子夏说：“一个人能够尊重贤者而看轻女色；侍奉父母，能够竭尽全力；服侍君主，能够献出自己的生命；同朋友交往，说话诚实、恪守信用。这样的人，即使他自己说没有学过什么，我也一定要说他已经学习过了。”

【原文】

1.8　子曰：“君子不重则不威[①]，学则不固[②]，主忠信[③]。无友不如己者[④]。过则勿惮改[⑤]。”

【注解】

①重：庄重、自持。②学则不固：所学不牢固。与上句联系起来就可理解为：一个人不庄重就没有威严，所学也不牢固。③主忠信：以忠信为主。④无：通“毋”，不要的意思。不如己者：指不忠不信的人，“不如己者”是比较委婉的说法。⑤过：过错、过失。惮（dàn）：害怕、畏惧。

【译文】

孔子说：“一个君子，如果不庄重，就没有威严；即使读书，所学也不会牢固。行事应当以忠和信这两种道德为主。不要和不忠不信的人交朋友。有了过错，要不怕改正。”

【原文】

1.9　曾子曰："慎终追远[①]，民德归厚矣[②]。"

【注解】

①慎终：指对父母之丧要尽其哀。追远：指祭祀祖先要致其敬。②民德：指民心，民风。厚：朴实，淳厚。民德归厚，指民心归向淳厚。

【译文】

曾子说："谨慎地对待父母的丧事，恭敬地祭祀远代祖先，就能使民心归向淳厚了。"

【原文】

1.10　子禽问于子贡曰[①]："夫子至于是邦也，必闻其政，求之与？抑与之与[②]？"子贡曰："夫子温、良、恭、俭、让以得之。夫子之求之也，其诸异乎人之求之与[③]？"

【注解】

①子禽：姓陈，名亢，字子禽。子贡：姓端木，名赐，字子贡，比孔子小三十一岁。②抑与之：抑，反语词，可作"还是……"解。与之，（别人）自愿给他。③其诸：表示不太肯定的语助词，有"或者""大概"的意思。

【译文】

子禽问子贡说："夫子每到一个国家，一定听得到这个国家的政事。那是求人家告诉他的呢，还是人家主动说给他听的呢？"子贡说："夫子是靠温和、善良、恭敬、节俭和谦让得来的。夫子的那种求得的方式，大概是不同于别人的吧？"

【原文】

1.11　子曰："父在观其志[①]。父没观其行[②]。三年无改于父之道，可谓孝矣。"

【注解】

①其：指儿子，不是指父亲。②行（xíng）：行为。

【译文】

孔子说："当他父亲活着时，要看他本人的志向；他父亲去世以后，就要考察他本人的具体行为了。如果他长期坚持父亲生前那些正确原则，就可以说是尽孝了。"

【原文】

1.12　有子曰："礼之用，和为贵。先王之道[①]，斯为美，小大由之。有所不行，知和而和，不以礼节之，亦不可行也。"

【注解】

①先王之道：指的是古代圣王治国之道。

【译文】

有子说："礼的功用，以遇事做得恰当和顺为可贵。以前的圣明君主治理国家，最可贵的地方就在这里。他们做事，无论事大事小，都按这个原则去做。如遇到行不通的，仍一味地追求和顺，却并不用礼法去节制它，也是行不通的。"

【原文】

1.13 有子曰："信近于义，言可复也[①]；恭近于礼，远耻辱也[②]；因不失其亲[③]，亦可宗也[④]。"

【注解】

①复：实践，履行。②远（yuàn）：使远离，可以译为避免。③因：依靠之意。④宗：主。可宗，可靠。

【译文】

有子说："约言符合道德规范，这种约言才可兑现。态度谦恭符合礼节规矩，才不会遭受羞辱。所依靠的都是关系亲密的人，也就可靠了。"

【原文】

1.14 子曰："君子食无求饱，居无求安，敏于事而慎于言，就有道而正焉[①]，可谓好学也已。"

【注解】

①有道：指有道德、有学问的人。正：匡正，端正。

【译文】

孔子说："君子饮食不追求饱足；居住不追求安逸；对工作勤奋敏捷，说话却谨慎；接近有道德有学问的人并向他学习，纠正自己的缺点，就可以称得上是好学了。"

【原文】

1.15 子贡曰："贫而无谄，富而无骄，何如？"子曰："可也。未若贫而乐、富而好礼者也。"子贡曰："《诗》云：'如切如磋，如琢如磨[①]'，其斯之谓与[②]？"子曰："赐也[③]，始可与言《诗》已矣，告诸往而知来者[④]。"

【注解】

①如切如磋，如琢如磨：出自《诗经·卫风·淇奥》篇。意思是：好比加工象牙，切了还得磋，使其更加光滑；好比加工玉石，琢了还要磨，使其更加细腻。②其：表测度语气，可译为"大概"。③赐：子贡的名。孔子对学生一般都称名。④来者：未来的事，这里借喻为未知的事。

【译文】

子贡说："贫穷却不巴结奉承，富贵却不骄傲自大，怎么样？"孔子说："可以了，但还是不如虽贫穷却乐于道，虽富贵却谦虚好礼。"子贡说："《诗经》上说：'要像骨、角、象牙、玉石等的加工一样，先开料，再粗锉，细刻，然后磨光’，那就是这样的意思吧？”孔子说：“赐呀，现在可以同你讨论《诗经》了。告诉你以往的事，你能因此而知道未来的事。”

【原文】

1.16 子曰：“不患人之不己知，患不知人也。”

【译文】

孔子说：“不要担心别人不了解自己，应该担心的是自己不了解别人。”

为政篇第二

【原文】

2.1 子曰：“为政以德，譬如北辰居其所而众星共之[①]。”

【注解】

①北辰：北极星。共（gǒng）：同“拱”，环绕。

【译文】

孔子说：“用道德的力量去治理国家，自己就会像北极星那样，安然处在自己的位置上，别的星辰都环绕着它。”

为政以德，譬如北辰，居其所而众星共之。

【原文】

2.2 子曰：“《诗》三百[①]，一言以蔽之[②]，曰：‘思无邪’。”

【注解】

①《诗》三百：《诗经》中共收诗三百零五篇。“三百”是举其整数而言。②蔽：概括。

【译文】

孔子说：“《诗经》三百多篇，用一句话来概括它，就是‘思想纯正’。”

子曰：《诗》三百，一言以蔽之，思无邪。

【原文】

2.3 子曰：“道之以政[①]，齐之以刑，民免而无耻[②]；道之以德，齐之以礼，有耻且格[③]。”

【注解】

①道：有两种解释，一说是引导的意思，一说是领导、治理，与“道千乘之国”的“道”相同。此从后解。②免：免罪、免刑、免祸。③格：纠正。

【译文】

孔子说：“用政令来治理百姓，用刑罚来制约百姓，百姓可暂时免于罪过，但不会感到不服从统治是可耻的；如果用道德来统治百姓，用礼教来约束百姓，百姓不但有廉耻之心，而且会纠正自己的错误。”

【原文】

2.4　子曰：“吾十有五而志于学[①]，三十而立[②]，四十而不惑，五十而知天命，六十而耳顺[③]，七十而从心所欲，不逾矩。”

【注解】

①有（yòu）：同“又”。古文中表数字时常用“有”代替“又”，表示相加的关系。②立：站立，成立。这里指立身处世。③耳顺：对于外界一切相反相异、五花八门的言论，能分辨真伪是非，并听之泰然。

【译文】

孔子说：“我十五岁立志学习，三十岁在人生道路上站稳脚跟，四十岁心中不再迷惘，五十岁知道上天给我安排的命运，六十岁听到别人说话就能分辨是非真假，七十岁能随心所欲地说话做事，又不会超越规矩。”

【原文】

2.5　孟懿子问孝[①]，子曰：“无违[②]。”樊迟御[③]，子告之曰：“孟孙问孝于我，我对曰，无违。”樊迟曰：“何谓也？”子曰：“生，事之以礼；死，葬之以礼，祭之以礼。”

【注解】

①孟懿子：鲁国大夫，姓仲孙，名何忌。懿，谥号。②无违：不要违背礼节。③樊迟：孔子的学生，姓樊，名须，字子迟。御：驾车，赶车。

【译文】

孟懿子问什么是孝道。孔子说：“不要违背礼节。”不久，樊迟替孔子驾车，孔子告诉他：“孟孙问我什么是孝道，我对他说，不要违背礼节。”樊迟说：“这是什么意思？”孔子说：“父母活着的时候，依规定的礼节侍奉他们；死的时候，依规定的礼节安葬他们，祭祀他们。”

【原文】

2.6　孟武伯问孝[①]，子曰：“父母唯其疾之忧[②]。”

【注解】

①孟武伯：上文孟懿子的儿子，名彘（zhì），“武”是谥号。②其：指孝子。

【译文】

孟武伯问什么是孝道，孔子说：“父母只为孩子的疾病担忧（而不担忧别的）。”

父母唯其疾之忧。

【原文】

2.7　子游问孝①，子曰：“今之孝者，是谓能养。至于犬马，皆能有养。不敬，何以别乎？”

【注解】

①子游：孔子的高足，姓言，名偃，字子游，吴人。

【译文】

子游请教孝道，孔子说：“现在所说的孝，指的是能养活父母便行了。即使狗和马，也都有人饲养。对父母如果不恭敬顺从，那和饲养狗马有什么区别呢？”

【原文】

2.8　子夏问孝，子曰：“色难①。有事，弟子服其劳②；有酒食③，先生馔④；曾是以为孝乎⑤？”

【注解】

①色难：有两种解释，一说孝子侍奉父母，以做到和颜悦色为难；一说难在承望、理解父母的脸色。今从前解。②弟子：年轻的子弟。③食：食物。④先生：与“弟子”相对，指长辈。馔：吃喝。⑤曾：副词，竟然的意思。

至于犬马，皆能有养；不敬，何以别乎？

【译文】

子夏问什么是孝道，孔子说：“侍奉父母经常保持和颜悦色最难。遇到事情，由年轻人去做；有好吃好喝的，让老年人享受，难道这样就是孝吗？”

【原文】

2.9　子曰：“吾与回言终日①，不违，如愚。退而省其私②，亦足以发，回也不愚。”

【注解】

①回：姓颜，名回，字子渊，孔子最得意的门生。②退：从老师那里退下。省（xǐng）：观察。私：私语，指颜回与别人私下讨论。

【译文】

孔子说：“我整天对颜回讲学，他从不提出什么反对意见，像个蠢人。等他退下，我观察他私下里同别人讨论时，却能发挥我所讲的，可见颜回他并不愚笨呀！”

【原文】

2.10　子曰：“视其所以[①]，观其所由[②]，察其所安[③]。人焉廋哉[④]？人焉廋哉？”

【注解】

①以：为。所以：所做的事。②所由：所经过的途径。③安：安心。④廋（sōu）：隐藏，隐蔽。

【译文】

孔子说：“看一个人的所作所为，考察他处事的动机，了解他心安于什么事情。那么，这个人的内心怎能掩盖得了呢？这个人的内心怎能掩盖得了呢？”

【原文】

2.11　子曰：“温故而知新，可以为师矣。”

【译文】

孔子说：“在温习旧的知识时，能有新的收获，就可以当老师了。”

【原文】

2.12　子曰：“君子不器。”

【译文】

孔子说：“君子不能像器皿一样（只有一种用途）。”

【原文】

2.13　子贡问君子，子曰：“先行其言而后从之。”

【译文】

子贡问怎样才能做一个君子。孔子说：“对于你要说的话，先实行了，然后说出来。”

【原文】

2.14　子曰：“君子周而不比[①]，小人比而不周。”

【注解】

①周：团结多数人。比：勾结。

【译文】

孔子说："德行高尚的人以正道广泛交友但不互相勾结，品格卑下的人互相勾结却不顾道义。"

【原文】

2.15　子曰："学而不思则罔①，思而不学则殆②。"

【注解】

①罔：迷惘，没有收获。②殆：疑惑。

【译文】

孔子说："学习而不思考就会迷惘无所得；思考而不学习就不切于事而疑惑不解。"

学而不思则罔。

【原文】

2.16　子曰："攻乎异端①，斯害也已②！"

【注解】

①攻：做。异端：中庸的两端，指"过"和"不及"。②斯：连词，这就、那就的意思。也已：语气词。

【译文】

孔子说："做事情过或不及，都是祸害啊！"

知之为知之，不知为不知，是知也。

【原文】

2.17　子曰："由①！诲女，知之乎②？知之为知之，不知为不知，是知也。"

【注解】

①由：孔子的高足，姓仲，名由，字子路，卞（故城在今山东泗水县东五十里）人。②知：作动词用，知道。

【译文】

孔子说："由啊，我教给你的，你懂了吗？知道就是知道，不知道就是不知道，这才是真正的智慧！"

【原文】

2.18 子张学干禄[①]，子曰："多闻阙疑[②]，慎言其余，则寡尤[③]；多见阙殆[④]，慎行其余，则寡悔。言寡尤，行寡悔，禄在其中矣。"

【注解】

①子张：孔子的学生，姓颛（zhuān）孙，名师，字子张。干禄：谋求禄位。②阙疑：把疑难问题留着，不下判断。阙，通"缺"。③尤：过失。④阙殆：与"阙疑"对称，同义，故均译为"怀疑"。

【译文】

子张请教求得官职俸禄的方法。孔子说："多听，把不明白的事情放到一边，谨慎地说出那些真正懂得的，就能少犯错误；多观察，不明白的就保留心中，谨慎地实行那些真正懂得的，就能减少事后懊悔。言语少犯错误，行动很少后悔，自然就有官职俸禄了。"

【原文】

2.19 哀公问曰[①]："何为则民服？"孔子对曰："举直错诸枉[②]，则民服；举枉错诸直，则民不服。"

【注解】

①哀公：鲁国国君，姓姬，名将，鲁定公之子，在位二十七年，"哀"是谥号。②错：同"措"，安置。诸："之于"的合音。枉：邪曲。

【译文】

鲁哀公问道："我怎么做才能使百姓服从呢？"孔子答道："把正直的人提拔上来，使他们位居不正直的人之上，则百姓就服从了；如果把不正直的人提拔上来，使他们位居正直的人之上，百姓就会不服从。"

【原文】

2.20 季康子问[①]："使民敬、忠以劝[②]，如之何？"子曰："临之以庄，则敬；孝慈，则忠；举善而教不能，则劝[③]。"

【注解】

①季康子：鲁大夫季桓子之子，鲁国正卿，"康"是谥号。②以：通"与"，可译为"和"。③劝：勉励的意思。

【译文】

季康子问："要使百姓恭敬、忠诚并互相勉励，该怎么做？"孔子说："如果你用庄重的态度对待他们，他们就会恭敬；如果你能孝顺父母、爱护幼小，他们就会忠诚；如果你能任用贤能之士，教育能力低下的人，他们就会互相勉励。”

【原文】

2.21 或谓孔子曰①：“子奚不为政②？”子曰：“《书》云③：‘孝乎惟孝，友于兄弟。’施于有政④，是亦为政，奚其为为政？”

【注解】

①或：有人。②奚（xī）：疑问词，当“何”“怎么”“为什么”讲。③《书》：指《尚书》。“《书》云”以下二句见伪《古文尚书·君陈》，略有出入，可能是《尚书》逸文。④施于有政：“有”在此无实在的意义。

【译文】

有人问孔子说：“您为什么不当官参与政治呢？”孔子说：“《尚书》中说：‘孝呀！只有孝顺父母，才能推广到友爱兄弟。并把孝悌的精神扩展、影响到政治上去。’这也是参与政治，为什么一定要当官才算参与政治呢？”

【原文】

2.22 子曰：“人而无信①，不知其可也。大车无輗②，小车无軏③，其何以行之哉？”

人而无信，不知其可也。

【注解】

①而：如果。信：信誉。②大车：指牛车。輗（ní）：大车辕和车辕前横木相接的关键。③小车：指马车。軏（yuè）：马车辕前横木两端的木销。

【译文】

孔子说：“一个人如果不讲信誉，真不知他怎么办。就像大车的横木两头没有活键，小车的横木两头少了关扣一样，怎么能行驶呢？”

【原文】

2.23 子张问：“十世可知也①？”子曰：“殷因于夏礼②，所损益可知也；周因于殷礼，所损益可知也；其或继周者，虽百世，可知也。”

【注解】

①世：古时称三十年为一世，一世为一代。也有的把“世”解释为朝代。也：表疑问的语气词。②殷：殷朝，即商朝，商王盘庚迁都于殷（今河南安阳西北），后来就称商朝为“殷”。因：因袭，沿袭。

【译文】

子张问：“今后十代的礼制现在可以预知吗？”孔子说：“殷代承袭夏代的礼制，其中废除和增加的内容是可以知道的；周代继承殷代的礼制，其中废除和增加的内容，也是可以知道的。那么以后如果有继承周朝的朝代，就是在一百代以后，也是可以预先知道的。”

【原文】

2.24　子曰：“非其鬼而祭之，谄也。见义不为，无勇也。”

【译文】

孔子说：“祭祀不该自己祭祀的鬼神，那是献媚；见到合乎正义的事而不做，那是没有勇气。”

八佾篇第三

【原文】

3.1　孔子谓季氏[①]，“八佾舞于庭[②]，是可忍也[③]，孰不可忍也？”

【注解】

①季氏：季孙氏，鲁国大夫。②八佾（yì）：古代奏乐舞蹈，每行八人，称为一佾。天子可用八佾，即六十四人；诸侯六佾，四十八人；大夫四佾，三十二人。季氏应该用四佾。③忍：忍心，狠心。

孔子闻季氏舞八佾于庭曰：是可忍也，孰不可忍也。

【译文】

孔子谈到季孙氏说：“他用天子才能用的八佾在庭院中奏乐舞蹈，这样的事都狠心做得出来，还有什么事不能狠心做出来呢？”

【原文】

3.2　三家者以《雍》彻[①]。子曰：“‘相维辟公，天子穆穆[②]’，奚取于三家之堂？”

【注解】

①三家：鲁国当政的三家大夫孟孙、叔孙、季孙。《雍》：《诗经·周颂》中的一篇，为周天子举行祭礼后撤去祭品、祭器时所唱的诗。彻：同“撤”，古代祭礼完毕后撤祭馔，乐人唱诗以娱神。②“相维辟公，天子穆穆”二句：诸侯都在助祭，天子恭敬地主祭。见《雍》诗。相（xiàng），助祭的人。维，用于句中的助词，可以译为“是”。辟（bì）公，诸侯。穆穆，庄严肃穆。

【译文】

孟孙、叔孙和季孙三家祭祖时，唱着《雍》这首诗歌来撤除祭品。孔子说：“《雍》

诗说的‘诸侯都来助祭，天子恭敬地主祭’怎么能用在三家大夫的庙堂上呢？”

【原文】

3.3　子曰：“人而不仁，如礼何[①]？人而不仁，如乐何？”

【注解】

①如礼何：怎样对待礼仪制度。

【译文】

孔子说：“做人如果没有仁德，怎么对待礼仪制度呢？做人如果没有仁德，怎么对待音乐呢？”

【原文】

3.4　林放问礼之本[①]，子曰：“大哉问！礼，与其奢也，宁俭；丧，与其易也[②]，宁戚。”

【注解】

①林放：鲁国人。②易：治理，办妥。

【译文】

林放问礼的根本。孔子说：“你的问题意义重大啊！礼，与其求形式上的豪华，不如俭朴一些好；治丧，与其在仪式上面面俱到，不如内心真正悲痛。”

【原文】

3.5　子曰：“夷狄之有君[①]，不如诸夏之亡也[②]。”

【注解】

①夷狄：古代中原地区的人对周边地区的贬称，谓之不开化。②诸夏：古代中原地区华夏族的自称。亡（wú）：通“无”。

【译文】

孔子说：“夷狄有君主而不讲礼节，还不如原之地的没有君主而讲礼节哩。”

【原文】

3.6　季氏旅于泰山[①]。子谓冉有曰[②]：“女弗能救与？”对曰：“不能。”子曰：“呜呼！曾谓泰山不如林放乎？”

【注解】

①旅：祭山，这里作动词用。在当时，只有天子和诸侯才有资格祭祀名山大川。②冉有：名求，字子有，孔子的学生，比孔子小二十九岁。冉有当时在季氏门下做事。

【译文】

季氏要去祭祀泰山，孔子对冉有说："你不能阻止吗？"冉有回答说："不能。"孔子说："唉！难道说泰山之神还不如林放懂礼吗？"

【原文】

3.7　子曰："君子无所争。必也射乎[①]！揖让而升[②]，下而饮。其争也君子。"

揖让而升，下而饮，其争也君子。

【注解】

①射：指古代的射礼。大射礼规定两人一组，相互作揖然后登堂，射完再相互作揖退下。各组射完后，再作揖登堂饮酒。②揖：拱手行礼。

【译文】

孔子说："君子没有什么可与别人争的事情。如果有，一定是比射箭了。比赛时，相互作揖谦让后上场。射完后，登堂喝酒。这是一种君子之争。"

【原文】

3.8　子夏问曰："'巧笑倩兮[①]，美目盼兮[②]，素以为绚兮[③]'。何谓也？"子曰："绘事后素。"曰："礼后乎？"子曰："起予者商也[④]！始可与言《诗》已矣。"

【注解】

①倩：笑容美好。②盼：眼睛黑白分明。③绚（xuàn）：有文采。这三句诗前两句见《诗·卫风·硕人》，第三句可能是逸诗。④起：阐明。

【译文】

子夏问道："'轻盈的笑脸多美呀，黑白分明的眼睛多媚呀，好像在洁白的质地上画着美丽的图案呀。'这几句诗是什么意思呢？"孔子说："先有白色底子，然后在上面画画。"子夏说："这么说礼仪是在有了仁德之心之后才产生的了？"孔子说："能够发挥我的思想的是卜商啊！

巧笑倩兮，美目盼兮，素以为绚兮。

可以开始和你谈论《诗经》了。”

【原文】

3.9 子曰：“夏礼，吾能言之，杞不足征也[①]；殷礼，吾能言之，宋不足征也[②]。文献不足故也[③]。足，则吾能征之矣。”

孔子论夏、殷之礼。

【注解】

①杞：国名，杞君是夏禹的后代，周初的故城在今河南杞县，其后迁移。征：证明、验证。②宋：国名，宋君是商汤的后代，故城在今河南商丘县南。③文：典籍。献：指贤人。

【译文】

孔子说：“夏代的礼仪制度，我能说一说，但它的后代杞国不足以作证明；殷代的礼仪制度，我能说一说，但它的后代宋国不足以作证明。这是杞、宋两国的历史资料和知礼人才不足的缘故。如果有足够的历史资料和懂礼的人才，我就可以验证这两代的礼了。”

【原文】

3.10 子曰：“禘自既灌而往者[①]，吾不欲观之矣。”

【注解】

①禘（dì）：一种极为隆重的祭礼，只有天子才能举行。灌：祭礼开始时，向代表受祭者献酒的仪式。

【译文】

孔子说：“举行禘祭的仪式，从完成第一次献酒以后，我就不想看下去了。”

【原文】

3.11 或问禘之说，子曰：“不知也。知其说者之于天下也，其如示诸斯乎[①]！”指其掌。

【注解】

①示：有二义，一为“置”，摆或放的意思，即指放在手上的东西，一目了然；一为“视”。两说皆通，今从前说。斯：指后面的“掌”字。

【译文】

有人问孔子关于举行禘祭的内容，孔子说：“不知道。知道的人治理天下，可能像把东西放在这里一样容易吧！”说的时候，指着自己的手掌。

【原文】

3.12 祭如在①，祭神如神在。子曰："吾不与祭②，如不祭。"

【注解】

①祭如在：祭祀祖先时，好像祖先真的就在前面。祭，祭祀。在，存在，这里指活着。②与（yù）：参与。

【译文】

祭祀祖先时，好像祖先真的在面前；祭神的时候，好像神真的在面前。孔子说："我如果不亲自参加祭祀，祭了就跟不祭一样。"

【原文】

3.13 王孙贾问曰①："与其媚于奥②，宁媚于灶③，何谓也？"子曰："不然获罪于天，无所祷也。"

【注解】

①王孙贾：卫国权臣。据说他是周王之后，因得罪周王，出仕于卫。他的问话，用的是比喻，带有挑衅意味。②奥：后室的西南角，被视为尊者所居的位置。③灶：古人认为灶里有神，因此在灶边祭之。这里王孙贾以奥比喻卫灵公或其宠姬南子，以灶自喻，暗示孔子与其巴结卫灵公及南子，不如巴结自己更实惠。

【译文】

王孙贾问道："与其巴结奥神，不如巴结灶神，这是什么意思？"孔子说："不是这样的。如果得罪了上天，到什么地方去祷告求情也是无用的。"

祭神如神在。

【原文】

3.14 子曰："周监于二代①，郁郁乎文哉②！吾从周。"

【注解】

①监（jiàn）：通"鉴"，借鉴。二代：指夏、商二代。②郁郁：文采盛貌。文：指礼乐制度。

【译文】

孔子说："周代的礼仪制度是参照夏朝和商朝修订的，多么丰富多彩啊！我主张接受周代的。"

子入太庙，每事问。

【原文】

3.15　子入太庙[①]，每事问。或曰："孰谓鄹人之子知礼乎[②]？入太庙，每事问。"子闻之，曰："是礼也。"

【注解】

①太庙：开国的君主叫太祖，太祖的庙叫太庙。这里指周公的庙，周公是鲁国最先受封的君主。②鄹（zōu）：鲁国地名，在今山东省曲阜市东南。孔子的父亲做过鄹大夫，所以这里称为鄹人。

【译文】

孔子进入太庙，每遇到一件事都细细地询问。有人说："谁说鄹邑大夫的儿子懂得礼仪呀？他进到太庙里，每件事都要问人。"孔子听到这话，说："这正是礼嘛。"

【原文】

3.16　子曰："射不主皮[①]，为力不同科[②]，古之道也。"

【注解】

①射不主皮：皮，代指箭靶。古代箭靶叫"侯"，用布或皮做成，中心画着猛兽等。孔子此处讲的射不是军事上的射，而是练习礼乐的射，因此以中不中为主，不以穿破皮侯为主。②为（wèi）：因为。同科：同等，同级。

【译文】

孔子说："比射箭，主要不是看能否射穿皮做的箭靶子，因为各人力气大小不同。这是古时候的规则。"

【原文】

3.17　子贡欲去告朔之饩羊[①]。子曰："赐也！尔爱其羊，我爱其礼。"

【注解】

①去：去掉，废除。告朔之饩（xì）羊：告朔，朔为每月的第一天。周天子于每年秋冬之交向诸侯颁布来年的历书，历书包括指明有无闰月、每月的朔日是哪一天，这就叫"告朔"。诸侯接受历书后，藏于祖庙。每逢初一，便杀一头羊祭于庙。羊杀而不烹叫"饩"（烹熟则叫"飨"）。告朔饩羊是古代一种祭礼制度。

【译文】

子贡想把每月初一告祭祖庙的羊废去不用。孔子说："赐呀！你爱惜那只羊，我则爱惜那种礼。"

【原文】

3.18　子曰："事君尽礼，人以为谄也。"

【译文】

孔子说："按照礼节去侍奉君主，别人却认为这是在讨好君主哩。"

【原文】

3.19　定公问[①]："君使臣，臣事君，如之何？" 孔子对曰："君使臣以礼，臣事君以忠。"

【注解】

①定公：鲁国国君，姓姬名宋，"定"是谥号。

【译文】

鲁定公问："国君役使臣子，臣子服侍君主，各应该怎么做？" 孔子答道："君主应该按照礼节役使臣子，臣子应该用忠心来服侍君主。"

【原文】

3.20　子曰："《关雎》乐而不淫[①]，哀而不伤。"

【注解】

①《关雎（jū）》：《诗经》中的第一篇。

【译文】

孔子说："《关雎》这首诗快乐而不放荡，悲哀而不悲伤。"

【原文】

3.21　哀公问社于宰我[①]。宰我对曰："夏后氏以松，殷人以柏，周人以栗，曰：使民战栗。"子闻之，曰："成事不说，遂事不谏[②]，既往不咎。"

【注解】

①社：土地神，祭祀土神的庙也称社。宰我：名予，字子我，孔子的学生。②遂事：已完成的事。

子曰：《关雎》乐而不淫，哀而不伤。

【译文】

鲁哀公问宰我，做土地神的神位应该用什么木料。宰我回答说："夏代人用松木，殷代人用柏木，周代人用栗木，目的是使百姓战战栗栗。"孔子听到这些话，告诫宰我说："已经过去的事不用解释了，已经完成的事不要再劝谏了，已过去的事也不要再追究了。"

【原文】

3.22　子曰："管仲之器小哉[①]！"或曰："管仲俭乎？"曰："管氏有三归[②]，官事不摄[③]，焉得俭？""然则管仲知礼乎？"曰："邦君树塞门[④]，管氏亦树塞门。邦君为两君之好，有反坫[⑤]，管氏亦有反坫。管氏而知礼，孰不知礼？"

【注解】

①管仲：名夷吾，齐桓公时的宰相，辅助齐桓公成为诸侯的霸主。②三归：三处豪华的公馆。③摄：兼任。④树：树立。塞门：在大门口筑的一道短墙，以别内外，相当于屏风、照壁等。⑤反坫（diàn）：古代君主招待别国国君时，放置献过酒的空杯子的土台。

【译文】

孔子说："管仲的器量太小啦！"有人问："管仲节俭吗？"孔子说："管仲有三处豪华的公馆，他手下的人从不兼职，怎么能称得上节俭呢？""那么管仲懂礼仪吗？"孔子说："国君在宫门前立了一道影壁，管仲也在自家门口立了影壁；国君设宴招待别国君主、举行友好会见时，在堂上设有放置空酒杯的土台，管仲宴客也就有这样的土台。如果说管仲知礼，那还有谁不知礼呢？"

【原文】

3.23　子语鲁大师乐[①]，曰："乐其可知也：始作，翕如也[②]；从之[③]，纯如也[④]，皦如也[⑤]，绎如也[⑥]，以成[⑦]。"

【注解】

①语（yù）：告诉，作动词用。大（tài）师：太师，乐官名。②翕（xī）：意为合，聚，协调。③从（zòng）：放纵，展开。④纯：美好、和谐。⑤皦（jiǎo）：音节分明。⑥绎：连续不断。⑦以成：以之而成，即以从之纯如、皦如、绎如三者而成。

【译文】

孔子给鲁国乐官讲奏乐过程："奏乐过程是可以了解的：开始演奏时，各种乐器合奏，声音宏亮而优美，听众随着乐声响起而为之振奋；乐曲展开后美好而和谐，节奏分明，连续不断，如流水绵绵流淌，直至演奏结束。"

【原文】

3.24　仪封人请见[①]，曰："君子之至于斯也，吾未尝不得见也。"从者见之[②]。出曰："二三子何患于丧乎[③]？天下之无道也久矣，天将以夫子为木铎[④]。"

【注解】

①仪：地名。封人：镇守边疆的小官。请见：请求会见孔子。②从者：随从之人。见之：让他被接见。③二三子：你们这些人。患：忧愁，担心。丧（sàng）：失掉官位。④木铎：以木为舌的铜铃，古代用以宣布政教法令。

【译文】

仪地的一个小官请求会见孔子，说："凡是到这个地方的君子，我没有不求见的。"孔子的学生们领他去见孔子。出来以后，他说："你们几位为什么担心失去官位呢？天下无道已经很久了，因此上天将以孔夫子为圣人来教化天下。"

【原文】

3.25 子谓《韶》[①]："尽美矣[②]，又尽善也[③]。"谓《武》[④]："尽美矣，未尽善也。"

【注解】

①《韶》：相传是舜时的乐曲名。②美：指乐曲的声音言。③善：指乐曲的内容言。④《武》：相传是周武王时的乐曲名。

【译文】

孔子评论《韶》，说："乐曲美极了，内容也好极了。"评论《武》，说："乐曲美极了，内容还不是完全好。"

【原文】

3.26 子曰："居上不宽，为礼不敬，临丧不哀，吾何以观之哉！"

【译文】

孔子说："居于统治地位的人，不能宽宏大量，行礼的时候不恭敬，遭遇丧事时不悲伤哀痛，这个样子，我怎么看得下去呢？"

里仁篇第四

【原文】

4.1 子曰："里仁为美[①]。择不处仁，焉得知[②]？"

【注解】

①里：可作名词讲，居住之地；也可以作动词讲，居住。均通。今从第二义。②知：同"智"。

【译文】

孔子说："居住在有仁风的地方才好。选择住处，不

里仁为美。

居住在有仁风的地方，怎能说是明智呢？”

【原文】

4.2　子曰：“不仁者不可以久处约[①]，不可以长处乐。仁者安仁，知者利仁[②]。”

【注解】

①约：穷困之意。②知（zhì）：同“智”。

【译文】

孔子说：“没有仁德的人不能够长久地安于穷困，也不能够长久地处于安乐之中。有仁德的人长期安心于推行慈爱精神，聪明的人认识到仁对他有长远的利益而实行仁。”

【原文】

4.3　子曰：“唯仁者能好人[①]，能恶人[②]。”

【注解】

①好（hào）：爱好。②恶（wù）：厌恶。

【译文】

孔子说：“只有讲仁爱的人，才能够正确地喜爱某人、厌恶某人。”

【原文】

4.4　子曰：“苟志于仁矣，无恶也。”

【译文】

孔子说：“如果立志追求仁德，就不会去做坏事。”

【原文】

4.5　子曰：“富与贵，是人之所欲也，不以其道得之，不处也。贫与贱，是人之所恶也，不以其道得之，不去也。君子去仁，恶乎成名[①]？君子无终食之间违仁，造次必于是[②]，颠沛必于是[③]。”

【注解】

①恶（wū）乎：怎样。②造次：急促、仓猝。③颠沛：用以形容人事困顿，社会动乱。

【译文】

孔子说：“金钱和地位，是每个人都向往的，但是，以不正当的手段得到它们，君子不享受。贫困和卑贱，是人们所厌恶的，但是，不通过正当的途径摆脱它们，君子是不会摆脱的。君子背离了仁的准则，怎么能够成名呢？君子不会有吃一顿饭的时间离开仁德，即使在匆忙紧迫的情况下也一定要遵守仁的准则，在颠沛流离的时候也和仁同在。”

【原文】

4.6 子曰："我未见好仁者、恶不仁者[①]。好仁者，无以尚之[②]；恶不仁者，其为仁矣，不使不仁者加乎其身。有能一日用其力于仁矣乎？我未见力不足者。盖有之矣，我未之见也。"

【注解】

①好、恶：同4.3章解。②尚：通"上"，用作动词，超过的意思。

【译文】

孔子说："我从未见过喜爱仁德的人和厌恶不仁德的人。喜爱仁德的人，那就没有比这更好的了；厌恶不仁德的人，他实行仁德，只是为了不使不仁德的事物加在自己身上。有谁能在某一天把他的力量都用在仁德方面吗？我没见过力量不够的。或许有这样的人，只是我没有见过罢了。"

【原文】

4.7 子曰："人之过也，各于其党[①]。观过，斯知仁矣[②]。"

【注解】

①党：类别。②斯：则，就。仁：通"人"。

【译文】

孔子说："人们所犯的错误，类型不一。所以观察一个人所犯错误的性质，就可以知道他的为人。"

【原文】

4.8 子曰："朝闻道[①]，夕死可矣。"

【注解】

①道：道理，指真理。

【译文】

孔子说："早晨能够得知真理，即使当晚死去，也没有遗憾。"

【原文】

4.9 子曰："士志于道，而耻恶衣恶食者，未足与议也。"

【译文】

孔子说："读书人立志于追求真理，但又以穿破衣、吃粗糙的饭食为耻，这种人就不值得和他谈论真理了。"

【原文】

4.10　子曰："君子之于天下也，无适也[①]，无莫也[②]，义之与比[③]。"

【注解】

①适（dí）：意为专主、依从。②莫：不肯。无适无莫，指做事不固执。③义：适宜、妥当。比：亲近、相近。

【译文】

孔子说："君子对于天下的事，没有规定一定要怎样做，也没有规定一定不要怎样做，而只考虑怎样做才合适恰当，就行了。"

【原文】

4.11　子曰："君子怀德，小人怀土；君子怀刑，小人怀惠。"

【译文】

孔子说："君子心怀的是仁德；小人则怀恋乡土。君子关心的是刑罚和法度，小人则关心私利。"

君子怀德，小人怀土。

【原文】

4.12　子曰："放于利而行[①]，多怨。"

【注解】

①放（fǎng）：或译为纵，谓纵心于利也；或释为依据，今从后说。利：这里指个人利益。

【译文】

孔子说："如果依据个人的利益去做事，会招致很多怨恨。"

【原文】

4.13　子曰："能以礼让为国乎[①]，何有[②]？不能以礼让为国，如礼何[③]？"

【注解】

①礼让：礼节和谦让。②何有：何难之有，不难的意思。③如礼何：把礼怎么办？即如何实行礼制呢?

【译文】

孔子说："能用礼让的原则来治理国家吗，难道这有什么困难吗？如果不能用礼让的原则来治理国家，又怎么能实行礼制呢？"

【原文】

4.14　子曰："不患无位，患所以立。不患莫己知，求为可知也。"

【译文】

孔子说："不愁没有职位，只愁没有足以胜任职务的本领。不愁没人知道自己，应该追求能使别人知道自己的本领。"

【原文】

4.15　子曰："参乎！吾道一以贯之①。"曾子曰："唯。"子出。门人问曰："何谓也？"曾子曰："夫子之道，忠恕而已矣②。"

【注解】

①贯：贯穿，贯通。如以绳穿物。②忠恕：据朱熹注，尽己之心以待人叫做"忠"，推己及人叫做"恕"。

【译文】

孔子说："曾参呀！我的学说可以用一个根本的原则贯通起来。"曾参答道："是的。"孔子走出去以后，其他学生问道："这是什么意思？"曾参说："夫子的学说只不过是忠和恕罢了。"

【原文】

4.16　子曰："君子喻于义①，小人喻于利。"

【注解】

①喻：通晓，明白。

【译文】

孔子说："君子懂得大义，小人只懂得小利。"

【原文】

4.17　子曰："见贤思齐焉①，见不贤而内自省也②。"

【注解】

①贤：贤人，有贤德的人。齐：看齐。②省：反省，检查。

【译文】

孔子说："看见贤人就应该想着向他看齐；见到不贤的人，就要反省自己有没有类似的毛病。"

【原文】

4.18　子曰："事父母几谏①。见志不从，又敬不违，劳而不怨②。"

【注解】

①几（jī）：轻微，婉转。②劳：劳心；担忧。

【译文】

孔子说："侍奉父母，对他们的缺点应该委婉地劝止，如果自己的意见没有被采纳，仍然要对他们恭敬，不加违抗。只在心里忧愁而不怨恨。"

事父母几谏。见志不从，又敬不违。

【原文】

4.19　子曰："父母在，不远游，游必有方。"

【译文】

孔子说："父母活着的时候，子女不远游外地；即使出远门，也必须要有一定的去处。"

【原文】

4.20　子曰："三年无改于父之道，可谓孝矣。"

【译文】

孔子说："如果能够长时间地不改变父亲生前所坚持的准则，就可说做到了孝。"

【原文】

4.21　子曰："父母之年，不可不知也。一则以喜，一则以惧。"

【译文】

孔子说："父母的年纪不能不知道，一方面因其长寿而高兴，一方面又因其年迈而有所担忧。"

【原文】

4.22　子曰："古者言之不出，耻躬之不逮也[①]。"

【注解】

①逮（dài）：及，赶上。

【译文】

孔子说："古代的君子从不轻易地发言表态，他们以说了而做不到为可耻。"

【原文】

4.23　子曰："以约失之者鲜矣[①]。"

【注解】

①约：约束，拘谨。

【译文】

孔子说："因为约束自己而犯错误，这样的事比较少。"

【原文】

4.24　子曰："君子欲讷于言而敏于行[①]。"

【注解】

①讷（nè）：说话迟钝。

【译文】

孔子说："君子说话应该谨慎，而行动要敏捷。"

【原文】

4.25　子曰："德不孤，必有邻。"

【译文】

孔子说："品德高尚的人不会孤独，一定有志同道合的人和他做伴。"

【原文】

4.26　子游曰："事君数，斯辱矣；朋友数，斯疏矣。"

【译文】

子游说："进谏君主过于频繁，就会遭受侮辱；劝告朋友过于频繁，反而会被疏远。"

公冶长篇第五

【原文】

5.1　子谓公冶长[①]："可妻也[②]。虽在缧绁之中[③]，非其罪也。"以其子妻之[④]。

【注解】

①公冶长：齐国人（或说鲁国人），姓公冶，名长，孔子的高足。②妻（qì）：把女儿嫁给。③缧

（léi）绁（xiè）：捆绑犯人的绳索。这里指监狱。④子：儿女，此处指女儿。

子谓公冶长，虽在缧绁之中，非其罪也。

【译文】

孔子谈到公冶长时说："可以把女儿嫁给他。虽然他曾坐过牢，但不是他的罪过。"便把自己的女儿嫁给了他。

【原文】

5.2　子谓南容[①]："邦有道，不废；邦无道，免于刑戮。"以其兄之子妻之[②]。"

【注解】

①南容：姓南容，名适（kuò），字子容，孔子的高足。
②兄之子：孔子的哥哥孔皮，此时已去世，故孔子为侄女主婚。

【译文】

孔子评论南容时说："国家政治清明时，他不会被罢免；国家政治黑暗时，他也可免于刑罚。"就把自己兄长的女儿嫁给了他。

【原文】

5.3　子谓子贱[①]："君子哉若人！鲁无君子者，斯焉取斯？"

【注解】

①子贱：姓宓（fú），名不齐，字子贱，也是孔子的高足。

【译文】

孔子评论子贱说："这个人是君子啊！如果鲁国没有君子，他从哪里获得这种好品德的呢？"

【原文】

5.4　子贡问曰："赐也何如？"子曰："女，器也。"曰："何器也？"曰："瑚琏也[①]。"

【注解】

①瑚（hú）琏（liǎn）：古代祭祀时盛粮食的器具，很珍贵。

【译文】

子贡问孔子："我这个人怎么样？"孔子说："你好比是一个器具。"子贡又问："是什么器具呢？"孔子说："宗庙里盛黍稷的瑚琏。"

【原文】

5.5 或曰："雍也仁而不佞[①]。"子曰："焉用佞？御人以口给[②]，屡憎于人。不知其仁，焉用佞？"

【注解】

①雍：冉雍，字仲弓，孔子的学生。佞（nìng）：能言善说，有口才。②御：抵挡，这里指争辩顶嘴。口给（jǐ）：应对敏捷，嘴里随时都有供给的话语。

【译文】

有人说："冉雍这个人有仁德，但没有口才。"孔子说："何必要有口才呢？伶牙俐齿地同别人争辩，常常被人讨厌。我不知道他是否可称得上仁，但为什么要有口才呢？"

【原文】

5.6 子使漆雕开仕[①]，对曰："吾斯之未能信。"子说[②]。

【注解】

①漆雕开：姓漆雕，名开，字子若，孔子的高足。②说：同"悦"。

【译文】

孔子叫漆雕开去做官。他回答说："我对这事还没有信心。"孔子听了很高兴。

【原文】

5.7 子曰："道不行，乘桴浮于海[①]，从我者，其由与！"子路闻之喜。子曰："由也好勇过我，无所取材。"

【注解】

①桴（fú）：用来在水面浮行的木排或竹排，大的叫筏，小的叫桴。

【译文】

孔子说："如果主张的确无法推行了，我想乘着木排飘流海外。但跟随我的，恐怕只有仲由吧？"子路听了这话很高兴。孔子说："仲由这个人好勇的精神大大超过我，但不善于裁夺事理。"

【原文】

5.8 孟武伯问："子路仁乎？"子曰："不知也。"又问。子曰："由也，千乘之国，可使治其赋也。不知其仁也。""求也何如？"子曰："求也，千室之邑，百乘之家，可使为之宰也[①]，不知其仁也。""赤也何如[②]？"子曰："赤也，束带立于朝，可使与宾客言也。不知其仁也。"

【注解】

①宰：古代县、邑一级的行政长官。卿大夫的家臣也叫宰。②赤：公西赤，字子华，孔子的学生。

【译文】

孟武伯问："子路算得上有仁德吗？"孔子说："不知道。"孟武伯又问一遍。孔子说："仲由呵，一个具备千辆兵车的大国，可以让他去负责军事。至于他有没有仁德，我就不知道了。"又问："冉求怎么样？"孔子说："求呢，一个千户规模的大邑，一个具备兵车百辆的大夫封地，可以让他当总管。至于他的仁德，我弄不清。"孟武伯继续问："公西赤怎么样？"孔子说："赤呀，穿上礼服，站在朝廷上，可以让他和宾客会谈。他仁不仁，我就不知道了。"

【原文】

5.9　子谓子贡曰："女与回也孰愈①？"对曰："赐也何敢望回？回也闻一以知十，赐也闻一以知二。"子曰："弗如也，吾与女弗如也②。"

【注解】

①愈：胜过，超过。②与：有两种解释：其一，同意、赞成；其二，和。此处取后一种说法。

【译文】

孔子对子贡说："你和颜回相比，哪个强一些？"子贡回答说："我怎么敢和颜回相比呢？颜回他听到一件事就可以推知十件事；我呢，听到一件事，只能推知两件事。"孔子说："赶不上他，我和你都赶不上他。"

【原文】

5.10　宰予昼寝。子曰："朽木不可雕也，粪土之墙不可杇也①。于予与何诛②？"子曰："始吾于人也，听其言而信其行；今吾于人也，听其言而观其行。于予与改是。"

子谓子贡曰：女与回也孰愈？

【注解】

①杇（wū）：同"圬"，指涂饰，粉刷。②与（yú）：语气词。诛：意为责备、批评。

【译文】

宰予在白天睡觉。孔子说："腐朽了的木头不能雕刻，粪土一样的墙壁不能粉刷。对宰予这个人，不值得责备呀！"孔子又说："以前，我对待别人，听了他的话便相信他的行为；现在，我对待别人，听了他的话还要观察他的行为。我是因宰予的表现而改变了对人的态度的。"

【原文】

5.11　子曰："吾未见刚者。"或对曰："申枨①。"子曰："枨也欲，焉得刚？"

【注解】

①申枨（chéng）：孔子的学生，姓申，名枨，字周。

【译文】

孔子说："我没有见过刚毅不屈的人。"有人回答说："申枨是这样的人。"孔子说："申枨啊，他的欲望太多，怎么能刚毅不屈？"

【原文】

5.12　子贡曰："我不欲人之加诸我也[①]，吾亦欲无加诸人。"子曰："赐也，非尔所及也。"

【注解】

①加：有两种解释，一是施加，一是凌辱。今从前义。

【译文】

子贡说："我不愿别人把不合理的事加在我身上，我也不想把不合理的事加在别人身上。"孔子说："赐呀，这不是你可以做得到的。"

【原文】

5.13　子贡曰："夫子之文章，可得而闻也；夫子之言性与天道[①]，不可得而闻也。"

【注解】

①天道：天命。《论语》中孔子多处讲到天和命，但不见有孔子关于天道的言论。

【译文】

子贡说："老师关于《诗》《书》《礼》《乐》等文献的讲述，我们能够听得到；老师关于人性和天命方面的言论，我们从来没听到过。"

【原文】

5.14　子路有闻，未之能行，唯恐有闻。

【译文】

子路听到了什么道理，如果还没有来得及去实行，便唯恐又听到新的道理。

【原文】

5.15　子贡问曰："孔文子何以谓之'文'也[①]？"子曰："敏而好学，不耻下问，是以谓之'文'也。"

【注解】

①孔文子：卫国大夫，姓孔，名圉（yǔ），"文"是谥号。

【译文】

子贡问道："孔文子为什么谥他'文'的称号呢？"孔子说："他聪明勤勉，喜爱学习，不以向比自己地位低下的人请教为耻，所以谥他'文'的称号。"

敏而好学，不耻下问。

【原文】

5.16　子谓子产[①]："有君子之道四焉：其行己也恭，其事上也敬，其养民也惠，其使民也义。"

【注解】

①子产：姓公孙，名侨，字子产，郑国大夫。做过正卿，是郑穆公的孙子，为春秋时郑国的贤相。

【译文】

孔子评论子产说："他有四个方面符合君子的标准：他待人处世很谦恭，侍奉国君很负责认真，养护百姓有恩惠，役使百姓合乎情理。"

【原文】

5.17　子曰："晏平仲善与人交[①]，久而敬之。"

【注解】

①晏平仲：名婴，谥号为"平"，齐国的大夫，曾任齐景公的宰相。

【译文】

孔子说："晏平仲善于与人交往，相识时间久了，别人更加尊敬他。"

【原文】

5.18　子曰："臧文仲居蔡山节藻棁[①]，何如其知也[②]？"

【注解】

①臧文仲：姓臧孙，名辰，"文"是他的谥号。春秋时鲁国大夫。居蔡：居，作动词用，藏的意思。蔡，国君用以占卜的大龟。蔡这个地方产龟，因此把大龟叫"蔡"。臧文仲藏了一只大龟。山节藻棁（zhuō）：节，柱上的斗拱。棁，房梁上的短柱。山节藻棁即指把斗拱雕成山形，在棁上绘上水草花纹。古时是装饰天子宗庙的做法。②知：同"智"。孔子认为臧文仲为大龟盖豪华的房子，为僭越行为，不智。

【译文】

孔子说："臧文仲为产自蔡地的大乌龟盖了一间房子，中有雕刻成山形的斗拱和画着藻草的梁柱，他这样做算一种什么样的聪明呢？"

【原文】

5.19 子张问曰："令尹子文三仕为令尹[①]，无喜色；三已之，无愠色。旧令尹之政，必以告新令尹。何如？"子曰："忠矣。"曰："仁矣乎？"曰："未知，焉得仁？""崔子弑齐君[②]。陈文子有马十乘[③]，弃而违之[④]。至于他邦，则曰：'犹吾大夫崔子也。'违之。之一邦，则又曰：'犹吾大夫崔子也。'违之，何如？"子曰："清矣。"曰："仁矣乎？"曰："未知，焉得仁？"

令尹子文三仕为令尹，无喜色；三已之，无愠色。

【注解】

①令尹：楚国的官名，相当于宰相。子文：姓斗，名彀（gòu）于（wū）菟（tú），字子文，楚国贤相。三仕三已的"三"不是实指，而是概数，可译为"几"。②崔子：崔杼，齐国的大夫，曾杀掉他的国君齐庄公。弑（shì）：古代在下的人杀掉在上的人叫"弑"。③陈文子：齐国大夫，名须无。④违：离开。

【译文】

子张问道："楚国的令尹子文几次担任令尹的职务，没有显出高兴的样子；几次被罢免，也没有怨恨的神色。他当令尹时的政事，一定交代给下届接位的人。这个人怎么样？"孔子说："可算得上对国家尽忠了。"子张问："算得上有仁德吗？"孔子说："不知道，这怎么能算仁呢。"子张又问："崔杼杀了齐庄公，陈文子有四十匹马，他都丢弃不要，就离开了。到了另一个国家，说：'这里的执政者和我国的崔子差不多'，又离开了。再到了一国，说：'这里的执政者和我国的崔子差不多'，还是离开了。这人怎么样？"孔子说："很清高。"子张说："算得上有仁德吗？"孔子说："不知道，这怎么能算有仁德呢？"

【原文】

5.20 季文子三思而后行[①]。子闻之，曰："再，斯可矣。"

【注解】

①季文子：鲁国的大夫，姓季孙，名行父，"文"是谥号。

【译文】

季文子办事，要反复考虑多次后才行动。孔子听到后，说："考虑两次就可以了。"

【原文】

5.21　子曰："宁武子，邦有道，则知[①]；邦无道，则愚。其知可及也，其愚不可及也。"

【注解】

①宁武子：姓宁，名俞，谥号为"武"，卫国的大夫。

【译文】

孔子说："宁武子这个人，在国家政治清明时就聪明，当国家政治黑暗时就装糊涂。他的聪明是别人可以做得到的，他的装糊涂，别人是赶不上的。"

【原文】

5.22　子在陈[①]，曰："归与！归与！吾党之小子狂简[②]，斐然成章，不知所以裁之。"

【注解】

①陈：国名，大约在今河南东部和安徽北部一带。②吾党：我的家乡。党是古代地方组织的名称，五百家为党。狂简：志向远大而行为粗疏。

【译文】

孔子在陈国，说："回去吧！回去吧！我家乡的那帮学生志向远大而行为粗疏，文采虽然很可观，但他们不知道怎样节制自己。"

【原文】

5.23　子曰："伯夷、叔齐不念旧恶[①]，怨是用希。"

【注解】

①伯夷、叔齐：孤竹君的两个儿子。父亲死后，互相让位，都逃到周文王那里。周武王起兵伐纣，他们以为这是以臣弑君，拦在马前劝阻。周灭商统一天下后，他们以吃周朝的粮食为耻，逃进山中以野草充饥，饿死在首阳山中。

【译文】

孔子说："伯夷、叔齐这两兄弟不记旧仇，因此别人对他们的怨恨很少。"

【原文】

5.24　子曰："孰谓微生高直[①]？或乞醯焉[②]，乞诸其邻而与之。"

【注解】

①微生高：姓微生，名高，鲁国人，以直爽著称。②醯（xī）：醋。

【译文】

孔子说："谁说微生高这个人直爽？有人向他求点醋，他却向自己邻居那里讨点来给人家。"

【原文】

5.25　子曰："巧言、令色、足恭，左丘明耻之[①]，丘亦耻之。匿怨而友其人，左丘明耻之，丘亦耻之。"

【注解】

①左丘明：鲁国史官，姓左丘，名明。一说姓左，名丘明。相传是《春秋左氏传》和《国语》的作者。

子曰：巧言、令色、足恭，左丘明耻之，丘亦耻之。

【译文】

孔子说："花言巧语，面貌伪善，过分恭敬，这种人，左丘明认为可耻，我也认为可耻。把仇恨暗藏于心，表面上却同人要好，这种人，左丘明认为可耻，我也认为可耻。"

【原文】

5.26　颜渊、季路侍[①]。子曰："盍各言尔志？"子路曰："愿车马衣轻裘与朋友共，敝之而无憾。"颜渊曰："愿无伐善[②]，无施劳。"子路曰："愿闻子之志。"子曰："老者安之，朋友信之，少者怀之[③]。"

【注解】

①季路：即子路。②伐善：夸耀功劳。伐，夸耀。③怀：关怀，照顾。

【译文】

颜渊、季路在孔子身边。孔子说："你们为什么不各自谈谈自己的志向？"子路说："我愿意拿出自己的车马、穿的衣服，和朋友们共同使用，即使用坏了也不遗憾。"颜渊说："我愿意不夸耀自己的长处，不宣扬自己的功劳。"子路说："我们希望听听老师的志向。"孔子说："我愿老年人安度晚年，朋友之间相互信任，年幼的人得到照顾。"

【原文】

5.27　子曰："已矣乎！吾未见能见其过而内自讼者也。"

【译文】

孔子说："算了吧！我从未见过看到自己有错误便能自我责备的人。"

【原文】

5.28　子曰："十室之邑，必有忠信如丘者焉，不如丘之好学也。"

【译文】

孔子说："就是在只有十户人家的小地方，一定有像我这样又忠心又守信的人，只是赶不上我这样好学罢了。"

雍也篇第六

【原文】

6.1　子曰："雍也可使南面[①]。"

【注解】

①南面：古时尊者的位置是坐北朝南，天子、诸侯、卿大夫等听政时皆面南而坐。此以"南面"代指卿大夫之位。

【译文】

孔子说："冉雍这个人啊，可以让他去做一个部门或一个地方的长官。"

【原文】

6.2　仲弓问子桑伯子[①]，子曰："可也，简。"仲弓曰："居敬而行简，以临其民，不亦可乎？居简而行简，无乃大简乎[②]？"子曰："雍之言然。"

【注解】

①子桑伯子：鲁人，事迹不详。②无乃：岂不是。

桑伯子居敬而行简，以临其民。

【译文】

仲弓问子桑伯子这个人怎么样，孔子说："这个人不错，他办事简约。"仲弓说："如果态度严肃认真，而办事简约不烦，这样来治理百姓，不也可以吗？如果态度马虎粗疏，办起事来又简约，那不是太简单了吗？"孔子说："你的话很对。"

【原文】

6.3　哀公问："弟子孰为好学？"孔子对曰："有颜回者好学，不迁怒[①]，不贰过[②]。不幸短命死矣[③]。今也则亡[④]，未闻好学者也。"

【注解】

①不迁怒：不把对此人的怒气发泄到彼人身上。②不贰过："贰"是重复、一再的意思。这是说不犯

同样的错误。③短命死矣：颜回死时年仅三十一岁。④亡：同“无”。

【译文】

鲁哀公问：“你的学生中谁最爱好学习？”孔子回答说：“有个叫颜回的最爱学习。他从不迁怒于别人，也不犯同样的过错。只是他不幸短命死了。现在没有这样的人了，再也没听到谁爱好学习的了。”

【原文】

6.4 子华使于齐[①]，冉子为其母请粟[②]，子曰：“与之釜[③]。”请益，曰：“与之庾[④]。”冉子与之粟五秉[⑤]。子曰：“赤之适齐也，乘肥马，衣轻裘。吾闻之也，君子周急不继富。”

【注解】

①子华：孔子的学生，姓公西，名赤，字子华，鲁国人。②冉子：姓冉，名求，字子有，鲁国人。粟：小米。③釜：古代量器，六斗四升为一釜。④庾（yǔ）：古代量器，二斗四升为一庾。⑤秉（bǐng）：古代量器，十六斛为一秉。一斛为十斗。

【译文】

子华出使齐国，冉有替子华的母亲向孔子请求补助一些小米。孔子说：“给她六斗四升。”冉有请求再增加一些，孔子说：“再给她二斗四升。”冉有却给了她八百斗。孔子说：“公西赤到齐国去，骑肥马，穿着又轻又暖和的皮袍。我听人说：君子应该救济有紧急需要的穷人，而不应该给富人添富。”

子华使于齐。

【原文】

6.5 原思为之宰[①]，与之粟九百，辞。子曰：“毋以与尔邻里乡党乎[②]！”

【注解】

①原思：姓原，名宪，字子思，孔子的学生。宰：家宰，管家。②邻里乡党：古代地方单位的名称。五家为邻，二十五家为里，一万二千五百家为乡，五百家为党。

【译文】

原思做了孔子家的总管，孔子给他报酬小米九百斗，他推辞不要。孔子说：“不要这样推辞！多余的就给你的邻里乡亲吧！”

【原文】

6.6 子谓仲弓，曰[①]：“犁牛之子骍且角[②]，虽欲勿用，山川其舍诸？”

【注解】

①子谓仲弓：有两种解释，一是孔子对仲弓说；二是孔子对第三者议论仲弓，今从前说。②犁牛：耕牛。骍（xīn）且角：祭祀用的牛，毛色为红，角长得端正。骍，红色。

【译文】

孔子对仲弓说："耕牛生的小牛犊长着红色的毛皮，两角整齐，虽然不想用来当祭品，山川之神难道会舍弃它吗？"

【原文】

6.7　子曰："回也，其心三月不违仁。其余则日月至焉而已矣。"

【译文】

孔子说："颜回呀，他的心中长久地不离开仁德，其余的学生，只不过短时间能做到这点罢了。"

季康子问：仲由可使从政也与？

【原文】

6.8　季康子问[①]："仲由可使从政也与？"子曰："由也果，于从政乎何有？"曰："赐也可使从政也与？"曰："赐也达，于从政乎何有？"曰："求也可使从政也与？"曰："求也艺，于从政乎何有？"

【注解】

①季康子：即季孙肥，春秋时期鲁国的正卿。"康"是谥号。

【译文】

季康子问："仲由可以参与政事吗？"孔子说："仲由呀，办事果断，参与政事有什么困难呢？"又问："端木赐可以参与政事吗？"孔子说："端木赐呀，通情达理，参与政事有什么困难呢？"又问："冉求可以参与政事吗？"孔子说："冉求呀，多才多艺，参与政事有什么困难呢？"

【原文】

6.9　季氏使闵子骞为费宰[①]。闵子骞曰："善为我辞焉。如有复我者，则吾必在汶上矣[②]。"

【注解】

①闵子骞（qiān）：孔子的学生，姓闵，名损，字子骞。费：季氏的封邑，在今山东省费县西北。②汶：汶水，即今山东大汶河。汶上，暗指齐国。

【译文】

季氏派人通知闵子骞，让他当季氏采邑费城的长官。闵子骞告诉来人说："好好地为我推辞掉吧！如果再有人为这事来找我，那我一定逃到汶水那边去了。"

【原文】

6.10 伯牛有疾①。子问之，自牖执其手②，曰："亡之，命矣夫！斯人也而有斯疾也！斯人也而有斯疾也！"

【注解】

①伯牛：孔子的学生，姓冉，名耕，字伯牛。②牖（yǒu）：窗户。

【译文】

冉伯牛病了，孔子去探望他，从窗户里握着他的手，说道："没有办法，真是命呀！这样的人竟得这样的病呀！这样的人竟得这样的病呀！"

【原文】

6.11 子曰："贤哉，回也！一箪食①，一瓢饮，在陋巷，人不堪其忧，回也不改其乐。贤哉，回也！"

【注解】

①箪（dān）：古代盛饭的竹器。

【译文】

孔子说："真是个大贤人啊，颜回！用一个竹筐盛饭，用一只瓢喝水，住在简陋的巷子里。别人都忍受不了那穷困的忧愁，颜回却能照样快活。真是个大贤人啊，颜回！"

一箪食，一瓢饮，在陋巷，人不堪其忧，回也不改其乐。

【原文】

6.12 冉求曰："非不说子之道①，力不足也。"子曰："力不足者，中道而废，今女画②。"

【注解】

①说（yuè）：同"悦"。②女：同"汝"，你。画：划定界限，停止前进。

【译文】

冉求说："我不是不喜欢老师的学说，是我力量不够。"孔子说："如真的力量不够，你会半途而废。如今你却画地为牢，不肯前进。"

【原文】

6.13 子谓子夏曰："女为君子儒，毋为小人儒。"

【译文】

孔子对子夏说："你要做个君子式的儒者，不要做小人式的儒者。"

【原文】

6.14 子游为武城宰[①]。子曰："女得人焉尔乎？"曰："有澹台灭明者[②]，行不由径。非公事，未尝至于偃之室也。"

【注解】

①武城：鲁国的城邑，在今山东省费县西南。②澹台灭明：人名，姓澹台，名灭明，字子羽。后来也是孔子的学生。

澹台灭明行不由径。非公事，未尝至于偃之室。

【译文】

子游担任武城地方的长官。孔子说："你在那里得到什么优秀人才了吗？"子游回答说："有个名叫澹台灭明的人，行路时不抄小道，不是公事，从不到我家里来。"

【原文】

6.15 子曰："孟之反不伐[①]，奔而殿[②]，将入门，策其马[③]，曰：'非敢后也，马不进也。'"

【注解】

①孟之反：又名孟之侧，鲁国大夫。伐：夸耀。②殿：在最后。③策：鞭打。

【译文】

孔子说："孟之反不喜欢自夸，打仗败了，他走在最后（掩护撤退）。快进城门时，他用鞭子抽打着马说：'不是我敢殿后呀，是我的马不肯快跑呀！'"

【原文】

6.16 子曰："不有祝鮀之佞[①]，而有宋朝之美[②]，难乎免于今之世矣。"

【注解】

①祝鮀（tuó）：卫国大夫，字子鱼。他是祝官，名鮀。善于外交辞令。②宋朝：宋国的公子朝。《左传》中曾记载他因美貌而惹起祸乱的事情。

【译文】

孔子说："如果没有祝鮀那样的口才，却仅仅有宋朝那样的美貌，在当今的社会里就难以避免祸害了。"

【原文】

6.17　子曰："谁能出不由户？何莫由斯道也？"

【译文】

孔子说："谁能够走出屋子而不经过房门呢？为什么没有人走这条必经的仁义之路呢？"

谁能出不由户？何莫由斯道也。

【原文】

6.18　子曰："质胜文则野，文胜质则史。文质彬彬[1]，然后君子。"

【注解】

①文质彬彬（bīn）：文质配合适当。

【译文】

孔子说："质朴多于文采就难免显得粗野，文采超过了质朴又难免流于虚浮，文采和质朴完美地结合在一起，这才能成为君子。"

【原文】

6.19　子曰："人之生也直，罔之生也幸而免[1]。"

【注解】

①罔：诬罔不直的人。

【译文】

孔子说："人凭着正直生存在世上，不正直的人也能生存，那是靠侥幸避免了祸害啊。"

【原文】

6.20　子曰："知之者不如好之者，好之者不如乐之者。"

【译文】

孔子说："（对于任何学问、知识、技艺等）知道它的人，不如爱好它的人；爱好它的人，又不如以它为乐的人。”

知之者不如好之者。

【原文】

6.21　子曰：“中人以上，可以语上也[①]；中人以下，不可以语上也。”

【注解】

①语（yù）：告诉，讲说，谈论。

【译文】

孔子说：“中等以上资质的人，可以给他讲授高深的学问；而中等以下资质的人，不可以给他讲授高深的学问。”

【原文】

6.22　樊迟问知[①]，子曰：“务民之义，敬鬼神而远之[②]，可谓知矣。”问仁，曰：“仁者先难而后获，可谓仁矣。”

樊迟问知。子曰：务民之义。

【注解】

①樊迟：孔子的学生，姓樊，名须，字子迟。②远（yuàn）：作及物动词，疏远，避开。

【译文】

樊迟问怎么样才算聪明，孔子说：“努力从事人民认为合理的工作，尊敬鬼神，但要疏远它们，这样可以称得上是聪明了。”樊迟又问怎么样才叫做有仁德，孔子说：“有仁德的人先付出艰苦的努力，然后得到收获，这样可以说是有仁德了。”

【原文】

6.23　子曰：“知者乐水[①]，仁者乐山。知者动，仁者静。知者乐，仁者寿。”

【注解】

①乐（lè）：喜爱。

【译文】

孔子说：“聪明的人乐于水，仁德的人乐于山。聪明的人爱好活动，仁德的人爱好沉静。聪明的人活得快乐，仁德的人长寿。”

【原文】

6.24　子曰：“齐一变，至于鲁；鲁一变，至于道。”

【译文】

孔子说：“齐国的政治一有改革，便可以达到鲁国的这个样子；鲁国一有改革，就可以达到合符大道的境界了。”

【原文】

6.25　子曰：“觚不觚，觚哉！觚哉！”

【译文】

孔子说：“觚不像个觚的样子，这还叫觚吗！这还叫觚吗！”

【原文】

6.26　宰我问曰：“仁者，虽告之曰‘井有仁焉’，其从之也？”子曰：“何为其然也？君子可逝也[1]，不可陷也；可欺也，不可罔也[2]。”

【注解】

①逝：去救的意思。②罔：诬罔，愚弄。

子曰：觚不觚，觚哉！觚哉！

【译文】

宰我问道：“一个有仁德的人，如果别人告诉他‘井里掉下一位仁人’，他是不是会跟着跳下去呢？”孔子说：“为什么要这样做呢？君子可以到井边设法救人，不让自己陷入井中；可以被人用正当的理由欺骗，但不可以被愚弄。”

【原文】

6.27　子曰：“君子博学于文，约之以礼，亦可以弗畔矣夫[1]！”

【注解】

①畔：通“叛”。矣夫：语气词，表示较强烈的感叹。

【译文】

孔子说：“君子广泛地学习文化知识，再用礼来加以约束，这样也就不会离经叛道了。”

【原文】

6.28　子见南子[1]，子路不说[2]。夫子矢之[3]曰：“予所否者[4]，天厌之！天厌之！”

【注解】

①南子：卫灵公夫人。当时把持着卫国的朝政，行为不端。关于她约见孔子一事，《史记·孔子世家》有较生动的记载。②说（yuè）：通“悦”。③矢：通“誓”。④所……者：相当于“假如……的话”，用于誓词中。

【译文】

孔子去见南子，子路不高兴。孔子发誓说：“我假若做了什么不对的事，让上天厌弃我吧！让上天厌弃我吧！”

【原文】

6.29 子曰：“中庸之为德也[①]，其至矣乎！民鲜久矣[②]。”

【注解】

①中庸：孔子学说的一种最高道德标准。中，折中，调和，无过之也无不及。庸，平常，普通。②鲜（xiǎn）：少。

【译文】

孔子说：“中庸作为一种道德，该是最高的了！但人们已经长久缺乏这种道德了。”

【原文】

6.30 子贡曰：“如有博施于民而能济众，何如？可谓仁乎？”子曰：“何事于仁！必也圣乎！尧舜其犹病诸[①]！夫仁者[②]，己欲立而立人，己欲达而达人。能近取譬，可谓仁之方也已。”

【注解】

①尧、舜：传说中上古时代的两位天子，是孔子推崇的圣人。病：心有所不足。②夫（fú）：助词，用于句首，提起下文。

【译文】

子贡说：“如果一个人能广泛地给民众以好处，而且能够帮助众人生活得很好，这人怎么样？可以说他有仁德了吗？”孔子说：“哪里仅仅是仁德呢，那一定是圣德了！尧和舜大概都难以做到！一个有仁德的人，自己想树立的，同时也帮助别人树立；自己要事事通达顺畅，同时也使别人事事通达顺畅。凡事能够推己及人，可以说是实行仁道的方法了。”

述而篇第七

【原文】

7.1 子曰：“述而不作，信而好古，窃比于我老彭[①]。”

【注解】

①比于我老彭：把自己比作老彭。我，表示亲近。老彭，商代的贤大夫彭祖。

【译文】

孔子说："阐述而不创作，相信并喜爱古代文化，我私下里把自己比作老彭。"

【原文】

7.2 子曰："默而识之[①]，学而不厌，诲人不倦，何有于我哉？"

【注解】

①识（zhì）：通"志"，记住。

【译文】

孔子说："把所见所闻默默地记在心上，努力学习而从不满足，教导别人而不知疲倦，这些事我做到了多少呢？"

【原文】

7.3 子曰："德之不修，学之不讲，闻义不能徙，不善不能改，是吾忧也。"

【译文】

孔子说："不去培养品德，不去讲习学问，听到义在那里却不能去追随，有缺点而不能改正，这些都是我所忧虑的。"

子曰：默而识之，学而不厌，诲人不倦，何有于我哉。

【原文】

7.4 子之燕居[①]，申申如也[②]，夭夭如也[③]。

【注解】

①燕居：安居，闲居。②申申：舒展齐整的样子。③夭夭：和舒之貌。

【译文】

孔子在家闲居的时候，穿戴很整齐，态度很温和。

【原文】

7.5 子曰："甚矣，吾衰也！久矣，吾不复梦见周公[①]。"

【注解】

①周公：姓姬，名旦，周武王之弟，鲁国国君的始祖。他是孔子最敬佩的古代圣人。

【译文】

孔子说："我衰老得很厉害呀！我已经好久没有再梦见周公了。"

【原文】

7.6 子曰："志于道，据于德，依于仁，游于艺[①]。"

【注解】

①艺：指六艺，包括礼、乐、射、御、书、数。

【译文】

孔子说："以道为志向，以德为根据，以仁为依靠，而游憩于礼、乐、射、御、书、数六艺之中。"

【原文】

7.7 子曰："自行束脩以上[①]，吾未尝无诲焉。"

【注解】

①束脩（xiū）：一束干肉，即十条干肉，是古代一种最菲薄的见面礼。

【译文】

孔子说："只要是主动给我十条干肉作为见面礼物的，我从没有不给予教诲的。"

【原文】

7.8 子曰："不愤不启[①]，不悱不发[②]。举一隅不以三隅反，则不复也。"

【注解】

①愤：思考问题时有疑难想不通。②悱（fěi）：想表达却说不出来。发：启发。

【译文】

孔子说："教导学生，不到他冥思苦想仍不得其解的时候，不去开导他；不到他想说却说不出来的时候，不去启发他。给他指出一个方面，如果他不能由此推知其他三个方面，就不再教他了。"

【原文】

7.9 子食于有丧者之侧，未尝饱也。

【译文】

孔子在有丧事的人旁边吃饭，从来没有吃饱过。

【原文】

7.10 子于是日哭，则不歌。

【译文】

孔子如果在这一天哭泣过，就不再唱歌。

【原文】

7.11　子谓颜渊曰 :“用之则行,舍之则藏,惟我与尔有是夫[①]！”子路曰 :“子行三军,则谁与[②]？”子曰 :“暴虎冯河[③],死而无悔者,吾不与也。必也临事而惧,好谋而成者也。”

【注解】

①夫（fú）：语气词，相当于“吧”。②与：同……一起，共事。③暴虎：空手与老虎搏斗。冯河：赤足蹚水过河。冯，同“凭”。

【译文】

孔子对颜渊说 :“如果用我，就去积极行动 ；如果不用我，就藏起来。只有我和你才能这样吧！”子路说 :“如果让您率领三军，您愿找谁一起共事呢？”孔子说 :“赤手空拳和老虎搏斗，徒步涉水过大河，即使这样死了都不后悔的人，我是不会与他共事的。我所要找的共事的人，一定是遇事谨慎小心，善于谋划而且能完成任务的人。”

【原文】

7.12　子曰 :“富而可求也[①]，虽执鞭之士[②]，吾亦为之。如不可求，从吾所好。”

【注解】

①而：用法同“如”，表示假设的连词。可求：可以求得，指道理上可以求得。②执鞭之士：古代的天子、诸侯和官员出入时手执皮鞭开路的人。意思指地位低下的职事。

【译文】

孔子说 :“财富如果可以合理求得的话，即使是做手拿鞭子的差役，我也愿意。如果不能合理求得，我还是做自己所爱好的事。”

【原文】

7.13　子之所慎 : 齐[①]，战，疾。

【注解】

①齐：同“斋”，古代祭祀之前，先要整洁身心，叫做斋戒。

【译文】

孔子所谨慎小心对待的事有三件 : 斋戒，战争，疾病。

【原文】

7.14　子在齐闻《韶》[①]，三月不知肉味[②]。曰 :“不图为乐之至于斯也！”

【注解】

①《韶》：相传是大舜时的乐章。②三月：很长时间。“三”是虚数。

【译文】

孔子在齐国听到《韶》这种乐曲后，很长时间内即使吃肉也感觉不到肉的滋味，他感叹道：“没想到音乐欣赏竟然能达到这样的境界！”

【原文】

7.15　冉有曰：“夫子为卫君乎[①]？”子贡曰：“诺，吾将问之。”入曰：“伯夷、叔齐何人也？”曰：“古之贤人也。”曰：“怨乎？”曰：“求仁而得仁，又何怨？”出曰：“夫子不为也。”

【注解】

①为（wèi）：帮助，赞成。卫君：卫出公辄。辄是卫灵公之孙，太子蒯聩之子。蒯聩得罪了卫灵公的夫人南子，逃亡晋国。灵公死，辄为君。晋国想借把蒯聩送回之机攻打卫国，被卫国抵御，蒯聩也被拒绝归国。这种情势客观上造成蒯聩与辄父子争夺君位的印象，与伯夷、叔齐互相推让君位恰成对比。子贡引以发问，试探孔子对卫出公辄的态度。

【译文】

冉有说：“老师会赞成卫国的国君吗？”子贡说：“嗯，我去问问老师吧。”子贡进入孔子房中，问道：“伯夷和叔齐是怎样的人呢？”孔子说：“他们是古代贤人啊。”子贡说：“他们会有怨悔吗？”孔子说：“他们追求仁德，便得到了仁德，又怎么会有怨悔呢？”子贡走出来，对冉有说：“老师不会赞成卫国国君的。”

子在齐闻《韶》，三月不知肉味。

【原文】

7.16　子曰：“饭疏食[①]，饮水，曲肱而枕之[②]，乐亦在其中矣。不义而富且贵，于我如浮云。”

【注解】

①饭：吃。名词用作动词。疏食：糙米饭。②肱（gōng）：胳膊。

【译文】

孔子说：“吃粗粮，喝清水，弯起胳膊当枕头，这其中也有着乐趣。而通过干不正当的事得来的富贵，对于我来说就像浮云一般。”

【原文】

7.17 子曰："加我数年[①]，五十以学《易》[②]，可以无大过矣。"

【注解】

①加：这里通"假"字，给予的意思。②《易》：《易经》，又称《周易》，古代一部用以占筮（卜卦）的书，其中卦辞和爻辞是孔子以前的作品。

【译文】

孔子说："给我增加几年的寿命，让我在五十岁的时候去学习《易经》，就可以没有大过错了。"

【原文】

7.18 子所雅言[①]，《诗》《书》、执礼，皆雅言也。

【注解】

①雅言：古代西周人的语言，即标准语，相当于今天的普通话。

【译文】

孔子有用雅言的时候，读《诗经》《尚书》和执行礼事，都用雅言。

【原文】

7.19 叶公问孔子于子路[①]，子路不对。子曰："女奚不曰[②]：其为人也，发愤忘食，乐以忘忧，不知老之将至云尔[③]。"

【注解】

①叶（shè）公：楚国大夫沈诸梁，字子高。封地在叶邑，今河南叶县南三十里有古叶城。②奚（xī）：何，为什么，怎么。③云尔：云，如此。尔，同"耳"，而已。

【译文】

叶公问子路孔子是个怎样的人，子路没有回答。孔子说："你为什么不这样说：他的为人，发愤用功到连吃饭都忘了，快乐得忘记了忧愁，不知道衰老将要到来，如此等等。"

【原文】

7.20 子曰："我非生而知之者，好古，敏以求之者也。"

【译文】

孔子说："我并不是生下来就有知识的人，而是喜好古代文化，勤奋敏捷去求取知识的人。"

【原文】

7.21 子不语：怪、力、乱、神[①]。

【注解】

①怪：怪异之事。力：勇力。乱：叛乱。神：鬼神之事。

【译文】

孔子不谈论怪异、勇力、叛乱、鬼神。

【原文】

7.22 子曰："三人行①，必有我师焉。择其善者而从之②，其不善者而改之。"

【注解】

①行：行走。②善：优点。从：顺从，学习。

【译文】

孔子说："三个人同行，其中必定有人可以作为值得我学习的老师。我选取他的优点而学习，如发现他的缺点则引以为戒而加以改正。"

【原文】

7.23 子曰："天生德于予，桓魋其如予何①？"

【注解】

①桓魋（tuí）：宋国的司马（主管军政的官）。孔子离开卫国去陈国，经过宋国，和弟子们在大树下演习礼仪，桓魋想杀孔子，砍掉大树，孔子于是离去。弟子催他快跑，孔子便说："天生德于予，桓魋其如予何！"

【译文】

孔子说："我的品德是上天所赋予的，桓魋能把我怎样呢！"

【原文】

7.24 子曰："二三子以我为隐乎？吾无隐乎尔。吾无行而不与二三子者，是丘也。"

【译文】

孔子说："你们大家以为我对你们有什么隐瞒不教的吗？我没有什么隐瞒不教你们的。我没有一点不向你们公开的，这就是我孔丘的为人。"

【原文】

7.25 子以四教：文，行①，忠，信。

【注解】

①行（xìng）：作名词用，指德行。

【译文】

孔子以四项内容来教导学生：文化知识、履行所学之道的行动、忠诚、守信。

【原文】

7.26　子曰："圣人，吾不得而见之矣；得见君子者，斯可矣[①]。"子曰："善人，吾不得而见之矣；得见有恒者[②]，斯可矣。亡而为有，虚而为盈，约而为泰，难乎有恒矣。"

亡而为有，虚而为盈。

【注解】

①斯：就。②有恒：有恒心。这里指保持好的操守。

【译文】

孔子说："圣人我是不能看到了，能够看到君子，这也就可以了。"孔子又说："善人，我是看不到的了，能看到有一定操守的人就可以了。没有却装作有，空虚却装作充盈，本来穷困却装作富裕，这样的人很难保持好的操守。"

【原文】

7.27　子钓而不纲[①]，弋不射宿[②]。

【注解】

①纲：动词，用大绳系住网，断流以捕鱼。②弋（yì）：用带生丝的箭来射鸟。宿：归巢歇宿的鸟。

【译文】

孔子只用鱼竿钓鱼，而不用大网来捕鱼；用带绳的箭射鸟，但不射归巢栖息的鸟。

【原文】

7.28　子曰："盖有不知而作之者，我无是也。多闻，择其善者而从之，多见而识之[①]，知之次也[②]。"

【注解】

①识（zhì）：通"志"，记住。②次：《论语》中出现过八次，均当"差一等""次一等"讲。

【译文】

孔子说："大概有自己不懂却凭空造作的人吧，我没有这样的毛病。多听，选择其中好的加以学习；多看，全记在心里。这样的知，是仅次于'生而知之'的。"

【原文】

7.29 互乡难与言[①]，童子见，门人惑。子曰："与其进也，不与其退也，唯何甚！人洁己以进，与其洁也，不保其往也。"

【注解】

①互乡：地名，今在何处，已不可考。

【译文】

互乡这地方的人难以同他们交谈，孔子却接见了互乡的一个童子，弟子们都觉得疑惑。孔子说："我是赞成他求上进，不赞成他退步，何必做得太过呢？别人修饰容仪而来要求上进，就应该赞成他的这种做法，而不要总是抓住他的过去不放。"

【原文】

7.30 子曰："仁远乎哉？我欲仁，斯仁至矣。"

【译文】

孔子说："仁德难道离我们很远吗？只要自己愿意实行仁，仁就可以达到。"

【原文】

7.31 陈司败问[①]："昭公知礼乎？"孔子曰："知礼。"孔子退，揖巫马期而进之，曰："吾闻君子不党，君子亦党乎？君取于吴，为同姓[②]，谓之吴孟子[③]。君而知礼，孰不知礼？"巫马期以告。子曰："丘也幸，苟有过，人必知之。"

【注解】

①陈司败：陈国主管司法的官，姓名不详。有人说是齐国大夫，姓陈名司败。②吴：国名。鲁为周公之后，吴为太伯之后，都是姬姓。③吴孟子：鲁昭公夫人，本应叫吴姬，因同姓不婚，故去掉她的姓（姬），改称吴孟子。

【译文】

陈司败问："鲁昭公知礼吗？"孔子说："他知礼。"孔子走出去后，陈司败向巫马期作了个揖，请他走近自己，说："我听说君子不因关系亲近而偏袒，难道君子也有偏袒吗？鲁君从吴国娶了位夫人，是鲁君的同姓，于是称她为吴孟子。鲁君若算得上知礼，还有谁不知礼呢？"巫马期把此话告诉了孔子。孔子说："我孔丘真幸运，如果有错误，别人一定会指出来让我知道。"

【原文】

7.32 子与人歌而善，必使反之[①]，而后和之。

【注解】

①反：复，再。

【译文】

孔子与别人一起唱歌，如果唱得好，一定请他再唱一遍，然后自己又和他一起唱。

【原文】

7.33　子曰："文，莫吾犹人也[①]。躬行君子，则吾未之有得。"

【注解】

①莫：大概，差不多。

【译文】

孔子说："就书本上的学问来说，大概我同别人差不多。身体力行地去做一个君子，那我还没有达到。"

【原文】

7.34　子曰："若圣与仁，则吾岂敢！抑为之不厌[①]，诲人不倦，则可谓云尔已矣[②]。"公西华曰："正唯弟子不能学也。"

【注解】

①抑："只不过是"的意思。②云尔：这样说。

【译文】

孔子说："如果说到圣和仁，那我怎么敢当！不过是朝着圣与仁的方向去努力做而不厌倦，教导别人不知疲倦，那是可以这样说的。"公西华说："这正是我们弟子学不到的。"

【原文】

7.35　子疾病[①]，子路请祷[②]。子曰："有诸[③]？"子路对曰："有之。《诔》曰[④]：'祷尔于上下神祇[⑤]。'"子曰："丘之祷久矣。"

子疾病，子路请祷。

【注解】

①疾：指有病。病：指病情严重。②请祷：向鬼神请求和祷告，即祈祷。③诸："之于"的合音。④诔（lěi）：向神祇祷告的文章。和哀悼死者的文体"诔"不同。⑤尔：你。祇（qí）：地神。

【译文】

孔子病得很重，子路请求祈祷。孔子说："有这回事吗？"子路回答说："有的。《诔》文中说：'为你向天地神灵祈祷。'"孔子说："我早就祈祷过了。"

【原文】

7.36 子曰:“奢则不孙[①],俭则固[②]。与其不孙也,宁固。”

【注解】

①孙(xùn):同“逊”,恭顺。不孙,即为不逊,这里指“越礼”。②固:简陋、鄙陋,这里是寒酸的意思。

【译文】

孔子说:“奢侈豪华就会显得不谦逊,省俭朴素则会显得寒伧。与其不谦逊,宁可寒伧。”

【原文】

7.37 子温而厉,威而不猛,恭而安。

【译文】

孔子温和而严厉,有威仪而不凶猛,谦恭而安详。

【原文】

7.38 子曰:“君子坦荡荡,小人长戚戚。”

【译文】

孔子说:“君子的心地开阔宽广,小人却总是心地局促,带着烦恼。”

泰伯篇第八

【原文】

8.1 子曰:“泰伯[①],其可谓至德也已矣。三以天下让,民无得而称焉。”

【注解】

①泰伯:又叫太伯,周朝祖先古公亶父的长子。古公有三个儿子:泰伯、仲雍、季历。季历的儿子就是姬昌(周文王)。传说古公预见到姬昌的圣德,想打破惯例把君位传给幼子季历。长子泰伯为使父亲愿望实现,便偕同仲雍出走他国,使季历和姬昌顺利即位,后来姬昌之子统一了天下。

【译文】

孔子说:“泰伯,那可以说是道德最崇高的人了。他多次把社稷辞让给季历,人民简直都找不出恰当的词语来称颂他。”

【原文】

8.2　子曰："恭而无礼则劳，慎而无礼则葸[①]，勇而无礼则乱，直而无礼则绞[②]。君子笃于亲[③]，则民兴于仁，故旧不遗，则民不偷[④]。"

【注解】

①葸（xǐ）：拘谨、畏惧的样子。②绞：说话尖刻，出口伤人。③笃：厚待，真诚。④偷：淡薄，不厚道。

【译文】

孔子说："一味恭敬而不知礼，就未免会劳倦疲乏；只知谨慎小心，却不知礼，便会胆怯多惧；只是勇猛，却不知礼，就会莽撞作乱；心直口快却不知礼，便会尖利刻薄。君子能用深厚的感情对待自己的亲族，民众中则会兴起仁德的风气；君子不遗忘背弃他的故交旧朋，那民众便不会对人冷淡漠然了。"

【原文】

8.3　曾子有疾，召门弟子曰："启予足[①]，启予手，《诗》云：'战战兢兢，如临深渊，如履薄冰[②]。'而今而后，吾知免夫！小子！"

【注解】

①启：通"瞀"，看。②"战战兢兢"三句：见《诗经·小雅·小旻》。

曾子有疾，召门弟子。

【译文】

曾子生病，把他的弟子召集过来，说道："看看我的脚！看看我的手！《诗》上说：'战战兢兢，好像面临着深渊，好像走在薄薄的冰层上。'从今以后，我才知道自己可以免于祸害刑戮了！学生们！"

【原文】

8.4　曾子有疾，孟敬子问之[①]。曾子言曰："鸟之将死，其鸣也哀；人之将死，其言也善。君子所贵乎道者三：动容貌，斯远暴慢矣；正颜色，斯近信矣；出辞气，斯远鄙倍矣[②]。笾豆之事[③]，则有司存[④]。"

【注解】

①孟敬子：鲁国大夫仲孙捷。②鄙倍：鄙陋，错误。倍，通"背"，背理，错误。③笾豆：祭礼中使用的器皿，笾是竹制的，豆是木制的。笾豆之事，在此代表礼仪中的一切具体细节。④有司：主管祭祀的官吏。

【译文】

曾子生病了，孟敬子去探问他。曾子说："鸟将要死时，鸣叫声是悲哀的；人将要死时，说出的话是善意的。君子所应当注重的有三个方面：使自己的容貌庄重严肃，这样就可以避免别人的粗暴和怠慢；使自己面色端庄严正，这样就容易使人信服；讲究言辞和声气，这样就可以避免粗野和错误。至于礼仪中的细节，自有主管部门的官吏在那里。"

【原文】

8.5　曾子曰："以能问于不能，以多问于寡；有若无，实若虚；犯而不校①。昔者吾友尝从事于斯矣②。"

【注解】

①校（jiào）：计较。②吾友：有人说指颜渊。

【译文】

曾子说："有才能却向没有才能的人请教，知识广博却向知识少的人请教；有学问却像没学问一样，满腹知识却像空虚无所有；即使被冒犯，也不去计较。从前我的一位朋友就是这样做的。"

【原文】

8.6　曾子曰："可以托六尺之孤①，可以寄百里之命②，临大节而不可夺也。君子人与③？君子人也。"

【注解】

①六尺之孤：古人以七尺指成年，六尺指十五岁以下。②百里：指方圆百里的诸侯大国。③与（yú）：同"欤"，表疑问的语气词。

【译文】

曾子说："可以把幼小的孤儿托付给他，可以将国家的命脉寄托于他，面对安危存亡的紧要关头，却能不动摇屈服。这样的人是君子吗？这样的人是君子啊。"

曾子曰："可以托六尺之孤，可以寄百里之命，临大节而不可夺也。君子人也。

【原文】

8.7　曾子曰："士不可以不弘毅①，任重而道远。仁以为己任，不亦重乎？死而后已，不亦远乎？"

【注解】

①弘毅：弘大刚毅。

【译文】

曾子说："士人不可以不弘大刚毅，因为他肩负的任务重大而路程遥远。把实现仁德作为自己的任务，难道不是重大吗？到死方才停止下来，难道不是遥远吗？"

【原文】

8.8　子曰："兴于诗[①]，立于礼[②]，成于乐[③]。"

【注解】

①兴：兴起，开始。②立：成立，建立。③成：完成。

【译文】

孔子说："从学习《诗》开始，把礼作为立身的根基，掌握音乐使所学得以完成。"

【原文】

8.9　子曰："民可使由之，不可使知之。"

【译文】

孔子说："可以使民众由着我们的道路去做，不可以让他们知道为什么要这样做。"

【原文】

8.10　子曰："好勇疾贫[①]，乱也。人而不仁，疾之已甚[②]，乱也。"

【注解】

①疾：恨，憎恨。②已甚：即太过分。已，太。

【译文】

孔子说："喜欢勇敢逞强却厌恶贫困，是一种祸害。对不仁的人憎恶太过，也是一种祸害。"

【原文】

8.11　子曰："如有周公之才之美，使骄且吝，其余不足观也已。"

【译文】

孔子说："即使有周公那样美好的才能，如果骄傲而吝啬的话，那其他方面也就不值得一提了。"

【原文】

8.12　子曰："三年学，不至于谷[①]，不易得也。"

【注解】

①至：想到。谷：小米，这里指做官得俸禄。

【译文】

孔子说：“读书三年，没想到去做官得俸禄，这是难得的。”

【原文】

8.13 子曰：“笃信好学，守死善道，危邦不入，乱邦不居。天下有道则见[①]，无道则隐。邦有道，贫且贱焉，耻也；邦无道，富且贵焉，耻也。”

【注解】

①见（xiàn）：同“现”。

【译文】

孔子说：“坚定地相信我们的道，努力学习它，誓死守卫保全它。不进入危险的国家，不居住在动乱的国家。天下有道，就出来从政；天下无道，就隐居不仕。国家有道，而自己贫穷鄙贱，是耻辱；国家无道，而自己富有显贵，也是耻辱。”

【原文】

8.14 子曰：“不在其位，不谋其政。”

【译文】

孔子说：“不在那个职位上，就不考虑它的政务。”

【原文】

8.15 子曰：“师挚之始[①]，《关雎》之乱[②]，洋洋乎盈耳哉。”

【注解】

①师挚之始：师挚，鲁国乐师，名挚。始，乐曲的开始，一般由太师演奏。挚是太师，所以说师挚之始。②乱：乐曲的结尾。

【译文】

孔子说：“从太师挚开始演奏，到结尾演奏《关雎》乐曲的时间里，美妙动听的音乐都充盈在耳边。”

【原文】

8.16 子曰：“狂而不直，侗而不愿[①]，悾悾而不信[②]，吾不知之矣。”

【注解】

①侗（tóng）：幼稚，无知。愿：谨慎老实。②悾悾（kōng）：诚恳的样子。

【译文】

孔子说：“狂妄而不正直，幼稚而不谨慎，看上去诚恳却不守信用，我不知道有的人为什么会这样。”

【原文】

8.17　子曰："学如不及，犹恐失之。"

【译文】

孔子说："学习就像追赶什么似的，生怕赶不上，学到了还唯恐会丢失了。"

【原文】

8.18　子曰："巍巍乎，舜、禹之有天下也，而不与焉①。"

【注解】

①不与（yù）：不参与其富贵，即不图自己享受。

【译文】

孔子说："多么崇高啊！舜、禹拥有天下，不是为了自己享受（却是为百姓勤劳）。"

【原文】

8.19　子曰："大哉，尧之为君也！巍巍乎，唯天为大，唯尧则之①。荡荡乎，民无能名焉②。巍巍乎，其有成功也。焕乎，其有文章③。"

【注解】

①则：效法。②名：形容，称赞。③文章：指礼仪制度。

【译文】

孔子说："尧作为国家君主，真是伟大呀！崇高呀！唯有天最高最大，只有尧能效法于上天。他的恩惠真是广博呀！百姓简直不知道该怎样来称赞他。真是崇高啊，他创建的功绩，真是崇高呀！他制定的礼仪制度，真是灿烂美好呀！"

【原文】

8.20　舜有臣五人而天下治。武王曰："予有乱臣十人①。"孔子曰："才难，不其然乎？唐、虞之际，于斯为盛，有妇人焉②，九人而已。三分天下有其二，以服事殷。周之德，其可谓至德也已矣。"

【注解】

①乱臣：据《说文》："乱，治也。"此处所说的"乱臣"，应为"治国之臣"。②妇人：传说是指太姒，文王妻，武王母，亦称文母。

【译文】

舜有五位贤臣，天下就得到了治理。武王说过："我有十位能治理天下的臣

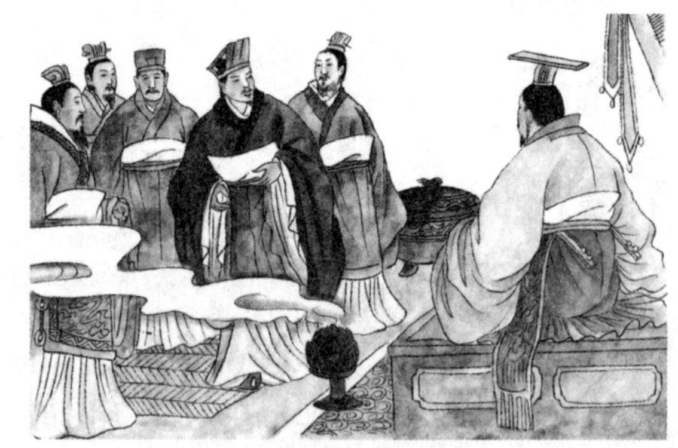

舜有臣五人而天下治。

子。”孔子说：“人才难得，不是这样吗？唐尧、虞舜时代以及周武王时，人才最盛。然而武王十位治国人才中有一位还是妇女，所以实际上只有九人而已。周文王得了天下的三分之二，还仍然服侍殷朝，周朝的道德，可以说是最高的了。”

【原文】

8.21　子曰：“禹，吾无间然矣[①]。菲饮食而致孝乎鬼神[②]，恶衣服而致美乎黻冕[③]，卑宫室而尽力乎沟洫[④]。禹，吾无间然矣！”

【注解】

①间（jiàn）然：意见。间，空隙。②菲（fěi）：薄。乎：相当于“于”。③黻（fù）冕（miǎn）：古代祭祀时的衣帽。④沟洫（xù）：沟渠，指农田水利。

【译文】

孔子说：“禹，我对他没有意见了。他自己的饮食吃得很差，却用丰盛的祭品孝敬鬼神；他自己平时穿得很坏，却把祭祀的服饰和冠冕做得华美；他自己居住的房屋很差，却把力量完全用于沟渠水利上。禹，我对他没有意见了。”

子罕篇第九

【原文】

9.1　子罕言利与命与仁[①]。

【注解】

①罕：稀少。

【译文】

孔子很少（主动）谈论功利、天命和仁德。

【原文】

9.2　达巷党人曰[①]：“大哉，孔子！博学而无所成名。”子闻之，谓门弟子曰：“吾何执？执御乎？执射乎？吾执御矣。”

【注解】

①达巷党人：达巷，地名。党，五百家为党。达巷党，即达巷里（或屯）。

【译文】

达巷里有人说：“孔子真是伟大啊！学问广博，可惜没有使他树立名声的专长。”孔子听了这话，对弟子们说：“我干什么好呢？是去驾马车呢，还是去当射箭手呢？我还是驾马车吧！”

【原文】

9.3 子曰："麻冕[①]，礼也；今也纯[②]，俭[③]；吾从众。拜下，礼也；今拜乎上，泰也[④]；虽违众，吾从下。"

【注解】

①麻冕：麻织的帽子。②纯：黑色的丝。③俭：用麻织帽子，比较费工，所以说改用丝织是俭。④泰：骄纵。

【译文】

孔子说："用麻线来做礼帽，这是合乎礼的；如今用丝来制作礼帽，这样省俭些，我赞成大家的做法。臣见君，先在堂下磕头，然后升堂磕头，这是合乎礼节的；现在大家都只是升堂磕头，这是倨傲的表现。虽然违反了大家的做法，我还是主张要先在堂下磕头。"

【原文】

9.4 子绝四：毋意[①]，毋必[②]，毋固[③]，毋我[④]。

【注解】

①意：通"臆"，主观地揣测。②必：绝对。③固：固执。④我：自以为是。

【译文】

孔子杜绝了四种毛病：不凭空臆测，不武断绝对，不固执拘泥，不自以为是。

【原文】

9.5 子畏于匡[①]，曰："文王既没，文不在兹乎？天之将丧斯文也，后死者不得与于斯文也[②]；天之未丧斯文也，匡人其如予何[③]！"

子畏于匡，曰：天之未丧斯文也，匡人其如予何。

【注解】

① 子畏于匡：匡，地名，在今河南省长垣县西南。畏，受到威胁。公元前496年，孔子从卫国到陈国去经过匡地。匡人曾受到鲁国阳虎的掠夺和残杀。孔子的相貌与阳虎相像，匡人误以为孔子就是阳虎，所以将他围困。② 与（yù）：参与。③ 如予何：奈我何，把我怎么样。

【译文】

孔子在匡地被拘围，他说："周文王死后，文明礼乐不是保存在我这里吗？上天如果要消灭这种文明礼乐，那我这个后死之人也就不会掌握这种文明礼乐了；上天如果不想灭除这种文明礼乐，匡地的人能把我怎么样呢？”

【原文】

9.6 太宰问于子贡曰[①]：“夫子圣者与？何其多能也？”子贡曰：“固天纵之将圣[②]，又多能也。”子闻之，曰：“太宰知我乎？吾少也贱，故多能鄙事。君子多乎哉？不多也。”

【注解】

①太宰：官名，辅佐君主治理国家的人。②纵：使，让。

【译文】

太宰向子贡问道：“夫子是圣人吗？为什么他这样多才多艺呢？”子贡说：“这本是上天想让他成为圣人，又让他多才多艺。”孔子听了这些话，说：“太宰知道我呀！我小时候贫贱，所以学会了不少鄙贱的技艺。君子会有很多技艺吗？不会有很多的。”

【原文】

9.7 牢曰[①]：“子云：‘吾不试[②]，故艺。’”

【注解】

①牢：孔子的学生，姓琴，名牢。《史记·仲尼弟子列传》无此人，当是偶阙。②不试：不被国家任用。

【译文】

子牢说：“孔子说过：‘我不曾被国家任用，所以学得了一些技艺。’”

【原文】

9.8 子曰：“吾有知乎哉？无知也。有鄙夫问于我，空空如也，我叩其两端而竭焉[①]。”

【注解】

①叩其两端而竭焉：指孔子就农夫所问的问题，从首尾两头开始反过来叩问他，一步步问到穷竭处，问题就不解自明了。叩，叩问。两端，指鄙夫所问问题的首尾。竭，尽。

【译文】

孔子说：“我有知识吗？没有知识。有一个边远地方的人来问我，我对他谈的问题本来一点也不知道。我从他所提问题的正反两头去探求，尽了我的力量来帮助他。”

【原文】

9.9 子曰：“凤鸟不至[①]，河不出图[②]，吾已矣夫！”

【注解】

①凤鸟：传说中的一种神鸟。凤鸟出现就预示天下太平。②河图：传说圣人受命，黄河就出现图画，即

八卦图。《尚书·顾命》孔安国注："河图，八卦。伏羲王天下，龙马出河，遂则其文以画八卦，谓之河图。"

【译文】

孔子说："凤凰不飞来了，黄河中没有出现图画，我这一生也就完了吧！"

【原文】

9.10 子见齐衰者、冕衣裳者与瞽者①，见之，虽少，必作②；过之，必趋③。

【注解】

①齐（zī）衰（cuī）：丧服，古时用麻布制成。衣：上衣。裳：下服。瞽（gǔ）：盲。②作：站起来，表示敬意。③趋：快步走，亦表示敬意。

【译文】

孔子对于穿丧服的人、穿礼服戴礼帽的人和盲人，相见的时候，哪怕他们很年轻，也一定会站起身来；经过这些人身边时，他一定快步走过。

【原文】

9.11 颜渊喟然叹曰①："仰之弥高②，钻之弥坚，瞻之在前，忽焉在后。夫子循循然善诱人③，博我以文，约我以礼，欲罢不能。既竭吾才，如有所立卓尔④。虽欲从之，末由也已⑤。"

【注解】

①喟（kuì）然：叹气的样子。②弥：更加，越发。③循循然：有步骤地。④卓尔：高高直立的样子。尔，相当于"然"。⑤末：无。

【译文】

颜渊感叹地说："我的老师啊，他的学问道德，抬头仰望，越望越觉得高；努力钻研，越钻研越觉得深。看着好像在前面，忽然又像在后面了。老师善于有步骤地引导我们，用各种文献来丰富我们的知识，用礼来约束我们的行为，我们想要停止学习都不可能。我已经用尽自己的才力，似乎有一个高高的东西立在我的前面。虽然我想要追随上去，却找不到可循的路径。"

【原文】

9.12 子疾病，子路使门人为臣①。病间②，曰："久矣哉，由之行诈也！无臣而为有臣。吾谁欺？欺天乎？且予与其死于臣之手也，无宁死于二三子之手乎？且予纵不得大葬③，予死于道路乎？"

【注解】

①为臣：臣，指家臣，总管。孔子当时不是大夫，没有家臣，但子路叫门人充当孔子的家臣，准备由此人负责总管安葬孔子之事。②病间（jiàn）：病情减轻。间，空隙，引申为有时间距离，再引申为疾病稍愈。③大葬：指大夫的隆重葬礼。

【译文】

孔子病重，子路让孔子的学生充当家臣准备料理丧事。后来，孔子的病好些了，知道了这事，说："仲由做这种欺诈的事情很久啦！我没有家臣而冒充有家臣。我欺骗谁呢？欺骗上天吗？况且我与其死在家臣手中，也宁可死在你们这些学生手中啊！而且我纵使不能按照大夫的葬礼来安葬，难道会死在路上吗？"

【原文】

9.13　子贡曰："有美玉于斯，韫椟而藏诸[①]？求善贾而沽诸[②]？"子曰："沽之哉！沽之哉！我待贾者也！"

【注解】

①韫（yùn）椟（dú）：藏在柜子里。韫，藏。椟，木柜子。②贾（gǔ）：商人。贾又同"价"，价格。取后一义，善贾便成了"好价钱"。沽（gū）：卖。

【译文】

子贡说："这儿有一块美玉，是把它放在匣子里珍藏起来呢，还是找位识货的商人卖掉呢？"孔子说："卖掉它吧！卖掉它吧！我在等待识货的商人啊！"

【原文】

9.14　子欲居九夷[①]。或曰："陋，如之何？"子曰："君子居之，何陋之有？"

【注解】

①九夷：古代对东方少数民族的蔑称。

【译文】

孔子想到边远地区去居住。有人说："那地方非常鄙陋，怎么能居住呢？"孔子说："有君子住在那儿，怎么会鄙陋呢？"

子欲居九夷。

【原文】

9.15　子曰："吾自卫反鲁[①]，然后乐正，《雅》、《颂》各得其所[②]。"

【注解】

①自卫反鲁：孔子从卫国返回鲁国是在鲁哀公十一年冬。反，同"返"。②《雅》、《颂》：《诗经》中两类不同的诗的名称，同时也是两类不同的乐曲的名称。

【译文】

孔子说："我从卫国回到鲁国，才把音乐进行了整理，《雅》和《颂》都有了适当的位置。"

【原文】

9.16 子曰："出则事公卿，入则事父兄，丧事不敢不勉，不为酒困，何有于我哉？"

【译文】

孔子说："出外便服侍公卿，入门便侍奉父兄，有丧事，不敢不勉力去办，不被酒所困扰，这些事我做到了哪些呢？"

【原文】

9.17 子在川上曰："逝者如斯夫！不舍昼夜。"

【译文】

孔子站在河边，说："消逝的时光就像这河水一样呀，日夜不停地流去。"

【原文】

9.18 子曰："吾未见好德如好色者也。"

【译文】

孔子说："我没有见过像好色那样好德的人。"

【原文】

9.19 子曰："譬如为山，未成一篑①，止，吾止也。譬如平地，虽覆一篑，进，吾往也。"

【注解】

①篑（kuì）：盛土的筐子。

【译文】

孔子说："好比堆土成山，只差一筐土就完成了，这时停下来，是我自己要停下来的。又好比平整土地，虽然只倒下一筐土，如果决心继续，还是要自己去干的。"

【原文】

9.20 子曰："语之而不惰者①，其回也与②！"

【注解】

①语（yù）：告诉。②与：同"欤"。

【译文】

孔子说："听我说话而能始终不懈怠的，大概只有颜回吧！"

【原文】

9.21　子谓颜渊，曰："惜乎！吾见其进也，未见其止也。"

【译文】

孔子谈到颜渊，说："可惜啊！我看到他不断地前进，没有看到过他停止。"

【原文】

9.22　子曰："苗而不秀者有矣夫[①]！秀而不实者有矣夫[②]！"

【注解】

①苗：庄稼出苗。秀：吐穗开花。②实：结果实。

【译文】

孔子说："有只长苗而不开花的吧！有开了花却不结果实的吧！"

【原文】

9.23　子曰："后生可畏，焉知来者之不如今也？四十、五十而无闻焉，斯亦不足畏也已。"

【译文】

孔子说："年轻人是可敬畏的，怎么知道他们将来赶不上现在的人呢？一个人如果到了四五十岁的时候还没有什么名望，这样的人也就不值得敬畏了。"

后生可畏。

【原文】

9.24　子曰："法语之言[①]，能无从乎？改之为贵。巽与之言[②]，能无说乎？绎之为贵[③]。说而不绎，从而不改，吾末如之何也已矣。"

【注解】

①法：正道。②巽（xùn）：恭敬，即恭顺谦敬之言，意译为温和委婉的表扬话。③绎：抽出事物的条理，加以分析鉴别。

【译文】

孔子说："合乎礼法原则的话，能够不听从吗？但只有按它来改正错误才是可贵的。恭顺赞许的话，听了能够不高兴吗？但只有分析鉴别以后才是可贵的。只顾高兴而不加以分析，表面听从而不加以改正，我也没有什么办法来对付这种人了。"

【原文】

9.25　子曰："主忠信，毋友不如己者，过则勿惮改。"

【译文】

孔子说："君子应该亲近忠诚和讲信义的人，不要和不如自己的人交朋友，有了过错不要害怕改正。"

【原文】

9.26　子曰："三军可夺帅也①，匹夫不可夺志也②。"

【注解】

①三军：古代大国三军，每军一万二千五百人。②匹夫：男子汉，泛指普通老百姓。

【译文】

孔子说："一国的军队，可以强行使它丧失主帅；一个男子汉，却不可能强行夺去他的志向。"

【原文】

9.27　子曰："衣敝缊袍①，与衣狐貉者立②，而不耻者，其由也与？'不忮不求，何用不臧③？'"子路终身诵之。子曰："是道也，何足以臧？"

【注解】

①衣（yì）：穿，当动词用。敝：破旧。缊（yùn）袍：用乱麻衬在里面的袍子。②狐貉：用狐和貉的皮做的裘皮衣服。③不忮不求，何用不臧：见《诗经·卫风·雄雉》。忮（zhì），嫉妒。臧，善，好。

【译文】

孔子说："穿着破旧的袍子，与穿着狐貉裘皮衣服的人站在一起，而不觉得羞耻的，大概只有仲由吧！《诗》上说：'不嫉妒，不贪求，为什么不好呢？'"子路听了，从此常常念着这句话。孔子又说："仅仅做到这个样子，又怎么算得上好呢？"

【原文】

9.28　子曰："岁寒，然后知松柏之后凋也①。"

【注解】

①凋：凋零。

【译文】

孔子说："寒冷的季节到了，才知道松柏的叶子是最后凋零的。"

岁寒，然后知松柏之后凋也。

【原文】

9.29 子曰："知者不惑，仁者不忧，勇者不惧。"

【译文】

孔子说："聪明的人不疑惑，仁德的人不忧愁，勇敢的人不畏惧。"

【原文】

9.30 子曰："可与共学，未可与适道；可与适道，未可与立[①]；可与立，未可与权[②]。"

【注解】

①立：立于道而不变，即坚守道。②权：本义为秤锤，引申为权衡轻重，随机应变。

【译文】

孔子说："可以和自己一同学习的人，未必可以和自己走共同的道路；可以和自己走共同的道路，未必可以和自己事事依礼而行；可以和自己事事依礼而行，未必可以和自己一起变通灵活处事。"

【原文】

9.31 "唐棣之华，偏其反而，岂不尔思？室是远而[①]。"子曰："未之思也，夫何远之有？"

【注解】

①"唐棣"四句：这是逸诗。上两句用以起兴。唐棣，木名。华，同"花"。偏其反而，翩翩地摇摆。反，翻转摇摆。

【译文】

"唐棣树的花，翩翩地摇摆，难道不思念你吗？是因为家住得太远了。"对于这四句古诗，孔子说："那是没有真正思念啊，如果真的思念，又怎么会觉得遥远呢？"

先进篇第十一

【原文】

11.1 子曰："先进于礼乐，野人也[①]；后进于礼乐，君子也[②]。如用之，则吾从先进。"

【注解】

①野人：乡野平民或朴野粗鲁的人。②君子：指卿大夫等当权的贵族。他们享有世袭特权，可以先做官，后学习。

【译文】

孔子说："先学习了礼乐而后做官的，是原来没有爵禄的平民，先做了官而后学习礼乐的，是卿大夫的子弟。如果让我来选用人才，那么我赞成选用先学习礼乐的人。"

【原文】

11.2 子曰："从我于陈、蔡者[①]，皆不及门也[②]。"

【注解】

①陈、蔡：春秋时的国名。孔子曾在陈、蔡之间遭受困厄。②不及门：有两种解释：一、指不及仕进之门，即不当官；二、指不在门，即不在孔子身边。今从后说。

【译文】

孔子说："跟随我在陈国、蔡国之间遭受困厄的弟子们，都不在我身边了。"

【原文】

11.3 德行：颜渊，闵子骞，冉伯牛，仲弓。言语：宰我，子贡。政事：冉有，季路。文学[①]：子游，子夏。

【注解】

①文学：文献知识，即文学、历史、哲学等方面的文献知识。这里文学的含义与今相异。

【译文】

（孔子的弟子各有所长）德行好的有：颜渊，闵子骞，冉伯牛，仲弓。娴于辞令的有：宰我，子贡。能办理政事的有：冉有，季路。熟悉古代文献的有：子游，子夏。

【原文】

11.4 子曰："回也非助我者也，于吾言无所不说。"

【译文】

孔子说："颜回不是对我有所助益的人，他对我说的话没有不喜欢的。"

【原文】

11.5 子曰："孝哉闵子骞！人不间于其父母昆弟之言[①]。"

【注解】

①间（jiàn）：空隙。用作动词，表示找空子。不间，找不到空子。

【译文】

孔子说："闵子骞真是孝顺呀！人们对于他的父母兄弟称赞他的话没有异议。"

【原文】

11.6 南容三复白圭[①]，孔子以其兄之子妻之。

【注解】

①三复白圭：多次吟诵"白圭"之诗。《诗经·大雅·抑》有诗句"白圭之玷，尚可磨也；斯言之玷，不可为也。"意思是白玉上面的污点，还可以把它磨掉，但说话不谨慎而出错，却是无法挽回的。南容三复白圭，目的是告诫自己说话要谨慎。

【译文】

南容把"白圭之玷，尚可磨也；斯言之玷，不可为也"几句诗反复诵读，孔子便把自己哥哥的女儿嫁给了他。

【原文】

11.7 季康子问："弟子孰为好学？"孔子对曰："有颜回者好学，不幸短命死矣，今也则亡。"

季康子问：弟子孰为好学？

【译文】

季康子问："你的学生中哪个好学用功呢？"孔子回答说："有个叫颜回的学生好学用功，不幸短命早逝了，现在没有这样的人了。"

【原文】

11.8 颜渊死，颜路请子之车以为之椁[①]。子曰："才不才，亦各言其子也。鲤也死[②]，有棺而无椁。吾不徒行以为之椁[③]。以吾从大夫之后[④]，不可徒行也。"

【注解】

①颜路：颜渊的父亲，也是孔子的学生，名无繇（yóu），字路。椁（guǒ）：古代棺材有的有两层，内层叫棺，外层叫椁。②鲤：孔鲤，字伯鱼，孔子的儿子。③徒行：步行。④从大夫之后：跟随在大夫行列之后。孔子曾经做过鲁国的司寇，属于大夫的地位，不过此时已去位多年。

【译文】

颜渊死了，他的父亲颜路请求孔子把车卖了给颜渊做一个外椁。孔子说："不管有才能还是没才能，说来也都是各自的儿子。孔鲤死了，也只有棺，没有椁。我不能卖掉车子步行来给他置办椁。因为我曾经做过大夫，是不可以徒步出行的。"

【原文】

11.9 颜渊死，子曰："噫！天丧予！天丧予！"

【译文】

颜渊死了，孔子说："唉！上天是要我的命呀！上天是要我的命呀！"

【原文】

11.10 颜渊死，子哭之恸[①]。从者曰："子恸矣！"曰："有恸乎？非夫人之为恸而谁为[②]！"

【注解】

①恸（tòng）：极度悲哀。②夫（fú）：指示代词，此处指颜渊。

【译文】

颜渊死了，孔子哭得极其悲痛。跟随孔子的人说："您悲痛太过了！"孔子说："有悲痛太过了吗？不为这样的人悲痛还为谁悲痛呢？"

【原文】

11.11 颜渊死，门人欲厚葬之。子曰："不可。"门人厚葬之。子曰："回也视予犹父也，予不得视犹子也。非我也，夫二三子也。"

【译文】

颜渊死了，孔子的学生们想要厚葬他。孔子说："不可以。"学生们还是厚葬了他。孔子说："颜回把我当父亲一样看待，我却不能像对待儿子一样看待他。这不是我的意思呀，是那些学生们要这样办。"

【原文】

11.12 季路问事鬼神，子曰："未能事人，焉能事鬼？"曰："敢问死[①]。"曰："未知生，焉知死？"

【注解】

①敢：冒昧之词，用于表敬。

【译文】

季路问服侍鬼神的方法。孔子说："人还不能服侍，怎么能去服侍鬼神呢？"季路又说："敢问死是怎么回事。"孔子说："对生都知道得不清楚，哪里能知道死呢？"

【原文】

11.13　闵子侍侧，訚訚如也；子路，行行如也[①]；冉有、子贡，侃侃如也。子乐。"若由也，不得其死然[②]。"

【注解】

①行（hàng）行：刚强貌。②然：用法如"焉"，可以译为"呢"。

【译文】

闵子骞侍立在孔子身边，样子正直而恭敬；子路是很刚强的样子；冉有、子贡的样子温和快乐。孔子很高兴。但他说："像仲由这样，恐怕得不到善终。"

【原文】

11.14　鲁人为长府[①]。闵子骞曰："仍旧贯[②]，如之何？何必改作？"子曰："夫人不言，言必有中。"

【注解】

①鲁人：指鲁国的执政大臣。长府：鲁国贮藏财货的国库名。②仍：沿袭。贯：事。

【译文】

鲁国的执政大臣要翻修长府。闵子骞说："照老样子不好吗？何必一定要翻修呢？"孔子说："闵子骞这个人平常不大说话，但一开口必定说到要害上。"

【原文】

11.15　子曰："由之瑟，奚为于丘之门[①]？"门人不敬子路。子曰："由也升堂矣，未入于室也[②]。"

【注解】

①瑟：古代的一种弦乐器。子路性情刚勇，他弹瑟的音调也很刚猛，不够平和。故孔子批评他说：为什么在我这里来弹呢？②堂：正厅，室：内室。先入门，次升堂，最后入室，比喻学问的程度。

【译文】

孔子说："仲由弹瑟，为什么在我这里弹呢？"孔子的其他学生因此而不尊重子路。孔子说："仲由的学问啊，已经具备规模了，只是还不够精深罢了。"

【原文】

11.16　子贡问："师与商也孰贤？"子曰："师也过，商也不及。"曰："然则师愈与？"子曰："过犹不及。"

子曰：师也过，商也不及。

【译文】

子贡问道："颛孙师（即子张）与卜商（即子夏）谁更优秀？"孔子说："颛孙师有些过分，卜商有些赶不上。"子贡说："这么说颛孙师更强一些吗？"孔子说："过分与赶不上同样不好。"

【原文】

11.17　季氏富于周公[①]，而求也为之聚敛而附益之[②]。子曰："非吾徒也，小子鸣鼓而攻之可也。"

【注解】

①周公：泛指周天子左右的卿士。一说为周公旦。②聚敛：积聚和收集钱财，即搜刮。

【译文】

季氏比周天子左右的卿士还富有，可是冉求还为他搜刮，再增加他的财富。孔子说："冉求不是我的学生，你们大家可以大张旗鼓地去攻击他。"

【原文】

11.18　柴也愚[①]，参也鲁[②]，师也辟[③]，由也喭[④]。

【注解】

①柴：高柴，字子羔，孔子的学生。②鲁：迟钝。③辟（pì）：通"僻"，偏激。④喭：鲁莽，刚烈。

【译文】

高柴愚笨，曾参迟钝，颛孙师偏激，仲由鲁莽。

【原文】

11.19　子曰："回也其庶乎[①]，屡空[②]。赐不受命，而货殖焉[③]，亿则屡中[④]。"

【注解】

①庶：庶几，差不多。②屡空：盛食物的器皿常常空虚，即贫困。③货殖：经营商业。④亿：通"臆"，猜测，料事。

【译文】

孔子说："颜回呀，他的道德修养已经差不多了，可是他常常很贫困。端木赐不听天由命，而去做生意，猜测市场行情往往很准。"

【原文】

11.20　子张问善人之道，子曰："不践迹①，亦不入于室②。"

【注解】

①践迹：踩着前人的脚迹走，即沿着老路走。②入于室：比喻学问和修养达到了精深地步。

【译文】

子张问成为善人的途径，孔子说："不踩着前人的脚印，做学问也到不了家。"

【原文】

11.21　子曰："论笃是与①，君子者乎？色庄者乎？"

【注解】

①论笃是与：赞许言论笃实。这是"与论笃"的倒装说法。"与"是动词，表示赞许的意思。"论笃"是提前的宾语。"是"用于动宾倒装，无义。

【译文】

孔子说："只是赞许说话稳重的人，但这种人是真正的君子呢，还是仅仅从容貌上看起来庄重呢？"

【原文】

11.22　子路问："闻斯行诸？"子曰："有父兄在，如之何其闻斯行之？"冉有问："闻斯行诸？"子曰："闻斯行之。"公西华曰："由也问'闻斯行诸'，子曰'有父兄在'；求也问'闻斯行诸'，子曰'闻斯行之'。赤也惑，敢问。"子曰："求也退①，故进之；由也兼人②，故退之。"

【注解】

①求也退：冉有性懦弱，遇事退缩不前。②由也兼人：子路好勇过人。

【译文】

子路问："一听到就行动吗？"孔子说："父亲和兄长都在，怎么能听到就行动呢？"冉有问："一听到就行动吗？"孔子说："一听到就行动。"公西华说："仲由问'一听到就行动吗'，您说'父亲和兄长都在，怎么能一听到就行动呢'；冉求问'一听到就行动吗'，您说'一听到就行动'。我有些糊涂了，斗胆想问问老师。"孔子说："冉求平日做事退缩，所以我激励他；仲由好勇胜人，所以我要压压他。"

【原文】

11.23 子畏于匡[①]，颜渊后。子曰："吾以女为死矣。"曰："子在，回何敢死？"

【注解】

①畏于匡：见《子罕篇第九》第五章注①。

【译文】

孔子被囚禁在匡地，颜渊后来赶来。孔子说："我还以为你死了哩！"颜渊说："您还活着，我怎么敢先死呢？"

【原文】

11.24 季子然问[①]："仲由、冉求可谓大臣与？"子曰："吾以子为异之问，曾由与求之问。所谓大臣者，以道事君，不可则止。今由与求也，何谓具臣矣[②]。"曰："然则从之者与？"子曰："弑父与君，亦不从也。"

【注解】

①季子然：鲁国大夫季孙氏的同族人。因为当时仲由、冉求都是季氏的家臣，故问。②具臣：备位充数的臣属。《史记·仲尼弟子列传》集解引孔安国说："言备臣数而已。"朱熹注同。

【译文】

季子然问："仲由和冉求是否称得上大臣？"孔子说："我以为你要问别的事，哪知道竟是问仲由和冉求呀。我们所说的大臣，应该能以合于仁道的方式去侍奉君主，如果行不通，便宁可不干。现在由和求这两个人呀，只算得上是备位充数的臣罢了。"季子然又问："那么，他们肯听话吗？"孔子说："如果是杀父亲杀君主，他们也是不会听从的。"

【原文】

11.25 子路使子羔为费宰。子曰："贼夫人之子[①]。"子路曰："有民人焉，有社稷焉[②]，何必读书，然后为学？"子曰："是故恶夫佞者。"

【注解】

①贼：害。夫（fú）：那。子羔没有完成学业就去做官，孔子认为这是害了人家的儿子。②社稷：古代帝王、诸侯所祭的土神和谷神，后用为国家的代称。

【译文】

子路叫子羔去做费地的长官。孔子说："这是害人家的儿子。"子路说："有百姓，有土地五谷，何必读书才算学习？"孔子说："所以我讨厌那些能说会道的人。"

【原文】

11.26 子路、曾皙、冉有、公西华侍坐[①]。子曰："以吾一日长乎尔[②]，毋吾以也。居则曰[③]：'不吾知也！'如或知尔，则何以哉？"

子路率尔而对曰[④]："千乘之国，摄乎大国之间[⑤]，加之以师旅，因之以饥馑[⑥]，由也为之，比及三年[⑦]，可使有勇，且知方也[⑧]。"夫子哂之[⑨]。

"求，尔何如？"对曰："方六七十，如五六十[⑩]，求也为之，比及三年，可使足民。如其礼乐，以俟君子。"

"赤，尔何如？"对曰："非曰能之，愿学焉。宗庙之事，如会同，端章甫[⑪]，愿为小相焉[⑫]。"

"点，尔何如？"鼓瑟希[⑬]，铿尔，舍瑟而作[⑭]，对曰："异乎三子者之撰[⑮]。"子曰："何伤乎？亦各言其志也。"曰："莫春者[⑯]，春服既成，冠者五六人，童子六七人，浴乎沂[⑰]，风乎舞雩[⑱]，咏而归。"夫子喟然叹曰[⑲]："吾与点也[⑳]！"

三子者出，曾皙后。曾皙曰："夫三子者之言何如？"子曰："亦各言其志也已矣。"曰："夫子何哂由也？"曰："为国以礼，其言不让，是故哂之。""唯求则非邦也与[㉑]？""安见方六七十如五六十而非邦也者？""唯赤则非邦也与？""宗庙会同，非诸侯而何？赤也为之小[㉒]，孰能为之大？"

【注解】

①曾皙：名点，字子皙，曾参的父亲，也是孔子的学生。②以：认为。尔：你们。③居：平日。④率尔：轻率，急切。⑤摄：迫近。⑥因：仍，继。饥馑（jǐn）：饥荒。⑦比及：等到。⑧方：方向，指道义。⑨哂（shěn）：讥讽的微笑。⑩如：或者。⑪端：玄端，古代礼服的名称。章甫：古代礼帽的名称。⑫相（xiàng）：傧相，祭祀和会盟时主持赞礼和司仪的官。相有卿、大夫、士三级，小相是最低的士一级。⑬希：同"稀"，指弹瑟的速度放慢，节奏逐渐稀疏。⑭作：站起来。⑮异乎：不同于。撰：具，述。⑯莫（mù）春：夏历三月。莫，同"暮"。⑰沂（yí）：水名，发源于山东南部，流经江苏北部入海。⑱风：迎风纳凉。舞雩（yú）：地名，原是祭天求雨的地方，在今山东曲阜。⑲喟（kuì）然：长叹的样子。⑳与：赞许，同意。㉑唯：语首词，没有什么意义。㉒之：相当于"其"。

【译文】

子路、曾皙、冉有、公西华四人陪同孔子坐着。孔子说："我比你们年龄都大，你们不要因为我在这里就不敢尽情说话。你们平时总爱说没有人了解自己。如果有人了解你们，那你们怎么办呢？"

子路轻率而急切地回答说："如果有一个千乘之国，夹在几个大国之间，外面有军队侵犯它，国内又连年灾荒，我去治理它，只要三年，就可以使那里人人有勇气、个个懂道义。"孔子听后讥讽地笑了一笑。

子路、曾皙、冉有、公西华侍坐。

又问："冉求，你怎么样？"回答说："方圆六七十里或五六十里的小国家，我去治理它，等到三年，可以使人民富足。至于礼乐方面，只有等待贤人君子来施行了。"

孔子又问："公西赤，你怎么样？"回答说："不敢说我有能力，只是愿意学习罢了。宗庙祭祀或者同外国盟会，我愿意穿着礼服，戴着礼帽，做一个小傧相。"

孔子接着问："曾点！你怎么

样？”他弹瑟的节奏逐渐稀疏，“铿”的一声放下瑟站起来，回答道：“我和他们三位所说的不一样。”孔子说：“那有什么妨碍呢？也不过是各人谈谈志愿罢了。”曾皙说：“暮春三月的时候，春天的衣服都穿在身上了，我和五六位成年人，还有六七个儿童一起，在沂水岸边洗洗澡，在舞雩台上吹风纳凉，唱着歌儿走回来。”孔子长叹一声说：“我赞赏你的主张。”

子路、冉有、公西华三个人都出来了，曾皙后走。他问孔子：“他们三位同学的话怎么样？”孔子说：“也不过各人谈谈自己的志愿罢了。”曾皙说：“您为什么讥笑仲由呢？”孔子说：“治理国家应该注意礼仪，他的话一点也不谦逊，所以笑他。”曾皙又问：“难道冉求所讲的不是有关治理国家的事吗？”孔子说：“怎么见得方圆六七十里或五六十里的地方就算不上一个国家呢？”曾皙再问：“公西赤讲的就不是国家吗？”孔子说：“有宗庙、有国家之间的盟会，不是国家是什么？公西华只能做小傧相，谁能做大傧相呢？”

颜渊篇第十二

【原文】

12.1 颜渊问仁，子曰：“克己复礼为仁[①]。一日克己复礼，天下归仁焉。为仁由己，而由人乎哉？”

颜渊曰：“请问其目。”子曰：“非礼勿视，非礼勿听，非礼勿言，非礼勿动。”

颜渊曰：“回虽不敏，请事斯语矣。”

【注解】

①克己复礼：克制自己，使自己的行为归到礼的方面去，即合于礼。复礼，归于礼。

【译文】

颜渊问什么是仁。孔子说：“抑制自己，使言语和行动都走到礼上来，就是仁。一旦做到了这些，天下的人都会称许你有仁德。实行仁德是由自己，难道是靠别人？”

颜渊说：“请问实行仁德的具体途径。”孔子说：“不合礼的事不看，不合礼的事不听，不合礼的事不言，不合礼的事不动。”

颜渊说：“我虽然不聪敏，请让我照这些话去做。”

在邦无怨。

【原文】

12.2 仲弓问仁，子曰：“出门如见大宾，使民如承大祭。己所不欲，勿施于人。在邦无怨[①]，在家无怨[②]。”

仲弓曰：“雍虽不敏，请事斯语矣。”

【注解】

①邦：诸侯统治的国家。②家：卿大夫的封地。

【译文】

仲弓问什么是仁。孔子说：“出门好像去见贵宾，役使民众好像去承担重大祀典。自己所不想要的事物，就不要强加给别人。在邦国做事没有抱怨，在卿大夫之家做事也无抱怨。”

仲弓说：“我冉雍虽然不聪敏，请让我照这些话去做。”

【原文】

12.3　司马牛问仁，子曰：“仁者，其言也讱[①]。”曰：“其言也讱，斯谓之仁已乎？”子曰：“为之难，言之得无讱乎？”

【注解】

①讱（rèn）：说话谨慎，不容易出口。

【译文】

司马牛问什么是仁，孔子说：“仁人，他的言语显得谨慎。”司马牛说：“言语谨慎，这就可以称作仁了吗？”孔子说：“做起来难，说话能不谨慎吗？”

【原文】

12.4　司马牛问君子，子曰：“君子不忧不惧。”曰：“不忧不惧，斯谓之君子已乎？”子曰：“内省不疚[①]，夫何忧何惧？”

【注解】

①疚（jiù）：内心痛苦，惭愧。

【译文】

司马牛问怎样才是君子。孔子说：“君子不忧愁，不恐惧。”司马牛说：“不忧愁，不恐惧，这就叫君子了吗？”孔子说：“内心反省而不内疚，那还有什么可忧虑和恐惧的呢？”

【原文】

12.5　司马牛忧曰：“人皆有兄弟，我独亡。”子夏曰：“商闻之矣：‘死生有命，富贵在天。’君子敬而无失，与人恭而有礼，四海之内皆兄弟也。君子何患乎无兄弟也？”

【译文】

司马牛忧愁地说：“别人都有兄弟，唯独我没有。”子夏说：“我听说过：‘死生由命运决定，富贵在于上天的安排。’君子认真谨慎地做事，不出差错，对人恭敬而有礼貌，四海之内的人，就都是兄弟，君子何必担忧没有兄弟呢？”

【原文】

12.6　子张问明。子曰：“浸润之谮[①]，肤受之愬[②]，不行焉，可谓明也已矣。浸润之谮，肤受之愬，不行焉，可谓远也已矣。”

【注解】

①浸润之谮（zèn）：像水浸润物件一样逐渐传播的谗言。谮，诬陷。②肤受之愬（sù）：像皮肤感受到疼痛一样的诬告，即诽谤。愬，同“诉”。

【译文】

子张问什么是明智。孔子说：“暗中传播的谗言，切身感受的诽谤，在你这儿都行不通，就可以称得上明智了。暗中传播的谗言，切身感受的诽谤，在你这里都行不通，就可以说是有远见了。”

【原文】

12.7　子贡问政。子曰：“足食，足兵[①]，民信之矣。”子贡曰：“必不得已而去，于斯三者何先？”曰：“去兵。”子贡曰：“必不得已而去，于斯二者何先？”曰：“去食。自古皆有死，民无信不立。”

【注解】

①兵：武器，指军备。

【译文】

子贡问怎样治理政事。孔子说：“粮食充足，军备充足，民众信任政府。”子贡说：“如果迫不得已要去掉一些，三项中先去掉哪一项呢？”孔子说：“去掉军备。”子贡说：“如果迫不得已，要在剩下的两项中去掉一项，先去掉哪一项呢？”孔子说：“去掉粮食。自古以来，人都是要死的，如果没有民众的信任，那么国家就站立不住了。”

君子质而已矣。

【原文】

12.8　棘子成曰[①]：“君子质而已矣[②]，何以文为[③]？”子贡曰：“惜乎，夫子之说君子也[④]！驷不及舌[⑤]。文犹质也，质犹文也。虎豹之鞟犹犬羊之鞟[⑥]。”

【注解】

①棘子成：卫国大夫。古代大夫尊称为“夫子”，故子贡以此称之。②质：质地，指思想品德。③文：文采，指礼节仪式。④说：谈论。⑤驷（sì）不及舌：话一出口，四匹马也追不回来，即“一言既出，驷马难追”。⑥鞟（kuò）：去毛的兽皮。

【译文】

棘子成说：“君子有好本质就行啦，要文采做什么呢？”子贡说：“可惜呀！夫子您这样谈论君子。一言既出，驷马难追。文采如同本质，本质也如同文采，二者是同等重要的。假如去掉虎豹和犬羊的有文采的皮毛，那这两样皮革就没有多大的区别了。”

【原文】

12.9　哀公问于有若曰：“年饥，用不足，如之何？”有若对曰：“盍彻乎[①]？”曰：“二，吾犹不足，如之何其彻也？”对曰：“百姓足，君孰与不足[②]？百姓不足，君孰与足？”

【注解】

①盍（hé）彻乎：盍，何不。彻，西周时流行于诸侯国的一种田税制度。旧注曰：“什一而税谓之彻。”②孰与：与谁，同谁。

【译文】

鲁哀公问有若说：“年成歉收，国家备用不足，怎么办呢？”有若回答说：“何不实行十分抽一的税率呢？”哀公说：“十分抽二，尚且不够用，怎么能去实行十分抽一呢？”有若回答说：“如果百姓用度足，国君怎么会用度不足呢？如果百姓用度不足，国君用度怎么会足呢？”

【原文】

12.10　子张问崇德辨惑[①]。子曰：“主忠信[②]，徙义[③]，崇德也。爱之欲其生，恶之欲其死，既欲其生，又欲其死，是惑也。‘诚不以富，亦祇以异[④]’。”

【注解】

①崇德：提高道德修养的水平。惑：迷惑，不分是非。②主忠信：以忠厚诚实为主。③徙义：向义靠扰。徙，迁移。④诚不以富，亦祇以异：见《诗·小雅·我行其野》。这两句诗引在这里，颇觉费解。有人认为是错简。今按朱熹《四书集注》中解释译出。

【译文】

子张向孔子请教怎样去提高品德修养和辨别是非。孔子说：“以忠厚诚实为主，行为总是遵循道义，这就可以提高品德。对于同一个人，爱的时候希望他长期活下去；厌恶的时候，又希望他死去。既要他长寿，又要他短命，这就是迷惑。‘这样对自己实在是没有益处，也只能使人感到奇怪罢了’。”

【原文】

12.11 齐景公问政于孔子，孔子对曰："君君，臣臣，父父，子子。"公曰："善哉！信如君不君，臣不臣，父不父，子不子，虽有粟，吾得而食诸？"

【译文】

齐景公向孔子询问政治。孔子回答说："国君要像国君，臣子要像臣子，父亲要像父亲，儿子要像儿子。"景公说："好哇！如果真的国君不像国君，臣子不像臣子，父亲不像父亲，儿子不像儿子，即使有粮食，我能够吃得着吗？"

【原文】

12.12 子曰："片言可以折狱者①，其由也与？"子路无宿诺②。

【注解】

①折狱：即断案。狱，案件。②宿诺：拖了很久而没有兑现的诺言。宿，久。

【译文】

孔子说："根据单方面的供词就可以判决诉讼案件的，大概只有仲由吧？"子路没有说话不算数的时候。

【原文】

12.13 子曰："听讼，吾犹人也。必也使无讼乎！"

【译文】

孔子说："审理诉讼案件，我同别人一样。重要的是必须使诉讼的案件根本不发生！"

【原文】

12.14 子张问政，子曰："居之无倦，行之以忠。"

【译文】

子张问怎样治理政事，孔子说："居于官位不懈怠，执行君令要忠实。"

【原文】

12.15 子曰："博学于文，约之以礼，亦可以弗畔矣夫！"

【译文】

孔子说："君子广泛地学习文化典籍，并用礼来约束自己，也就可以不致于离经叛道了。"

【原文】

12.16 子曰："君子成人之美，不成人之恶。小人反是。"

【译文】

孔子说："君子成全别人的好事，而不促成别人的坏事。小人则与此相反。"

【原文】

12.17　季康子问政于孔子，孔子对曰："政者，正也。子帅以正[①]，孰敢不正？"

【注解】

①帅：通"率"，率领。

【译文】

季康子向孔子询问为政方面的事，孔子回答说：'政'的意思就是端正，您自己先做到端正，谁还敢不端正？"

【原文】

12.18　季康子患盗，问于孔子。孔子对曰："苟子之不欲，虽赏之不窃。"

【译文】

季康子担忧盗窃，来向孔子求教。孔子对他说："如果您不贪求太多的财物，即使奖励他们去偷，他们也不会干。"

【原文】

12.19　季康子问政于孔子，曰："如杀无道，以就有道，何如？"

孔子对曰："子为政，焉用杀？子欲善而民善矣。君子之德风，小人之德草。草上之风[①]，必偃[②]。"

【注解】

①草上之风：谓风吹草。上，一作"尚"，加也。"上之风"谓上之以风，即加之以风。②偃：倒下。

【译文】

季康子向孔子问政事，说："假如杀掉坏人，以此来亲近好人，怎么样？"孔子说："您治理国家，怎么想到用杀戮的方法呢？您要是好好治国，百姓也就会好起来。君子的品德如风，小人的品德如草。草上刮起风，草一定会倒。"

【原文】

12.20　子张问："士何如斯可谓之达矣[①]？"子曰："何哉，尔所谓达者？"子张对曰："在邦必闻，在家必闻。"子曰："是闻也，非达也。夫达也者，质直而好义，察言而观色，虑以下人[②]。在邦必达，在家必达。夫闻也者，色取仁而行违，居之不疑。在邦必闻，在家必闻。"

【注解】

①达：通达。②下人：下于人，即对人谦逊。

【译文】

子张问："士要怎么样才可说是通达了？"孔子说："你所说的通达是什么呢？"子张回答说："在诸侯的国家一定有名声，在大夫的封地一定有名声。"孔子说："这是有名声，不是通达。通达的人，本质正直而喜爱道义，体会别人的话语，观察别人的脸色，时常想到对别人谦让。这样的人在诸侯的国家一定通达，在大夫的封地也一定通达。有名声的人，表面上要实行仁德而行动上却相反，以仁人自居而毫不迟疑。他们在诸侯的国家一定虚有其名，在大夫的封地也一定虚有其名。"

【原文】

12.21　樊迟从游于舞雩之下，曰："敢问崇德、修慝、辨惑[①]。"子曰："善哉问！先事后得，非崇德与？攻其恶，无攻人之恶，非修慝与？一朝之忿，忘其身，以及其亲，非惑与？"

【注解】

①修慝（tè）：改恶从善。修，治，指改正。慝，邪恶。

【译文】

樊迟跟随孔子在舞雩台下游览，说道："请问如何提高自己的品德修养，改正过失，辨别是非？"孔子说："问得好啊！辛劳在先，享乐在后，这不就可以提高自己的品德修养吗？检查自己的错误，不去指责别人的缺点，这不就改正了过失吗？因为一时气愤，而不顾自身和自己的双亲，这不就是迷惑吗？"

【原文】

12.22　樊迟问仁，子曰："爱人。"问知，子曰："知人。"樊迟未达。子曰："举直错诸枉[①]，能使枉者直。"

樊迟退，见子夏，曰："乡也[②]，吾见于夫子而问知[③]，子曰：'举直错诸枉，能使枉者直。'何谓也？"子夏曰："富哉言乎！舜有天下，选于众，举皋陶[④]，不仁者远

舜有天下，选于众，举皋陶，不仁者远矣。

矣。汤有天下，选于众，举伊尹[5]，不仁者远矣。"

【注解】

①举直错诸枉：把正直的人摆在邪恶的人的上面，即选用贤人，罢黜坏人。错，通"措"，安置。②乡（xiàng）：同"向"，过去。③见（xiàn）于：被接见。④皋（gāo）陶（yáo）：舜时的贤臣。⑤伊尹：商汤时辅相。

【译文】

樊迟问什么是仁，孔子说："爱人。"樊迟又问什么是智，孔子说："善于知人。"樊迟没有完全理解。孔子说："把正直的人提拔上来，使他们的位置在不正直的人上面，就能使不正直的人变正直。"

樊迟退了出来，见到子夏，说："刚才我去见老师，问他什么是智，他说：'把正直的人提拔上来，使他们的位置在不正直的人上面'，这是什么意思？"子夏说道："这是涵义多么丰富的话呀！舜有了天下，在众人中选拔人才，把皋陶提拔了起来，不仁的人就远远地离开了。汤得了天下，也从众人中选拔人才，把伊尹提拔起来，那些不仁的人就远远离开了。"

【原文】

12.23　子贡问友，子曰："忠告而善道之[1]，不可则止，毋自辱焉。"

【注解】

①道：通"导"。

【译文】

子贡问怎样交朋友。孔子说："忠心地劝告他并好好地开导他，如果不听从也就罢了，不要自取侮辱。"

【原文】

12.24　曾子曰："君子以文会友，以友辅仁。"

【译文】

曾子说："君子用文章学问来结交、聚合朋友，用朋友来帮助自己培养仁德。"

子路篇第十三

【原文】

13.1　子路问政。子曰："先之，劳之。"请益，曰："无倦。"

【译文】

子路问为政之道。孔子说："自己先要身体力行带好头，然后让老百姓辛勤劳作。"

子路请求多讲一些，孔子说："不要倦怠。"

子路问政。子曰：先之，劳之。请益。曰：无倦。

【原文】

13.2 仲弓为季氏宰，问政，子曰："先有司，赦小过，举贤才。"曰："焉知贤才而举之？"子曰："举尔所知。尔所不知，人其舍诸？"

【译文】

仲弓做了季氏的总管，问怎样管理政事，孔子说："自己先给下属各部门主管人员做出表率，原谅他人的小错误，提拔贤能的人。"仲弓说："怎么知道哪些人是贤能的人而去提拔他们呢？"孔子说："提拔你所知道的，那些你所不知道的，别人难道会埋没他吗？"

【原文】

13.3 子路曰："卫君待子而为政，子将奚先？"子曰："必也正名乎！"子路曰："有是哉，子之迂也！奚其正？"子曰："野哉，由也！君子于其所不知，盖阙如也[①]。名不正则言不顺，言不顺则事不成，事不成则礼乐不兴，礼乐不兴则刑罚不中[②]，刑罚不中则民无所措手足。故君子名之必可言也，言之必可行也。君子于其言，无所苟而已矣[③]。"

【注解】

①阙：通"缺"。缺而不言，存疑的意思。②中（zhòng）：得当。③苟：随便，马虎。

【译文】

子路说："卫国国君要您去治理国家，您打算先从哪些事情做起呢？"孔子说："首先必须正名分。"子路说："有这样做的吗？您真是太迂腐了。这名怎么正呢？"孔子说："仲由，真粗野啊。君子对于他所不知道的事情，总是采取存疑的态度。名分不正，说起话来就不顺当合理，说话不顺当合理，事情就办不成。事情办不成，礼乐也就不能兴盛。礼乐不能兴盛，刑罚的执行就不会得当。刑罚不得当，百姓就不知怎么办好。所以，君子一定要定下一个名分，必须能够说得明白，说出来一定能够行得通。君子对于自己的言行，是从不马虎对待的。"

【原文】

13.4 樊迟请学稼，子曰："吾不如老农。"请学为圃，曰："吾不如老圃。"樊迟出。子曰："小人哉，樊须也！上好礼，则民莫敢不敬；上好义，则民莫敢不服；上好信，则民莫敢不用情。夫如是，则四方之民襁负其子而至矣[①]，焉用稼？"

【注解】

①襁（qiǎng）：背负小孩所用的布兜子。

【译文】

樊迟向孔子请教如何种庄稼，孔子说："我不如老农民。"又请教如何种蔬菜，孔子说："我不如老菜农。"樊迟出去了。孔子说："真是个小人啊！樊迟这个人！居于上位的人爱好礼仪，老百姓就没有敢不恭敬的；居于上位的人爱好道义，老百姓就没有敢不服从的；居于上位的人爱好诚信，老百姓就没有敢不诚实的。如果能够做到这一点，那么，四方的老百姓就会背负幼子前来归服，何必要自己来种庄稼呢？"

【原文】

13.5 子曰："诵《诗》三百，授之以政①，不达②；使于四方③，不能专对④；虽多，亦奚以为⑤？"

【注解】

①授：交给。②不达：办不好。③使：出使。④不能专对：不能随机应变，独立应对。古代使节出使，遇到问题要随机应变，独立地进行外事活动。⑤以：用。

【译文】

孔子说："熟读了《诗》三百篇，交给他政务，他却搞不懂；派他出使到四方各国，又不能独立应对外交。虽然读书多，又有什么用处呢？"

【原文】

13.6 子曰："其身正，不令而行；其身不正，虽令不从。"

【译文】

孔子说："（作为管理者）如果自身行为端正，不用发布命令，事情也能推行得通；如果本身不端正，就是发布了命令，百姓也不会听从。"

【原文】

13.7 子曰："鲁、卫之政，兄弟也。"

【译文】

孔子说："鲁国的政事和卫国的政事，像兄弟一样。"

【原文】

13.8 子谓卫公子荆："善居室①。始有，曰：'苟合矣②。'少有，曰：'苟完矣。'富有，曰：'苟美矣。'"

【注解】

①善居室：善于治理家政，善于居家过日子。②合：足。

【译文】

孔子谈到卫国的公子荆，说："他善于治理家政。当他刚开始有财物时，便说：'差不多够了。'当稍微多起来时，就说：'将要足够了。'当财物到了富有时候，就说：'真是太完美了。'"

【原文】

13.9 子适卫[①]，冉有仆[②]。子曰："庶矣哉[③]！"冉有曰："既庶矣，又何加焉[④]？"曰："富之。"曰："既富矣，又何加焉？"曰："教之。"

子适卫，冉有仆。

【注解】

①适：往，到……去。②仆：动词，驾御车马。亦作名词用，指驾车的人。③庶：众多。④加：再，增加。

【译文】

孔子到卫国去，冉有为他驾车子。孔子说："人口真是众多啊！"冉有说："人口已经是如此众多了，又该再做什么呢？"孔子说："使他们富裕起来。"冉有说："已经富裕了，还该怎么做？"孔子说："教育他们。"

【原文】

13.10 子曰："苟有用我者，期月而已可也[①]，三年有成。"

【注解】

①期（jī）月：一年。

【译文】

孔子说："假如有人用我主持国家政事，一年之内就可以见到成效了，三年便能完全治理好。"

【原文】

13.11 子曰："善人为邦百年[①]，亦可以胜残去杀矣[②]。诚哉是言也！"

【注解】

①为邦：治国。②胜残：克服残暴。

【译文】

孔子说："善人治理国家一百年，也就能够克服残暴行为，消除虐杀现象了。这句话说得真对啊!"

【原文】

13.12　子曰："如有王者，必世而后仁①。"

【注解】

①世：古代以三十年为一世。

【译文】

孔子说："如果有王者兴起，也一定要三十年之后才能实现仁政。"

【原文】

13.13　子曰："苟正其身矣，于从政乎何有？不能正其身，如正人何？"

【译文】

孔子说："如果端正了自己的言行，治理国家还有什么难的呢？如果不能端正自己，又怎么能去端正别人呢？"

【原文】

13.14　冉子退朝①，子曰："何晏也？"对曰："有政。"子曰："其事也。如有政，虽不吾以②，吾其与闻之③。"

【注解】

①朝：朝廷。或指鲁君的朝廷，或指季氏议事的场所。②不吾以：不用我。以，用。③与（yù）：参与。

【译文】

冉有从办公的地方回来，孔子说："今天为什么回来得这么晚呢？"冉有回答说："有政务。"孔子说："那不过是一般性的事务罢了。如果是重要的政务，即使不用我，我还是会知道的。"

【原文】

13.15　定公问："一言而可以兴邦，有诸？"孔子对曰："言不可以若是，其几也①，人之言曰：'为君难，为臣不易。'如知为君之难也，不几乎一言而兴邦乎？"曰："一言而丧邦，有诸？"孔子对曰："言不可以若是，其几也。人之言曰：'予无乐乎为君，唯其言而莫予违也。'如其善而莫之违也，不亦善乎？如不善而莫之违也，不几乎一言而丧邦乎？"

【注解】

①几（jī）：近。

【译文】

鲁定公问："一句话可以使国家兴盛，有这样的事吗？"孔子回答说："对语言不能有那么高的期望。有人说：'做国君难，做臣子也不容易。'如果知道了做国君的艰难，(自然会努力去做事)这不近于一句话而使国家兴盛吗？"定公说："一句话而丧失了国家，有这样的事吗？"孔子回答说："对语言的作用不能有那么高的期望。有人说：'我做国君没有感到什么快乐，唯一使我高兴的是我说的话没有人敢违抗。'如果说的话正确而没有人违抗，这不是很好吗？如果说的话不正确也没有人敢违抗，这不就近于一句话就使国家丧亡吗？"

【原文】

13.16 叶公问政，子曰："近者说[①]，远者来。"

【注解】

①说：同"悦"。

【译文】

叶公问怎样治理国家。孔子说："让近处的人快乐满意，使远处的人闻风归附。"

叶公问政。子曰：近者说，远者来。

【原文】

13.17 子夏为莒父宰[①]，问政，子曰："无欲速，无见小利。欲速则不达，见小利则大事不成。"

【注解】

①莒（jǔ）父：鲁国的一个城邑，在今山东省莒县境内。

【译文】

子夏做了莒父地方的长官，问怎样治理政事。孔子说："不要急于求成，不要贪图小利。急于求成，反而达不到目的；贪小利则办不成大事。"

【原文】

13.18 叶公语孔子曰[①]："吾党有直躬者[②]，其父攘羊而子证之[③]。"孔子曰："吾党之直者异于是：父为子隐，子为父隐，直在其中矣。"

【注解】

①语（yù）：告诉。②党：指家乡。古代五百家为党。③攘：即偷窃。证：告发。

【译文】

叶公告诉孔子说："我家乡有个正直的人，他父亲偷了别人的羊，他便出来告发。"孔子说："我家乡正直的人与这不同：父亲替儿子隐瞒，儿子替父亲隐瞒，正直就在这里面了。”

【原文】

13.19 樊迟问仁。子曰：“居处恭，执事敬，与人忠。虽之夷狄，不可弃也。”

【译文】

樊迟问什么是仁。孔子说：“平时的生活起居要端庄恭敬，办事情的时候严肃认真，对待他人要忠诚。就是去边远的少数民族居住的地方，也是不能废弃这些原则的。”

【原文】

13.20 子贡问曰：“何如斯可谓之士矣？”子曰：“行已有耻，使于四方不辱君命，可谓士矣。”曰：“敢问其次？”曰：“宗族称孝焉，乡党称弟焉。”曰：“敢问其次？”曰：“言必信，行必果，硁硁然小人哉[①]！抑亦可以为次矣。”曰：“今之从政者何如？”子曰：“噫！斗筲之人[②]，何足算也！”

【注解】

①硁（kēng）硁：象声词，敲击石头的声音。这里引申为像石块那样坚硬。②斗筲（shāo）之人：比喻器量狭小的人。筲，竹器，容一斗二升。

【译文】

子贡问道：“怎样才可称得上‘士’呢？”孔子说：“能用羞耻之心约束自己的行为，出使不辜负君主的委托，这就可以称作‘士’了。”子贡说：“请问次一等的‘士’是什么样的？”孔子说：“宗族的人称赞他孝顺，乡里的人称赞他友爱。”子贡说：“请问再次一等的‘士’是什么样的？”孔子说：“说话一定要诚信，做事一定要坚定果断，这虽是耿直固执的小人，但也可以算是再次一等的‘士’了。”子贡说：“现在那些执政的人怎么样？”孔子说：“唉！一班器量狭小的家伙，算得了什么呢！”

【原文】

13.21 子曰：“不得中行而与之[①]，必也狂狷乎[②]！狂者进取，狷者有所不为也。”

【注解】

①中行：行为合乎中庸。与：相与，交往。②狷（juàn）：性情耿介，不肯同流合污。

【译文】

孔子说：“找不到行为合乎中庸的人而和他们交往，一定只能和勇于向前及洁身自好的人交往！勇于向前的人努力进取，洁身自好的人不会去做坏事！激进的人勇于进取，耿介的人不做坏事。”

【原文】

13.22 子曰：“南人有言曰：‘人而无恒，不可以作巫医[①]。’善夫！‘不恒其德，或承之羞[②]。’子曰：“不占而已矣[③]。”

【注解】

①巫医：用卜筮为人治病的人。②不恒其德，或承之羞：此二句引自《易经·恒卦·爻辞》。意思是说，人如果不能长期坚持自己的德行，有时就要遭受羞辱。③占：占卜。

【译文】

孔子说："南方人有句话说：'人如果没有恒心，就不可以做巫医。'这话说得好哇！"《周易》说："不能长期坚持自己的德行，有时就要遭受羞辱。"孔子又说："这句话的意思是叫没有恒心的人不要占卦罢了。"

【原文】

13.23　子曰："君子和而不同①，小人同而不和。"

【注解】

①和：和谐，协调。同：人云亦云，盲目附和。

【译文】

孔子说："君子追求与人和谐而不是完全相同、盲目附和，小人追求与人相同、盲目附和而不能与人和谐。"

君子和而不同，小人同而不和。

【原文】

13.24　子贡问曰："乡人皆好之，何如？"子曰："未可也。""乡人皆恶之，何如？"子曰："未可也。不如乡人之善者好之，其不善者恶之。"

【译文】

子贡问道："乡里人都喜欢他，这个人怎么样？"孔子说："还不行。""乡里人都厌恶他，这个人怎么样？"孔子说："还不行。最好是乡里的好人都喜欢他，乡里的坏人都厌恶他。"

【原文】

13.25　子曰："君子易事而难说也①。说之不以道，不说也。及其使人也，器之②。小人难事而易说也。说之虽不以道，说也。及其使人也，求备焉。"

【注解】

①说：通"悦"。②器之：按各人的才德适当使用。"器"，器用，作动词用。

【译文】

孔子说："在君子手下做事情很容易，但要取得他的欢心却很难。不用正当的方式去讨他的欢喜，他是不会喜欢的；等到他使用人的时候，能按各人的才德去分配任务。

在小人手下做事很难，但要想讨好他却很容易。用不正当的方式去讨好他，他也会很高兴；但在用人的时候，却是要百般挑剔、求全责备的。”

【原文】

13.26　子曰：“君子泰而不骄，小人骄而不泰。”

【译文】

孔子说：“君子安详坦然而不骄矜凌人；小人骄矜凌人而不安详坦然。”

【原文】

13.27　子曰：“刚、毅、木、讷，近仁。”

【译文】

孔子说：“刚强、坚毅、质朴、慎言，具备了这四种品德的人便接近仁德了。”

【原文】

13.28　子路问曰：“何如斯可谓之士矣？”子曰：“切切偲偲[①]，怡怡如也[②]，可谓士矣。朋友切切偲偲，兄弟怡怡。”

【注解】

①偲（sī）偲：勉励、督促、诚恳的样子。②怡（yí）怡：和气、亲切、顺从的样子。

【译文】

子路问道：“怎样才可以称为士呢？”孔子说：“互相帮助督促而又和睦相处，就可以叫做士了。朋友之间互相勉励督促，兄弟之间和睦相处。”

【原文】

13.29　子曰：“善人教民七年，亦可以即戎矣[①]。”

【注解】

①即戎：参与军事。“即”用作动词，表示“就”的意思。

【译文】

孔子说：“善人教导训练百姓七年时间，就可以叫他们去作战了。”

善人教民七年，亦可以即戎矣。

【原文】

13.30　子曰：“以不教民战，是谓弃之。”

【译文】

孔子说：“让没有受过训练的人去作战，这是抛弃他们，让他们去送死。”

宪问篇第十四

【原文】

14.1 宪问耻[①]，子曰：“邦有道，谷[②]；邦无道，谷，耻也。”“克、伐、怨、欲不行焉[③]，可以为仁矣？”子曰：“可以为难矣，仁则吾不知也。”

【注解】

①宪：姓原，名宪，字子思，孔子的学生。②谷：俸禄。③克：好胜。伐：自夸。

【译文】

原宪问什么叫耻辱。孔子说：“国家政治清明，做官领俸禄；国家政治黑暗，也做官领俸禄，这就是耻辱。”原宪又问：“好胜、自夸、怨恨和贪婪这四种毛病都没有，可以称得上仁吗？”孔子说：“可以说是难能可贵，至于是否是仁，我就不能断定了。”

子曰：邦有道，危言危行；邦无道，危行言孙。

【原文】

14.2 子曰：“士而怀居[①]，不足以为士矣。”

【注解】

①怀居：留恋家室的安逸。怀，思念，留恋。居，家居。

【译文】

孔子说：“士人如果留恋安逸的生活，就不足以做士人了。”

【原文】

14.3 子曰：“邦有道，危言危行[①]；邦无道，危行言孙[②]。”

【注解】

①危：直，正直。②孙（xùn）：通“逊”。

【译文】

孔子说："国家政治清明，言语正直，行为正直；国家政治黑暗，行为也要正直，但言语应谦逊谨慎。"

【原文】

14.4 子曰："有德者必有言，有言者不必有德。仁者必有勇，勇者不必有仁。"

【译文】

孔子说："有德的人一定有好的言论，但有好言论的人不一定有德。仁人一定勇敢，但勇敢的人不一定有仁德。"

【原文】

14.5 南宫适问于孔子曰[①]："羿善射[②]，奡荡舟[③]，俱不得其死然。禹、稷躬稼而有天下[④]。"夫子不答。

南宫适出，子曰："君子哉若人！尚德哉若人！"

【注解】

①南宫适（kuò）：姓南宫，名适，字子容，孔子的学生。②羿（yì）：传说中夏代有穷国的国君，善于射箭，曾夺夏太康的王位，后被其臣寒浞所杀。③奡（ào）：古代一个大力士，传说是寒浞的儿子，后来为夏少康所杀。④禹：夏朝的开国之君，善于治水，注重发展农业。稷（jì）：传说是周朝的祖先，又为谷神，教民种植庄稼。

【译文】

南宫适向孔子问道："羿擅长射箭，奡善于水战，都没有得到善终。禹和稷亲自耕作庄稼，却得到了天下。"孔子没有回答。

南宫适退出去后，孔子说："这个人是君子啊！这个人崇尚道德啊！"

【原文】

14.6 子曰："君子而不仁者有矣夫，未有小人而仁者也。"

【译文】

孔子说："君子之中也许有不仁的人吧，但小人之中却不会有仁人。"

【原文】

14.7 子曰："爱之，能勿劳乎？忠焉[①]，能勿诲乎？"

子曰：爱之，能勿劳乎？忠焉，能勿诲乎？

【注解】

①焉：相当于“于是”，也相当于“于之”，但古代“于”和“之”一般不连用。

【译文】

孔子说：“爱他，能不以勤劳相劝勉吗？忠于他，能不以善言来教诲他吗？”

【原文】

14.8 子曰：“为命[①]，裨谌草创之[②]，世叔讨论之[③]，行人子羽修饰之[④]，东里子产润色之[⑤]。”

【注解】

①命：指外交辞令。②裨（pí）谌（chén）：郑国的大夫。③世叔：即子太叔，名游吉。郑国的大夫。子产死后，继子产为郑国宰相。④行人：官名，掌管朝觐聘问事务，即外交事务。子羽，公孙羽，郑国的大夫。⑤东里：子产所居之地，在今郑州市。

【译文】

孔子说：“郑国制订外交文件，由裨谌起草，世叔提出意见，外交官子羽修改，东里子产作加工润色。”

【原文】

14.9 或问子产，子曰：“惠人也。”

问子西[①]，曰：“彼哉！彼哉[②]！”

问管仲，曰：“人也。夺伯氏骈邑三百[③]，饭疏食，没齿无怨言。”

【注解】

①子西：楚国的令尹，名申，字子西。一说为郑国大夫。②彼哉！彼哉：他呀！他呀！这是当时表示轻视的习惯语。③伯氏：齐国的大夫。骈邑：齐国的地方。

【译文】

有人问子产是怎样的人。孔子说：“是宽厚慈惠的人。”

问到子西是怎样的人。孔子说：“他呀！他呀！”

问到管仲是怎样的人。孔子说：“他是个人才。他剥夺了伯氏骈邑三百户的封地，使伯氏只能吃粗粮，却至死没有怨言。”

【原文】

14.10 子曰：“贫而无怨难，富而无骄易。”

【译文】

孔子说：“贫穷而没有怨恨很难，富贵而不骄矜倒很容易。”

【原文】

14.11 子曰："孟公绰为赵魏老则优[①]，不可以为滕、薛大夫[②]。"

【注解】

①孟公绰：鲁国的大夫，为人清心寡欲。赵魏：晋国最有权势的大夫赵氏、魏氏。老：大夫的家臣。优：优裕。②滕、薛：当时的小国，在鲁国附近。滕在今山东滕县，薛在今山东滕县西南。

【译文】

孔子说："孟公绰担任晋国的赵氏、魏氏的家臣是绰绰有余的，但是做不了滕国和薛国这样小国的大夫。"

【原文】

14.12 子路问成人[①]，子曰："若臧武仲之知[②]，公绰之不欲，卞庄子之勇[③]，冉求之艺，文之以礼乐，亦可以为成人矣。"曰："今之成人者何必然？见利思义，见危授命，久要不忘平生之言[④]，亦可以为成人矣。

【注解】

①成人：全人，即完美无缺的人。②臧武仲：鲁国大夫臧孙纥。他在齐国时，能预见齐庄公将败，不受其田邑。见《左传·襄公二十三年》。③卞庄子：鲁国的大夫，封地在卞邑，以勇气著称。④久要：长久处于穷困之中。

【译文】

子路问怎样才算是完人。孔子说："像臧武仲那样有智慧，像孟公绰那样不贪求，像卞庄子那样勇敢，像冉求那样有才艺，再用礼乐来增加他的文采，就可以算个完人了。"孔子又说："如今的完人何必要这样呢？见到利益能想到道义，遇到危险时肯献出生命，长期处在贫困之中也不忘平生的诺言，也就可以算是完人了。"

【原文】

14.13 子问公叔文子于公明贾曰[①]："信乎？夫子不言，不笑，不取乎？"

公明贾对曰："以告者过也[②]。夫子时然后言，人不厌其言；乐然后笑，人不厌其笑；义然后取，人不厌其取。"

子曰："其然？岂其然乎？"

【注解】

①公叔文子：卫国的大夫。公明贾：卫国人，姓公明，名贾。②以：此。

【译文】

孔子向公明贾问到公叔文子，说："是真的吗？他老先生不言语、不笑、不取钱财？"

公明贾回答说："那是告诉你的人说错了。他老人家是到该说话时再说话，别人不讨厌他的话；高兴了才笑，别人不厌烦他的笑；应该取的时候才取，别人不厌恶他的取。"

孔子说道："是这样的吗？难道真的是这样的吗？"

【原文】

14.14 子曰："臧武仲以防求为后于鲁[①]，虽曰不要君[②]，吾不信也。"

【注解】

①防：地名，武仲封邑，在今山东费县东北六十里。②要（yāo）：要挟。

【译文】

孔子说："臧武仲凭借防邑请求立他的后代为鲁国的卿大夫，虽然有人说他不是要挟国君，我是不信的。"

【原文】

14.15 子曰："晋文公谲而不正[①]，齐桓公正而不谲[②]。"

【注解】

①晋文公：姓姬，名重耳，"春秋五霸"之一，公元前636~前628年在位。谲（jué）：欺诈，玩弄手段。正：正派。②齐桓公：姓姜，名小白，"春秋五霸"之一，公元前685~前643年在位。

【译文】

孔子说："晋文公诡诈而不正派，齐桓公正派而不诡诈。"

【原文】

14.16 子路曰："桓公杀公子纠[①]，召忽死之，管仲不死。"曰："未仁乎？"子曰："桓公九合诸侯[②]，不以兵车，管仲之力也！如其仁[③]！如其仁！"

子曰：桓公九合诸侯，不以兵车，管仲之力也。如其仁！如其仁！

【注解】

①公子纠：齐桓公的哥哥。齐桓公曾与其争位，杀掉了他。②九合诸侯：指齐桓公多次召集诸侯盟会。③如：乃，就。

【译文】

子路说："齐桓公杀了公子纠，召忽自杀以殉，但管仲却没有死。"接着又说："管仲是不仁吧？"孔子说："桓公多次召集各诸侯国盟会，不用武力，都是管仲出的力。这就是他的仁德！这就是他的仁德！"

【原文】

14.17　子贡曰："管仲非仁者与？桓公杀公子纠，不能死，又相之。"子曰："管仲相桓公，霸诸侯，一匡天下，民到于今受其赐。微管仲[①]，吾其被发左衽矣[②]。岂若匹夫匹妇之为谅也[③]，自经于沟渎而莫之知也[④]？"

【注解】

①微：如果没有。用于和既成事实相反的假设句的句首。②被：通"披"。衽（rèn）：衣襟。"披发左衽"是当时少数民族的打扮，这里指沦为夷狄。③谅：诚实。④自经：自缢。渎（dú）：小沟。

【译文】

子贡说："管仲不是仁人吧？齐桓公杀了公子纠，他不能以死相殉，反又去辅佐齐桓公。"孔子说："管仲辅佐齐桓公，称霸诸侯，匡正天下一切，人民到现在还受到他的好处。如果没有管仲，我们大概都会披散着头发，衣襟向左边开了。难道他要像普通男女那样守着小节小信，在山沟中上吊自杀而没有人知道吗？"

【原文】

14.18　公叔文子之臣大夫僎与文子同升诸公[①]。子闻之，曰："可以为'文'矣[②]。"

【注解】

①臣大夫：即家大夫，文子的家臣。僎（zhuàn）：人名。本是文子的家臣，因文子的推荐，和文子一起做了卫国的大臣。同升诸公：同升于公朝。②可以为"文"：周朝的谥法，"赐民爵位曰'文'"。公叔文子使大夫僎和他一起升于公朝，所以孔子说他可以谥为"文"。

【译文】

公叔文子的家臣大夫僎，（被文子推荐）和文子一起擢升为卫国的大臣。孔子听说了这件事，说："可以给他'文'的谥号了。"

【原文】

14.19　子言卫灵公之无道也，康子曰："夫如是，奚而不丧[①]？"孔子曰："仲叔圉治宾客[②]，祝鮀治宗庙，王孙贾治军旅。夫如是，奚其丧？"

【注解】

①奚而：为什么。②仲叔圉（yǔ）：即孔文子，他与祝鮀、王孙贾都是卫国的大夫。

【译文】

孔子谈到卫灵公的昏庸无道，季康子说："既然这样，为什么没有丧国呢？"孔子说："他有仲叔圉接待宾客，祝鮀管治宗庙祭祀，王孙贾统率军队。像这样，怎么会丧国呢？"

【原文】

14.20　子曰："其言之不怍[①]，则为之也难。"

【注解】

①怍（zuò）：惭愧。

【译文】

孔子说："说话大言不惭，实行这些话就很难。"

【原文】

14.21 陈成子弑简公①。孔子沐浴而朝②，告于哀公曰："陈恒弑其君，请讨之。"公曰："告夫三子③。"

孔子曰："以吾从大夫之后，不敢不告也，君曰'告夫三子'者！"

之三子告，不可。孔子曰："以吾从大夫之后，不敢不告也。"

【注解】

①陈成子：即陈恒，齐国大夫。弑（shì）：下杀上为弑。简公：齐简公，名壬。②孔子沐浴而朝：沐浴，洗头洗澡，这里指斋戒。当时孔子已告老还家，他认为臣弑其君是大逆不道，非讨不可，故有此举。③夫（fú）：指示代词，那。三子：指孟孙、季孙、叔孙三家大夫。由于他们势力强大，主宰着鲁国的政治，故哀公不敢自主。

【译文】

陈成子杀了齐简公。孔子在家斋戒沐浴后去朝见鲁哀公，告诉哀公说："陈恒杀了他的君主，请出兵讨伐他。"哀公说："你去向季孙、仲孙、孟孙三人报告吧！"

孔子退朝后说："因为我曾经做过大夫，不敢不来报告。可君主却对我说'去向那三人报告'。"

孔子到季孙、叔孙、孟孙三人那里去报告，他们不同意讨伐。孔子说："因为我曾经做过大夫，不敢不报告。"

【原文】

14.22 子路问事君，子曰："勿欺也，而犯之①。"

【注解】

①犯：冒犯。指当面直言规劝。

【译文】

子路问怎样服侍君主。孔子说："不要欺骗他，但可以犯颜直谏。"

【原文】

14.23 子曰："君子上达，小人下达①。"

【注解】

①上达、下达：有各种解释：一、上达于仁义，下达于财利；二、上达于道，下达于器（即农工商各业）；三、上达是日进乎高明，长进向上，下达是日究乎污下，沉沦向下。今从一义。

【译文】

孔子说："君子向上去通达仁义，小人向下去通达财利。"

【原文】

14.24　子曰："古之学者为己，今之学者为人。"

【译文】

孔子说："古代学者学习是为了充实提高自己，现在的学者学习是为了装饰给别人看。"

古之学者为己。

【原文】

14.25　蘧伯玉使人于孔子[1]，孔子与之坐而问焉，曰："夫子何为？"对曰："夫子欲寡其过而未能也。"使者出，子曰："使乎！使乎！"

【注解】

①蘧伯玉：卫国的大夫，名瑗。孔子在卫国时，曾住过他家。

【译文】

蘧伯玉派使者去拜访孔子，孔子请使者坐下，然后问道："先生近来在做什么呢？"使者回答说："先生想要减少自己的过失但还没能做到。"使者出去之后，孔子说："好一位使者呀！好一位使者呀！"

【原文】

14.26　子曰："不在其位，不谋其政[1]。"曾子曰："君子思不出其位。"

【注解】

①这两句重出，见《泰伯篇第八》第十四章。

【译文】

孔子说："不在那个职位上，就不去谋划那个职位上的政事。"曾子说："君子所思虑的不越出他的职权范围。"

【原文】

14.27　子曰："君子耻其言而过其行[1]。"

【注解】

①而：用法同"之"。

【译文】

孔子说："君子把说得多做得少视为可耻。"

【原文】

14.28　子曰："君子道者三，我无能焉：仁者不忧，知者不惑，勇者不惧。"子贡曰："夫子自道也。"

【译文】

孔子说："君子所遵循的三个方面，我都没能做到：仁德的人不忧愁，智慧的人不迷惑，勇敢的人不惧怕。"子贡说道："这是老师对自己的描述。"

【原文】

14.29　子贡方人[①]，子曰："赐也贤乎哉？夫我则不暇。"

【注解】

①方人：讥评、诽谤别人。

【译文】

子贡议论别人。孔子说："你端木赐就什么都好吗？我就没有这种闲暇。"

【原文】

14.30　子曰："不患人之不己知，患其不能也。"

【译文】

孔子说："不担心别人不知道自己，只担心自己没有能力。"

【原文】

14.31　子曰："不逆诈[①]，不亿不信[②]，抑亦先觉者，是贤乎！"

【注解】

①逆诈：逆，事先预料。逆诈，据颜师古："谓以诈意逆猜人也。"②亿：通"臆"，主观臆测。

【译文】

孔子说："不预先怀疑别人欺诈，不凭空臆想别人不诚信，却能先行察觉，这样的人才是贤者啊。"

【原文】

14.32　微生亩谓孔子曰[①]："丘何为是栖栖者与[②]？无乃为佞乎[③]？"孔子曰："非敢为佞也，疾固也[④]。"

【注解】

①微生亩：姓微生，名亩，隐君子。②是：副词，当“如此”解。栖栖（xī）：不安定的样子。③佞：花言巧语。④疾：痛恨，讨厌。固：顽固不化。

【译文】

微生亩对孔子说：“您为什么如此奔波忙碌呢？不是为了显示您的才辩吧？”孔子说：“我不敢显示我有才辩，只是讨厌那种顽固不化的人。”

【原文】

14.33　子曰：“骥不称其力[①]，称其德也。”

子曰：骥不称其力，称其德也。

【注解】

①骥：千里马。

【译文】

孔子说：“对于千里马不是称赞它的力气，而是要称赞它的品德。”

【原文】

14.34　或曰：“以德报怨，何如？”子曰：“何以报德？以直报怨，以德报德。”

【译文】

有人说：“用恩德来回报怨恨，怎么样？”孔子说：“那用什么来回报恩德呢？用正直来回报怨恨，用恩德来回报恩德。”

【原文】

14.35　子曰：“莫我知也夫！”子贡曰：“何为其莫知子也？”子曰：“不怨天，不尤人[①]，下学而上达。知我者其天乎[②]！”

【注解】

①尤：责怪。②其：前句中“其”字是用于句中的助词，无义。本句中“其”字用于拟议不定，可以译为“大概”或“恐怕”。

【译文】

孔子说：“没有人了解我啊！”子贡说：“为什么没有人了解您呢？”孔子说：“不埋怨天，不责备人，下学人事而上达天命。了解我的大概只有天吧！”

【原文】

14.36 公伯寮愬子路于季孙[①]。子服景伯以告[②]，曰："夫子固有惑志于公伯寮[③]，吾力犹能肆诸市朝[④]。"

子曰："道之将行也与，命也；道之将废也与，命也。公伯寮其如命何！"

【注解】

①公伯寮：鲁人，字子周，也是孔子的学生。愬（sù）：同"诉"，告发，诽谤。季孙：鲁国的大夫。②子服景伯：鲁国大夫，姓子服名伯，"景"是他的谥号。③夫子：指季孙。④肆：陈列尸首。

【译文】

公伯寮向季孙氏控诉子路。子服景伯把这件事告诉了孔子，说："季孙氏已经被公伯寮迷惑了，我的力量还能让公伯寮的尸首在街头示众。"

孔子说："道将要实行，是天命决定的；道将要被废弃，也是天命决定的。公伯寮能把天命怎么样呢？"

【原文】

14.37 子曰："贤者辟世[①]，其次辟地，其次辟色，其次辟言。"子曰："作者七人矣[②]。"

【注解】

①辟（bì）：通"避"，逃避。②七人：即伯夷、叔齐、虞仲、夷逸、朱张、柳下惠、少连。

【译文】

孔子说："贤人逃避恶浊乱世而隐居，其次是择地方而住，再其次是避开不好的脸色，再其次是避开恶言。"孔子说："这样做的人有七位了。"

【原文】

14.38 子路宿于石门[①]。晨门曰[②]："奚自？"子路曰："自孔氏。"曰："是知其不可而为之者与？"

【注解】

①石门：地名，鲁国都城的外门。②晨门：早上看守城门的人。

【译文】

子路在石门住宿了一夜。早上守城门的人说："从哪儿来？"子路说："从孔子家来。"守门人说："就是那位知道做不成却还要做的人吗？"

【原文】

14.39 子击磬于卫，有荷蒉而过孔氏之门者[①]，曰："有心哉，击磬乎！"既而曰："鄙哉，硁硁乎[②]！莫己知也，斯已而已矣[③]。深则厉，浅则揭[④]。"子曰："果哉！末之难矣[⑤]。"

【注解】

①蒉（kuì）：土筐。②硁（kēng）硁：抑而不扬的击磬声。③斯己而已矣：就相信自己罢了。④深则厉，浅则揭：穿着衣服涉水叫厉，提起衣襟涉水叫揭。这两句是《诗经·卫风·匏有苦叶》中的诗句。这里用来比喻处世也要审时度势，知道深浅。⑤末：无。难：责问。

子击磬于卫，有荷蒉而过孔氏之门者。

【译文】

孔子在卫国，一次正在击磬，有一个挑着草筐的人经过孔子门前，说："这个磬击打得有深意啊！"过了一会儿又说："真可鄙呀，磬声硁硁的，没有人知道自己，就自己作罢好了。水深就索性穿着衣服趟过去，水浅就撩起衣服走过去。"孔子说："说得真果断啊！真这样的话，就没有什么难的了。"

【原文】

14.40　子张曰："《书》云：'高宗谅阴[①]，三年不言。'何谓也？"子曰："何必高宗，古之人皆然。君薨[②]，百官总己以听于冢宰三年[③]。"

【注解】

①高宗：殷高宗武丁，是商朝中兴的贤王。谅阴：古时天子守丧之称。②薨（hōng）：君主时代诸侯或大官死叫薨。③冢宰：官名。听于冢宰是说百官都听命于冢宰，继位的新君可不理政事。

【译文】

子张说："《尚书》上说：'殷高宗守丧，三年不谈政事。'这是什么意思？"孔子说："不只是殷高宗，古人都是这样。国君死了，所有官员都各司其职，听从冢宰的命令长达三年。"

【原文】

14.41　子曰："上好礼，则民易使也。"

【译文】

孔子说："居上位的人遇事依礼而行，民众就容易役使了。"

【原文】

14.42　子路问君子，子曰："修己以敬。"曰："如斯而已乎？"曰："修己以安人[①]。"曰："如斯而已乎？"曰："修己以安百姓[②]。修己以安百姓，尧舜其犹病诸[③]！"

【注解】

①安人：使别人安乐。②安百姓：使百姓安乐。③病：这里有"难"的意思。诸："之于"的合音。

【译文】

孔子向子路阐释何为君子。

子路问怎样做才是君子。孔子说："修养自己以做到恭敬认真。"子路说："像这样就可以了吗？"孔子说："修养自己并且使别人安乐。"子路又问："像这样就可以了吗？"孔子说："修养自己并且使百姓安乐。修养自己，使百姓都安乐，尧、舜大概都担心很难完全做到吧！"

【原文】

14.43 原壤夷俟[①]。子曰："幼而不孙弟[②]，长而无述焉，老而不死，是为贼[③]。"以杖叩其胫。

【注解】

①原壤：鲁国人，孔子的老朋友。夷俟：伸腿蹲着等待。②孙弟：同"逊悌"，孝悌。③贼：害人的人。

【译文】

原壤叉开两腿坐着等孔子。孔子说："你小时候不谦恭不敬兄长，长大了没有什么值得称述的，老了还不死掉，真是个害人的家伙。"说完，用手杖敲击他的小腿。

【原文】

14.44 阙党童子将命[①]。或问之曰："益者与？"子曰："吾见其居于位也[②]，见其与先生并行也[③]，非求益者也，欲速成者也。"

【注解】

①阙党：孔子在鲁国所居地名，又叫阙里。②居于位：据《礼记·玉藻》："童子无事则立主人之北南面。"可见居于位不合乎当时礼节。③并行：据《礼记·曲礼》："五年以长，则肩随之。"童子和先生并行，也不合礼。

【译文】

阙党的一个童子来传递信息。有人问孔子："这是一个求进益的人吗？"孔子说："我看见他坐在成人的席位上，看见他和长辈并肩而行。他不是个求进益的人，而是一个急于求成的人。"

卫灵公篇第十五

【原文】

15.1　卫灵公问陈于孔子[①]，孔子对曰："俎豆之事[②]，则尝闻之矣；军旅之事，未之学也。"明日遂行。

【注解】

①陈：同"阵"，军队作战时，布列的阵势。②俎豆：古代盛肉食的器皿，用于祭祀，故意译为礼仪之事。

【译文】

卫灵公向孔子询问排兵布阵的方法。孔子回答说："祭祀礼仪方面的事情，我听说过；用兵打仗的事，从来没有学过。"第二天就离开了卫国。

【原文】

15.2　在陈绝粮，从者病，莫能兴。子路愠见曰："君子亦有穷乎？"子曰："君子固穷，小人穷斯滥矣。"

君子固穷，小人穷斯滥矣。

【译文】

孔子在陈国断绝了粮食，跟从的人都饿病了，躺着不能起来。子路生气地来见孔子说："君子也有困窘没有办法的时候吗？"孔子说："君子在困窘时还能固守正道，小人一困窘就会胡作非为。"

【原文】

15.3　子曰："赐也，女以予为多学而识之者与[①]？"对曰："然。非与？"曰："非也。予一以贯之[②]。"

【注解】

①识（zhì）：通"志"，记住。②一以贯之：即以忠恕之道贯串着它。参见《里仁篇第四》第十五章。

【译文】

孔子对子贡说："赐呀，你以为我是多多地学习并能记住的人吗？"子贡回答说："是的，难道不是这样吗？”孔子说：“不是的，我是用一个基本观念把它们贯穿起来。”

【原文】

15.4 子曰：“由！知德者鲜矣。”

【译文】

孔子说：“仲由！知晓德的人太少了。”

【原文】

15.5 子曰：“无为而治者，其舜也与？夫何为哉[①]？恭己正南面而已矣。”

【注解】

①夫（fú）：他。

【译文】

孔子说：“无为而使天下得到治理的人，大概只有舜吧？他做了什么呢？他只是庄重端正地面向南地坐在王位上罢了。”

【原文】

15.6 子张问行[①]，子曰：“言忠信，行笃敬[②]，虽蛮貊之邦[③]，行矣。言不忠信，行不笃敬，虽州里[④]，行乎哉？立则见其参于前也[⑤]，在舆则见其倚于衡也[⑥]，夫然后行。”子张书诸绅[⑦]。

【注解】

①行：通达的意思。②笃：忠厚。③蛮貊（mò）：南蛮北狄，指当时我国南方和北方的少数民族。④州里：五家为邻，五邻为里。五党为州，二千五百家。州里指近处。⑤参：显现。⑥衡：车辕前面的横木。⑦绅：贵族系在腰间的大带。

【译文】

子张问怎样才能处处行得通。孔子说：“言语忠实诚信，行为笃厚恭敬，即使到了蛮貊地区，也能行得通。言语不忠实诚信，行为不笃厚恭敬，即使是在本乡本土，能行得通吗？站立时，就好像看见‘忠实、诚信、笃厚、恭敬’的字样直立在面前；在车上时，就好像看见这几个字靠在车前横木上，这样才能处处行得通。”子张把这些话写在衣服大带上。

【原文】

15.7 子曰：“直哉，史鱼[①]！邦有道如矢，邦无道如矢。君子哉，蘧伯玉！邦有道则仕，邦无道则可卷而怀之[②]。”

【注解】

①史鱼：卫国大夫，字子鱼。临死前要儿子不为他在正堂治丧，以此劝谏卫灵公任用蘧伯玉，斥退弥子瑕，古人称为“尸谏”。②卷（juǎn）：收。怀：藏。

【译文】

孔子说："史鱼正直啊！国家政治清明时，他像箭一样直；国家政治黑暗，他也像箭一样直。蘧伯玉是君子啊！国家政治清明时，他就出来做官；国家政治黑暗时，就把自己的才能收藏起来（不做官）。"

【原文】

15.8　子曰："可与言而不与之言①，失人②；不可与言而与之言，失言③。知者不失人④，亦不失言。"

【注解】

①与言：与他谈论。言，谈论。②失人：错失人才。③失言：说错话。④知：通"智"，明智，聪明。

【译文】

孔子说："可以和他谈的话但没有与他谈，这是错失了人才；不可与他谈及却与他谈了，这是说错了话。聪明的人不错过人才，也不说错话。"

【原文】

15.9　子曰："志士仁人，无求生以害仁，有杀身以成仁。"

【译文】

孔子说："志士仁人，不会为了求生损害仁，却能牺牲生命去成就仁。"

【原文】

15.10　子贡问为仁，子曰："工欲善其事，必先利其器。居是邦也，事其大夫之贤者，友其士之仁者。"

【译文】

子贡问怎样培养仁德，孔子说："工匠要想做好工，必须先把器具打磨锋利。住在这个国家，就要侍奉大夫中的贤人，结交士中的仁人。"

【原文】

15.11　颜渊问为邦，子曰："行夏之时①，乘殷之辂②，服周之冕③，乐则《韶》、《舞》④，放郑声，远佞人⑤。郑声淫，佞人殆⑥。"

【注解】

①夏之时：夏代的历法，便于农业生产。②辂（lù）：天子所乘的车。殷代的车由木制成，比较朴实。③冕（miǎn）：礼帽。周代的礼帽比以前的华美。④《韶》：舜时的乐曲。《舞》：同《武》，周武王时的乐曲。⑤佞人：用花言巧语去谄媚人的小人。⑥殆：危险。

【译文】

颜渊问怎样治理国家。孔子说："实行夏朝的历法，乘坐殷朝的车子，戴周朝的礼帽，音乐就用《韶》和《舞》，舍弃郑国的乐曲，远离谄媚的人。郑国的乐曲很淫秽，谄媚的人很危险。"

【原文】

15.12 子曰："人无远虑，必有近忧。"

【译文】

孔子说："人没有长远的考虑，一定会有眼前的忧患。"

【原文】

15.13 子曰："已矣乎！吾未见好德如好色者也。"

【译文】

孔子说："罢了罢了！我没见过喜欢美德如同喜欢美色一样的人。"

子曰：吾未见好德如好色者也。

【原文】

15.14 子曰："臧文仲其窃位者与[①]？知柳下惠之贤而不与立也[②]。"

【注解】

①窃位：身居官位而不称职。②柳下惠：春秋中期鲁国大夫，姓展名获，又名禽，他受封的地名是柳下，"惠"是他的谥号，所以被人们称为柳下惠。立（wèi）：同"位"。

【译文】

孔子说："臧文仲大概是个窃据官位（而不称职）的人吧！他知道柳下惠贤良，却不给他官位。"

【原文】

15.15 子曰："躬自厚而薄责于人[①]，则远怨矣。"

【注解】

①躬自：亲自。

【译文】

孔子说："严厉地责备自己而宽容地对待别人，就可以远离别人的怨恨了。"

【原文】

15.16　子曰："不曰'如之何，如之何'者，吾末如之何也已矣[①]。"

【注解】

①末：无。

【译文】

孔子说："不说'怎么办，怎么办'的人，我对他也不知道该怎么办了。"

【原文】

15.17　子曰："群居终日，言不及义，好行小慧，难矣哉！"

【译文】

孔子说："整天聚在一起，言语都和义理不相关，喜欢卖弄小聪明，这种人很难教导。"

【原文】

15.18　子曰："君子义以为质，礼以行之，孙以出之，信以成之。君子哉！"

【译文】

孔子说："君子把义作为本质，依照礼来实行，用谦逊的言语来表述，用诚信的态度来完成它。这样做才是君子啊！"

【原文】

15.19　子曰："君子病无能焉，不病人之不己知也。"

【译文】

孔子说："君子担心自己没有才能，不担心别人不知道自己。"

【原文】

15.20　子曰："君子疾没世而名不称焉。"

【译文】

孔子说："君子担心死后自己的名字不被人称道。"

【原文】

15.21　子曰："君子求诸己，小人求诸人。"

【译文】

孔子说："君子要求自己，小人苛求别人。"

君子求诸己，小人求诸人。

【原文】

15.22 子曰："君子矜而不争[①]，群而不党。"

【注解】

①矜（jīn）：庄重的意思。

【译文】

孔子说："君子矜持庄重而不与人争执，合群而不与人勾结。"

【原文】

15.23 子曰："君子不以言举人，不以人废言。"

【译文】

孔子说："君子不因为一个人的言语（说得好）而推举他，也不因为一个人有缺点而废弃他好的言论。"

【原文】

15.24 子贡问曰："有一言而可以终身行之者乎[①]？"子曰："其恕乎[②]！己所不欲，勿施于人。"

【注解】

①一言：一个字。言，字。②恕：推己及人，即"己所不欲，勿施于人"。

【译文】

子贡问道："有一个可以终身奉行的字吗？"孔子说："大概是'恕'吧！自己不想要的，不要施加给别人。"

【原文】

15.25 子曰："吾之于人也，谁毁谁誉？如有所誉者，其有所试矣。斯民也，三代之所以直道而行也。"

【译文】

孔子说："我对于别人，毁谤了谁？赞誉了谁？如果有所赞誉的话，一定对他有所考察。有了这样的民众，夏、商、周三代所以能直道而行。"

【原文】

15.26 子曰："吾犹及史之阙文也。有马者，借人乘之[①]。今亡矣夫[②]！"

【注解】

①有马者，借人乘之：有人认为此句系错出，难以索解，存疑而已。②亡（wú）：无。

【译文】

孔子说："我还能够看到史书中存疑空阙的地方。有马的人（自己不会调教）先借给别人骑，现在没有这样的了。"

【原文】

15.27 子曰："巧言乱德。小不忍，则乱大谋。"

【译文】

孔子说："花言巧语会败坏道德。小事上不忍耐，就会扰乱了大的谋略。"

【原文】

15.28 子曰："众恶之，必察焉；众好之，必察焉。"

【译文】

孔子说："众人都厌恶他，一定要去考察；大家都喜爱他，也一定要去考察。"

【原文】

15.29 子曰："人能弘道，非道弘人。"

【译文】

孔子说："人能够把道发扬光大，不是道能把人发扬光大。"

【原文】

15.30 子曰："过而不改，是谓过矣。"

【译文】

孔子说："有了过错而不改正，这就真叫过错了。"

【原文】

15.31 子曰："吾尝终日不食，终夜不寝，以思，无益，不如学也。"

【译文】

孔子说："我曾经整天不吃、整夜不睡地去思索，没有益处，不如去学习。"

【原文】

15.32 子曰："君子谋道不谋食。耕也，馁在其中矣[1]；学也，禄在其中矣。君子忧道不忧贫。"

【注解】

①馁（něi）：饥饿。

【译文】

孔子说："君子谋求的是道而不去谋求衣食。耕作，常常会有饥饿；学习，往往得到俸禄。君子担忧是否能学到道，不担忧贫穷。"

【原文】

15.33 子曰："知及之[①]，仁不能守之，虽得之，必失之。知及之，仁能守之，不庄以涖之[②]，则民不敬。知及之，仁能守之，庄以涖之，动之不以礼，未善也。"

【注解】

①知：通"智"。②涖：通"莅"，临，到。

【译文】

孔子说："靠聪明才智得到它，不用仁德去保持它，即使得到了，也一定会丧失。靠聪明才智得到它，用仁德守住它，但不以庄重的态度来行使职权，那么民众就不敬畏。靠聪明才智得到它，用仁德保持它，能以庄重的态度来行使职权，但不能按照礼来动员，也是不完善的。"

【原文】

15.34 子曰："君子不可小知而可大受也。小人不可大受而可小知也。"

【译文】

孔子说："君子不可以用小事来察知，却可以接受重任；小人不可以承担重任，却可以用小事来察知。"

【原文】

15.35 子曰："民之于仁也，甚于水火。水火，吾见蹈而死者矣，未见蹈仁而死者也。"

【译文】

孔子说："民众对于仁的需要，超过对水火的需要。水和火，我看见有人死在里面，却没有见过有为实行'仁'而死的。"

【原文】

15.36 子曰："当仁，不让于师。"

【译文】

孔子说："面临仁时，对老师也不必谦让。"

【原文】

15.37 子曰："君子贞而不谅[①]。"

【注解】

①贞：正，指固守正道。谅：信，指不分是非而守信。

【译文】

孔子说："君子讲大信，而不拘泥于遵守小信。"

【原文】

15.38 子曰："事君，敬其事而后其食。"

【译文】

孔子说："侍奉君主，应该认真做事，而把领取俸禄的事放在后面。"

【原文】

15.39 子曰："有教无类。"

【译文】

孔子说："人人都教，没有高低贵贱的等级差别。"

【原文】

15.40 子曰："道不同，不相为谋①。"

【注解】

①为（wèi）：与，对。

【译文】

孔子说："志向主张不同，不在一起谋划共事。"

【原文】

15.41 子曰："辞达而已矣。"

【译文】

孔子说："言辞能表达出意思就可以了。"

【原文】

15.42 师冕见①，及阶，子曰："阶也。"及席，子曰："席也。"皆坐，子告之曰："某在斯，某在斯。"师冕出。子张问曰："与师言之道与？"子曰："然，固相师之道也②。"

【注解】

①师：乐师。冕：人名。古代的乐师一般是盲人。②相（xiàng）：帮助。

【译文】

师冕来见孔子，走到台阶边，孔子说："这儿是台阶。"走到坐席边，孔子说："这是坐席。"大家都坐下后，孔子告诉他说："某人在这里，某人在这里。"师冕告辞后，子张问道："这是和盲人乐师言谈的方式吗？"孔子说："是的，这本来就是帮助盲人乐师的方式。"

季氏篇第十六

【原文】

16.1　季氏将伐颛臾[①]。冉有、季路见于孔子[②]，曰："季氏将有事于颛臾。"孔子曰："求！无乃尔是过与[③]？夫颛臾，昔者先王以为东蒙主[④]，且在邦域之中矣，是社稷之臣也。何以伐为[⑤]？"冉有曰："夫子欲之，吾二臣者皆不欲也。"孔子曰："求！周任有言曰[⑥]：'陈力就列，不能者止。'危而不持，颠而不扶，则将焉用彼相矣[⑦]？且尔言过矣。虎兕出于柙[⑧]，龟玉毁于椟中，是谁之过与？"

冉有曰："今夫颛臾，固而近于费[⑨]。今不取，后世必为子孙忧。"孔子曰："求！君子疾夫舍曰欲之而必为之辞。丘也闻有国有家者，不患寡而患不均，不患贫而患不安[⑩]。盖均无贫，和无寡，安无倾。夫如是，故远人不服，则修文德以来之。既来之，则安之。今由与求也，相夫子，远人不服，而不能来也；邦分崩离析，而不能守也；而谋动干戈于邦内。吾恐季孙之忧，不在颛臾，而在萧墙之内也[⑪]。"

【注解】

①颛（zhuān）臾（yú）：鲁国的附属国，在今山东省费县西。②见于：被接见。③无乃：岂不是。尔是过：责备你。"过"用作动词，表示责备。"是"用于颠倒动宾之间，无义。④东蒙主：东蒙，蒙山。主，主持祭祀的人。⑤为：用于句末的语气词。这里表诘问语气。⑥周任：人名，周代史官。⑦相（xiàng）：搀扶盲人的人叫相，这里是辅助的意思。⑧兕（sì）：雌性犀牛。⑨费：季氏的采邑。⑩不患寡而患不均，不患贫而患不安：当作"不患贫而患不均，不患寡而患不安"。据俞樾《群经平议》。⑪萧墙：照壁屏风，指宫廷之内。

【译文】

季氏准备攻打颛臾。冉有、子路去拜见孔子，说："季氏准备对颛臾用兵了。"孔子说："冉求！难道不是你的过错吗？颛臾，以前先王让它主持东蒙山的祭祀，而且它在鲁国的疆域之内，是国家的臣属，为什么要攻打它呢？"冉有说："季孙大夫想去攻打，我们两人都不同意。"孔子说："冉求！周任说过：'根据自己的才力去担任职务，不能胜任的就辞职不干。'盲人遇到了危险不去扶持，跌倒了不去搀扶，那还用辅助的人干什么呢？而且你的话说错了。老虎、犀牛从笼子里跑出来，龟甲和美玉在匣子里被毁坏了，是谁的过错呢？"

冉有说："现在颛臾，城墙坚固，而且离季氏的采邑费地很近。现在不攻占它，将来一定会成为子孙的祸患。"孔子说："冉求！君子痛恨那些不说自己想那样做却一定要另找借口的人。我听说，对于诸侯和大夫，不怕贫穷而怕财富不均；不怕人口少而怕不安定。因为财富均衡就没有贫穷，和睦团结就不觉得人口少，境内安定就不会有倾覆的危险。像这样做，远方的人还不归服，那就再修仁义礼乐的政教来招致他们。他们来归服了，就让他们安心生活。现在，仲由和冉求你们辅佐季孙，远方的人不归服却又不能招致他们；国家分崩离析却不能保全守住；反而谋划在国内动用武力。我恐怕季孙的忧患不在颛臾，而在他自己的宫墙之内呢。”

【原文】

16.2 孔子曰："天下有道，则礼乐征伐自天子出；天下无道，则礼乐征伐自诸侯出。自诸侯出，盖十世希不失矣①；自大夫出，五世希不失矣；陪臣执国命②，三世希不失矣。天下有道，则政不在大夫。天下有道，则庶人不议。”

【注解】

①希：少。②陪臣：大夫的家臣。

【译文】

孔子说："天下政治清明，制礼作乐以及出兵征伐的命令都由天子下达；天下政治昏乱，制礼作乐以及出兵征伐的命令都由诸侯下达。政令由诸侯下达，大概延续到十代就很少有不丧失的；政令由大夫下达，延续五代后就很少有不丧失的；大夫的家臣把持国家政权，延续到三代就很少有不丧失的。天下政治清明，国家的政权就不会掌握在大夫手中；天下政治清明，普通百姓就不会议论朝政了。”

【原文】

16.3 孔子曰："禄之去公室五世矣①，政逮于大夫四世矣②，故夫三桓之子孙微矣。”

【注解】

①禄：俸禄，这里指政权。公室：诸侯的家族。②逮（dài）：及。四世：指季孙氏文子、武子、平子、桓子四世。

【译文】

孔子说："国家政权离开了鲁国公室已经五代了，政权落到大夫手中已经四代了，所以鲁桓公的三家子孙都衰微了。”

【原文】

16.4 孔子曰："益者三友，损者三友。友直，友谅①，友多闻，益矣。友便辟②，友善柔，友便佞③，损矣。”

【注解】

①谅：诚信。②便（pián）辟：逢迎谄媚。③便（pián）佞：用花言巧语取悦于人。

【译文】

孔子说："有益的朋友有三种，有害的朋友有三种。同正直的人交友，同诚信的人交友，同见闻广博的人交友，是有益的。同逢迎谄媚的人交友，同表面柔顺而内心奸诈的人交友，同花言巧语的人交友，是有害的。"

【原文】

16.5 孔子曰："益者三乐，损者三乐。乐节礼乐，乐道人之善，乐多贤友，益矣。乐骄乐，乐佚游[①]，乐宴乐，损矣。"

【注解】

①佚：放荡。

【译文】

孔子说："有益的快乐有三种，有害的快乐有三种。以用礼乐调节自己为乐，以称道人的好处为乐，以有很多德才兼备的朋友为乐，是有益的。以骄纵享乐为乐，以放荡游乐为乐，以宴饮无度为乐，是有害的。"

【原文】

16.6 孔子曰："侍于君子有三愆[①]：言未及之而言谓之躁，言及之而不言谓之隐，未见颜色而言谓之瞽[②]。"

【注解】

①愆（qiān）：过失。②瞽（gǔ）：眼睛瞎。

【译文】

孔子说："侍奉君子容易有三种过失：没有轮到他发言而发言，叫做急躁；到该说话时却不说话，叫做隐瞒；不看君子的脸色而贸然说话，叫做盲目。"

【原文】

16.7 孔子曰："君子有三戒：少之时，血气未定，戒之在色；及其壮也，血气方刚，戒之在斗；及其老也，血气既衰，戒之在得[①]。"

【注解】

①得：贪得，包括名誉、地位、财货等。

【译文】

孔子说："君子有三件事应该警惕戒备：年少的时候，血气还没有发展稳定，要警戒迷恋女色；壮年的时候，血气正旺盛，要警戒争强好斗；到了老年的时候，血气已经衰弱，要警戒贪得无厌。"

【原文】

16.8 孔子曰："君子有三畏：畏天命，畏大人，畏圣人之言。小人不知天命而不畏也，狎大人，侮圣人之言。"

【译文】

孔子说："君子有三种敬畏：敬畏天命，敬畏王公大人，敬畏圣人的言论。小人不知道天命，所以不敬畏它，轻视王公大人，侮慢圣人的言论。"

【原文】

16.9 孔子曰："生而知之者，上也；学而知之者，次也；困而学之，又其次也；困而不学，民斯为下矣。"

【译文】

孔子说："生来就知道的，是上等；经过学习后才知道的，是次等；遇到困惑疑难才去学习的，是又次一等了；遇到困惑疑难仍不去学习的，这种老百姓就是下等的了。"

【原文】

16.10 孔子曰："君子有九思：视思明，听思聪，色思温，貌思恭，言思忠，事思敬，疑思问，忿思难[①]，见得思义。"

【注解】

①难（nàn）：后患。

【译文】

孔子说："君子有九种思考：看的时候要思考看明白了没，听的时候要思考听清楚了没，待人接物时，要想想脸色是否温和，样貌是否恭敬，说话时要想想是否忠实，做事时要想想是否严肃认真，有疑难时要想着询问，气忿发怒时要想想可能产生的后患，看见可得的要想想是否合于义。"

【原文】

16.11 孔子曰："见善如不及，见不善如探汤。吾见其人矣，吾闻其语矣。隐居以求其志，行义以达其道。吾闻其语矣，未见其人也。"

【译文】

孔子说："见到善的行为，就像怕赶不上似地去努力追求；看见不善的行为，就像手伸进了沸水中那样赶快避开。我看见过这样的人，也听到过这样的话语。隐居起来以求保全自己的志向，按照义的原则行事以贯彻自己的主张。我听到过这样的话语，却没见过这样的人。"

【原文】

16.12 齐景公有马千驷[①]，死之日，民无德而称焉。伯夷、叔齐饿于首阳之下[②]，民到于今称之。其斯之谓与[3]？

【注解】

①千驷：四千匹马。驷，同驾一辆车的四匹马。②首阳：山名。伯夷、叔齐：商朝末年孤竹君的两个儿子。父亲死后，兄弟互让君位而出逃。周灭商后，他们耻食周粟，隐居于首阳山，采薇而食，终于饿死。③其斯之谓与：这一句中的“斯”字是指什么，上文没有交代，因此意思不清。有人以为，《颜渊篇第十》第十章“诚不以富，亦祇以异”（引自《诗·小雅·我行其野》）当在此句之前。

【译文】

齐景公有四千匹马，他死的时候，人民找不到他有什么德行值得称颂的。伯夷和叔齐饿死在首阳山上，人民到现在还在称颂他们。大概就是这个意思吧！

【原文】

16.13 陈亢问于伯鱼曰[1]：“子亦有异闻乎？”对曰：“未也。尝独立，鲤趋而过庭。曰：‘学诗乎？’对曰：‘未也。’‘不学诗，无以言。’鲤退而学诗。他日，又独立，鲤趋而过庭。曰：‘学礼乎？’对曰：‘未也。’‘不学礼，无以立。’鲤退而学礼。闻斯二者。”陈亢退而喜曰：“问一得三：闻诗，闻礼，又闻君子之远其子也[2]。”

【注解】

①陈亢：姓陈，名亢，字子禽。伯鱼：姓孔，名鲤，字伯鱼，孔子的儿子。②远（yuàn）：不接近，不亲昵。

【译文】

陈亢向伯鱼问道：“你在老师那里有得到与众不同的教诲吗？”伯鱼回答说：“没有。他曾经独自站在那里，我快步走过庭中，他说：‘学诗了吗？’我回答说：‘没有。’他说：‘不学诗就不会应对说话。’我退回后就学诗。另一天，他又独自一人站着，我快步走过庭中，他说：‘学礼了吗？’我回答说：‘没有。’他说：‘不学礼，就没法立足于社会。’我退回后就学礼。我只听到过这两次教诲。”陈亢回去后高兴地说：“问一件事，知道了三件事，知道要学诗，知道要学礼，又知道君子不偏私自己的儿子。”

【原文】

16.14 邦君之妻，君称之曰夫人，夫人自称曰小童；邦人称之曰君夫人，称诸异邦曰寡小君；异邦人称之，亦曰君夫人。

【译文】

国君的妻子，国君称她为夫人，夫人自称为小童；国内的人称她为君夫人，在其他国家的人面前称她为寡小君；别的国家的人也称她为君夫人。

微子篇第十八

【原文】

18.1 微子去之①，箕子为之奴②，比干谏而死③。孔子曰："殷有三仁焉。"

【注解】

①微子：名启，商纣王的同母兄弟。微子出生时，他母亲还未被正式立为帝妻，纣是母亲立为帝妻后所生，故纣得以继承王位。②箕子：纣王的叔父。纣王暴虐无道，箕子曾向他进谏，纣王不听，箕子便假装发疯，被降为奴隶。③比干：也是纣王的叔父。他竭力劝谏纣王，被纣王剖心而死。

【译文】

微子离开了商纣王，箕子做了他的奴隶，比干强谏被杀。孔子说："殷朝有三位仁人！"

【原文】

18.2 柳下惠为士师①，三黜。人曰："子未可以去乎？"曰："直道而事人，焉往而不三黜？枉道而事人，何必去父母之邦？"

【注解】

①士师：官名，主管刑罚。

【译文】

柳下惠担任掌管刑罚的官，多次被罢免。有人问："您不可以离开鲁国吗？"他说："用正直之道来侍奉人，去哪里而能不被多次罢免呢？不用正直之道来侍奉人，又为什么一定要离开故国家园呢？"

【原文】

18.3 齐景公待孔子曰①："若季氏②，则吾不能；以季、孟之间待之③。"曰："吾老矣，不能用也。"孔子行。

【注解】

①齐景公：齐国的国君。②季氏：鲁国的大夫，位居上卿。③孟：指孟孔氏，鲁国的大夫，位居下卿。

【译文】

齐景公谈到怎样对待孔子时说："像鲁国国君对待季氏那样对待孔子，那我做不到；只能用低于季氏而高于孟氏的规格来对待他。"不久又说："我老了，不能用他了。"孔子就离开了齐国。

【原文】

18.4 齐人归女乐[①]，季桓子受之[②]，三日不朝，孔子行。

【注解】

①归（kuì）：通“馈”，赠送。②季桓子：季孙斯，鲁国的执政上卿。

【译文】

齐国人赠送鲁国一批歌女乐师，季桓子接受了，好几天不上朝，孔子就离开了鲁国。

【原文】

18.5 楚狂接舆歌而过孔子曰[①]：“凤兮，凤兮，何德之衰？往者不可谏，来者犹可追。已而，已而，今之从政者殆而！”孔子下，欲与之言。趋而辟之，不得与之言。

【注解】

①接舆：楚国的隐士。一说他姓接名舆，一说因他接孔子之车而歌，所以称他接舆。

【译文】

楚国的狂人接舆唱着歌经过孔子的车子，说：“凤凰啊，凤凰啊！为什么道德如此衰微，过去的已经不能挽回，未来的还来得及改正。算了吧，算了吧！现在那些从政的人危险呀！”孔子下车，想要同他说话。接舆快走几步避开了孔子，孔子没能同他交谈。

【原文】

18.6 长沮、桀溺耦而耕[①]，孔子过之，使子路问津焉[②]。长沮曰：“夫执舆者为谁[③]？”子路曰：“为孔丘。”曰：“是鲁孔丘与？”曰：“是也。”曰：“是知津矣[④]。”问于桀溺，桀溺曰：“子为谁？”曰：“为仲由。”曰：“是鲁孔丘之徒与？”对曰：“然。”曰：“滔滔者天下皆是也，而谁以易之[⑤]？且而与其从辟人之士也[⑥]，岂若从辟世之士哉？”耰而不辍[⑦]。子路行以告。夫子怃然曰[⑧]：“鸟兽不可与同群，吾非斯人之徒与而谁与？天下有道，丘不与易也。”

【注解】

①长沮、桀溺：两位隐士，真实姓名和身世不详。耦而耕：两个人合力耕作。②津：渡口。③执舆：执辔（揽着缰绳）。本是子路的任务。因为子路下车去问渡口，暂时由孔子代替。④是知津矣：这话是认为孔子周游列国，应该熟悉道路。⑤谁以易之：与谁去改变它呢。以，与。⑥而：同“尔”，你，指子路。辟：通“避”。⑦耰（yōu）：播下种子后，用土覆盖上，再用耙将土弄平，使种子深入土里，鸟不能啄，这就叫耰。⑧怃（wǔ）然：失意的样子。

【译文】

长沮和桀溺并肩耕地，孔子从他们那里经过，让子路去打听渡口在哪儿。长沮说：“那个驾车的人是谁？”子路说：“是孔丘。”长沮又问：“是鲁国的孔丘吗？”子路说：“是的。”长沮说：“他应该知道渡口在哪儿。”子路又向桀溺打听，桀溺说：“你是谁？”子路说：“我是仲由。”桀溺说：“是鲁国孔丘的学生吗？”子路回答说：“是的。”桀溺就说：“普天之下到处都像滔滔洪水一样混乱，和谁去改变这种状况呢？况且你与其跟从逃避坏人的人，还不如跟从逃避污浊尘世的人呢。”说完，还是不停地用土覆盖播下去的种子。子路回来告诉了孔子。孔子怅然若失地说：“人是不能和鸟兽合群共处的，我不和世人在一起又能和谁在一起呢？如果天下有道，我就不和你们一起来改变它了。”

【原文】

18.7　子路从而后，遇丈人，以杖荷蓧[①]。子路问曰：“子见夫子乎？”丈人曰：“四体不勤，五谷不分[②]，孰为夫子？”植其杖而芸[③]。子路拱而立。止子路宿，杀鸡为黍而食之，见其二子焉[④]。明日，子路行以告。子曰：“隐者也。”使子路反见之，至，则行矣。子路曰：“不仕无义。长幼之节，不可废也；君臣之义，如之何其废之？欲洁其身而乱大伦。君子之仕也，行其义也。道之不行，已知之矣。”

【注解】

①蓧（diào）：古代在田中除草的工具。②五谷：古书中有不同的说法，最普通的一种指稻、黍、稷、麦、菽。稻麦是主要粮食作物；黍是黄米；稷是粟，一说是高粱；菽是豆类作物。③芸：通“耘”。④见其二子：使其二子出来见客。

【译文】

子路跟随孔子落在后面，遇到一个老人，用手杖挑着除草用的工具。子路问道：“您看见我的老师了吗？”老人说：“四肢不劳动，五谷分不清。谁是你的老师呢？”说完，把手杖插在地上开始锄草。子路拱着手站在一边。老人便留子路到他家中住宿，杀鸡做饭给子路吃，还叫他的两个儿子出来相见。第二天，子路赶上了孔子，并把这事告诉了他。孔子说：“这是个隐士。”叫子路返回去再见他。子路到了那里，他已经出门了。子路说：“不出来做官是不义的。长幼之间的礼节，不可以废弃；君臣之间的道义，又怎么可以废弃呢？本想保持自身纯洁，却破坏了重大的伦理道德。君子出来做官，是为了实行君臣之义。至于我们的政治主张行不通，是早就知道的了。”

【原文】

18.8　逸民[①]：伯夷、叔齐、虞仲、夷逸、朱张、柳下惠、少连[②]。子曰：“不降其志，不辱其身，伯夷、叔齐与！”谓柳下惠、少连：“降志辱身矣，言中伦[③]，行中虑，其斯而已矣。”谓虞仲、夷逸：“隐居放言[④]，身中清[⑤]，废中权[⑥]。我则异于是，无可无不可。”

【注解】

①逸：同“佚”，散失、遗弃。②伯夷、叔齐、柳下惠皆见前。虞仲、夷逸、朱张、少连四人身世无从考，从文中意思看，当是没落贵族。③中（zhòng）：符合。④放言：放肆直言。⑤身中清：立身清白。清，清白。⑥废中权：弃官合乎权宜。废，放弃。权，权宜。

【译文】

隐居不做官的人有：伯夷、叔齐、虞仲、夷逸、朱张、柳下惠、少连。孔子说：“不降低自己的志向，不辱没自己的身份，就是伯夷和叔齐吧！”又说：“柳下惠、少连降低了自己的志向，辱没了自己的身份，但言语合乎伦理，行为经过考虑，也就是如此罢了。”

又说:"虞仲、夷逸,避世隐居,放肆直言,立身清白,弃官合乎权宜。我就和他们不一样,没有什么可以,也没有什么不可以。"

【原文】

18.9 太师挚适齐[①],亚饭干适楚[②],三饭缭适蔡[③],四饭缺适秦[④],鼓方叔入于河[⑤],播鼗武入于汉[⑥],少师阳、击磬襄入于海[⑦]。

【注解】

①师挚:太师是鲁国乐官之长,挚是人名。适:往,到。②亚饭干:第二次吃饭时奏乐的乐师,名干。古代天子、诸侯吃饭时都要奏乐,所以乐师有亚饭、三饭、四饭之称。③缭:人名。④缺:人名。⑤鼓方叔:击鼓的乐师,名方叔。⑥播鼗(táo)武:播,摇。鼗,小鼓。武,摇小鼓者的名字。⑦少师阳:副乐官,名阳。击磬襄:敲磬的乐师,名襄。

【译文】

太师挚到齐国去了,亚饭乐师干到楚国去了,三饭乐师缭到蔡国去了,四饭乐师缺到秦国去了,打鼓乐师方叔进入黄河地区了,摇鼗鼓的乐师武进入汉水一带了,少师阳、敲磬的乐师襄到海滨去了。

【原文】

18.10 周公谓鲁公曰[①]:"君子不施其亲[②],不使大臣怨乎不以,故旧无大故则不弃也,无求备于一人。"

【注解】

①鲁公:指周公之子,鲁国始封之君伯禽。②施(chí):通"弛",废弃的意思。

【译文】

周公对鲁公说:"一个有道的国君不疏远他的亲族;不使大臣怨恨没有被任用;故旧朋友如果没有大的过错,就不要抛弃他们;不要对一个人求全责备。"

【原文】

18.11 周有八士:伯达,伯适,仲突,仲忽,叔夜,叔夏,季随,季騧[①]。

【注解】

①适:音kuò。騧:音guā。八人事迹不详。有人认为,周朝有位良母,她四胎生了八个双生子,都是有名的士,后来都当了大官。

【译文】

周朝有八个著名的士人:伯达、伯适、仲突、仲忽、叔夜、叔夏、季随、季騧。

第四卷

孟子

梁惠王章句上

【原文】

孟子见梁惠王[①]。王曰："叟[②]，不远千里而来，亦将有以利吾国乎？"孟子对曰："王何必曰利？亦有仁义而已矣[③]。

"王曰，何以利吾国，大夫曰[④]，何以利吾家，士庶人曰[⑤]，何以利吾身，上下交征利[⑥]，而国危矣。

"万乘之国[⑦]，弑其君者[⑧]，必千乘之家[⑨]；千乘之国，弑其君者，必百乘之家。万取千焉，千取百焉，不为不多矣。苟为后义而先利[⑩]，不夺不餍[⑪]。

"未有仁而遗其亲者也，未有义而后其君者也。王亦曰仁义而已矣，何必曰利？"

孟子见梁惠王，谈"义"与"利"。

【注解】

①子：对人的一种尊称，和现在称"先生"差不多。梁惠王：即魏惠王，名䓨（yīng），公元前（下面一律简称前）370年即位，前334年死。魏与韩、赵三家春秋时本是晋国的大夫，后来逐渐吞灭晋国其它世族，三分晋国，到前403年，东周威烈王正式承认他们为诸侯，史书多是把这一年作为战国时代的开始。魏惠王因避秦兵威胁，从安邑（今

山西安邑）迁都大梁（今河南开封），所以魏国又称梁国。王本是天子的称号，但随着周室衰微，战国时，魏、齐、秦、韩、赵、燕、楚也都称王。②叟（sǒu）：年老的男人，这里是对长老的尊称。③仁义：仁，爱，重在思想；义，宜（指应做的事），重在行为。④大夫：周代官制分卿、大夫、士三个等级。⑤庶人：古时候称小官吏为庶人。⑥上下：指从王到庶人。交：互相。征：取，求。⑦万乘（shèng）之国：古代兵车一辆称一乘，国家的大小强弱可以根据拥有兵车的数量来衡量。万乘之国，指能出兵车万乘的国家。⑧弑（shì）：古代臣杀君、子女杀父母叫弑。⑨千乘之家：古代卿大夫大都有一定的封邑，这种卿大夫统治的封邑称之为家。有封邑当然也有兵车。卿大夫的封邑大，可以出兵车千乘；卿大夫的封邑小，可以出兵车百乘。⑩苟为：如果真是。⑪不夺不餍：夺，篡夺；餍（yàn），满足。

【译文】

孟子谒见梁惠王。惠王说："老先生，不辞千里而来，也将有什么有利于我国吗？"孟子回答道："大王何必讲利？有仁义也就够了。

"大王说，有什么有利于我国，大夫们说，有什么有利于我家，士和庶人们说，有什么有利于我自身，（这样）上下交相追逐私利，那么，国家就危险了。

"能出兵车万乘的国家，谋杀那个国家的君主的，必然是能出兵车千乘的卿大夫之家；能出兵车千乘的国家，谋杀那个国家的君主的，必然是能出兵车百乘的卿大夫之家。（卿大夫）在拥有万乘兵车的国家中获得兵车千乘，在拥有千乘兵车的国家中获得兵车百乘，不能说是不多了。假如真个是轻义而重私利，那就非闹到篡夺君位的地步是不能满足的。

"从来没有讲'仁'的人会遗弃他的双亲的，从来没有讲'义'的人而对他的君主有所怠慢的。大王您也只要讲仁义就够了，何必讲利呢？"

【原文】

孟子见梁惠王，王立于沼上[①]，顾鸿雁麋鹿[②]，曰："贤者亦乐此乎？"孟子对曰："贤者而后乐此，不贤者虽有此不乐也。《诗》云[③]：'经始灵台[④]，经之营之[⑤]，庶民攻之[⑥]，不日成之。经始勿亟[⑦]，庶民子来。王在灵囿[⑧]，麀鹿攸伏[⑨]，麀鹿濯濯[⑩]，白鸟鹤鹤[⑪]。王在灵沼，於牣鱼跃[⑫]。'文王以民力为台为沼，而民欢乐之，谓其台曰'灵台'，谓其沼曰'灵沼'，乐其有麋鹿鱼鳖。古之人与民偕乐，故能乐也。

"《汤誓》曰[⑬]：'时日害丧，予及女皆亡[⑭]。'民欲与之偕亡，虽有台池鸟兽，岂能独乐哉？"

【注解】

①沼（zhǎo）：水池。②顾：望着。③《诗》云：《诗》指《诗经》。下面的十二句诗，引自颂扬周文王建造灵台，享受苑囿钟鼓之乐的《大雅·灵台》诗。④经：测量。灵台：台名，故址在今陕西西安西北。旧说文王所造，由于百姓的共同操作，落成很快，如有神帮助，所以叫灵台（下"灵囿""灵沼"同）。⑤营：筹划。⑥庶民：众民。攻：建造。⑦亟（jí）：急。"勿亟"是说文王不加督促。⑧囿（yòu）：古代帝王豢养禽兽、种植花木的园林。⑨麀（yōu）鹿：母鹿。攸：在上古文献里同"所"。"攸伏"是说（母鹿）安于它原来所在的地方，没有被惊动。⑩濯濯（zhuó）：肥大而毛有光泽的样子。⑪鹤鹤：《诗经》作翯翯（hè），羽毛洁白的样子。⑫於（wū）：感叹词。牣（rèn）：充满。这句是赞叹鱼儿充满水池，蹦蹦跳跳。⑬《汤誓》：《尚书》篇名，是伊尹辅佐商汤伐夏桀时的誓词。⑭时：是，这个。害：读（hé），同"曷"，何时。丧（sāng）：灭亡。夏朝的暴君桀曾说过，"我有天下，就如同天上有太阳一样；太阳毁灭了，我才会灭亡呢。"老百姓对他的暴虐怨恨到了

极点，所以冲着他说：“这个太阳什么时候毁灭呢？要是它会毁灭，那我们即使跟它一块儿灭亡也在所不惜。”

【译文】

孟子谒见梁惠王，惠王站在池塘边，望着（那许多）鸿雁麋鹿，（问孟子）说：“贤德的人也喜欢享受这些东西吗？”孟子回答说：“是贤德的人然后才能享受到这些东西，不是贤德的人，尽管拥有这些东西也享受不到。《诗》里面说：‘开始筹建灵台，又是测量又是筹划。百姓齐来建造它，不几天便落成。动工不用多督促，百姓都如子女自动来。文王偶来游灵囿，母鹿伏地自悠悠。母鹿肥大毛色润，白鸟素洁世无俦！文王来到灵沼旁，啊！满池鱼儿蹦得欢！’文王用百姓的劳力建台开池，百姓却欢欢喜喜，称他的台为‘灵台’，称他的沼为‘灵沼’，为他能享受到麋鹿鱼鳖的奉养而感到快乐。古时的贤者能够与民同乐，所以能得到快乐。

“《尚书》里的《汤誓》（载着百姓诅咒暴君夏桀的话）说：‘这个太阳何时灭亡呢？我宁愿跟你一同灭亡。’百姓要跟他一同灭亡，那他即使有台池鸟兽，难道能够独自享受么？”

【原文】

梁惠王曰：“寡人之于国也，尽心焉耳矣①！河内凶，则移其民于河东，移其粟于河内②；河东凶亦然③。察邻国之政，无如寡人之用心者。邻国之民不加少，寡人之民不加多④，何也？”

孟子对曰：“王好战，请以战喻：填然鼓之⑤，兵刃既接，弃甲曳兵而走⑥，或百步而后止，或五十步而后止，以五十步笑百步，则何如⑦？”

曰：“不可；直不百步耳⑧，是亦走也。”

曰：“王如知此，则无望民之多于邻国也。不违农时，谷不可胜食也；数罟不入洿池⑨，鱼鳖不可胜食也；斧斤以时入山林⑩，材木不可胜用也。谷与鱼鳖不可胜食，材木不可胜用，是使民养生丧死无憾也⑪。养生丧死无憾，王道之始也⑫。

“五亩之宅，树之以桑，五十者可以衣帛矣⑬；鸡豚狗彘之畜，无失其时⑭，七十者可以食肉矣；百亩之田，勿夺其时，数口之家，可以无饥矣；谨庠序之教⑮，申之以孝悌之义⑯，颁白者不负戴于道路矣⑰。七十者衣帛食肉，黎民不饥不寒；然而不王者⑱，未之有也⑲。

“狗彘食人食而不知检⑳，涂有饿莩而不知发㉑；人死，则曰：‘非我也，岁也。’是何异于刺人而杀之，曰：‘非我也，兵也。’王无罪岁，斯天下之民至焉。”

【注解】

①寡人：古时王侯自我的谦称。焉耳矣：三个语气词叠用，在于加重语气，表示恳切的情感。②凶：发生灾荒。河内：魏地，在今河南济源一带。河东：也是魏地，在今山西安邑一带。③亦然：也是这样做。④加：在这里作“更”字解。⑤填然：鼓声冬冬的样子。鼓：击鼓，名词动用。之：语气词，没有实际意义。古时击鼓进兵，鸣金退兵。⑥兵：兵器。既：已经。曳（yè）：拖着。走：奔逃。⑦何如：怎么样。⑧直：只是。耳：语气词，表限止，有“罢了”的意思。⑨数（cù）：密。罟（gǔ）：网。洿（wū）：低洼的地方。⑩斤：斧。时：指草木零落的季节。⑪养生：养活生者。丧（sāng）死：安葬死者。憾（hàn）：恨。⑫王道：指古代政治哲学中君主以仁义治天下，以德政安抚臣民的政策，与凭借武力、刑法、权势等进行统治的霸道是对立的。⑬衣（yì）：穿，名词动用。帛（bó）：丝织品

的总称。⑭豚（tún）：小猪。彘（zhì）：猪。畜：牲畜。时：指交配、繁殖和饲养的适当时机。⑮谨：认真办好。庠（xiáng）序：古代乡学，商代叫序，周代叫庠，这里泛指学校。⑯申：反复陈述。孝悌（tì）：尽心侍奉父母为孝，敬爱兄长为悌。⑰颁（bān）白：同"斑白"，头发花白。负戴：负是背东西，戴是用头顶东西。⑱王（wàng）：使天下归服，名词动用。⑲未之有也：是"未有之也"的倒装。⑳检：制约。㉑涂：同途，路上。莩（piǎo）：同"殍"，饿死的人。发：指发放仓里的存粮以赈救饥民。

孟子向梁惠王言说保护资源和人力的重要性。

【译文】

梁惠王说："我对于治理国家，（真是）尽心竭力了呀！河内发生了灾荒，就将那里的灾民移往河东，将河东的粮食运送到河内。当河东发生了灾荒时，我也是这样做。看看邻国的君主办理政事，没有一个像我这样尽心的。可是，邻国的人民并不见减少，而我的人民并不见增多，这是什么缘故呢？"

孟子回答道："大王您喜欢打仗，就让我拿战争来打比方吧。战鼓冬冬地敲响了，兵刃已经相接，（打了败仗的）就丢下盔甲，拖着武器，狼狈逃窜，有的逃了上百步停下来，有的逃了五十步住了脚，逃了五十步的拿自己只逃了五十来步这点去讥笑逃了上百步的（胆子小），（您觉得）怎么样呢？"

梁惠王说："不行；只不过没有跑到百步罢了，可这也是逃跑呀。"

孟子说："大王您既然懂得了这个道理，就不必去巴望您国家的人民比邻国增多啦。（治理国家的人）只要不去剥夺农民耕种的时间，那粮食就会吃不尽；不拿过于细密的鱼网到池塘中去捞鱼，那鱼类水产便吃不完；砍伐林木有一定的时间，那木材便用不尽。粮食和鱼类水产吃不完，木材用不尽，这样便使老百姓供养生人、安葬死者都不感到有什么不满。老百姓对养生送死没有什么不满，这便是王道的开端。

"五亩大的宅园，种上桑树，上了五十岁的人就可以穿上丝绵袄了；鸡和猪狗一类家畜，不耽误它们饲养繁殖的时间，上了七十岁的人就可以有肉吃了。一家人百亩的耕地，农事不失其时，几口人的家庭就不会挨饿。认真地搞好学校教育，反复地阐明孝顺父母、敬爱兄长的重要意义，须发花白的老人们就不再会肩背着、头顶着（重物件）出现在道路上了。七十岁上的人有丝绵衣穿，有肉吃，一般老百姓饿不着，冻不着，这样还不能使天下归服，是从来不曾有过的事。

"（现在）猪狗一类家畜吃着人吃的粮食却不知道设法制止，路上出现了饿死的人却不知道开仓赈济饥民。老百姓死了，却说：'（致他们于死的）不是我，是凶年饥岁。'这和拿刀把人刺杀，却说'杀人的不是我，是兵器'有什么不同呢？大王您要是能够不归罪于凶年饥岁，这样，普天之下的老百姓便会涌向您这儿来了。"

【原文】

梁惠王曰："寡人愿安承教[①]。"

孟子对曰："杀人以梃与刃，有以异乎[②]？"

曰："无以异也。"

"以刃与政，有以异乎？"

曰："无以异也。"

曰："庖有肥肉，厩有肥马[③]，民有饥色，野有饿莩，此率兽而食人也。兽相食，且人恶之[④]；为民父母行政，不免于率兽而食人，恶在其为民父母也[⑤]？仲尼曰：'始作俑者，其无后乎！'为其象人而用之也。如之何其使斯民饥而死也？"

始作俑者，其无后乎！

【注解】

①安：安心乐意，作动词"承"的状语。承：接受。②梃（tǐng）：棍棒。③庖（páo）：厨房。厩（jiù）：马棚，也泛指牲口棚。④且：尚且，作副词用。恶（wù）：讨厌。⑤恶（wū）：同"乌"疑问代词，恶在，跟说"何在"相似。

【译文】

梁惠王（对孟子）说："我愿乐意接受您的教导。"

孟于回答道："用棍棒和用刀子杀害人，有什么不同吗？"

惠王说："没有什么不同。"

（孟子紧接着问道：）"用刀子和用政治杀害人有什么不同吗？"

惠王说："没有什么不同。"

孟子说："厨房里摆着肥美的肉食，马栏里关着膘肥体壮的马匹，老百姓却面有饥色，田野上横陈着饿死者的尸体，这无异于赶着兽类去吃人。兽类自相残食，人们尚且憎恶他们这种行为；那些号称为民父母的执政者，办理政事时，不免干出类似驱赶兽类去吃人的勾当来，那么，他们作为人民父母的意义又在哪里呢？孔仲尼说过一句这样的话：'第一个制作殉葬用的木（土）偶的人，该会没有后代留下吧！'（孔子对这个为什么要深恶痛绝呢？）就因为用了象人形貌的木（土）偶去殉葬。（照这样看来，办理政事的人）又怎么可以使这些老百姓饥饿至死呢？"

【原文】

梁惠王曰："晋国[①]，天下莫强焉[②]，叟之所知也。及寡人之身，东败于齐，长子死焉[③]；西丧地于秦七百里[④]；南辱于楚[⑤]。寡人耻之，愿比死者一洒之[⑥]。如之何则可？"

孟子对曰："地方百里而可以王[⑦]。王如施仁政于民，省刑罚，薄税敛，深耕易耨[⑧]；壮者以暇日修其孝悌忠信，入以事其父兄，出以事其长上，可使制梃以挞秦楚之坚甲利兵矣[⑨]。

"彼夺其民时，使不得耕耨以养其父母，父母冻饿，兄弟妻子离散。彼陷溺其民[⑩]，王往而征之，夫谁与王敌？故曰：'仁者无敌。'王请勿疑！"

【注解】

孟子曰：地方百里而可以王。

①晋国：即魏国。不但这里梁惠王称自己的国家为晋国，据记载当时的魏人周霄也自称晋国，又据1957年在安徽寿县出土的《鄂君启金节铭文》，当时的楚国也称魏国为晋国。②莫：无指代词，这里代国家，"没有国家"之意。③东败于齐，长子死焉：公元前341年，魏攻韩，韩向齐求救，齐乃命田忌为将，孙膑为军师伐魏救韩。魏惠王则派太子申、庞涓为将迎战。孙膑采用减灶法引诱魏军追击至马陵狭道伏击。魏军大败，庞涓自杀，太子申被俘，魏国从此由盛转衰。梁惠王这里说的便是指那次战役。④西丧地于秦七百里：马陵之役后，秦国屡次打败魏国，迫使魏国献出河西之地和上郡的十五个县城。⑤南辱于楚：公元前324年，魏被楚将昭阳击败于襄陵，魏国失去八邑。⑥比（bì）：为，代。一：全部。洒：即洗，"洒"字与"洗"字古时通用，洗雪。⑦地方百里："地方"不能连读，因为不是一词。古代以"方"指土地面积，"方百里"指纵横各百里的小国。⑧易（yì）耨（nòu）：易，副词，有迅速的意思。耨，耘田除草。⑨挞（tà）：用鞭子或是棍子打人。⑩陷溺（nì）：有坑害、暴虐的意思。

【译文】

梁惠王（对孟子）说："晋（魏）国的强大，当今世上没有哪个国家比得上，这是您老人家所知道的。但到了我继承王位，东面被齐国打败，连我的大儿子也送了命；西面丧失土地七百余里给秦国；南面又被楚国所折辱。我对此深以为耻，愿意替那些为国牺牲的人彻底雪耻报仇。要怎么办才可以（做到）呢？"

孟子答道："只要有百里见方的土地就可以使天下归服，（何况魏国是个大国呢？）大王您如果能够对人民实施仁政，废除严刑峻法，减免苛捐杂税，督促人民深耕土地，速除杂草；壮年还在农闲的日子讲求孝顺父母、敬爱兄长、为人办事尽心竭力和待人诚实的道理，在家里便用来侍奉父兄，出外则用来侍奉长辈和上级，这样便可以使他们哪怕是制造木棒也足以打败秦、楚身披坚厚的铁甲、手执锐利的兵器的军队了。

"（秦、楚等）那些国家剥夺人民的耕种时间，使他们不能从事农耕来养活他们的父母，以至父母受冻挨饿，兄弟、妻子和孩子流离失散。他们陷人民于水深火热之中，大王您派军队前往讨伐他们，又有谁跟您对敌呢？所以有句老话说：'仁德的人是无敌于天下的。'大王对这点就不要再怀疑了！"

梁惠王章句下

【原文】

庄暴见孟子[①]，曰："暴见于王，王语暴以好乐[②]，暴未有以对也。"曰："好乐何如？"

孟子曰："王之好乐甚，则齐国其庶几乎[③]！"

他日，见于王曰："王尝语庄子以好乐[④]，有诸？"

王变乎色[⑤]，曰："寡人非能好先王之乐也，直好世俗之乐耳。"

曰："王之好乐甚，则齐其庶几乎。今之乐，由古之乐也[⑥]。"

曰："可得闻与？"

曰："独乐乐[⑦]，与人乐乐，孰乐？"

曰："不若与人。"

曰："与少乐乐，与众乐乐，孰乐？"

曰："不若与众。"

"臣请为王言乐。今王鼓乐于此[⑧]，百姓闻王钟鼓之声，管籥之音[⑨]，举疾首蹙頞而相告曰[⑩]：'吾王之好鼓乐，夫何使我至于此极也？父子不相见，兄弟妻子离散？'今王田猎于此，百姓闻王车马之音，见羽旄之美[⑪]，举疾首蹙頞而相告曰：'吾王之好田猎，夫何使我至于此极也？父子不相见，兄弟妻子离散？'此无他，不与民同乐也。

孟子见齐王问曰：独乐乐，与人乐乐，孰乐？

"今王鼓乐于此，百姓闻王钟鼓之声，管籥之音，举欣欣然有喜色而相告曰：'吾王庶几无疾病与，何以能鼓乐也？'今王田猎于此，百姓闻王车马之音，见羽旄之美，举欣欣然有喜色而相告曰：'吾王庶几无疾病与，何以能田猎也？'此无他，与民同乐也。今王与百姓同乐，则王矣。"

【注解】

①庄暴：齐国的臣子。②乐（yuè）：音乐。③庶几："差不多"的意思，但只用于积极方面。④子：是古代对有学问、道德或爵位的人的尊称。⑤王变乎色：齐王变色是由于对自己的爱好不正当感到惭愧的缘故。⑥由：通"犹"。⑦独乐乐：前"乐"字读lè，是动词，爱好、欣赏的意思。后乐字读yuè，是名词，作音乐解。⑧鼓乐：奏乐。⑨管籥（yuè）：古代吹奏器，如今天笙箫之类乐器。⑩举：副词，都。疾首：头痛。蹙（cù）頞（è）：皱着鼻梁发愁的样子。頞，鼻梁。⑪羽旄（máo）：本指用鸟的五彩羽毛和旄牛的尾巴装饰的旗帜，这里作为仪仗的代称。

【译文】

庄暴见到孟子，说："齐王召见我庄暴，告诉我他喜欢音乐，我（一时）想不到用什么话来回答他。"（稍停一会儿）接着问孟子道："（一个做国君的人）喜欢音乐，究竟应不应该呢？"

孟子说："齐王要是非常喜欢音乐，那么齐国差不多就可以治理好了啊！"

后来有一天，孟子被齐宣王召见时，说："大王曾经告诉过庄暴您喜欢音乐，有这回事吗？"

齐宣王一听，（惭愧得）脸上都变了颜色，说："我并不是爱好先代帝王遗留下来的古乐，只不过是一些世俗流行的音乐罢了。"

孟子说："大王您要是非常喜欢音乐，那么，齐国就会治理得差不离了呢！时下流行的音乐和古代的音乐都一样嘛。"

齐宣王说："这个道理可以说给我听听吗？"

孟子（没有正面回答齐宣王，却反问）道："一个人单独享受听音乐的快乐，和跟别人一道享受听音乐的快乐，哪一种更快乐些呢？"

齐宣王说："当然跟别人一道听音乐更快乐。"

孟子（继续问）道："跟少数人一道享受听音乐的快乐和跟多数人享受听音乐的快乐，哪一种更快乐些呢？"

齐宣王说："当然跟多数人听音乐更快乐。"

孟子（紧接着）说："请让我为您陈述一下应该怎样来享受欣赏音乐的乐趣吧。假如现在大王在这里演奏音乐，老百姓一听到大王鸣钟击鼓的声音和箫管吹出的曲调，大家全都觉得头痛，皱着鼻梁互相诉苦道：'我们大王光顾自己爱好鼓乐，为何把我们弄到父子不能相见，兄弟、妻子和孩子流离失散这样困苦不堪的地步呢？'现在大王在这里打猎，老百姓听到大王车马的声音，看见华丽的仪仗，大家全都觉得头痛，皱着鼻梁互相诉苦道：'我们大王光顾自己打猎开心，为何把我们弄到父子不能相见，兄弟、妻子和孩子流离失散这样困苦不堪的地步呢？'这没有别的原因，只是由于不与老百姓一同娱乐的缘故。

"假如现在大王在这里奏乐，老百姓一听到您鸣钟击鼓的声音和箫管吹出的曲调，大家都喜形于色地奔走相告道：'我们大王大概没有什么疾病吧，（要不然）怎么能够奏乐呢？'现在您大王在这里打猎，老百姓一听到大王车马的声音，看见华丽的仪仗，大家都喜形于色地奔走相告道：'我们大王大概没有什么疾病吧，（要不然）怎么能打猎呢？'这没有别的原因，只是由于与老百姓一同娱乐的缘故。现在只要大王能跟老百姓一同娱乐，（就能够使人民归附于您），就可以使天下归服了。"

【原文】

齐宣王问曰："文王之囿[①]，方七十里，有诸？"

孟子对曰："于传有之[②]。"

曰："若是其大乎？"

曰："民犹以为小也。"

曰："寡人之囿，方四十里，民犹以为大，何也？"

曰："文王之囿，方七十里，刍荛者往焉[③]，雉兔者往焉[④]，与民同之。民以为小，不亦宜乎？臣始至于境，问国之大禁[⑤]，然后敢入。臣闻郊关之内有囿方四十里，杀其麋鹿者，如杀人之罪，则是方四十里为阱于国中。民以为大，不亦宜乎？”

匹夫之勇。

【注解】

①囿（yòu）：古代帝王豢养禽兽、种植花木的园林。②传（zhuàn）：这里泛指古书。③刍（chú）荛（ráo）：刍，本指饲料；荛，本指柴火。这里的“刍荛者”，指割牧草和打柴的人。④雉（zhì）：野鸡。“雉兔者”指猎取野鸡和兔子的人。⑤大禁：重大的禁令。

【译文】

齐宣王问孟子道：“传说周文王豢养禽兽种植花木的园子有七十里见方，有这回事吗？”

孟子回答说：“在古书上是有这样的记载。”

齐宣王说：“真有这样大么？”

孟子说：“老百姓还觉得小了呢。”

齐宣王说：“我的园子，只有四十里见方，老百姓还认为大了，这是为什么呢？”

孟子说：“周文王的园子，周围七十里见方，割草的打柴的人可以到那里去，打野鸡、兔子的人也可以到那里去，文王与老百姓一同享有园子的利益。老百姓认为小了，难道不是应该的吗？我刚到齐国边界的时候，先打听一下齐国有哪些重大的禁令，然后才敢进入国境。我听说齐国首都的郊外，有一个四十里见方的园子，射杀园子里的麋鹿的，就等于犯了杀人罪，这是在国土上设下了个四十里见方的大陷阱来坑害老百姓。老百姓嫌它大了，难道不是应该的吗？”

【原文】

齐宣王问曰：“交邻国有道乎？”

孟子对曰：“有。惟仁者为能以大事小，是故汤事葛[①]，文王事昆夷[②]。惟智者为能以小事大，故大王事獯鬻[③]，勾践事吴[④]。以大事小者，乐天者也；以小事大者，畏天者也。乐天者保天下，畏天者保其国[⑤]。《诗》云：‘畏天之威，于时保之[⑥]。’”

王曰：“大哉言矣！寡人有疾，寡人好勇。”

对曰：“王请无好小勇。夫抚剑疾视曰[⑦]：‘彼恶敢当我哉！’此匹夫之勇[⑧]，敌一人者也。王请大之！

“《诗》云：‘王赫斯怒[⑨]，爰整其旅[⑩]，以遏徂莒[⑪]，以笃周祜[⑫]，以对于天下[⑬]。’此文王之勇也。文王一怒而安天下之民。

“《书》曰：‘天降下民，作之君，作之师，惟曰其助上帝宠之[⑭]。四方有罪无罪惟我在[⑮]，天下曷敢有越厥志[⑯]？’一人衡行于天下[⑰]，武王耻之。此武王之勇也。而武王亦一怒而安天下之民。今王亦一怒而安天下之民，民惟恐王之不好勇也。”

【注解】

①汤事葛：汤，商汤王。葛，国名。汤事葛的事，详见《孟子·滕文公章句下》第五章。②文王事昆夷：昆夷，西戎国名。文王事昆夷的事迹已无法详考。③大王：亦作“太王”，即古公亶父，周王朝的奠基人。獯鬻：即猃（xiǎn）狁（yǔn），我国古代北方的少数民族。大王事獯鬻的事，见本篇第十五章。④勾践事吴：《史记·越王句践世家》及《国语·吴语》记载，吴王夫差在夫椒打败越军，侵入越国，越王勾践带着余下的五千残兵败将退守会稽，吴王派兵包围会稽，越王勾践派大夫文种求和，自请对吴国称臣。⑤“乐天”两句：上句“保”字有“享有”“安定”的意思，下句“保”字有“保护”“保全”的意思。⑥“畏天”两句：这两句诗引自《诗经·周颂·我将》。于时：于是。⑦抚剑：用手按剑。疾视：怒目而视。⑧匹夫：一人。⑨王赫斯怒：指文王赫然发怒的样子。⑩爰：于是。旅：师旅，军队。⑪遏（è）：阻止。徂（cú）：往伐。莒（jǔ）：国名。⑫笃：厚，增加。祜（hù）：福，“周祜”谓周家的福气。⑬对：答，“以对于天下”，是说以回答天下仰望的心。这里所引诗句出自《诗经·大雅·皇矣》。⑭书：指《尚书》（即《书经》）。这里的引文是出自《尚书》逸篇。惟曰其助上帝宠之：意思是说君和师的职责只在于帮助上帝爱护人民。⑮我：周武王姬发自指。⑯厥：其，指上天的。⑰衡：同“横”。古书中“衡”常与“横”通用。

【译文】

齐宣王问（孟子）道：“跟邻国打交道有什么原则和方法吗？”

孟子回答说：“有。只有以仁爱为怀的君主才能做到以大国的身份去侍奉小国，所以商汤王侍奉过葛伯，周文王侍奉过昆夷。只有明智的君主才能做到以小国的身份侍奉大国，所以周的大王古公亶父侍奉过强悍的獯鬻族，越王勾践侍奉过打败了自己的吴王夫差。以大国的身份侍奉小国的，是顺天行道、无往而不怡然自得的人；以小国身份侍奉大国的，是畏惧天的威严（无时不谨慎戒惧）的人。顺天行道、无往而不怡然自得的人能够保有天下，畏惧天的威严的人能够保住他们的国家。《诗》上说：‘敬畏上天的威严（因此谨慎小心），于是保有天下。’”

齐宣王说：“您的话说得太好了啊！（可惜）我有个毛病，我喜爱勇敢（怕是难做到您所说的）。”

孟子回答道：“我恳请大王不要喜爱小勇。有这么一种人，手按佩剑、怒目而视说：‘他怎敢抵挡我呢！’这只是匹夫之勇。我恳请大王把它扩大一些吧！

“《诗》上说：‘文王对密须国人侵犯他国的暴行勃然大怒，于是整顿军队，以阻击侵犯莒国的敌寇，以增厚我周家的福泽，并以此报答天下仰慕我周天子的厚意。’这就是文王的勇。文王一旦发怒，便能使天下的人民得到安定。

“《书》里面说：‘上天降生下土的人民，替他们立个君主，也替他们安排好老师，派给君主和老师们的唯一责任是帮助上帝爱护下民。所以，四方的人有罪或是无罪，由我（姬发）来进行裁决。（有我在这里）天下谁敢超越他（上天）的意志起来作乱呢？’只要有一个人敢在天下横行无忌，武王便认为是自己的耻辱。这就是武王的勇。武王也是只要一发怒，便能使天下的人民得到安定。现在大王要是也能做到一旦发怒，便使天下的人民得到安定，那人民便还只怕大王不喜爱勇敢哩。”

【原文】

齐宣王见孟子于雪宫[①]。王曰：“贤者亦有此乐乎？”

孟子对曰：“有。人不得，则非其上矣[②]。不得而非其上者，非也；为民上而不与民同乐者，亦非也。乐民之乐者，民亦乐其乐；忧民之忧者，民亦忧其忧。乐以天下[③]，忧以天下，然而不王者，未之有也。

“昔者齐景公问于晏子曰[④]：‘吾欲观于转附、朝儛，遵海而南，放于琅邪[⑤]；吾何修而可以比于先王观也？’

“晏子对曰：‘善哉问也！天子适诸侯曰巡狩——巡狩者，巡所守也[⑥]。诸侯朝于天子曰述职——述职者，述所职也。无非事者：春省耕而补不足，秋省敛而助不给[⑦]。夏谚曰：吾王不游，吾何以休？吾王不豫，吾何以助？一游一豫[⑧]，为诸侯度。今也不然，师行而粮食，饥者弗食，劳者弗息。睊睊胥谗，民乃作慝[⑨]。方命虐民，饮食若流[⑩]。流连荒亡，为诸侯忧。从流下而忘反谓之流，从流上而忘反谓之连，从兽无厌谓之荒，乐酒无厌谓之亡[⑪]。先王无流连之乐，荒亡之行。惟君所行也。’

“景公说，大戒于国，出舍于郊[⑫]。于是始兴发，补不足。召大师曰[⑬]：‘为我作君臣相说之乐！’盖《徵招》、《角招》是也[⑭]。其诗曰：‘畜君何尤[⑮]？’——畜君者，好君也。”

【注解】

①雪宫：齐国离宫名。离宫，本是古代帝王筑来供出巡时休息的行宫，有点类似后来的别墅。见：是说齐宣王在雪宫接见孟子。②非：非议，埋怨。上：指君主。③以：介词，与；下句“忧以天下”的“以”字同。④齐景公：春秋时齐国国君，姓姜，名杵臼。晏子：名婴，齐景公时贤相。现存的《晏子春秋》虽是出于伪托，但所记晏婴的言行，也有助于我们窥见他的为人和学说的一斑。⑤转附、朝（cháo）儛（wǔ）：都是山名。转附可能是现在的芝罘（fú）山（即芝罘岛），朝儛可能是现在山东省荣城县东的召石山。遵：循，沿。放：到。琅邪（yá）：齐国东南边境上的邑名。⑥狩：本读shòu，冬猎为狩，这里同守。巡所守，是说视察诸侯所守的土地。⑦省（xǐng）：视察。补不足：指补助农具、种子不足的农户。敛：收割。助不给：指帮助劳力、口粮不足的农户。⑧豫：游闲。⑨睊睊（juàn）：侧目而视的样子。胥：都。谗：谤毁。慝（tè）：邪恶，指反对上面统治者的行为。谗和慝，都是贬义词，统治阶级把劳动人民受不了剥削压迫而激起的怨恨和反抗的行为看作是“谗”“慝”，翻译时为了保持原作语调，仍按文意语译。⑩方命：方是放的假借字，有放弃的意思，命指先王的教导。若流：是说像流水一般的无穷尽。⑪从兽：指田猎。荒：废。乐酒：以饮酒为乐。亡：失，是说废时失事。⑫说：同悦。戒：备，指在首都充分作好赈济贫苦人民的各种准备。舍：居。⑬大师：乐官。⑭君臣：指已（景公）与晏子。说：同“悦”。《徵（zhǐ）招》、《角招》：太师所作的乐曲名。徵、角为古代五音中的两个。五音是中国五声音阶上的五个级，相当于现在简谱上的1、2、3、5、6。唐代以来叫合、四、乙、尺、工。更古的时候叫宫、商、角、徵、羽。招，与韶同，舜的乐曲名。其诗，指《徵招》、《角招》的歌词。⑮畜：制止。尤：过错。

【译文】

齐宣在自己的离宫雪宫里接见孟子。宣王说：“贤德的人也有这种享乐吗？”

孟子回答道：“有。人们得不到这种享乐，就会埋怨他们的君主。当然，得不到这种享乐便埋怨他们的君主，是不对的；作为人民的君主却不与人民一同享受这种快乐，也是不对的。以人民的快乐为自己的快乐的人，人民也会以他的快乐为他们的快乐；以人民的忧愁为自己的忧愁的人，人民也会以他的忧愁为他们的忧愁。乐与天下人民同乐，忧与天下人民同忧，这样还不能使天下归心的事，是决不会有的。

“从前齐景公向晏婴问道：‘我打算到转附和朝儛两座名山去游览一番，然后沿着海岸向南走，直达琅邪邑，我应该怎样做才能比得上古代圣王的游观呢？’

“晏婴答道：‘问得好！天子到诸侯的国家去叫巡狩——巡狩，就是巡视诸侯所守的疆土。诸侯到天子的朝廷去朝见叫述职——述职，就是汇报诸侯自己所担负的职守的情况。（无论是天子出外巡狩，还是诸侯入朝述职，）没有不是结合着工作进行的：春天视察耕种，并借此补助农具、种子不足的农户；秋天视察收割，并借此补助劳力、口粮不足的农户。夏朝时的俗谚说：‘我们大王不出游，我怎能获得安慰和整休？我们大王不闲逛，我从何处获补助？我们大王出游或闲逛，全都可为诸侯学习的法度。’现在情况就不同了，天子一出来巡游，一大伙人员要为他奔忙，一大批粮食要被他消耗，以至闹到饥饿的人们吃不上饭，劳苦的人们得不到休息。群众侧目而视，怨声载道，看看都要起来作恶了。这样放弃先王的教导，虐害老百姓，豪饮暴食，像流水般地没个穷尽。这种流连荒亡的行为，不能不使诸侯们为之深深担忧。（什么叫流连荒亡呢？）从上流放舟而下游乐忘返叫作流，从下流挽舟而上游乐忘返叫作连，打猎没有个厌倦叫作荒，酗酒没有个节制叫作亡。古代的圣王不搞这种流连忘返的游乐、荒亡无节制的行为。（何去何从？）就由您大王自己选择了。

天子到诸侯的国家去叫巡狩。

“景公听了很高兴，在首都做好充分的准备，然后自己到郊外去住下，于是开始行惠政，打开仓库拿出粮食来赈济缺衣少食的贫苦人民。并把乐官召来说：‘替我作一首君臣同乐歌吧！’大概就是《徵招》《角招》西首歌。那歌辞中说，‘制止君主的物欲又有什么过错呢？’——制止君主的物欲，正是爱护君主呢。”

公孙丑章句上

【原文】

公孙丑问曰[①]：“夫子当路于齐[②]，管仲、晏子之功[③]，可复许乎[④]？”

孟子曰：“子诚齐人也，知管仲、晏子而已矣。或问乎曾西曰[⑤]：‘吾子与子路孰贤[⑥]？’曾西蹵然曰[⑦]：‘吾先子之所畏也。’曰：‘然则吾子与管仲孰贤？’曾西艴然不悦[⑧]，曰：‘尔何曾比予于管仲！管仲得君[⑨]，如彼其专也；行乎国政，如彼其久也；功烈[⑩]，如彼其卑也。尔何曾比予于是！’”曰：“管仲，曾西之所不为也，而子为我愿之乎？”

曰：“管仲以其君霸，晏子以其君显。管仲、晏子，犹不足为与？”

曰：“以齐王，由反手也。”

曰：“若是，则弟子之惑滋甚。且以文王之德，百年而后崩[⑪]，犹未洽于天下；武王、周公继之，然后大行。今言王若易然，则文王不足法与？”

曰："文王何可当也[⑫]！由汤至于武丁，贤圣之君六七作[⑬]，天下归殷久矣，久则难变也。武丁朝诸侯，有天下，犹运之掌也。纣之去武丁，未久也[⑭]，其故家遗俗，流风善政，犹有存者；又有微子、微仲、王子比干、箕子、胶鬲[⑮]——皆贤人也，相与辅相之，故久而后失之也。尺地莫非其有也，一民莫非其臣也；然而文王犹方百里起，是以难也。

"齐人有言曰：'虽有智慧，不如乘势；虽有镃基[⑯]，不如待时。'今时则易然也：夏后、殷、周之盛[⑰]，地未有过千里者也，而齐有其地矣，鸡鸣狗吠相闻，而达乎四境，而齐有其民矣；地不改辟矣，民不改聚矣，行仁政而王，莫之能御也。且王者之不作，未有疏于此时者也[⑱]，民之憔悴于虐政，未有甚于此时者也。饥者易为食，渴者易为饮。孔子曰：'德之流行，速于置邮而传命[⑲]。'当今之时，万乘之国行仁政，民之悦之，犹解倒悬也。故事半古之人，功必倍之，惟此时为然。"

【注解】

①公孙丑：姓公孙，名丑，孟轲弟子。②当路：当权。③管仲：名夷吾，曾辅佐齐桓公建立霸业。晏子：指晏婴，字平仲，是齐景公的宰相。④许：犹"兴"。⑤曾西：曾参的孙子。⑥子路：孔子弟子仲由的字。⑦蹵（cù）然：不安的样子。⑧艴然：恼怒的样子。⑨得君：是说得到君主的信任。⑩功烈：功绩。管仲不辅佐齐桓公行王道而行霸道，所以曾西说他"功烈，如彼其卑也"。⑪百年而后崩：古代传说文王去世的时候是九十七岁，这里说百年是举它的整数。崩，古代天子死叫崩。⑫当：比并，媲美。⑬由汤至于武丁，贤圣之君六七作：汤、武丁，都是商代的贤君，由汤至武丁，中间比较突出的贤君，有太甲、太戊、祖乙、盘庚等，跟汤和武丁合起来算，一共是六个君主，孟子这里说"六七作"，是不定之辞。作，兴起。⑭纣之去武丁，未久也：从武丁到纣王共九代，所以说"未久"。⑮微子、微仲、王子比干、箕子、胶鬲：微子，名启，是纣王的庶兄。微仲，微子的弟弟。王子比干，纣王的叔父，他因为谏纣王被剖心而死。箕子，也是纣王的叔父，他看见纣王无道，比干被杀，于是装疯做了奴隶，为纣王所囚禁。胶鬲（gé），殷代的贤人，遇上纣王这样的乱世，便隐居到民间去贩卖鱼盐。⑯镃（zī）基（jī）：一作镃錤，大锄。⑰夏后：禹治水有功，舜让位给他，国号夏，也称为夏后氏。⑱王者之不作，未有疏于此时者也：作，兴。疏，久。⑲置邮：古代用马递送公文叫置，步行递送公文叫邮。

【译文】

公孙丑问孟子说："先生您要是在齐国掌了权，可望重建管仲、晏婴那样的功业么？"

孟子答道："你到底是个齐国人，仅仅知道管仲、晏婴罢了。曾经有个人问曾西：'您跟子路相比，哪个更强些呢？'曾西肃然起敬地回答说：'（子路是）我先祖父所敬畏的人啊。'那个人又问道：'那么，您跟管仲相比，哪个更强些呢？'曾西怒形于色，说：'你怎么拿我跟管仲相比呢？管仲得到他的君主的信任，是那样的专一；行使国家的政权，时间又是那样的长久；成就的功业，却是那样的微不足道。你怎么拿他来和我相比呢！'"孟子（稍微停顿了一下）说："管仲那样的人，连曾西都不屑和他相比，你说我愿意学他的样吗？"

公孙丑说："管仲辅佐齐桓公建立了霸主之业，晏婴辅佐齐景公使他名扬天下。难道管仲、晏婴这样的人还不值得效法吗？"

孟子说："以齐国这样有条件的大国使天下归服，易如反掌啊。"

公孙丑说："像您这样说，那我就更加不明白了。况且拿文王这样德高望重的人，又活了近百岁才去世，他推行的德政还没有周遍于天下；武王周公继承了他的事业继续努力，然后才使王道大行。现在您把推行王道而使天下归服说得那么容易，难道文王还不够做榜样吗？”

孟子说：“我们怎么可以跟文王相比呢？（在商代）从汤王到武丁，这中间有六七个圣贤的君主兴起，天下的人归服殷商已经很久了，时间久了，要变动就难了。武丁使诸侯来朝，拥有天下，就像把一样东西放在手心里转动一样容易。纣王的年代离武丁没多久，那些勋旧世家流传下来的良好习俗，还有各种好的遗风善政，当时还是存在着，又有微子、微仲、王子比干、箕子和胶鬲——他们都是贤德的人——共同来辅佐他（商纣王），所以过了很久才失掉天下。那时没有一尺土地不是殷朝的土地，没有一个老百姓不是殷朝的臣民，可文王那时刚从百里见方的地方起事，所以这时要夺取天下就比较难了。

文王犹方百里起。

“齐国人有句俗话说：‘纵然有聪明，不如趁形势；纵然有大锄，不如待农时。’当今之世就是容易行王政统一天下的好时机：夏、商、周三代最盛的时期，国土从没有超过千里见方的，而齐国却有了那么广阔的土地，鸡鸣犬吠的声音，从首都一直到四方国境线，互相可以听到，而齐国也有了那么多的人民了；（在齐国目前这样的条件下，）土地不必再扩张了，人民也不必再增多了，如果推行仁政而使天下归服，那是没有谁能抵挡得住的。况且使天下归服的贤圣之君不出现，没有比现在更久的了；老百姓被暴政所折磨，没有比现在更厉害的了。一个饥饿的人对食物是不加挑剔的，一个口渴的人对饮料也不会苛择。孔夫子说：‘德政的推行，比驿站邮亭传递政令还要迅速。’现在这个时候，如果一个万乘大国出来实行仁政，那老百姓心里的高兴，就会跟一个倒挂着的人被解救下来差不多。所以只要做古人一半的事，就可以获得比古人多一倍的成功，这也只有现在这个时候才可以。”

【原文】

（公孙丑曰：）“敢问夫子恶乎长？”

曰：“我知言，我善养吾浩然之气。”

“敢问何谓浩然之气？”

曰：“难言也。其为气也，至大至刚，以直养而无害，则塞于天地之间。其为气也，配义与道；无是，馁也。是集义所生者，非义袭而取之也。行有不慊于心①，则馁矣。我故曰告子未尝知义。以其外之也。必有事焉而勿正心，勿忘，勿助长也。无若宋人然：宋人有闵其苗之不长而揠之者②，芒芒然归，谓其人曰：‘今日病矣！予助苗长矣！’其子趋而往视之，苗则槁矣。天下之不助苗长者寡矣。以为无益而舍之者，不耘苗者也；助之长者，揠苗者也——非徒无益，而又害之。”

“何谓知言？”

曰：“诐辞知其所蔽③，淫辞知其所陷，邪辞知其所离，遁辞知其所穷。生于其心，害于其政；发于其政，害于其事。圣人复起，必从吾言矣。”

【注解】

①慊（qiè）：足。②闵：忧虑。揠（yà）：拔高。③诐（bì）：偏颇，不正。蔽：遮隔、壅蔽。

【译文】

公孙丑问道："我大胆地请问您老师长于什么？"

孟子说："我善于分析理解别人的言辞，我善于培养我的浩然之气。"

公孙丑又问道："我再斗胆问一句，什么叫作浩然之气？"

孟子说："这就难以说得明白了。它作为一种气，是最伟大、最刚劲的，如果用正义去培养而不伤害它的话，它就会充塞于天地之间，无所不在。它作为一种气，必须与'义'和'道'配合，否则，就要显得软弱乏力。这是由正义的经常积累所产生的，不是凭偶然的正义行为所取得的。只要你行为中有一件事自己心里感到欠缺时，那种气会变得软弱乏力。我所以说告子从来不懂得什么是义，就因为他把'义'看心外之物（我们必须把'义'看成心内之物）。一定要培养你的浩然之气，但不要有特定的目的，每时每刻都不要忘记养气的事，但也不要不按它成长的规律去帮助它成长。千万别像宋国人那样：宋国有个担心他的禾苗长不快而把苗拔高的人，拖着疲惫不堪的身子回到家中，对家里的人说：'今天可是累坏了！我帮助禾苗长高了呢！'他的儿子赶快跑去一看，禾苗都干枯了。其实世上不帮助禾苗生长的人是很少。认为培养工作没有好处而抛弃它的，那就等于是不耘苗去草的懒汉；那些违背规律地去帮助它生长的人，就是拔苗助长的人——不但没有好处，而且还害了它。"

公孙丑又接上去问道："什么叫做知言呢？"

孟子说："听了偏颇不正的话，我便知道说话的人所蕴蔽的地方；听了放荡的话，我便知道说话的人所陷溺的地方；听了邪僻的话，我便知道说话的人偏离正道的地方；听了躲躲闪闪的话，我便知道说话的人所理屈词穷的地方。这四种言辞由心里（思想上）产生出来，必然会在政治上产生危害；如果从政治方面体现了出来，便要妨害国家的各项具体工作。当今或后世即使有圣人再度出现，也必然会赞成我所说的这些话的。"

【原文】

公孙丑曰："宰我、子贡善为说辞[①]；冉牛、闵子、颜渊善言德行[②]；孔子兼之，曰：'我于辞命，则不能也。'然则夫子既圣矣乎？"

曰："恶[③]！是何言也？昔者子贡问于孔子曰：'夫子圣矣乎？'孔子曰：'圣则吾不能，我学不厌而教不倦也。'子贡曰：'学不厌，智也；教不倦，仁也。仁且智，夫子既圣矣。'夫圣，孔子不居，是何言也？"

"昔者窃闻之：子夏、子游、子张皆有圣人之一体[④]，冉牛、闵子、颜渊则具体而微[⑤]，敢问所安。"

曰："姑舍是[⑥]。"

曰："伯夷、伊尹何如[⑦]？"

曰："不同道。非其君不事，非其民不使；治则进，乱则退，伯夷也。何事非君，何使非民；治亦进，乱亦进，伊尹也。可以仕则仕，可以止则止，可以久则久，可以速则速，孔子也。皆古圣人也，吾未能有行焉。乃所愿，则学孔子也。"

"伯夷、伊尹于孔子，若是班乎[⑧]？"

曰："否。自有生民以来，未有孔子也。"

曰"然则有同与？"

曰："有。得百里之地而君之，皆能以朝诸侯、有天下；行一不义、杀一不辜而得天下，皆不为也。是则同。"

曰："敢问其所以异。"

曰："宰我、子贡、有若[9]，智足以知圣人，汙不至阿其所好[10]。宰我曰：'以予观于夫子，贤于尧舜远矣。'子贡曰：'见其礼而知其政，闻其乐而知其德，由百世之后，等百世之王，莫之能违也。自生民以来，未有夫子也。'有若曰：'岂惟民哉？麒麟之于走兽，凤凰之于飞鸟，太山之于丘垤[11]，河海之于行潦[12]，类也。圣人之于民，亦类也。出于其类，拔乎其萃[13]。自生民以来，未有盛于孔子也。'"

【注解】

①宰我、子贡善为说辞：宰我，孔子弟子宰予。子贡，孔子弟子端木赐。说辞，言语。宰我、子贡是孔子言语科中的高足，《论语》中有"言语：宰我、子贡"这样的记述。②冉牛、闵子、颜渊善言德行：冉牛，孔子弟子冉耕，字伯牛；闵子，孔子弟子闵损，字子骞；颜渊，孔子弟子颜回，字子渊，三个人在孔子门下都是列在德行科。③恶：读wū，叹词，表示惊讶不安的神情。④子夏、子游、子张皆有圣人之一体：子游，孔子弟子言偃。子张，孔子弟子颛（zhuān）孙师。有圣人之一体，是用比喻的说法，说上述三个弟子都只得了圣人四肢中的一个肢体。⑤具体而微：是说具备了圣人的全体（即四肢都具备了），但是还不广大。⑥姑舍是：姑，暂且；舍，放下，抛开。孟子是个很自负的人，曾经说过"当今之世，舍我其谁"的豪言壮语，所以对孔门这许多弟子，他都不放在眼里，但是又不便明说，只好用"姑舍是"一语搪塞过去。⑦伯夷、伊尹：伯夷，商朝末年孤竹君的大儿子，跟他弟弟叔齐因互让王位而出逃。周武王伐纣时，二人曾扣住马头劝谏，武王不听，于是一同隐居在首阳山，立志不吃周朝的粮食而活活地饿死了。伊尹，有莘的处士，辅佐商汤王出兵攻打夏桀。⑧班：齐，等。⑨有若：孔子弟子，鲁国人，比孔子小十三岁。⑩汙：本作"洿"，孟子可能用为"洿"字的假借字。⑪垤（dié）：蚂蚁堆土作的窝。⑫行潦（lǎo）：路上的积水。⑬萃（cuì）：聚集。这里指聚在一起的人或事物。

【译文】

公孙丑又问道："宰我、子贡长于言辞，冉牛、闵子和颜渊以德行见称；孔子则兼有他们的长处，但他还是说：'我对于说话，就并不擅长。'老师您（既善于分析别人的言辞，又善养浩然之气，）已经是圣人了么？"

孟子（不禁惊诧地）说："哎！你这是什么话呢？从前子贡向孔子问道：'老师您已经成了圣人吗？'孔子说：'圣人，我就还不能做到，我能做到的，不过是学习不感厌倦、教诲别人不知疲劳罢了。'子贡说：'学习不厌倦，这是智的表现；教诲别人不知疲劳，这是仁的表现。具备了仁和智这两种高尚的品德，老师您已经称得上是圣人了啊。'圣人，孔子都不敢当，你这是什么话呢？"

公孙丑又问道："从前我听说过，子夏、子游和子张，都学得了孔圣人一方面的特长，冉牛、闵子和颜渊大体上具备孔子的才德，但比不上他那样博大精深。请问老师，您在上面这些人中间与哪一个更接近呢？"

孟子说："暂且抛开这些不谈吧。"

公孙丑又问："伯夷和伊尹怎么样呢？"

孟子说："他们处世之道并不相同。不是他认可的君主不侍奉，不是他认可的人民不役使，天下太平就进到朝廷去做官，天下不太平便退而隐居在野，这是伯夷处世的态度。什么君主都可以侍奉，什么人民都可以役使，天下太平也做官，天下不太平也做官，这就是伊尹的处世态度。应该做官就做官，应该辞官就辞官，应该久干下去就久干下去，应该赶快离开就赶快离开，这就是孔子的处世态度。他们都是古代的圣人。我没能做到他们那样。至于我所希望的，便是要学习孔子。"

公孙丑又问："伯夷、伊尹对于孔子来说，是同等的吗？"

孟子答道："不。自有人类以来没有能比得上孔子的。"

公孙丑问："那么他们有相同的地方吗？"

孟子说："有。如果他们得到百里见方的土地而以他们为君王，他们都能使诸侯来朝，统一天下。要他们做一件不合道理的事，杀一个无辜的人，因而得到天下，他们都不会做的。这就是他们相同的地方。"

公孙丑问道："请问他们不同的地方在哪里呢？"

孟子说："宰我、子贡和有若，他们的智慧足以了解孔子，即使夸张一点，也不至虚加赞扬他们喜爱的人。宰我说：'依我宰予对老师的看法，他比尧舜高明得多。'子贡说：'见到一个国家的礼制，就可以了解这个国家的政治；听了人家的音乐，便可以了解这个人的道德。那怕从百世以后，用同等标准（办法）按次去评价百世以来的君王，没有一个能背离孔子之道的。自有人类以来，没有出过一个像孔子这样（伟大）的人。'有若说：'难道只有人民有高下之分么？麒麟对于走兽，凤凰对于飞鸟，泰山对于小土堆，河和海对于路上的积水，是同类；圣人对于人民，也是同类。孔子大大地超过了他的同类，在他的那一群中冒着尖儿。自有人类社会以来，没有比孔子还要伟大的。'"

【原文】

孟子曰："以力假仁者霸，霸必有大国；以德行仁者王，王不待大，汤以七十里，文王以百里[①]。以力服人者，非心服也，力不赡也[②]；以德服人者，中心悦而诚服也，如七十子之服孔子也[③]。《诗》云：'自西自东，自南自北，无思不服。'此之谓也。"

【注解】

①汤以七十里，文王以百里：二句"里"字后都省去了"而王"二字，因为上文有"王不待大"一句，所以可以省。②赡（shàn）：足。③七十子：指孔子门下如颜渊、子贡等七十多个身通六艺的优秀弟子。

【译文】

孟子说："凭着自己的实力，假托仁义之名号召征伐的，可以称霸于诸侯，这种称霸的人一定要凭借国力的强大。依靠道德来推行仁政的人可以实行王道而使天下归服，实行王道而使天下归服不一定要国家大、力量强，商汤王凭借纵横七十里见方的土地，周文王凭借百里见方的土地（实行了王道，使天下归服）；倚仗势力使别人服从的，别人并不是从心里服从他，而是由于力量不足的原因；凭借德行使别人归服自己的，别人是心悦诚服的，像孔子门下七十二贤拜服孔子一样。《诗》里说：'从西到东，从南到北，无不心悦诚服。'说的正是这个意思。"

【原文】

孟子曰："人皆有不忍人之心。先王有不忍人之心，斯有不忍人之政矣。以不忍人之心，行不忍人之政，治天下可运之掌上。所以谓人皆有不忍人之心者，今人乍见孺子将入于井，皆有怵惕恻隐之心[①]——非所以内交于孺子之父母也[②]，非所以要誉于乡党朋友也[③]，非恶其声而然也。由是观之，无恻隐之心，非人也；无羞恶之心，非人也；无辞让之心，非人也；无是非之心，非人也。恻隐之心，仁之端也[④]；羞恶之心，义之端也；辞让之心，礼之端也；是非之心，智之端也。人之有是四端也，犹其有四体也[⑤]。有是四端而自谓不能者，自贼者也[⑥]；谓其君不能者，贼其君者也。凡有四端于我者，知皆扩而充之矣，若火之始然[⑦]，泉之始达。苟能充之，足以保四海；苟不充之，不足以事父母。”

【注解】

①怵（chú）惕（tì）：吃惊害怕。恻隐：伤痛不忍。②内交：即结交。内，同“纳”。③要（yāo）誉：求得好名声。要，求，谋取。④端：开始。⑤四体：四肢。人的四肢，是必不可少的。⑥贼：残害。⑦然：同“燃”。

【译文】

孟子说：“人们都有一颗见人遭遇不幸而有所不忍的心。古代帝王由于有这种怜悯别人的心，这样才有了怜悯下面百姓的仁政。拿这种怜悯别人的好心，去施行怜悯百姓的仁政，治理天下就可以像运转小物件于手掌上那么容易了。我所以说每个人都有见人遭遇不幸而有所不忍的心的缘故，譬如人们突然看见无知的小孩将要爬跌到井里去，都会立即产生一种惊骇、伤痛不忍的心情——这不是为了想跟这孩子的爹娘攀交情，不是为了要在邻里朋友中博得个好名声，也不是由于厌恶孩子的啼哭声才这样做的。从这里看来，没有同情之心，算不了人；没有羞耻的心，算不了人；没有推让之心，算不了人；没有是非之心，算不了人。同情之心，是仁的开端；羞耻之心，是义的开端；推让之心，是礼的开端；是非之心，是智的开端。一个人有这四个开端，就如同他的身体有四肢一样（是他本身所固有的）。有这四个开端却自认无所作为的人，是自己害自己的人；说他的君主无所作为的人，是戕害他的君主的人。凡是在自身具有这四个开端的人，如果懂得把它们扩充起来，那就会像火刚开始点着，泉水刚开始流出（前景是无可限量的）。（一个从事政治的人）假使能够扩充这四个开端，就可以护育天下的人民；假使不扩充的话，那就连自身的爹娘也无法奉养了。”

公孙丑章句下

【原文】

孟子曰：“天时不如地利，地利不如人和[①]。三里之城，七里之郭[②]，环而攻之而不胜。夫环而攻之，必有得天时者矣；然而不胜者，是天时不如地利也。城非不高也，池非不深也，兵革非不坚利也，米粟非不多也；委而去之[③]，是地利不如人和也。故曰：域民不以封疆之界[④]，固国不以山谿之险[⑤]，威天下不以兵革之利。得道者多助，失道者寡助。寡助之至，亲戚畔之[⑥]；多

域民不以封疆之界。

助之至，天下顺之。以天下之所顺，攻亲戚之所畔，故君子有不战，战必胜矣[⑦]。”

【注解】

①天时：李炳英《孟子文选》【注解】说：“古代作战，以‘天干’（甲、乙、丙、丁、戊、己、庚、辛、壬、癸）、‘地支’（子、丑、寅、卯、辰、巳、午、未、申、酉、戌、亥）所标志的时日（例如：甲子日、乙卯日等）和攻守地点的方位（东、南、西、北、中央）的适当配合为条件（某日攻某方、守某方为有利），来掌握胜败、吉凶的成数，这叫做天数。”天数即是天时。②三里之城，七里之郭：古代都邑四周用作防御的高墙一般分两重，里面的叫城，外面的叫郭，也就是内城和外城。③委：弃。④域民：限制人民，使他们居住在一定的区域内，为自己所统治。⑤固国：使国防坚固，牢不可破。⑥畔：同“叛”。⑦君子有不战，战必胜矣：句中的“有”字相当于口语的“要么”。

【译文】

孟子说：“得天时不如得地利，得地利不如得人和。内城三里、外城七里的城邑，包围攻打却无法取胜。包围而攻打，一定有合乎天时的战机。可是却无法取胜，这说明得天时不如占地利呀。城墙并不是筑得不高，护城河并不是挖得不深，兵器和盔甲并不是不锐利、不坚固，粮食也并不是不多呀；可是，（当敌人一来进犯，）守兵们竟弃城而逃，这说明得地利不及得人和呀。所以说，限制人民不必靠国家的疆界，巩固国防不必凭山河的险要，威服天下不必恃武力的强大。行仁政的人帮助他的便多，不行仁政的人帮助他的便少。少助到了极点时，连亲戚都会背叛他；多助到了极点时，全天下都愿意顺从他。拿全天下顺从的力量去攻打连亲戚都背叛的人，那么，仁德之君要么不用战争，若用战争，是必然胜利的了。”

【原文】

孟子将朝王，王使人来曰：“寡人如就见者也[①]，有寒疾，不可以风；朝将视朝[②]，不识可使寡人得见乎？”

对曰：“不幸而有疾，不能造朝。”

明日，出吊于东郭氏[③]。公孙丑曰：“昔者辞以病[④]，今日吊，或者不可乎？”

曰：“昔者疾，今日愈，如之何不吊？”

王使人问疾，医来。孟仲子对曰[⑤]：“昔者有王命，有采薪之忧[⑥]，不能造朝；今病小愈，趋造于朝，我不识能至否乎？”使数人要于路[⑦]，曰：“请必无归而造于朝！”

不得已而之景丑氏宿焉[⑧]。景子曰：“内则父子，外则君臣，人之大伦也[⑨]；父子主恩，君臣主敬。丑见王之敬子也，未见所以敬王也。”

曰：“恶，是何言也！齐人无以仁义与王言者，岂以仁义为不美也？其心曰，‘是何足与言仁义也’云尔[⑩]，则不敬莫大乎是。我非尧舜之道不敢以陈于王前，故齐人莫如我敬王也。”

景子曰：“否，非此之谓也。《礼》曰：‘父召无诺[⑪]；君命召，不俟驾[⑫]。’固将朝也，闻王命而遂不果[⑬]，宜与夫礼若不相似然[⑭]。”

曰：“岂谓是与？曾子曰：‘晋、楚之富，不可及也。彼以其富，我以吾仁；彼以其爵，我以吾义，吾何慊乎哉[⑮]！’夫岂不义而曾子言之？是或一道也。天下有达尊三[⑯]：爵一，齿一，德一。朝廷莫如爵，乡党莫如齿，辅世长民莫如德。恶得有其一以慢其二哉！

“故将大有为之君，必有所不召之臣，欲有谋焉则就之。其尊德乐道，不如是不足与有为也。故汤之于伊尹，学焉而后臣之，故不劳而王；桓公之于管仲，学焉而后臣之，故不劳而霸。今天下地丑德齐⑰，莫能相尚⑱。无他，好臣其所教，而不好臣其所受教。汤之于伊尹，桓公之于管仲，则不敢召。管仲且犹不可召，而况不为管仲者乎！”

【注解】

①如：将。②朝将视朝：第一个朝字读zhāo，早晨。第二个朝字读cháo，视朝，上朝视事（办事）。③东郭氏：齐国的大夫之家。④昔者：昨日。⑤孟仲子：是孟子的堂兄弟。⑥采薪之忧：是说有病不能上山打柴；这是当时士大夫交往中用来代疾病的习惯语。⑦要（yāo）：拦阻。⑧景丑氏：齐大夫景丑家。⑨伦：伦常，中国传统礼教规定的人与人之间正常关系，特指尊卑长幼之间的关系。⑩云尔：表示必然无疑的语助词。⑪召：呼唤。诺：慢条斯理的应答声。⑫君命召，不俟驾：是说国君呼唤，不等待车辆驾好马，立即先步行。⑬不果：中止，没有真的实行。⑭宜：相当于“殆（dài）”，几乎、差不多的意思。⑮慊（qiàn）：憾，恨。⑯达尊：普天下所尊敬的事。⑰地丑德齐：丑，类似。整句是说现在天下的人君，土地的大小相类似，德教的好坏差不多。⑱莫能相尚：互相不能超过。

【译文】

孟子正打算去朝见齐王，却碰上齐王打发人来传话说：“我本是应当来看望您的，但是感冒了，不能吹风。今早我将临朝视事，不知道可不可以让我见到您？”

孟子回答说：“我也不幸得了点病，不能上朝来。”

第二天，（孟子）到齐国的大夫东郭氏家里去吊唁。公孙丑说：“昨天托病不上朝，今天却又出门去吊唁，（这样做）也许不大合适吧？”

孟子答道：“昨天有病，今天病好了，怎么不去吊唁呢？”

齐王派人来探看孟子的病，医生也同来了。孟仲子（应付）说：“昨天王命召见，恰好（先生）病了，不能上朝。今天病稍好了点，已上朝去了，我不知道他能不能到达朝中？”（孟仲子接着）打发几个人到路上拦住孟子，说：“请您一定别回家，上朝去走一趟吧！”

（孟子）没有办法，只有躲到景丑的家借住一晚。景丑（知道这种情况后）说：“在家庭内就得讲个父子之亲，在家庭外就得讲个君臣之义，这是人与人之间重大的伦常关系。父子之间以恩爱为主，君臣之间以尊敬为主，我只看到齐王对你的尊敬，却没有看到你对齐王是怎样尊敬的。”

孟子说：“哎！这是什么话！齐国人没有一个拿仁义之道跟齐王接谈的，难道真的是认为仁义不好吗？他们心里是这样想的：‘这个王哪配跟他谈论什么仁义之道呢？’我看，再没有什么行为比这更不尊敬齐王了。我不是尧舜之道不敢拿到齐王前面陈述，所以齐国人对齐王的尊敬是谁也比不上我的。”

孟子与景丑谈仁义。

景丑说：“不，我说的不是这个。《礼》上说：‘父亲召唤儿子时，（儿子应立即起身回应，）决不可以慢条斯理地应答。君主召唤，应该立即动身，不等待车辆驾好马。你本来准备上朝，听到齐王召唤反而不去了，恐怕跟

《礼》上说的不大相合吧。”

孟子说："难道你说的是这个吗？曾子说过：'晋国和楚国的豪富，是无法与之相比的。不过，他们凭借的是他们的财富，我凭借的是我的仁；他们仗的是他们的爵位，我凭借的是我的义，（和他们比起来，）我心里又有什么遗憾呢！'这个话没有道理曾子会说吗？大概是有点道理的。天下有三个为人们普遍尊敬的东西：一个是爵位，一个是年龄，一个是德行。在朝廷没有比得上爵位的，在乡里没有比得上年龄的，在辅佐君主统治百姓方面就没有比得上德行的。怎能仗着自己占着一面（爵位）却去怠慢占着两面（年龄与德行）的人呢！

"所以将要大有作为的君主，一定有他不敢召唤的臣子，有什么事情要谋划，就亲自去他家里请教。他（国君）重视德行、乐于行仁政，如果不是这样，便不足和他有所作为。因此商汤王对于伊尹，先向伊尹学习，然后用他为臣，因此，不大费力气就使天下归服；桓公对于管仲，也是先向他学习，然后用他为臣，因此，不大费力气而建立霸主的事业。现在（天下的大国）土地大小差不多，君主们的道德品行也不相上下，谁也没能超过谁，这没有别的原因，就是他们欢喜以听从他们教导的人为臣，而不欢喜以有能力教导他们的人为臣。商汤王对于伊尹，齐桓公对于管仲，就不敢召唤。管仲这样的人还不可以召唤，何况不愿做管仲的人呢！"

【原文】

孟子之平陆①，谓其大夫曰②："子之持戟之士③，一日而三失伍④，则去之否乎？"

曰："不待三。"

"然则子之失伍也亦多矣。凶年饥岁，子之民，老羸转于沟壑，壮者散而之四方者，几千人矣。"

曰："此非距心⑤之所得为也。"

曰："今有受人之牛羊而为之牧之者，则必为之求牧与刍矣⑥。求牧与刍而不得，则反诸其人乎？抑亦立而视其死与？"

曰："此则距心之罪也。"

他日见于王曰："王之为都者⑦，臣知五人焉。知其罪者惟孔距心。"为王诵之⑧。

王曰："此则寡人之罪也。"

【注解】

①平陆：齐边境县邑名，在今山东汶（wèn）上县北。②大夫：平陆县的最高行政长官（县令）。③持戟之士：即战士，古代常称战士为"持戟"。④失伍：士兵擅自离开行伍。⑤距心：平陆邑宰之名。文末提到其姓名是孔距心。⑥牧：牧地。刍（chú）：草料。⑦为都者：治理都邑的官吏。⑧诵：复述。

【译文】

孟子到平陆，对那里的邑宰说："你邑里守卫边疆的战士，如果一天之内三次擅离职守，那么，是不是要将他开除呢？"

邑宰说："不必等待三次（才开除）。"

孟子说："那么你自己失职的地方也很多了。在饥荒年岁，你治下的百姓，老弱病残被丢弃在山沟中的，年轻力壮逃亡于四方的，已近千人了。"

邑令说："这不是我的力量所能办到的。"

孟子说："譬如现在有一个人，接受别人的牛羊而替人放牧，那就一定要替人家找到牧地和草料。万一找不到牧地和草料，是把牛羊送还给人家呢，还是站在那里眼看着牛羊饿死呢？"

邑令说："这就是我的罪过了。"

后来，孟子朝见齐王说："大王的邑令，我结识了五个，其中能认识自己失职的罪过的，只有孔距心一人。"于是把自己跟孔距心的谈话对齐王复述了一遍。

齐王听后说："这也是我的罪过呢。"

滕文公章句上

【原文】

滕文公为世子[①]，将之楚，过宋而见孟子[②]。孟子道性善，言必称尧舜[③]。

世子自楚反，复见孟子。孟子曰："世子疑吾言乎？夫道一而已矣。成覸谓齐景公曰[④]：'彼丈夫也，我丈夫也，吾何畏彼哉？'颜渊曰：'舜何人也？予何人也？有为者亦若是。'公明仪曰[⑤]：'文王我师也；周公岂欺我哉？'今滕，绝长补短，将五十里也，犹可以为善国。《书》曰：'若药不瞑眩，厥疾不瘳[⑥]。'"

【注解】

①世子：天子和诸侯的嫡长子。杨伯峻《孟子译注》以为"世子"即"太子"，"世"和"太"古音相同，古书常通用。②过宋而见孟子：滕文公为世子，出使楚国时经过宋国，当时孟子在宋国，和他相见了。③孟子道性善，言必称尧舜：道，讲。性，是人禀受于天以生之理。在孟子看来，人生来性本是善的，与尧舜一样，不过一般为私欲所蒙蔽，因而失去了天生的善性；尧舜没有私欲的蒙蔽，所以能扩充这种善性，成为人们学习的榜样。因此，孟子与世子谈话，每次讲到性善，就一定要称述尧舜，目的在于使他知道仁义不待外求，圣人可学而至，因而能用力不懈。性善论是孟子哲学思想的核心，是他的仁义学说的哲学基础。其实在阶级社会中，统治阶级与被统治阶级的善恶观是各有他们不同的标准的。而孟子却拿口、耳、目、心所喜欢的东西人人相同，来证明合于统治阶级需要的理义，也是为一切人所喜欢的。事实恰恰相反，统治阶级的理义，根本在于维护剥削，而被统治阶级的理义，根本在于反对剥削。二者毫无共同之处。孟子的性善论是从统治阶级看本阶级的性是善的。拿这个作标准，被统治阶级的人当他们对统治阶级的理义表示顺从的时候，在孟子看来，他们的性也是善的；当他们对这个理义表示反对，代表其奉阶级在政治、经济权利方面有所要求时，在孟子及其信徒们看来，他们便是蔽于物欲，把本来是善的性变恶了。这就是孟子及其信徒们性善论的真正涵义和实质所在。④成覸（jiàn）：齐景公手下的一个以勇敢而出名的臣子。⑤公明仪：公明，姓，仪，

滕文公为世子，将之楚，过宋而见孟子。

名；鲁国的贤人，曾子的弟子。⑥《书》曰：若药不瞑眩，厥疾不瘳：书，指《商书·说命》篇。这两句话见《国语·楚语》武丁所作书。《说命》三篇，今古文《尚书》都没有，只东晋梅赜所上古文《尚书》有《说命》上、中、下三篇，这可能是梅氏把武丁作的书拿来作为伪古文《说命》上篇。瞑（miàn）眩（xuàn），愦乱。瘳（chōu），病痊愈。二句是说药力不猛，便治不好病。

【译文】

滕文公做太子时，将要出使到楚国去，路过宋国，便特地去看望孟子。孟子跟他讲了人性善的观点，开口不离尧舜。

太子从楚国回来时，又会见了孟子。孟子说："太子怀疑我的话吗？道理只有一个罢了。成覸对齐景公说：'他是男子大丈夫，我也是男子大丈夫，我干吗要怕他呢？'颜渊说过：'舜是什么样的人呢？我是什么样的人呢？有作为的人也应该像他一样。'公明仪曾经说：'文王是我的老师，周公难道会骗我吗？'现在滕国（虽小），假使将土地截长补短（进行丈量），也将有五十里见方大，还是可以建设成一个好国家。《书》说：'如果一种药服了后不使人产生头晕目眩的感觉，那个病是不会好的。'"

【原文】

滕文公问为国。

孟子曰："民事不可缓也。《诗》云：'昼尔于茅，宵尔索绹。亟其乘屋，其始播百谷[①]。'民之为道也，有恒产者有恒心，无恒产者无恒心。苟无恒心，放辟邪侈，无不为已。及陷乎罪，然后从而刑之，是罔民也[②]。焉有仁人在位罔民而可为也？是故贤君必恭俭礼下，取于民有制。阳虎曰[③]：'为富不仁矣，为仁不富矣。'夏后氏五十而贡，殷人七十而助，周人百亩而彻[④]。其实皆什一也。彻者，彻也[⑤]；助者，藉也[⑥]。龙子曰[⑦]：'治地莫善于助，莫不善于贡。'贡者校数岁之中以为常[⑧]。乐岁粒米狼戾[⑨]，多取之而不为虐，则寡取之；凶年粪其田而不足，则必取盈焉。为民父母，使民盻盻然[⑩]，将终岁勤动，不得以养其父母，又称贷而益之[⑪]，使老稚转乎沟壑，恶在其为民父母也？夫世禄，滕固行之矣。《诗》云：'雨我公田，遂及我私[⑫]。'惟助为有公田。由此观之，虽周亦助也。

"设为庠序学校以教之[⑬]。庠者，养也；校者，教也；序者，射也。夏曰校，殷曰序，周曰庠；学则三代共之，皆所以明人伦也。人伦明于上，小民亲于下。有王者起，必来取法，是为王者师也[⑭]。《诗》云：'周虽旧邦，其命维新[⑮]'，文王之谓也。子力行之，亦以新子之国[⑯]！"

使毕战问井地[⑰]。

孟子曰："子之君将行仁政，选择而使子，子必勉之！夫仁政，必自经界始[⑱]。经界不正，井地不钧[⑲]，谷禄不平[⑳]。是故暴君汙吏必慢其经界。经界既正，分田制禄可坐而定也。

"夫滕，壤地褊小，将为君子焉[㉑]，将为野人焉。无君子，莫治野人；无野人，莫养君子。请野九一而助，国中什一使自赋。卿以下必有圭田[㉒]，圭田五十亩；余夫二十五亩[㉓]。死徙无出乡，乡田同井，出入相友，守望相助，疾病相扶持，则百姓亲睦。方里而井，井九百亩，其中为公田。八家皆私百亩，同养公田；公事毕，然后敢治私事，所以别野人也。此其大略也；若夫润泽之，则在君与子矣。"

【注解】

滕文公问为国。

①“昼尔”四句：这几句诗出自《诗经·豳风·七月》。尔：语助词。于：取。索：搓绳。亟：同“急”。乘：升。②罔：同“网”，名词动用，“罔民”是说像捕鱼一样张开网让人民陷入犯罪的罗网中来。③阳虎：即阳货，鲁国季氏的家臣。④“夏后氏五十而贡”三句：这里所说的不过是孟子假托古史来阐述自己的理想，当时的事实可能不一定是这样。⑤彻：通。这里是说周朝这种税制是天下通行的税制。⑥藉：同“借”，指借民力来耕种公田。⑦龙子：古代贤人。⑧校（jiào）：计量，比较。⑨粒米：犹言米粒，泛指粮食。狼戾：犹狼藉。⑩盻盻（xì）然：勤苦不休息的样子。⑪称贷：借债。益：补足。⑫雨（yù）我公田，遂及我私：诗句引自《诗经·小雅·大田》。《大田》是西周记述农事的诗。当时助法全部废除了，典籍也不存在，唯有从这首诗中还可见到周朝也是用助法，所以孟子引来作为证明。⑬设为庠（xiáng）序学校以教之：庠，养老；序，习射；学，国学；校，教民。庠、序、校都是乡里学校的名称。⑭为王者师：滕国土地小，即使行仁政，也未必能兴王业，但是却可以充任王者师。⑮周虽旧邦，其命维新：引自《诗经·大雅·文王》。《文王》是歌颂文王的诗。命，天命。⑯新：作动词，使动用法，是说使他的国家焕然一新。子：指文公，因为他年岁不大，所以孟子这样称呼他。⑰毕战：滕国的臣子。井地：即井田。⑱经界：这里经、界同义，经界即指井田的界限。⑲钧：通“均”。⑳谷禄：即俸禄，古人用谷物为俸禄，所以又称俸禄为谷禄。㉑为：有。㉒圭（guī）田：士由于德行洁白而升官，便给与田亩，以供祭祀，这种田称圭田。㉓余夫：本指农夫家还没有到达成家年龄而又有一定劳动能力的剩余劳动力。

【译文】

（向孟子）询问治国的方法。

孟子说：“老百姓生产的事是刻不容缓的。《诗》里说过：‘白天出外割茅草，晚上要把绳索搓好，急急忙忙盖屋顶，播种的时间转眼到。’老百姓的一般情况是这样，有一定的维持生计的产业便能坚持一贯的向善之心，没有一定的维持生计的产业便不能坚持一贯的向善之心。假使没有了一贯的向善之心，那就会放荡不走正路，胡作非为，没有什么干不出来的。等到因此犯了罪，然后对他们施加刑罚。这等于设下网罗陷害人民。哪有仁爱的国君在位，却干出陷害人民的事的呢？所以贤良的君主务必做恭谨俭朴，礼贤下士，向老百姓征收赋税有定规。阳虎说过：‘想发财就别讲仁爱，要讲仁爱就别想发财。’夏朝每家授田五十亩，赋税行的是贡法，商朝每家授田七十亩，赋税行的是助法，周朝每家授田百亩，赋税行的是彻法，实际上征的税率都是十分之一。彻有通的意思；助有借的意思。龙子说：‘经营土地的税制没有比助法更好的，没有比贡法更不好的。’所谓贡法就是比较若干年的若干年的收成得出一个税收的定数（即不管丰年、歉年都得按这个定数征税）。丰收年景粮食到处抛置，就是多征收一点也不算苛暴，却并不多征；凶年饥岁，田里的收成甚至连第二年肥田的费用都不够，却非征满那一定数不可。一国的君主号称老百姓的父母，使老百姓整年地辛勤劳动，却没法子养活自己的爹妈，还得借高利贷来凑足纳税的数字，以至使老弱辗转流亡于沟壑之中，为民父母的意义又在哪里呢？对做大官的人子孙世代享有田租收入的制度，滕国早就实行了。（但有利于老百姓的税制——助法却始终没有被采用。）《诗》里面说：'（希望）雨先下到公田里，然后再落到私田。'只有实行助法才会有公田，从这篇周诗看来，虽是周朝，也是实行助法的。

"（人民生活有了着落，还要）设立'庠'、'序'、'学'、'校'来教育他们。'庠'是教养的意思，'校'是教育的意思，'序'是习射的意思。（即地方学校）夏朝叫校，殷朝叫序，周朝叫庠，至于国家办的学校（也就是大学），三代都共用了'学'这个名称，（无论乡学和国学）都是用来向学生阐明并教导他们明确（'父子有亲、君臣有义、夫妇有别、长幼有序、朋友有信'这五种）社会伦常观念的。在上面的诸侯卿大夫士明确并承认社会的伦常关系，小百姓们在下面自然也就亲密无间了。只要圣王兴起，便一定要来向您模仿学习的，这样您就做了圣王的老师了。《诗》里说过：'岐周虽是个古老的国家，但承接天命而不断革新。'这是就文王创建帝业而说的。您努力干下去，也可以使您的国家为之气象一新。"

（滕文公）又派毕战来（向孟子）询问有关井田制的问题。

孟子说："你的国君将要实行仁政，经过精心选择才派遣你来问我，你努力完成使命吧！实行仁政，必须从划分和理清田界着手。田界没有划分理清，井地的大小就不能做到均匀，作为俸禄的田租就不能做到合理公平。所以那些暴君和贪吏总是要（千方百计）搞乱正确的田界。田界既然已经划分理清了，分田地给百姓，制定官吏的俸禄，便可以不费力作决定了。

"滕国，国土狭窄，但也有官吏，也有百姓。没有官吏，便不能治理百姓；没有百姓，便不能养活官吏。我建议你们在郊野实行九分抽一的助法，城邑使用十分抽一的贡法。卿以下的官吏各分给他们供祭祀用费的圭田，圭田规定为五十亩；对于那些被称为'余夫'的剩余劳动力，就每人另给田二十五亩。（这样，）埋葬或搬家都不用离开本土本乡，共一井田的各家，平日出入相亲相爱，防守盗贼互助互帮，谁家有了病人，大家共同照顾，那么百姓间就做到真正的亲爱团结了。（井田制）将每一方里的土地划为一个井田单位，一个井田单位共有田九百亩，中间的百亩是公田，八户人家各耕私田一百亩，八家须得共同耕种公田。公田里的农活完毕了，然后大家才敢去料理私人的事务，这样做就是为了老百姓跟官吏有所区别。这里所说的只是井田制大概情况，至于怎样修饬调整而使之完善，那就得靠你们的君主和你了。"

滕文公章句下

【原文】

陈代曰[①]："不见诸侯，宜若小然；今一见之，大则以王，小则以霸。且《志》曰：'枉尺而直寻。'宜若可为也。"

孟子曰："昔齐景公田，招虞人以旌，不至[②]，将杀之。志士不忘在沟壑，勇士不忘丧其元。孔子奚取焉？取非其招不往也。如不待其招而往，何哉？且夫枉尺而直寻者，以利言也。如以利，则枉寻直尺而利，亦可为与？昔者赵简子使王良与嬖奚乘[③]，终日而不获一禽。嬖奚反命曰：‘天下之贱工也。’或以告王良。良曰：‘请复之。’强而后可，一朝而获十禽。嬖奚反命曰：‘天下之良工也。’简子曰：‘我使掌与女乘。’谓王良。良不可，曰：‘吾为之范我驰驱[④]，终日不获一；为之诡遇[⑤]，一朝而获十。《诗》云：“不失其驰，舍矢如破[⑥]。”我不贯与小人乘[⑦]，请辞。’御者且羞与射者比[⑧]；比而得禽兽，虽若丘陵，弗为也。如枉道而从彼，何也？且子过矣：枉己者，未有能直人者也。”

【注解】

①陈代：孟子弟子。②旌（jīng）：古代一种在旗杆顶上饰有五色羽毛的旗子。虞人：看守皇帝或是诸侯园子的小官吏，召唤他的时候，应该用打猎时戴的皮帽子，旌是召唤大夫用的，所以虞人不应召到来。③赵简子：即赵鞅，春秋时晋国的正卿。王良：晋国驾车的能手。嬖（bì）奚：简子的宠臣名叫奚的。④范：在这里作动词用，是说纳我驱驰于轨范之中。⑤诡遇：不按照驾车的正法赶着车子去多与禽兽相遇，以便多猎取它们。⑥“不失其驰”两句：这两句诗出于《诗经·小雅·车攻》。舍矢，犹放矢。如破，犹“而破”，破有杀伤的意思。⑦贯：同“惯”，习惯。⑧比：这里读（bì），有强合在一起的意思。

【译文】

陈代说：“不愿谒见诸侯，未免小器了点呢。假如现在一去谒见他们，弄得好呢，也许可以实行仁政，帮助他们统一天下，即使不那么理想，也可以富国强兵，帮助他们称霸于世。况且以前的《志》书中也说过：‘所曲折的不过一尺，而得伸直的却是八尺。’（相较之下）好像是可以干一干的。”

孟子说：“从前齐景公去打猎，拿饰有羽毛的旗子召唤管园囿的小吏，小吏不来见，（景公）准备杀掉他。志士不怕尸填沟坑，勇者也不怕掉脑袋，（这不是孔子当年赞颂这个小小管园吏的话么？）孔子取他哪一点呢？就是取他敢于坚守礼义，不接受不合乎礼仪的召唤。如果我不等待诸侯以礼相招便去谒见他们，那成什么话呢？而且那些所谓受屈折一尺，却能伸直八尺的话，完全是从得到利益的观点而说的。如果单从利益的观点来考虑问题的话，那么只要能得到利益，即使屈折八尺伸直一尺的事，难道也可以干么？从前赵简子派王良替他的宠幸小臣叫奚的赶车（出去打猎），赶了一整天却没有打到一只鸟。奚回来向赵简子汇报道：‘（王良简直）是世上最蹩脚的赶车工。’有人把这个话告诉了王良。王良（向赵简子）说：‘请让我再给他赶一次车吧。’奚被坚持要求后才答应，一个早上就打到了十只鸟。奚回来在赵简子面前夸奖王良道：‘（王良真）是世上最出色的赶车工。’简子说：‘那我就派他专门替你赶车。’（简子）把这件事跟王良说，王良不答应，说：‘我按照赶车的正当规矩替他赶着车奔驰，却整天打不到一只鸟；不按赶车的正当规矩去赶车，一个早上便打到十只鸟。（可见成问题的不是我的赶车技术，而是他的射猎本领和品德。）《诗》里说过：

谒见诸侯，大则以王，小则以霸。

不违背赶车的正规，箭一发出便有杀伤。我不习惯替小人赶车子，请允许我辞去这份差事。’一个赶车的人尚且以与一个不体面的射手合作为可耻，这种合作后打到的禽兽，尽管堆积如山，也不屑干。你怎么倒反劝我枉曲正道去屈从当今那些诸侯，那是为什么呢？况且你错了，凡是枉屈自己的人，没有一个能够使别人正直的。”

【原文】

景春曰[①]：“公孙衍、张仪岂不诚大丈夫哉[②]？一怒而诸侯惧，安居而天下熄。”

孟子曰：“是焉得为大丈夫乎！子未学礼乎？丈夫之冠也，父命之[③]；女子之嫁也，母命之，往送之门，戒之曰：‘往之女家，必敬必戒，无违夫子！’以顺为正者，妾妇之道也。居天下之广居，立天下之正位，行天下之大道；得志与民由之，不得志独行其道；富贵不能淫，贫贱不能移，威武不能屈，此之谓大丈夫。”

【注解】

①景春：与孟子同时人，习纵横之术。②公孙衍：字犀首，魏国阴晋（陕西华阴）人，是当时的纵横家一流人，曾在秦国做过大良造的官，并佩五国相印。张仪：魏国人，是与苏秦并称的大纵横家，曾说六国连横以对抗秦国。这里景春不提苏秦，大概因为这时苏秦已为齐国所杀。③丈夫之冠（guàn）也，父命之：冠，行冠礼；古时男子年二十行冠礼。父命之，是说由父亲主持行冠礼这件事。

【译文】

景春说：“公孙衍、张仪这样的人难道不是真正可称之为大丈夫的么？他们一旦发了怒，天下的诸侯便要害怕，要是他们安静下来，天下便平安无事了。”

孟子说：“这样的人又怎算得是大丈夫呢！你没有学过礼吗？男子长大成人行冠礼时，由父亲主持其事，并面加训导；女儿出嫁时，母亲主持其事，将她送到门口，告诫道：‘去到你们家里，一定要恭敬，一定要遇事小心谨慎，不要违背丈夫的意志！’以顺从为最大的原则的，这是妇女之道。只有住在（“仁”这个）天下最宽大的住宅里，站在（“礼”这个）天下最正确的位置上，走在（“义”这个）天下最光明的大道上，得志时跟老百姓一起循着这条道路前进，不得志时便独自坚持自己的原则，富贵不能乱我的心，贫贱不能变我的行，威力相逼不能挫我的志，这样的人才称得上是大丈夫。”

【原文】

周霄问曰[①]：“古之君子仕乎？”

孟子曰：“仕。《传》曰：‘孔子三月无君，则皇皇如也，出疆必载质[②]。’公明仪曰：‘古之人三月无君则吊[③]。’”

“三月无君则吊，不以急乎[④]？”

曰：“士之失位也，犹诸侯之失国家也。《礼》曰：‘诸侯耕助以供粢盛[⑤]；夫人蚕缫以为衣服[⑥]。牺牲不成[⑦]，粢盛不絜，衣服不备，不敢以祭。惟士无田，则亦不祭[⑧]。’牲杀、器皿、衣服不备，不敢以祭，则不敢以宴，亦不足吊乎？”

“出疆必载质，何也？”

曰：“士之仕也，犹农夫之耕也；农夫岂为出疆舍其耒耜哉？”

曰：“晋国亦仕国也，未尝闻仕如此其急。仕如此其急也，君子之难仕，何也？”

曰：“丈失生而愿为之有室，女子生而愿为之有家；父母之心，人皆有之。不待父母之命、媒妁之言[9]，钻穴隙相窥，逾墙相从，则父母国人皆贱之。古之人未尝不欲仕也，又恶不由其道。不由其道而往者，与钻穴隙之类也[10]。”

孟子对周霄问。

【注解】

①周霄：魏国人。②《传》曰：这里所说的《传》，不知指什么书。皇皇如也：像找不着东西心里发急的样子。质：同“贽、挚”，古代人初次见面时所带的礼物。③吊：慰问。④以：通“已”，太的意思。⑤耕助：连绵动词，和下文“蚕缫”相对成文。助，即“藉”，古时候天子和诸侯都有“藉田”，他们每年春耕开始的季节到田边去扶扶犁做个样子，其实他们这些田还是要借助农民的力量去耕种，所以叫藉田；而耕种这种藉田也叫“藉”。粢（zī）盛（chéng）：可以盛在器皿中用来供神的谷物如黍稷稻粱等叫粢，上述谷物已盛在器皿中的叫盛。⑥夫人：指诸侯的大老婆。蚕缫（sāo）：养蚕抽茧出丝。其实她们也只是捧捧蚕种和把手在缫茧盆中浸湿一下做个样子，以表示她们的重视。⑦牺牲不成：祭祀时把宰杀用来祭祀鬼神的牛羊猪等畜生叫“牺牲”，又叫“牲杀”；成有肥硕丰满的意思。⑧惟士无田，则亦不祭：参看《滕文公章句上》第三章。⑨媒妁（shuò）：媒人。⑩与钻穴隙之类也：杨伯峻《孟子译注》以为这句话不合语法，“之类”的“之”字是衍文（多余的字），本来作“与钻穴隙类也”。

【译文】

周霄问道：“古代的君子做官吗？”

孟子说：“做官。上代的传记里就说过：‘孔子只要三个月没有君主任命他做官，就感到心神不安，离开国境一定要随身携带进谒别的国君的见面札。’公明仪也说：‘古代的人三个月不侍奉君主，朋友亲戚便要登门向他进行慰问。’”

周霄紧接着问：“三个月没有君主侍奉便要进行慰问，不是太急躁了点吗？”

孟子说：“士人失掉职位，就像诸侯失掉了国家一样。”《礼》书上说：‘诸侯带头参加藉田的耕种工作，就是为了供给祭品，诸侯夫人带头养蚕缫丝，就是为了供给祭服，祭祀用的牲畜养得不肥硕，粮食谷物不清净，衣服不完备，不敢用来祭祀（祖先神祇）。士人要是没有供祭祀用的圭田，也就没有资格祭祀。’（祭祀用的）牲畜、器皿、衣服不完备，不敢用来祭祀，也就不敢用来摆宴席款待宾客，难道这还不该去进行慰问吗？”

周霄又问：“离开国境一定要携带谒见别国君主的见面礼，这又是什么缘故呢？”

孟子回答道：“士人要做官，就跟农夫要种田一样，农夫难道会因为背井离乡而抛下他的农具不要吗？”

周霄又说：“我们魏国也是一个可以做官的国家，我从未听说过想做官竟到了如此迫切的地步。想做官到了如此迫切的地步，君子却又偏偏这样难于做官，这又是为什么呢？”

孟子说：“男孩子一生下来（做父母的）便愿意替他找房好妻室，女孩子一生下来（做父母的）便愿意替她找个称心如意的丈夫；当爷娘的这种心情，人人都会有吧！可要是（做儿女的）不经过父母的许可、媒人的介绍，便扒墙打洞互相偷看，甚至爬过墙去进行幽会，那么父母和社会上的人士便都要瞧不起他们。古代的人未尝不想做官，但又讨厌那种做官不择手段的行径。不经过正当门路而去做官的勾当，就跟男女扒墙打洞偷情幽会的丑行相类似。”

告子章句上

【原文】

告子曰：“性犹杞柳也[①]，义犹桮棬也[②]；以人性为仁义，犹以杞柳为桮棬。”

孟子曰：“子能顺杞柳之性而以为桮棬乎？将戕贼杞柳而后以为桮棬也。如将戕贼杞柳而以为桮棬，则亦将戕贼人以为仁义与？率天下之人而祸仁义者，必子之言夫！”

【注解】

①杞柳：即榉柳。②桮（bēi）棬（quān）：是杯盘一类的用器。桮，同“杯”。

孟子与告子谈论人性中是否天然带有仁义的问题。

【译文】

告子说：“人性好比榉柳，仁义好比杯盘；使人性具备仁义，犹如把榉柳树做成杯盘（要靠人为的力量）。”

孟子说：“你能顺着榉柳的本性把它做成杯盘吗？还是得毁伤榉柳的本性，然后才能做成杯盘吧。假如是毁伤榉柳的本性才能做成杯盘，那么（你）也要毁伤人的本性以使它具备仁义么？率领天下人一同来祸害仁义的，一定就你这种论调啊！”

【原文】

告子曰：“性犹湍水也，决诸东方则东流，决诸西方则西流。人性之无分于善不善也，犹水之无分于东西也。”

孟子曰：“水信无分于东西。无分于上下乎？人性之善也，犹水之就下也。人无有不善，水无有不下。今夫水，搏而跃之，可使过颡；激而行之，可使在山。是岂水之性哉？其势则然也。人之可使为不善，其性亦犹是也。”

【译文】

告子说：“人性就像急流的水一般，在东方冲开了缺口便向东方流去，在西方冲开了缺口便向西方流去。人性不分善和不善，就好像水流本不分东西流向一个样。”

孟子说：“水的确本不分东西流向，但是水也不分上下一定的流向么？人性的向善，便和水的爱向低处流相仿佛。人（的本性）是没有不善良的，水（的本性）是没有不向下流的。那水，你一拍打它使它跳跃起来，当然，一时也可以使它高出你的额头，你设法遭挡它，一时也可以使它飞流上山。这难道是水的本性么？这是形势逼着它如此。人可以使之干坏事，他的本性的变更也和（用外力）改变水的本性一样。”

【原文】

告子曰：“生之谓性[1]。”

孟子曰：“生之谓性也，犹白之谓白与？”

曰：“然。”

“白羽之白也，犹白雪之白，白雪之白犹白玉之白与？”

曰：“然。”

“然则犬之性犹牛之性，牛之性犹人之性与？”

【注解】

①生之谓性：告子的意思，大概是说人生之初，自然即赋给他以性，性都相同，无善恶之别。孟子即抓住告子“生之谓性”这句话，用“犬牛也是生而禀性，难道与人性没有区别吗”的反诘以驳之，借以证明自己人性善的主张的完全正确。

【译文】

告子说：“天生的禀赋就叫性。”

孟子说：“天生的禀赋就叫性，就像白色的东西就叫白吗？”

告子说：“是。”

“白羽毛的白，和白雪的白一样，白雪的白和白玉的白一样吗？”

告子说：”是。”

“那么狗的生性和牛的生性一样，牛的生性和人的生性一样吗？”

【原文】

告子曰：“食色，性也[1]。仁，内也，非外也；义，外也，非内也[2]。”

孟子曰：“何以谓仁内义外也？”

曰：“彼长而我长之，非有长于我也；犹彼白而我白之，从其白于外也，故谓之外也。”

曰：“异于白马之白也，无以异于白人之白也[3]；不识长马之长也，无以异于长人之长与？且谓长者义乎？长之者义乎？”

曰：“吾弟则爱之，秦人之弟则不爱也，是以我为悦者也，故谓之内。长楚人之长，亦长吾之长，是以长为悦者也，故谓之外也。”

曰：“耆秦人之炙[4]，无以异于耆吾炙，夫物则亦有然者也，然则耆炙亦有外与？”

【注解】

①食色，性也：告子这句话是说食色出自本身之所需，不是外加于我，是内而不是外。下章孟子说：“口之于味也，有同耆焉；耳之于声也，有同听焉；目之于色也，有同美焉；至于心，独无所同然乎？”《礼记·礼运》篇也说：“饮食男女，人之大欲存焉。”语意与告子同。②“仁，内也”六句：在告子看来，仁由内出，为性中所本有，义外非内，则为性中所本无。早于孟子的墨翟在《墨子·经说下》中对仁内义外之说就曾作过有力的批驳。可见关于仁内义外之争，由来已久。③异于白马之白也，无以异于白人之白也：上句“异于”二字可能是多出的。④耆：同“嗜”。

【译文】

告子说："饮食和男女两件事，是人的本性。仁，存在于人本身之内，不是在本身之外；义，存在于人本身之外，不是在本身之内。"

孟子说："为什么说仁在身内义在身外呢?"

告子答道："因为他年长所以我将他看作长者加以尊敬，年长在他不在于我，就好像它是白色的东西因而我认为它白，这是由于外在物的白色所决定的，(并不是我脑子里先存有白色的观念，)所以说它是外在的东西。"

孟子问道："白马的白和白人的白固然没有多少不同，但不知对老马的尊敬跟对年长的人的尊敬是不是也没有多少区别呢？而且你所说的义，是指长者呢，还是指尊敬长者的心呢？（如果义不在于他的年长，而在于我尊敬长者之心，那么，义就还是在内不是在外哩。)"

告子（继续辩解）说："对于我自己的的弟弟就爱，对于秦人的弟弟就不爱，这就可见爱不爱在于我自己，所以我（把仁）叫作内在的东西。尊敬楚人的长者，也尊敬我的长者，这可见爱不爱决定于他人的年长，所以我（把义）叫作外在的东西。"

孟子（继续反驳）说："爱吃秦人的烧肉和爱吃我们自己的烧肉是没有多少区别的，看来各种事物也都有相类似的情况，那么喜爱吃烧肉的心思难道也是存在于身外吗?（这样，'食色'还能称之为'性'么？)"

【原文】

孟子曰："鱼，我所欲也，熊掌，亦我所欲也；二者不可得兼，舍鱼而取熊掌者也。生，亦我所欲也，义，亦我所欲也；二者不可得兼，舍生而取义者也。生亦我所欲，所欲有甚于生者，故不为苟得也；死亦我所恶，所恶有甚于死者，故患有所不辟也。如使人之所欲莫甚于生，则凡可以得生者，何不用也？使人之所恶莫甚于死者，则凡可以辟患者，何不为也？由是则生而有不用也，由是则可以辟患而有不为也，是故所欲有甚于生者，所恶有甚于死者。非独贤者有是心也，人皆有之，贤者能勿丧耳。一箪食，一豆羹①，得之则生，弗得则死，嘑尔而与之②，行道之人弗受；蹴尔而与之③，乞人不屑也。万钟则不辩礼义而受之④；万钟于我何加焉？为宫室之美、妻妾之奉、所识穷乏者得我与⑤？乡为身死而不受，今为宫室之美为之；乡为身死而不受，今为妻妾之奉为之；乡为身死而不受，今为所识穷乏者得我而为之，是亦不可以已乎？此之谓失其本心。"

【注解】

①豆：古代用来盛羹汤或肉食的器皿。②嘑：同"呼"，呵叱声。③蹴（cù）：踢。④辩：同"辨"。⑤得：与"德"通。

鱼，我所欲也，熊掌，亦我所欲也。

【译文】

孟子说："鱼，是我所喜爱的，熊掌，也是我所喜爱的，如果两者不能都得到，我就舍弃鱼而要熊掌。生命是我所珍爱的，义也是我所珍爱的；如果两者不能都得到，我就放弃生命而要义。生命也是我所珍爱的，但我所珍爱的东西中有超过了生命的，所以就不干苟且偷生的事；死亡也是我所讨厌的，但我所讨厌的东西中有超过了死亡的，所以有的祸灾就不躲避。假如人们所珍爱的东西中没有超过生命的，那么凡是能够保命的手段，哪样不采用呢？假如人们所讨厌的东西中没有超过死亡的，那么凡是能够躲避祸患的事，哪件不会做呢？通过这种手段就能够保命，然而有的人却不采用；只要这样做就能够躲避祸患，然而有的人却不做。所以，（这样看来，）人们所喜爱的东西有超过生命的，所厌恶的东西有超过死的。不仅是贤德的人有这种想法，人人都有，只是贤人不会丧失它罢了。一筐饭，一碗汤，得到它就能活命，得不到它就可能死亡，但如果呵叱着施舍给别人，哪怕是过路的饿汉也不会接受；拿脚踢着施舍给别人，那就连乞丐也会不屑一顾。可如今万钟的俸禄却被有的人连问也不问是否合乎礼义就接受了它。万钟的俸禄到底能给我增加些什么呢？是为了居室的华丽、妻妾的侍奉和所认识的穷人（因获得我的周济）而感激我吗？以前就算是死也不肯接受，现在却为了能住上华丽的居室而甘心这样做；以前就算是死也不肯接受，现在却为了能得到妻妾的侍奉而甘心这样做；以前就算是死也不肯接受，现在却为了让所认识的穷人（因获得我的周济）感激我而甘心这样做，这些行径难道不也是可以停止的么？这就叫丧失了他的本性。”

告子章句下

【原文】

任人有问屋庐子曰[①]：“礼与食孰重？”

曰：“礼重。”

“色与礼孰重？”

曰：“礼重。”

曰：“以礼食，则饥而死；不以礼食，则得食，必以礼乎？亲迎[②]，则不得妻；不亲迎，则得妻，必亲迎乎？”

屋庐子不能对，明日之邹，以告孟子。

孟子曰：“於答是也何有？不揣其本，而齐其末，方寸之木可使高于岑楼[③]。金重于羽者，岂谓一钩金与一舆羽之谓哉[④]？取食之重者与礼之轻者而比之，奚翅食重[⑤]？取色之重者与礼之轻者而比之，奚翅色重？往应之曰：‘纱兄之臂而

孟子对屋庐子问。

夺之食[6]，则得食；不紾，则不得食，则将紾之乎？逾东家墙而搂其处子[7]，则得妻；不搂，则不得妻，则将搂之乎？'"

【注解】

①任（rén）：国名，在今山东济宁县境内。屋庐子：孟子弟子。②亲迎（yìng）：新郎亲自去新娘家迎娶。③岑（cén）楼：高楼。岑，山小而高。④一钩金：钩指带钩，一钩金是说作成一带钩所需的金，极言金的数量之小。⑤奚翅：何但。"翅"与"啻"同。⑥紾（zhěn）：扭转。⑦处子：处女。

【译文】

任国有人问屋庐子道："礼和食哪样更重要？"

答道："礼重要。"

这个人（紧接着）问道："色和礼哪样重要？"

答道："礼重要。"

问道："要是按照礼节去找食物，就得饿死；不按照礼节去找食物，就能得到食物，是不是一定要按照礼节行事呢？要是行亲迎礼，便得不到妻子；不行亲迎礼，就能得到妻子，是不是一定得行亲迎礼呢？"

屋庐子不能回答，第二天便跑到了邹国，把这些问题告诉了孟子。

孟子说："对于回答这些问题又有什么难处呢？如果不去度量基地的高低是否一致，却只顾去比它们上面的高低，那么即使仅是一寸厚的木块，（把它搁在高地方，）你也可以使它比尖顶的高楼还要高。我们说金子比羽毛更重，难道是说一个小小金带钩的重量比一大车子羽毛还要重么？拿关系重大的吃的问题与无足轻重的礼的细微末节去相比，岂是吃的问题重要吗？拿有关男女结合的重要问题与无足轻重的礼的细微末节去相比，岂是男女问题重要吗？你去回答他说：'扭伤哥哥的胳膊夺去他的食物，就可以得到吃的；不扭伤，就得不到吃的，那你会去扭伤他的胳膊吗？跳过东家的墙去搂抱他家的姑娘，就可以得到老婆；不搂抱，就得不到老婆，那你会去搂抱她吗？'"

【原文】

曹交问曰[1]："人皆可以为尧舜，有诸？"

孟子曰："然。"

"交闻文王十尺，汤九尺，今交九尺四寸以长，食粟而已，如何则可？"

曰："奚有于是？亦为之而已矣。有人于此，力不能胜一匹雏，则为无力人矣；今曰举百钧，则为有力人矣。然则举乌获之任[2]，是亦为乌获而已矣。夫人岂以不胜为患哉？弗为耳。徐行后长者谓之弟，疾行先长者谓之不弟。夫徐行者，岂人所不能哉？所不为也。尧舜之道，孝弟而已矣。子服尧之服，

人皆可以为尧舜。

诵尧之言，行尧之行，是尧而已矣。子服桀之服，诵桀之言，行桀之行，是桀而已矣。”

曰：“交得见于邹君，可以假馆，愿留而受业于门。”

曰：“夫道若大路然，岂难知哉？人病不求耳。子归而求之，有余师！”

【注解】

①曹交：春秋曹君的后裔。②乌获：古时有名的大力士。

【译文】

曹交问道：“人人都可以成为尧舜，有这个说法吗？”

孟子说：“是的。”

（曹交又问：）“我听说文王身长十尺，汤身长九尺，如今我身长九尺四寸多，（可是每天）只知道吃饭罢了，要怎样才能够（成为尧舜）呢？”

孟子说：“这有什么呢？也无非是要去做而已。假如这里有个人，自认为力气不如一只小鸡，那他就是没有力气的人了；现在他说他的力气能举起三千斤重的东西，那他就是有力气的人了。那么，要是能举起乌获所举过重量的，这也就成为乌获了。人所害怕的难道是在于不能胜任吗？在于不去做罢了。慢慢地跟在长者的后边走，叫作弟，快快抢在长者的前面走，叫作不弟。慢点儿走，难道是人不能做到的吗？只是不去做罢了。尧舜之道，也只是孝弟而已。你穿尧穿的衣服，说尧说的话，做尧做的事，就成为尧了。你穿桀穿的衣服，说桀说的话，做桀做的事，就成为桀了。”

曹交说：“我能见到邹君，可以借个馆舍，我愿意留下来在您的门下受教。”

孟子说：“尧舜之道就像大路一样，难道很难懂吗？就怕人自己不去探求罢了。你回去自己好好探求，老师有的是。”

【原文】

孟子曰：“舜发于畎亩之中①，傅说举于版筑之间②，胶鬲举于鱼盐之中③，管夷吾举于士④，孙叔敖举于海⑤，百里奚举于市⑥。故天将降大任于是人也，必先苦其心志，劳其筋骨，饿其体肤，空乏其身，行拂乱其所为，所以动心忍性，曾益其所不能⑦。

“人恒过，然后能改；困于心，衡于虑⑧，而后作；征于色，发于声，而后喻。

“入则无法家拂士⑨，出则无敌国外患者，国恒亡。然后知生于忧患而死于安乐也。”

【注解】

①畎（quǎn）：田间小沟。畎亩，田间，田地。②傅说举于版筑之间：版筑，在夹版中填土，再用杵夯实以成墙。傅说原是判了刑的人，殷高宗武丁从苦役中起用了他。③胶鬲（gé）举于鱼盐之中：胶鬲是从卖鱼盐的商贩子中被举用起来的。胶鬲，商朝贤臣，起初贩卖鱼和盐，周文王把他举荐给纣。后来又辅佐周武王。④管夷吾：即管仲。士：主管监狱的官。⑤孙叔敖举于海：孙叔敖隐居在海滨，楚庄王起用他为令尹。⑥百里奚举于市：百里奚是春秋时期虞国大夫，虞王被俘后，他由晋入秦，又逃到楚，后来秦穆公用五羖（gǔ，黑色公羊）羊皮把他赎出来，用为大夫。市，市场，做买卖的地方。⑦曾：同“增”。⑧衡于虑：思虑堵塞。衡，通“横”，堵塞，指不顺。⑨拂（bì）：辅弼。

【译文】

孟子说：“舜是在田野中发迹的，傅说是从筑墙的苦役中被提拔的，胶鬲是从贩卖鱼和盐的行业中被推举上来的，管夷吾是从狱官手中选拔出来充任国相的，孙叔敖是从海边僻远的地方拔用的，百里奚是从畜牧业主那里赎买上来的。所以上天要把治国治民的重任加在这人肩上，一定先要（给他降临种种困难，）使他心烦意乱，筋骨疲乏，肚肠饥饿，身无分文，干扰他做的事，从而令他从心意竦动中得到锻炼，性格变得坚韧，由此而增加他的能力。

“一个人，经过了多次错误和失败的教训，然后才能改过自新；经过了艰苦的思想斗争，然后才能有所作为；憔悴的颜色和慷慨的悲歌表现出来了，然后才能得到人们的了解。

“一个国家，要是国内没有通晓法度的大臣和足以辅弼国君的士子，国外又缺乏对敌国侵扰的远虑，这样的国家就常常是要灭亡的。从这里，我们可以懂得人为什么在忧患中能够生存，而在安乐中却反会遭到毁灭的道理了。”

尽心章句上

【原文】

孟子曰：“尽其心者，知其性也。知其性，则知天矣。存其心，养其性，所以事天也。夭寿不贰，修身以俟之，所以立命也。”

【译文】

孟子说：“能够竭尽他的善心的，便是真正了解了人的本善的天性。懂得了人的本善的天性，就是懂得了天命。（一个人）保存他的善心，培养他本善的天性，目的就在于正确对待天命。无论短命或是长寿，都毫不怀疑动摇，只是修身养性以等待天命，这便是安身立命的方法。”

【原文】

孟子曰：“莫非命也①，顺受其正！是故知命者不立乎岩墙之下②。尽其道而死者，正命也；桎梏死者，非正命也。”

【注解】

①莫非命：这句是禁戒之辞，禁戒一个人不可非命而死。莫，即不要。②岩墙：将要倒坍的墙。

【译文】

孟子说：“不要去非命而死，而要去顺理而行，接受正常的天命吧！所以懂得天命的人不会站到就要倒塌的墙壁下面。一切完全按照正道行事而死的人，他所接受的是正常的天命，那些因为犯罪坐牢而死的人，他们所接受的就不是正常的天命。”

【原文】

孟子曰：“求则得之，舍则失之，是求有益于得也，求在我者也。求之有道，得之有命，是求无益于得也，求在外者也。”

【译文】

孟子说："（有的东西）追求它就能得到，放弃它就会失掉，这种追求对获得（这个东西）有益处的，因为所追求的东西就存在于我本身之内，（能否获得它，就看我自己而已。）（有的东西）追求它要有一定的原则，得到它与否得看命运的安排，这种追求对获得（这个东西）是毫无益处的，因为所追求的东西存在于我的身外。（能不能得到它就由不得自己了。）"

【原文】

孟子曰："万物皆备于我矣。反身而诚，乐莫大焉。强恕而行，求仁莫近焉。"

【译文】

孟子说："世间的一切，我都具备了。如果我反躬自问，发现自己是诚实的，就没有什么比这更使我快乐的了。凡事努力推行推己及人的恕道，达到仁德的道路就没有比这更近的了。"

【原文】

孟子曰："行之而不著焉，习矣而不察焉，终身由之而不知其道者，众也。"

【译文】

孟子说："（人人都有仁义之心，）如果仅仅这样做下去，却不明白为什么要这样做，天天习以为常，却不问个所以然，终生终世打这条道路走，却不考究一下这是条什么道路，这种人便是一般的人。"

【原文】

孟子曰："人不可以无耻；无耻之耻，无耻矣。"

【译文】

孟子说："一个人不可以没有羞耻；一个人如果能够感到自己没有羞耻为可耻，（因而改过自新，）他便可以终身不再蒙受羞耻了。"

【原文】

孟子曰："耻之于人大矣；为机变之巧者，无所用耻焉。不耻不若人，何若人有？"

【译文】

孟子说："羞耻对于人来说关系非常大；那些搞阴谋诡计的人，是没有什么地方用得着羞耻的。一个人要是不把不如别人看作是羞耻，那他还有什么地方能比得上别人呢？"

【原文】

孟子曰："君子有三乐，而王天下不与存焉。父母俱存，兄弟无故[①]，一乐也；仰不愧于天，俯不怍于人[②]，二乐也；得天下英才而教育之，三乐也。君子有三乐，而王天下不与存焉！"

【注解】

①故：灾患丧病。②怍（zuō）：惭愧。

【译文】

孟子说："君子有三桩乐事，但是使天下归服并不包含在里面。父母全都健在，兄弟也没灾没病，是第一桩乐事；上对得住天，下对得起人，是第二桩乐事；得到天下优秀的人才对他们进行教育，是第三桩乐事。君子有三桩乐事，但是使天下归服并不包含在里面。"

【原文】

孟子曰："孔子登东山而小鲁，登太山而小天下[①]。故观于海者难为水，游于圣人之门者难为言。观水有术，必观其澜。日月有明，容光必照焉[②]。流水之为物也，不盈科不行；君子之志于道也，不成章不达[③]。"

观于海者难为水，游于圣人之门者难为言。

【注解】

①东山、太山：东山，蒙山，在山东南部。太山，泰山。②容光：透光的小缝。③成章：指学问积累多了，自然而然就能把文章写成。达：指由此及彼。

【译文】

孟子说："孔子登上了东山，便觉得鲁国小了，登上了泰山，便觉得天下小了。所以对于看过大海的人，别的水就很再难吸引他了，对于曾在圣人门下学习过的人，别的言论就很难再打动他了。看水有方法，一定得看它壮阔的波澜。日月有光辉，连小小的缝隙也一定能够照到。流水这个东西，不填满地上的坑洼，是不会前进的；君子有志于钻研大道，不通过大量的学识道德的积累，是不能够由此及彼，洞察事理的。

尽心章句下

【原文】

孟子曰："不仁哉梁惠王也！仁者以其所爱及其所不爱，不仁者以其所不爱及其所爱。"

公孙丑曰："何谓也？"

"梁惠王以土地之故，糜烂其民而战之。大败，将复之，恐不能胜，故驱其所爱子弟以殉之，是之谓以其所不爱及其所爱也。"

【译文】

孟子说："梁惠王委实太不仁了啊！一个仁爱的人会拿他施加于所爱的人的恩泽推广开去，沾被到他所不爱的人的身上，（相反，）一个薄情寡恩的人却会拿他施加于他所不爱的人的荼毒连累及他所心爱的人。"

公孙丑听了，问道："这话怎么讲呢？"

答道："梁惠王为了扩张土地的缘故，把他所不爱的百姓投入战争的血海，使他们弃尸原野，肝脑涂地。吃了大败仗后，又将卷土重来，却担心百姓不肯替他卖命，所以不惜驱使他所心爱的子弟上战场去送死，这便叫作拿他施加于他所不爱的人的荼毒连累他所心爱的人。"

【原文】

孟子曰："春秋无义战[①]。彼善于此，则有之矣。征者，上伐下也，敌国不相征也。"

【注解】

①春秋无义战：春秋之时礼崩乐坏，诸侯之间因为各自利益而相互攻伐，故云。

【译文】

孟子说："春秋那个时代几乎没有合乎义的战争，（相对而言，）那次战争比这次战争好点（的情况），就还是有的。（为什么说春秋没有合乎义的战争呢？因为）征讨这个词，是指上面的天子讨伐下面违反王命的诸侯，地位相等的国家是不得互相征伐的。"

【原文】

孟子曰："尽信《书》，则不如无《书》。吾于《武成》，取二三策而已矣[①]。仁人无敌于天下，以至仁伐至不仁，而何其血之流杵也[②]？"

【注解】

①策：古人用于书写记录的用竹简编联成的竹册。

②杵：舂米的木棒。

尽信《书》，则不如无《书》。

【译文】

孟子说："完全相信《书》，还不如没有《书》。我对于《书》中《武成》这篇文章，只不过采用其中两三段文字罢了。一个仁德的人在天下是没有敌人的，以周武王这样仁爱的贤君，去讨伐商纣那样最不仁爱的暴君，（百姓是极其欢迎的），所以又怎么会发生血流成河，连舂米的木棒都给血河漂走的事呢？”

【原文】

孟子曰：“有人曰：‘我善为陈①，我善为战。’大罪也。国君好仁，天下无敌焉。南面而征北狄怨②，东面而征西夷怨，曰：‘奚为后我？’武王之伐殷也，革车三百两，虎贲三千人③。王曰：‘无畏！宁尔也，非敌百姓也。’若崩厥角稽首④。征之为言正也，各欲正己也，焉用战？”

【注解】

①陈：即“阵”本字。②北狄：焦循《孟子正义》本作“北夷”，朱熹《孟子集注》本作“北狄”。③革车三百两，虎贲（bēn）三千人：革车，兵车；两，同辆。虎贲，古时用来喻指勇士、武士，是说猛怒如老虎的奔赴；三千人，《书序》作三百人。④厥：顿。角：额角，厥角，即以额角触地，也即“顿首”“叩头”的意思。崩，指山崩塌，这里用来形容百姓叩头的众声轰然。

【译文】

孟子说：“有人说，‘我善于陈兵列将摆成作战阵势，我善于打仗取胜。’这实际是该服上刑的大罪过。只要国君好行仁德，天下便没有敌手。（过去商汤大起义师，）他讨伐南方，北方的狄族便埋怨。他讨伐东方，西方的夷族同样也埋怨，他们说：‘为什么把我们搁在后面呢？’周武王去讨伐殷纣时，派出兵车三百辆，勇士三千人。武王告谕殷商的百姓道：‘别害怕！我们是来帮助你们得到安定生活的，不是来跟你们百姓作对的。’百姓们听了一齐伏在地上把额角碰着地面叩起头来，登时像山岳崩塌似地一片响。征这个字含有正的意思，（被暴君压榨虐害的各国百姓）都想匡正自己的国家，哪里又用得着战争呢？”

【原文】

孟子曰：“民为贵，社稷次之，君为轻。是故得乎丘民而为天子①，得乎天子为诸侯，得乎诸侯为大夫。诸侯危社稷，则变置。牺牲既成，粢盛既絜②，祭祀以时，然而旱干水溢，则变置社稷。”

【注解】

①丘民：丘，众，丘民即民众。此处指民心。②絜：同“洁”，干净。

【译文】

孟子说：“百姓，是最重要的，社稷其次，君主又更轻一点。所以赢得民心便可以做天子，赢得天子的心便可以做诸侯，赢得诸侯的心便可以做大夫。如果诸侯对国家有害，就改立别的人。如果牲口已经足够肥大，祭品也已经足够干净，祭祀又按时进行了，可是旱灾和水灾还是肆虐，那就得另外改立土谷之神了。”

第五卷

诗经

国风·周南

◎关　雎◎

【原文】

关关雎鸠[①]，在河之洲[②]。窈窕淑女[③]，君子好逑[④]。
参差荇菜[⑤]，左右流之[⑥]。窈窕淑女，寤寐求之[⑦]。
求之不得，寤寐思服[⑧]。悠哉悠哉[⑨]，辗转反侧[⑩]。
参差荇菜，左右采之。窈窕淑女，琴瑟友之[⑪]。
参差荇菜，左右芼之[⑫]。窈窕淑女，钟鼓乐之[⑬]。

【注解】

①关关：水鸟相互和答的鸣声。雎（jū）鸠（jiū）：水鸟名，即鱼鹰。相传这种鸟情意专一。②河：黄河。③窈（yǎo）窕（tiǎo）：幽静美丽的样子。淑：好，善。④逑（qiú）：配偶。⑤参（cēn）差（cī）：长短不齐的样子。荇（xìng）菜：一种水生植物，可以采来做蔬菜吃。⑥流：顺水之流而摘取。⑦寤（wù）：睡醒。寐（mèi）：睡着。⑧思服：思念。⑨悠哉：思虑深长的样子。哉：语气词，

窈窕淑女，君子好逑。

相当于“啊”“呀”。⑩辗转反侧：在床上翻来覆去睡不安稳。⑪友：动词，亲近。⑫芼（mào）：择取。⑬乐：使动用法，使……乐，使……高兴。

【译文】

“关关……关关”彼此鸣叫相应和的一对雎鸠，栖宿在黄河中一方小洲上。娴静美丽的好姑娘，正是与君子相配的好对象。

长短不齐的荇菜，顺着水势时左时右地去采摘它。娴静美丽的好姑娘，睁开眼或在睡梦里，心思都追求着她。

追求她却不能得到她，睁眼时或在睡梦里不能止息对她的思念。那么深长的深长的思念啊，翻来覆去不能成眠。

长短不齐的荇菜，顺着水势时左时右地将它采摘。娴静美丽的好姑娘，必能琴瑟和鸣相亲相爱。

长短不齐的荇菜，左右选择才去摘取。娴静美丽的好姑娘，敲钟打鼓地将你迎娶。

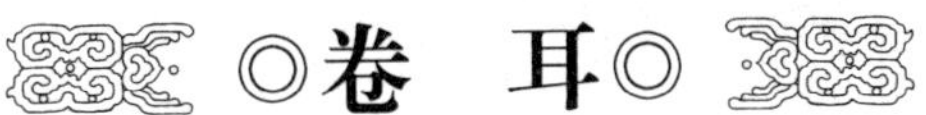

◎卷　耳◎

【原文】

采采卷耳[①]，不盈顷筐[②]。嗟我怀人[③]，置彼周行[④]。
陟彼崔嵬[⑤]，我马虺隤[⑥]。我姑酌彼金罍[⑦]，维以不永怀[⑧]。
陟彼高冈[⑨]，我马玄黄[⑩]。我姑酌彼兕觥[⑪]，维以不永伤[⑫]。
陟彼砠矣[⑬]，我马瘏矣[⑭]。我仆痡矣[⑮]，云何吁矣[⑯]。

【注解】

①采采：茂盛的样子。卷耳：植物名，即苍耳，嫩苗可以吃。②盈：满。顷筐：一种筐子，前低后高像箕形。③嗟（jiē）：叹词。怀人：想念的人。④周行：大路。⑤陟（zhì）：上升，登上。崔（cuī）嵬（wéi）：本指土山上盖有石块，后来引申为高峻不平的山。⑥虺（huī）隤（tuí）：足病跛蹶难走的样子。⑦姑：姑且。酌（zhuó）：斟酒，舀取。金罍（léi）：一种黄金装饰的青铜酒器。⑧维：发语词。以：用，借以。永怀：长久地思念。⑨高冈：高高的山脊。⑩玄黄：泛指因疲劳过度而生的病。⑪兕（sì）觥（gōng）：觥是大型的酒器，兕是头上只长一只角的野牛，用兕牛的角做的觥叫兕觥。⑫伤：忧伤，忧思。⑬砠（jū）：盖着泥土的石山。⑭瘏（tú）：马病不能走路前进。⑮痡（pū）：人病不能行。⑯吁：忧伤，忧愁。

【译文】

采呀采那卷耳菜，采不满小小一浅筐。心中想念我的丈夫，我将小筐搁置在大道旁。

他该在登向高高的土石山了，我马也跑得腿软疲累。我姑且把金杯斟满酒，借此暂脱心里的长相思。

他该在登向高高的山脊梁了，我马也病得眼玄黄。我姑且把犀角大杯斟满酒，借此不让心中长久悲伤。

他该在登向乱石冈了，我马疲病倒在一旁。仆人也累得病怏怏了，这是什么样的哀愁忧伤!

◎桃　夭◎

【原文】

桃之夭夭[1]，灼灼其华[2]。之子于归[3]，宜其室家[4]。
桃之夭夭，有蕡其实[5]。之子于归，宜其家室。
桃之夭夭，其叶蓁蓁[6]。之子于归，宜其家人。

【注解】

①夭夭（yāo）：娇嫩而茂盛的样子。②灼灼（zhuó）：花朵开得火红鲜艳的样子。华：同“花”。③之：指示代词，这，这个。子：女子，姑娘。于：往。归：女子出嫁，后世就用“于归”指出嫁。④宜：和顺。使动用法，使……和顺。室家：家庭。以下“家室”“家人”同义。⑤有：助词，放在形容词的前面。有蕡：同“蕡蕡”（fén），指桃子又圆又大将成熟、红白相间的样子。⑥蓁蓁（zhēn）：叶子茂密的样子。

【译文】

桃树多么繁茂，盛开着鲜花朵朵。这个姑娘出嫁了，她的家庭定会和顺美满。
桃树多么繁茂，垂挂着果实累累。这个姑娘出嫁了，她的家室定会和顺美满。
桃树多么繁茂，桃叶儿郁郁葱葱。这个姑娘出嫁了，她的家人定会和顺美满。

◎汉　广◎

【原文】

南有乔木[1]，不可休思[2]。汉有游女[3]，不可求思。汉之广矣[4]，不可泳思[5]。江之永矣[6]，不可方思[7]。翘翘错薪[8]，言刈其楚[9]。之子于归[10]，言秣其马[11]。汉之广矣，不可泳思。江之永矣，不可方思。翘翘错薪，言刈其蒌[12]。之子于归，言秣其驹[13]。汉之广矣，不可泳思。江之永矣，不可方思。

【注解】

①乔：高。②休：休息。思：语末助词。乔木高耸，很少树荫，因而不适宜在乔木下休息。③游女：出游的女子。女子出游，是汉魏以前长江、汉水一带的风俗。④广：宽阔。⑤泳：游泳渡过，泅渡。⑥江：长江。永：长，指江水流得很远。⑦方：古称竹筏或木筏为“方”。用作动词，乘筏渡江。⑧翘翘：众多树枝挺出的样子。错：错杂，杂乱。薪：柴。古时男女嫁娶时烧火炬照明。因此，这里用“错薪”起兴。⑨言：关联词，有“乃”“则”的作用。刈（yì）：割，砍。楚：荆，一种丛生的树木。⑩之子：那个女子。于归：出嫁。⑪秣：喂马。⑫蒌（lóu）：蒌蒿，植物名，生在水泽中，可作饲料。⑬驹（jū）：小马。

【译文】

南边有棵高大的树，却不能在树下休息。汉水边上有位游赏的姑娘，想要追求却没希望。汉水宽广无边，不能游到对岸。长江浩浩荡荡，无法乘筏渡江。杂乱丛生的草木，只砍取其中的荆条。那位姑娘要出嫁，先喂饱她骑的马。汉水宽广无边，不能游到对岸。长江浩浩荡荡，无法乘筏渡江。杂乱丛生的草木，只割取其中的蒌蒿。那位姑娘要出嫁，先喂饱她骑的小马。汉水宽广无边，不能游到对岸。长江浩浩荡荡，无法乘筏渡江。

国风·召南

◎鹊　巢◎

【原文】

维鹊有巢①，维鸠居之②。之子于归③，百两御之④。
维鹊有巢，维鸠方之⑤。之子于归，百两将之⑥。
维鹊有巢，维鸠盈之⑦。之子于归，百两成之⑧。

【注解】

①维：发语词。鹊：喜鹊。有巢：比兴男子已造家室。②鸠：一说鸤鸠，今称“八哥”；一说鸠为布谷鸟。据李时珍《本草纲目》中“八哥居鹊巢”可知鸠指的是八哥。③归：嫁。④百：虚数，指数量多。两：同“辆”。御（yà）：同“迓”，迎接。⑤方：并，比，此指占居。⑥将（jiāng）：送。⑦盈：满。此指陪嫁的人很多。⑧成：迎送成礼，此指结婚礼成。

【译文】

喜鹊筑好巢，八哥去居住。这女子要出嫁，无数车子迎接她。
喜鹊筑好巢，八哥去占领。这女子要出嫁，无数车子护送她。
喜鹊筑好巢，八哥住满它。这女子要出嫁，无数车队成全她。

◎草　虫◎

【原文】

喓喓草虫①，趯趯阜螽②。未见君子，忧心忡忡③。亦既见止④，亦既觏止⑤，我心则降⑥。

陟彼南山⑦，言采其蕨⑧。未见君子，忧心惙惙⑨。亦既见止，亦既觏止，我心则说⑩。

陟彼南山，言采其薇[11]。未见君子，我心伤悲。亦既见止，亦既觏止，我心则夷[12]。

【注解】

①喓喓（yāo）：象声词，形容草虫的叫声。草虫：此处指蝈蝈。②趯趯（tì）：虫跳跃的样子。阜（fù）螽（zhōng）：蚱蜢。③忡忡：忧虑不安的样子。④止：句末语气词。⑤觏：通“媾”，结合，特指男女相爱而结合。一说通“遘”，相遇。⑥降（xiáng）：放下，指心情平静下来。⑦陟（zhì）：登上。⑧言：发语词。蕨（jué）：蕨菜，植物名，嫩苗可以吃。一般在仲春采蕨，正是男女求爱的时节。⑨惙惙（chuò）：忧愁的样子。⑩说：通“悦”，高兴。⑪薇（wēi）：指巢菜，草本植物，嫩苗和叶可以吃。⑫夷：平，心安，放心。

【译文】

蝈蝈喓喓鸣叫，蚱蜢蹦蹦跳跳。见不到情郎，忧愁得心神不宁。一旦见到他，一旦与他相会，我的心就放下了。

登上南山，采摘山上的蕨菜。见不到情郎，忧愁得心慌意乱。一旦见到他，一旦与他相会，我的心就欢喜舒畅。

登上南山，采摘山上的薇菜。见不到情郎，我心中悲伤。一旦见到他，一旦与他相会，我的心就舒坦安详。

◎采　蘋◎

【原文】

于以采蘋[1]？南涧之滨。于以采藻[2]？于彼行潦[3]。
于以盛之？维筐及筥[4]。于以湘之[5]？维锜及釜[6]。
于以奠之[7]？宗室牖下[8]。谁其尸之[9]？有齐季女[10]。

【注解】

①蘋：多年生水草，可食用。②藻：聚藻，生于水底，叶像蒿，可以食用。③行潦（lǎo）：沟中积水。行，通“衍”水沟；潦，路上的流水、积水。④筥（jǔ）：圆形的筐。方称筐，圆称筥。⑤湘：烹煮供祭祀用的牛羊等。⑥锜（yǐ）：有三足的锅。釜：无足锅。⑦奠：放置。⑧宗室：宗庙、祠堂。牖（yǒu）：窗户。⑨尸：主持。古人祭祀用人充当神，称尸。⑩有：语首助词，无义。齐（zhāi）：美好而恭敬，“斋”之省借。季：少、小。

【译文】

哪里可以采浮萍？南面水溪边。哪里可以采水藻？在那浅流积水处。

盛它用什么？方筐和圆筐。煮它用什么？三脚锅和无脚锅。

祭祀时把它放哪里？宗庙天窗下。谁是祭祀的主持人？一位恭敬的少女。

◎甘　棠◎

【原文】

蔽芾甘棠[1]，勿翦勿伐[2]，召伯所茇[3]。
蔽芾甘棠，勿翦勿败[4]，召伯所憩[5]。
蔽芾甘棠，勿翦勿拜[6]，召伯所说[7]。

【注解】

①蔽芾（fèi）：形容树木高大茂密的样子。甘棠：棠梨，杜梨，落叶乔木，果实圆而小，味涩可食。②翦：同“剪”。③召（shào）伯：即召公，姬姓，封于燕。茇（bá）：草舍，此处用为动词，居住。④败：伐也。⑤憩：休息。⑥拜：拔也，一说屈、折。⑦说（shuì）：通“税”，停歇。

蔽芾甘棠，勿翦勿败，召伯所憩。

【译文】

高大茂密的甘棠树，不要剪它也不要砍伐它，召伯曾在这树下修建草屋。
高大茂密的甘棠树，不要剪它也不要毁坏它，召伯曾在这树下休憩停歇。
高大茂密的甘棠树，不要剪它也不要拔掉它，召伯曾在这树下停留过夜。

国风·邶风

◎柏　舟◎

【原文】

泛彼柏舟[1]，亦泛其流[2]。耿耿不寐[3]，如有隐忧[4]。微我无酒[5]，以敖以游[6]。我心匪鉴[7]，不可以茹[8]。亦有兄弟[9]，不可以据[10]。薄言往诉[11]，逢彼之怒[12]。我心匪石，不可转也[13]。我心匪席，不可卷也。威仪棣棣[14]，不可选也[15]。忧心悄悄[16]，愠于群小[17]。觏闵既多[18]，受侮不少。静言[19]思之，寤辟有摽[20]。日居月诸[21]，胡迭而微[22]？心之忧矣，如匪浣衣[23]。静言思之，不能奋飞。

【注解】

①泛（fàn）：荡，飘泛。柏舟：柏木造的小船。柏木质地坚实，比喻志坚不移。②亦泛：同“泛

泛”，随着流水飘流，含有无所依归的意思。③耿耿：形容心情烦忧、焦灼不安。寐：睡。④如：乃，是。⑤微：非，不是。⑥以：用来，借此。敖：同“遨”，遨游，漫游。⑦匪：不是。鉴：古镜。⑧茹：容纳，包含。⑨亦：即使。⑩据：依靠。⑪薄言：语助词，无实义。诉（sù）：告诉，诉说。⑫逢：遭遇，遇上。彼：他们。指兄弟。⑬转：转动。⑭威仪：威严、庄重的仪表举止。棣棣（lì）：雍容典雅、堂堂正正的样子。⑮选：挑剔，选择。⑯悄悄：忧愁的样子。⑰愠（yùn）：怨恨，怨怒。群小：众小人。⑱觏（gòu）：同“遘”，遭遇，碰到。闵（mǐn）：灾难。指中伤陷害的事。⑲言：同“然”，形容词词尾，“……的样子”。⑳寤：醒。睡不着觉。辟：通“擗”，两手拍胸脯。有：助词。摽（piào）：通“嘌”。“有摽”即“嘌嘌”，拍打胸脯的声音。㉑居、诸：助词。㉒胡：为什么。迭：更替。微：昏暗无光。㉓浣（huàn）：洗。

【译文】

飘飘荡荡柏木舟，随着河水到处飘流。忧心焦灼难入睡，心有深深的忧愁。不是无酒来浇愁，四处遨游和漫游。我的心不是镜子，不能任谁都来照。虽然我也有兄弟，但却不能依靠。前去找他们倾诉苦衷，却遭遇他们对我怒气冲冲。我的心不是石头，不可以随意转移。我的心不是席子，不可以随意卷起。仪表庄重而典雅，哪能退让任人欺。忧心忡忡，被一群小人怨恨。遭遇的中伤陷害很多，遇到的侮辱也不少。仔细想起这些，梦醒后不禁捶胸痛苦。太阳啊月亮，为什么轮流亏蚀无光？我心中的忧愁，就像没洗的衣裳。仔细想起这些，恨不能高飞展翅翔。

◎绿　衣◎

【原文】

绿兮衣兮，绿衣黄里①。心之忧矣，曷维其已②！
绿兮衣兮，绿衣黄裳③。心之忧矣，曷维其亡④！
绿兮丝兮，女所治兮⑤。我思古人⑥，俾无訧兮⑦！
絺兮绤兮⑧，凄其以风⑨。我思古人，实获我心⑩！

【注解】

①衣：外衣。里：内衣。②曷：何时，怎么。维：语气词。已：停止。③裳：下衣。④亡：同“忘”。⑤女：同“汝”，你。治：制，纺织。⑥古：通“故”，离世，故去。⑦俾：使，让。訧（yóu）：过失，失误。⑧絺（chī）：细葛布。绤（xì）：粗葛布。⑨凄：寒冷。其：形容词词尾，“……的样子”。以：因为。⑩实：实在，确实。获：得。

【译文】

绿色的衣服啊，绿上衣黄衬里。心中的忧伤，何时才能终止！
绿色的衣服啊，绿上衣黄裙裳。心中的忧伤，何时才能消亡！
绿色的丝啊，是你亲手纺出。我思念故人，使我避免了多少过错！
粗粗细细葛布衣，穿上身凉风习习。我思念故人，实在合我的心意！

◎燕 燕◎

【原文】

燕燕于飞[1]，差池其羽[2]。之子于归[3]，远送于野[4]。瞻望弗及[5]，泣涕如雨！燕燕于飞，颉之颃之[6]。之子于归，远于将之[7]。瞻望弗及，伫[8]立以泣。燕燕于飞，下上其音。之子于归，远送于南。瞻望弗及，实劳我心[9]。仲氏任只[10]，其心塞渊[11]。终温且惠[12]，淑慎其身[13]。先君之思[14]，以勖寡人[15]。

【注解】

①于：语助词，无实义。②差（cī）池：长短不齐的样子。③之：指示代词，这，这个。子：姑娘。于归：出嫁。④于：往。野：郊外。⑤瞻望：向远处看。⑥颉（jié）：往下飞。颃（háng）：往上飞。⑦将：送。⑧伫（zhù）：站着等候。⑨劳：愁苦，忧伤。⑩仲：排行第二。任：可以信任。只：语气词。⑪塞：通“寋”，充实，诚实。渊：深远，宽广。⑫终：既。⑬慎：谨慎，稳重。⑭先君之思：即“思先君”。先君：指故去的国君。⑮勖（xù）：勉励、激励。寡人：古代国君自称。

之子于归，远送于野。

【译文】

燕子双飞，参差不齐展翅膀。这位女子要出嫁，远远地送她到郊外。渐渐望她望不见，泪珠滚滚如雨下。燕子双飞，忽上忽下追随忙。这位女子要出嫁，送她不嫌路途长。渐渐望她望不见，久久站立泪涟涟。燕子双飞，忽高忽低相鸣唱。这位女子要出嫁，远远地送她城南外。渐渐望她望不见，苦苦思念欲断肠。二妹令人可信任，她心地真诚虑事深。既温和又贤惠，为人善良又谨慎。常说：“怀念已故的国君。”临别对我多劝勉。

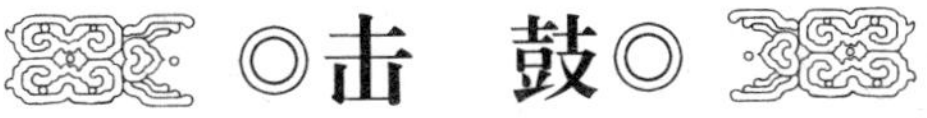

◎击 鼓◎

【原文】

击鼓其镗[1]，踊跃用兵[2]。土国城漕[3]，我独南行。
从孙子仲[4]，平陈与宋[5]。不我以归[6]，忧心有忡[7]。
爰居爰处[8]？爰丧其马[9]？于以求之[10]？于林之下。
死生契阔[11]，与子成说[12]。执子之手，与子偕老。
于嗟阔兮[13]，不我活兮[14]！于嗟洵兮[15]，不我信兮[16]！

【注解】

①其：助词。镗（tāng）：象声词。击鼓声。古代有皮做的鼓，敲鼓的声为冬冬；有青铜制的鼓，敲的声音为镗镗。②踊跃：操练武术时，踊跃、进退的样子。兵：刀、枪一类的武器。③土：用作动词，以土修造城。国：首都。城：用作动词，筑城。漕：卫国的地名，在今河南省境内。④孙子仲：卫国军队的将帅。⑤平：平定，讨伐。陈、宋：国名，在今河南省境内。⑥不我以归：即"不以我归"。以：即"与"，允许，让。⑦有：助词。有忡：即"忡忡"，心神忧虑不安的样子。⑧爰：疑问代词，于何，在何处。⑨丧：丢失，散失。⑩于以：同"于何"，在哪里。⑪契：合。阔：离。死生契阔：死生离合，生离死别。⑫子：此处指作者的妻子。成说：订约，指临别时的誓言。⑬于嗟（jiē）：感叹词。阔：远别遥隔。⑭不我活：即"不活我"。活：使动用法，使……活下去。⑮洵（xiòng）：通"夐"，久远。⑯不我信：即"不信我"。信：信用，守约。

【译文】

战鼓擂得镗镗响，战士们踊跃练刀枪。修建国都建漕城，只有我从军往南方。
跟随统帅孙子仲，平定两国陈与宋。不让我回归家园，想家让我忧心忡忡。
在哪里居住？在哪里驻扎？在哪里丢失了马？在哪里寻到它？在那树林之下。
生死永远不分离，已与你立下誓盟。我会紧紧握着你的手，和你到老在一起。
啊！如今天各一方，叫我怎么活！啊！别离时日已久，叫我如何实现诺言！

◎式　微◎

【原文】

式微式微①，胡不归②？微君之故③，胡为乎中露④？
式微式微，胡不归？微君之躬⑤，胡为乎泥中？

【注解】

①式：发语词。微：天黑。②胡：为什么。③微：非，若非，要不是。君：这里指统治者。故：原故。④中露：露水中。⑤躬：身，自身。

【译文】

天色愈来愈黑，为什么还不回家？若不是主子的事，怎么会身沾露水？
天色愈来愈黑，为什么还不回家？若不是为了主子的贵体，怎么会在泥水中受苦？

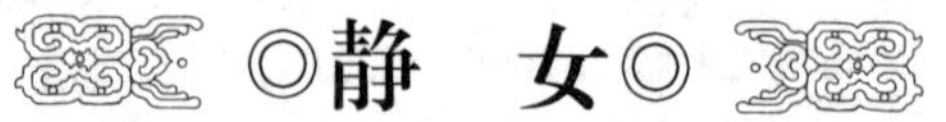

◎静　女◎

【原文】

静女其姝①，俟我于城隅②。爱而不见③，搔首踟蹰④。
静女其娈⑤，贻我彤管⑥。彤管有炜⑦，说怿女美⑧。

自牧归荑[⑨]，洵美且异[⑩]。匪女之为美，美人之贻。

【注解】

①静女：同“淑女”，文静娴雅的女子。姝（shū）：美丽，美好。②俟（sì）：等候，等待。隅（yú）：角落。③爱：通“薆”，躲藏，隐藏。④搔首：用手挠头。踟（chí）蹰（chú）：来回走动，走来走去。⑤娈（luán）：美丽，漂亮。⑥贻（yí）：赠送。彤（tóng）：红色。彤管：象征一片赤心和火样的热情。⑦有：助词。炜：红色鲜明，有光泽的样子。⑧说：同“悦”。怿（yì）：喜。说怿：喜爱。女：同“汝”，你。⑨牧：牧场，郊外。归（kuì）：通“馈”。赠送。荑（tí）：草名，白茅。古代常以白茅来象征婚媾。以白茅相赠，是一种求爱的表示。⑩洵（xún）：确实，真的。异：奇异。

【译文】

文静的姑娘多么美丽，约我等候在城门角。故意藏起来不让我看见，急得我挠头又徘徊。

文静的姑娘多么漂亮，送给我一个红管。红管亮闪闪，我真喜欢它的美丽。

从郊外回来送给我白茅，白茅实在美得出奇。并不是茅草有多好看，只因为是美人送的。

国风·鄘风

◎柏　舟◎

【原文】

汎彼柏舟[①]，在彼中河[②]。髧彼两髦[③]，实维我仪[④]。
之死矢靡它[⑤]。母也天只[⑥]！不谅人只！
汎彼柏舟，在彼河侧。髧彼两髦，实维我特[⑦]。
之死矢靡慝[⑧]。母也天只！不谅人只！

【注解】

①汎：漂浮貌。②中河：即河中。③髧（dàn）：头发下垂貌。两髦：古代男子未成年，前额作齐眉发；两侧头发扎为两绺左右垂下，谓之两髦。④实：是。维：为。仪：配偶。⑤之：到。矢：发誓。靡：无。⑥也、只：语助词。⑦特：配偶。⑧慝（tè）：同“忒”，改变。

【译文】

柏木舟漂流着，在河的中央。垂着额发的少年，是我的好对象。
到死不再有他想。我的母亲我的天，却不体谅我心肠！
柏木舟漂流着，在河的两旁。垂着额发的少年，是我的好情郎。
到死不变这愿望。我的母亲我的天，却不体谅我心肠！

◎君子偕老◎

【原文】

君子偕老，副笄六珈[①]。委委佗佗，如山如河，象服是宜[②]。子之不淑，云如之何[③]！

玼兮玼兮，其之翟也[④]。鬒发如云，不屑髢也[⑤]；玉之瑱也，象之揥也，扬且之皙也[⑥]。胡然而天也？胡然而帝也[⑦]？

瑳兮瑳兮，其之展也[⑧]。蒙彼绉絺，是绁袢也[⑨]。子之清扬，扬且之颜也[⑩]。展如之人兮，邦之媛也[⑪]？

【注解】

①君子：指卫宣公。偕老：代指宣姜。副：王后的首饰。笄：簪子。珈：又称步摇，在笄之下，缀以玉，共六个，故名“六珈”。②委委佗佗（tuó）：行走庄重自得貌。如山如河：像山一般凝重，像河一般渊深。象服：画袍，皇后之服。③子：指宣姜。不淑：不善。云：语助词。如之何：即“奈之何”，有什么办法呢！④玼（cǐ）：玉色鲜明貌，此处用来形容翟衣鲜艳的样子。翟（dí）：翟衣，即画着翟雉花纹的祭服。⑤鬒（zhěn）：发黑而密。不屑：不用。髢（dí）：假发髻。⑥瑱：古人冠冕上垂于两侧用来塞耳朵的玉。揥（tì）：象牙簪。扬：脸美貌。且：语助词。皙：白。⑦胡：何。然：这样。⑧瑳（cuō）：通“玼”。展：展衣，白纱所制单衣。⑨蒙：覆盖。绉絺：细夏布。绁袢：内衣。⑩清扬：眉目清秀貌。⑪展：可是，一作确实解亦通。媛：美女。邦之媛，犹后世所说的国色。

【译文】

君子终身相伴者，步摇玉簪多婆娑。举止行动多自得，凝重如山深如河。穿着画袍也适合。可是行为太丑陋，对她又能说什么！

鲜艳礼服画翟雉。乌黑头发如云绮，根本不用假发髻。塞耳美玉垂两耳，象牙簪子插鬓里，一张脸庞白又美。莫非天神和帝子？

艳丽轻薄细纱衣。蒙着细夏布如轻丝。女子面美好眼眉。穿着单衣这女子，能是倾国的美人？

◎桑　中◎

【原文】

爰采唐矣[①]？沬之乡矣[②]。云谁之思[③]？美孟姜矣[④]。期我乎桑中[⑤]，要我乎上宫[⑥]，送我乎淇之上矣[⑦]。

爰采麦矣？沬之北矣。云谁之思？美孟弋矣[⑧]。期我乎桑中，要我乎上宫，送我乎淇之上矣。

爰采葑矣[⑨]？沬之东矣。云谁之思？美孟庸矣[⑩]。期我乎桑中，要我乎上宫，送我乎淇之上矣。

【注解】

①爰：何处，哪里。唐：植物名，即菟丝，一种蔓生植物。②沬（mèi）：卫国城邑名。③云：助词。谁之思：即“思谁”，“之”为代词。④孟：排行第一。姜：姓。⑤期：约会。⑥要：同“邀”，邀请。上宫：楼。⑦淇：卫国水名。⑧弋：即“姒”，也是姓氏。⑨葑（fēng）：野菜名，即芜菁，芥菜。⑩庸：姓氏。

云谁之思？美孟姜矣。

【译文】

到哪里采摘女萝？在那沬邑的郊野。心中把谁思念？是那美丽的孟姜。约我在桑林中相会，邀我相会在上宫，又送我到淇水边。

到哪里采摘麦子？在那沬邑的北边。心中把谁思念？是那美丽的孟弋。约我在桑林中相会，邀我相会在上宫，又送我到淇水边。

到哪里采摘芜菁？在那沬邑的东边。心中把谁思念？是那美丽的孟庸。约我在桑林中相会，邀我相会在上宫，又送我到淇水边。

◎相　鼠◎

【原文】

相鼠有皮[①]，人而无仪[②]。人而无仪，不死何为[③]？
相鼠有齿，人而无止[④]。人而无止，不死何俟[⑤]？
相鼠有体[⑥]，人而无礼！人而无礼，胡不遄死[⑦]？

【注解】

①相（xiàng）：看，瞧。②仪：威仪，礼仪。③何为：为何。④止：容止。言行适当，有所节制。或借作“耻”。⑤俟：等待。⑥体：肢体，身体。⑦遄（chuán）：速，快，立即。

【译文】

看那老鼠都有皮，人却不懂礼仪。人既没有礼仪，活着还有什么意义？
看那老鼠都有牙齿，人却不知廉耻。人既没有廉耻，不死还待何时？
看那老鼠都有肢体，人却不懂守礼。人既不懂守礼，为什么还不赶快死？

◎载　驰◎

【原文】

载驰载驱[①]，归唁卫侯[②]。驱马悠悠[③]，言至于漕[④]。大夫跋涉[⑤]，我心则忧。

既不我嘉[⑥]，不能旋反[⑦]。视尔不臧[⑧]，我思不远[⑨]。既不我嘉，不能旋济[⑩]。视尔不臧，我思不閟[⑪]。

陟彼阿丘[⑫]，言采其蝱[⑬]。女子善怀[⑭]，亦各有行[⑮]。许人尤之[⑯]，众稚且狂[⑰]。

我行其野，芃芃其麦[⑱]。控于大邦[⑲]，谁因谁极[⑳]！

大夫君子，无我有尤[㉑]！百尔所思，不如我所之[㉒]！

【注解】

载驰载驱，归唁卫侯。

①载：乃。发语词，无实义。②唁（yàn）：向死者家属慰问或吊人失国。本诗作者许穆夫人本是卫国之女，嫁给许穆公。狄国攻陷卫都，卫懿公被杀。卫人在漕邑拥立戴公。不久，戴公死，文公继立。戴公、文公和许穆夫人是同胞兄妹。卫侯：卫国国君。③悠悠：道路遥远的样子。④漕：卫国地名。⑤大夫：指来到卫国劝说许穆夫人回去的许国大夫。跋涉：登山涉水。⑥不我嘉：即“不嘉我”。嘉：赞同。⑦旋：还归。反：同“返”。⑧视：比。尔：你们。臧：善。⑨远：深远。⑩济：渡河。⑪閟（bì）：闭塞，停止。不閟，不错，行得通。⑫陟（zhì）：登上。阿（ē）丘：偏高的山丘。⑬采：采摘。蝱（méng）：贝母，草药名，有治疗郁闷的功效。⑭善：多。怀：思念。善怀，多愁善感。⑮行（háng）：道理。⑯许人：许国的大夫们。尤：指责，非难。⑰稚：幼稚。狂：狂妄。⑱芃芃（péng）：茂盛的样子。⑲控：控告，赴告。大邦：大国。⑳因：依赖，依靠。极：求救。㉑无我有尤：即“无有尤我”。无：不要。有：又。㉒之：往，到。

【译文】

驾起马车快奔走，回去吊唁失国的卫侯。驱马走上漫漫长路，望到卫国漕城头。大夫跋山涉水追来，我心中充满忧愁。

既然不赞同我返卫，我也不能马上回去。比起你们没有良策，我的想法很快就可实现。既然不赞同我返卫，我决不渡河再回头。比起你们没有良策，我的想法却行得通。

登上那高高的山冈，采摘那解忧的贝母。女子多愁善感，自有道理和主张。许国大夫反对我，众人是如此幼稚愚狂。

我独行在郊野之中，一片麦子蓬勃如浪。想向大国奔走求告，可是向谁求援？向谁投靠？

你们这些大夫“君子”，不要再斥责我。纵使你们想出百般妙计，也不如我亲自跑一趟！

国风·卫风

◎硕　人◎

【原文】

硕人其颀①，衣锦褧衣②。齐侯之子③，卫侯之妻④，东宫之妹⑤，邢侯之姨⑥，谭公维私⑦。

手如柔荑⑧，肤如凝脂⑨。领如蝤蛴⑩，齿如瓠犀⑪。螓首蛾眉⑫，巧笑倩兮⑬，美目盼兮⑭。

硕人敖敖⑮，说于农郊⑯。四牡有骄⑰，朱幩镳镳⑱，翟茀以朝⑲。大夫夙退⑳，无使君劳㉑。

河水洋洋㉒，北流活活㉓。施罛濊濊㉔，鳣鲔发发㉕，葭菼揭揭㉖。庶姜孽孽㉗，庶士有朅㉘。

【注解】

①颀：修长的样子。古代不论男女，皆以高大修长为美。②褧（jiǒng）衣：麻布做的外衣。女子出嫁途中穿，用来遮蔽尘土。③齐侯：指齐庄公。子：女儿。④卫侯：卫庄公。⑤东宫：古代国君的太子住在东宫，所以东宫成了太子的代称。此指齐国太子得臣。⑥邢：国名。姨：妻的姊妹。⑦谭：国名。维：是。私：姐妹的丈夫。⑧荑：白茅的嫩芽。⑨凝脂：凝结的脂肪。⑩领：脖子。蝤（qiú）蛴（qí）：天牛的幼虫，体长，圆而白嫩。⑪瓠（hù）犀（xī）：葫芦的子，洁白整齐。⑫螓（qín）：虫名，似蝉而小，额头宽广方正。⑬倩：口颊间美好的样子。⑭盼：眼神黑白分明，流动有神的样子。⑮敖敖：身体苗条的样子。⑯说（shuì）：停车休息。农郊：城郊。庄姜来嫁时先在都城近郊歇息。⑰牡（mǔ）：驾车的雄马。骄：高大、雄壮的样子。⑱朱幩（fén）：系在马口衔铁的红绸。镳镳（biāo）：鲜明的样子。⑲翟（dí）茀（fū）：用山鸡彩色羽毛装饰的车子。朝：朝见。⑳夙：早。㉑劳：辛苦。㉒洋洋：水势浩大的样子。㉓活活（guō）：流水声。㉔施：设置。罛（gū）：鱼网。施罛：撒鱼网。濊濊（huò）：鱼网入水的声音。㉕鳣（zhān）：黄鱼。鲔（wěi）：鳝鱼。发发（bō）：鱼尾摆动、击水的声音。㉖葭（jiā）：芦苇。菼（tǎn）：荻苇。揭揭（jiē）：细长的样子。㉗庶：众。庶姜：指随嫁的众女。孽孽（niè）：服饰华丽的样子。㉘庶士：指随从的众人。朅（qiè）：英武健壮的样子。

【译文】

高个儿美人身材修长，麻纱罩衫披在锦衣上。她是齐侯的女儿，卫侯的娇妻。齐国太子的胞妹，邢侯的小姨，谭国国君是她的姐夫。

手指纤纤如嫩荑，皮肤白润如凝脂。脖子雪白柔长如蝤蛴，牙齿洁白整齐有如葫芦子。螓一样方正的前额还有弯弯蛾眉，一笑酒窝显妩媚，秋水般的眼波顾盼有情。

高个儿美人身材苗条，停下车马歇息在城郊。驾车的四马高大矫健，马嚼子的红绸随风飘飘，乘坐饰满雉羽的华车去上朝。大臣们早早告退，以免国君太辛劳。

河水浩浩荡荡，滔滔奔流向北方。撒下鱼网呼呼作响，黄鱼鳝鱼蹦跳乱闯，芦苇荻花细细长长。陪嫁的姑娘颀长美丽，护送的武士威武雄壮。

◎ 氓 ◎

【原文】

氓之蚩蚩[①]，抱布贸丝[②]。匪来贸丝[③]，来即我谋。送子涉淇，至于顿丘[④]。匪我愆期[⑤]，子无良媒。将子无怒[⑥]，秋以为期[⑦]。

乘彼垝垣[⑧]，以望复关[⑨]。不见复关，泣涕涟涟。既见复关，载笑载言[⑩]。尔卜尔筮[⑪]，体无咎言。以尔车来，以我贿迁。

桑之未落，其叶沃若[⑫]。于嗟鸠兮，无食桑葚。于嗟女兮，无与士耽！士之耽兮，犹可说也[⑬]。女之耽兮，不可说也！

桑之落矣，其黄而陨[⑭]。自我徂尔[⑮]，三岁食贫。淇水汤汤[⑯]，渐车帷裳[⑰]。女也不爽，士贰其行[⑱]。士也罔极[⑲]，二三其德！

三岁为妇，靡室劳矣。夙兴夜寐，靡有朝矣。言既遂矣，至于暴矣。兄弟不知，咥其笑矣[⑳]。静言思之[㉑]，躬自悼矣[㉒]。

及尔偕老[㉓]，老使我怨。淇则有岸，隰则有泮[㉔]。总角之宴[㉕]，言笑晏晏[㉖]。信誓旦旦，不思其反。反是不思，亦已焉哉！

【注解】

①氓（méng）：民，人，诗中男子的代称。蚩蚩（chī）：憨厚的样子，或同“嗤嗤”，笑嘻嘻的样子。②布：古货币名。贸：买，交易。拿钱来买丝。一说“布”作“布匹”。以布匹换取丝，是以物换物。③匪：同“非”，不是。④顿丘：卫国地名。今河南清丰县西南。⑤愆（qiān）：拖延，耽误。愆期：约期而失信。⑥将（qiāng）：愿，请。⑦秋以为期：即“以秋为期”。⑧乘：登上。垝（guǐ）：毁坏，倒塌。垣（yuán）：墙。⑨复关：地名，氓所居住的地方。⑩载：语助词。载笑载言：又说又笑。⑪尔：你。卜：用火灼龟甲，根据裂纹来判定吉凶。筮（shì）：用蓍（shī）草依法排比成卦卜筮，以判吉凶。⑫其：代词，桑。沃若：润泽、茂盛的样子。⑬说：通“脱”，解脱，摆脱。⑭陨（yǔn）：坠落。⑮徂（cú）：往，到。徂尔：嫁给你。⑯汤汤（shāng）：水势很大的样子。⑰渐：浸湿。帷裳：车上的帷帐。写女子被弃后，渡淇水回去的情形。⑱贰：有二心，不专一。⑲罔：无。极：准则。罔极：没有准则，行为不端。⑳咥（xì）：嘻笑的样子。带有讥讽的意味。㉑静言：冷静地。㉒躬：自身。悼：悲伤。㉓及：和，与。尔：你。㉔隰（xí）：低湿的地方。泮（pàn）：岸边。㉕总角：古人未成年时将头发束成丫状角髻。宴：欢乐。㉖晏晏：相处和悦融洽的样子。

【译文】

农家小伙笑嘻嘻，抱着布来换我的蚕丝。不是有心换丝，借机找我商量婚事。送他过淇水，送到顿丘才告辞。不是我拖延婚期，是你没有找个好媒人。请你不要生我气，约定秋天作为婚期。

登上那破败的墙垣，眺望我思念的复关。不见我的复关，伤心泪儿涟涟。见到我的复关，又笑又说心欢畅。你去占卦问卜，卦象没有不吉的话。驾着你的车来，搬迁我的嫁妆。

桑树叶儿未落，桑叶又嫩又润。唉，斑鸠，别贪吃那桑葚。唉，女人，不可与男人迷恋。男人迷恋，还可以解脱。女人迷恋，就无法自拔。

桑树叶儿落下，枯黄憔悴任飘零。自从我嫁到你家，三年来吃苦受穷。淇河水奔流荡荡，浸湿了车上的帷帐。我做妻子并没有过错，男人你却反复无常。男人变化无常性，三心二意坏德行。

做你妻子三年，家务辛劳没有不干。早起晚睡，天天如此，干也干不完。家业有成已安定，就变得粗暴无礼。兄弟们不知真相，嘻嘻讥笑再加嘲讪。静静细想，独自伤心悲叹。

曾经发誓，与你白头到老，这样的偕老使我怨恨。淇水虽宽有堤岸，沼泽虽阔有边涯。回想少年未嫁时，你说我笑温雅无间。誓言说得响亮，却不料如今翻脸变冤家。违背的誓言不愿再想，从今与你一刀两断！

◎河　广◎

【原文】

谁谓河广①？一苇杭之②。谁谓宋远③？跂予望之④。
谁谓河广？曾不容刀⑤。谁谓宋远？曾不崇朝⑥。

【注解】

①河：黄河。②杭：即航，渡。一苇杭之：形容两地极近，此处为夸张手法。③宋：宋国。④跂（qì）：翘起脚跟。予：而。⑤曾（zēng）：乃，竟。刀：通“舠”，小船。⑥崇朝（zhāo）：指从天亮到吃早饭之间的一段时间，喻时间短暂。

【译文】

谁说河面太宽广？一片苇叶就能渡岸。谁说宋国太遥远？踮起脚尖我就能望见。
谁说河面太宽广？却容不下一条小船。谁说宋国太遥远？不需一个早上就能到对岸。

◎木　瓜◎

【原文】

投我以木瓜①，报之以琼琚②。匪报也③，永以为好也。
投我以木桃，报之以琼瑶④。匪报也，永以为好也。
投我以木李，报之以琼玖⑤。匪报也，永以为好也。

【注解】

①投：抛，投赠。木瓜：一种落叶灌木。古代风俗，以瓜果之类为男女定情信物。②报：报答，回赠。琼（qióng）：美玉美石的通称。琚（jū）：佩玉。③匪：通“非”。④瑶：美玉。⑤玖（jiǔ）：

黑色的玉。琼玖：泛指美玉。

【译文】

你送我一个木瓜，我回送你一枚佩玉。这不只是回赠，而是为了永远相好。

你送我一个桃子，我回送你一块美石。这不只是回赠，而是为了永远相好。

你送我一个李子，我回送你黑色美玉。这不只是回赠，而是为了永远相好。

投我以木桃，报之以琼瑶。

国风·王风

◎黍　离◎

【原文】

彼黍离离[①]，彼稷之苗[②]。行迈靡靡[③]，中心摇摇。知我者谓我心忧，不知我者谓我何求。悠悠苍天，此何人哉？

彼黍离离，彼稷之穗。行迈靡靡，中心如醉。知我者谓我心忧，不知我者谓我何求。悠悠苍天，此何人哉！

彼黍离离，彼稷之实。行迈靡靡，中心如噎。知我者谓我心忧，不知我者谓我何求。悠悠苍天，此何人哉！

【注解】

①彼：指示代词，那，那个。黍（shǔ）：黍子，一种农作物，籽实去皮后叫黄米。离离：排列成行，整齐繁密的样子。②稷（jì）：谷子，一种农作物，籽去皮后叫小米。③行迈：行走不止。一说，迈为远行。靡靡：步行缓慢的样子。

【译文】

那黍子生长满田畴，那谷子抽苗绿油油。我举步迟迟，因为心中彷徨愁闷。理解我的人说我心中忧愁，不理解我的人说我有什么贪求。悠悠苍天啊，是谁害得我要离家走？

那黍子生长满田畴，那谷子抽穗垂下头。我举步迟迟，心中忧闷如醉。理解我的人说我心中忧愁，不理解我的人说我有什么贪求。悠悠苍天啊，是谁害得我要离家走？

那黍子生长满田畴，那谷子结实不胜收。我举步迟迟，心中哽塞郁闷。理解我的人说我心中忧愁，不理解我的人说我有什么贪求。悠悠苍天啊，是谁害得我要离家走？

◎君子于役◎

【原文】

君子于役①，不知其期②。曷至哉③？鸡栖于埘④，日之夕矣⑤，羊牛下来。君子于役，如之何勿思⑥！

君子于役，不日不月⑦。曷其有佸⑧？鸡栖于桀⑨，日之夕矣，羊牛下括⑩。君子于役，苟无饥渴⑪？

【注解】

①君子：古代妻子对丈夫的敬称。于：去，往。役：古代徭役。②期：服役的期限。③曷(hé)：何，何时。④埘(shí)：在墙上挖洞或砌泥筑成的鸡窝。⑤夕：指傍晚时分。“鸡栖于埘”、“羊牛下来”尚有定时，而服役的人却没有归期。⑥如之何：怎么。⑦不日不月：没有定期。⑧有(yòu)：又，重新。佸(huó)：相会，团聚。⑨桀(jié)：亦作“榤”，指木桩，或以木桩支架起来的鸡棚。⑩括：来，到。⑪苟：句首语气词，表希望，或许，也许。

【译文】

丈夫去服役，不知道他的归期。他什么时候才能回来？鸡儿回窝，太阳也要落西山，羊牛都下了山坡。丈夫去服役，叫我怎能不苦苦思念？

丈夫去服役，没日没月，何时才能相聚？鸡儿回窝，太阳也要落西山，羊牛都下了山坡。丈夫去服役，是否受到饥渴折磨？

◎扬之水◎

【原文】

扬之水，不流束薪①。彼其之子，不与我戍申②。怀哉怀哉，曷月予还归哉③！

扬之水，不流束楚。彼其之子，不与我戍甫④。怀哉怀哉，曷月予还归哉！

扬之水，不流束蒲⑤。彼其之子，不与我戍许⑥。怀哉怀哉，曷月予还归哉！

怀哉怀哉，曷月予还归哉！

【注解】

①扬：水流缓慢无力貌。束薪：一捆柴。古代以“束薪”表示新婚。②彼其之子：“彼”和“之”都是第三人称代词。其，语助词。之子，所怀念的人。戍申：在申地防守。③曷：何。④甫：吕国，在今河

南省南阳县西。⑤蒲：蒲柳。⑥许：国名，在今河南省许昌市。

【译文】

水流缓慢流淌，漂不起一捆薪柴。家乡的妻子呀，不来同我守申地。思念你呀思念你，何时才能回家去。

水流缓慢流淌，漂不起一捆荆条。家乡的妻子呀，不来同我守甫地。思念你呀思念你，何时才能回家去。

水流缓慢流淌，漂不起一捆菖蒲。家乡的妻子呀，不来同我守许地。思念你呀思念你，何时才能回家去。

◎采　葛◎

【原文】

彼采葛兮①，一日不见，如三月兮！
彼采萧兮②，一日不见，如三秋兮！
彼采艾兮③，一日不见，如三岁兮！

【注解】

①葛：植物名。其纤维可以织布，块根可以吃。②萧：植物名。一种蒿子，有香气，古人用它来祭礼。③艾：植物名，烧艾叶可以治病。

【译文】

那采葛的姑娘，一天不见，像隔了三月不相见！
那采萧的姑娘，一天不见，像隔了三季不相见！
那采艾的姑娘，一天不见，像隔了三年不相见！

国风·郑风

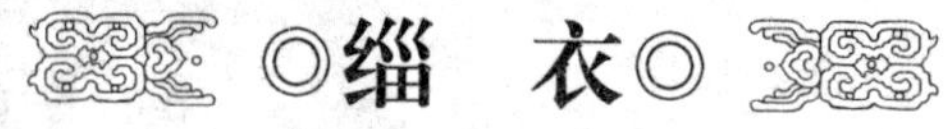

◎缁　衣◎

【原文】

缁衣之宜兮①，敝②，予又改为兮。适子之馆兮③，还，予授子之粲兮④。
缁衣之好兮，敝，予又改造兮。适子之馆兮，还，予授子之粲兮。
缁衣之席兮⑤，敝，予又改作兮。适子之馆兮，还，予授子之粲兮。

【注解】

①缁（zī）衣：黑色的衣服。是古代卿大夫到官署所穿的衣服。《传疏》：“朝服以缁布为衣，故谓之缁衣。”②敝：破败。③适：去。馆：官舍。④粲：闻一多《风诗类钞》：“粲，新也，谓新衣。”⑤席：宽大。

【译文】

黑色官服合身呵，破了我再来缝。你去官舍办公呵，回来给你新的。
黑色官服美好呵，破了我再来造。你去官舍办公呵，回来送你新的。
黑色官服宽大呵，破了我再来做。你去官舍办公呵，回来送你新的。

◎叔于田◎

【原文】

叔于田[①]，巷无居人。岂无居人？不如叔也。洵美且仁[②]。叔于狩[③]，巷无饮酒。岂无饮酒？不如叔也。洵美且好。叔适野，巷无服马[④]。岂无服马？不如叔也。洵美且武[⑤]。

叔于狩，巷无饮酒。

【注解】

①叔：古人对家中排行第三的男子的称谓。于：往。田：打猎。②洵：的确。仁：仁爱谦让。③狩：冬天打猎。④服马：骑马。⑤武：英武。

【译文】

三哥去打猎，巷里就无人居住。哪能真无人居住？没人及三哥，俊美又谦仁。三哥去冬狩，巷里就无人喝酒。哪能真无人喝酒？没人及三哥，俊美又聪秀。三哥去郊外，巷里就无人骑马。哪能真无人骑马？没人及三哥，俊美又英武。

◎风　雨◎

【原文】

风雨凄凄[①]，鸡鸣喈喈[②]。既见君子[③]，云胡不夷[④]？
风雨潇潇[⑤]，鸡鸣胶胶[⑥]。既见君子，云胡不瘳[⑦]！
风雨如晦[⑧]，鸡鸣不已[⑨]。既见君子，云胡不喜！

【注解】

①凄凄：寒凉，阴冷。②喈喈：鸡叫的声音。③既：终于。④云胡：为何，为什么。夷：平静。⑤潇潇（xiāo）：风雨急骤的样子。⑥胶胶：鸡叫的声音。⑦瘳（chōu）：病愈。⑧晦（huì）：昏暗。⑨已：停止。

【译文】

风雨交加阴又冷，鸡鸣喈喈报五更。丈夫已经回家来，心情为何不平静？
疾风骤雨冷潇潇，鸡叫咯咯报天明。丈夫已经回家来，心病为何不痊愈？
凄风冷雨天地昏，雄鸡报晓不停歇。丈夫已经回家来，心中为何不高兴？

◎子　衿◎

【原文】

青青子衿[1]，悠悠我心[2]。纵我不往，子宁不嗣音[3]？
青青子佩[4]，悠悠我思。纵我不往，子宁不来？
挑兮达兮[5]，在城阙兮[6]。一日不见，如三月兮！

【注解】

① 衿（jīn）：衣领。② 悠悠：思念不已的样子。③ 宁：岂，难道。嗣（sì）：继续。音：音信。嗣音：即保持联系。④ 佩：指身上佩玉石的绶带。⑤ 挑：跳跃。达：放恣。《毛传》："挑达，往来相见貌。" ⑥ 阙（què）：城门两边的高台。

【译文】

青青的是你衣领的颜色，悠悠思念的是我的心。即使我不去看你，你为何不捎个音信？
青青的是你佩带的颜色，悠悠的是我的思念。即使我不去看你，你为何不来？
走来走去，心神不宁，在城门边的高台里。只有一天没见面，好像隔了三个月！

国风·齐风

◎东方未明◎

【原文】

东方未明，颠倒衣裳[1]。颠之倒之，自公召之[2]。

东方未晞[3]，颠倒裳衣。倒之颠之，自公令之[4]。
折柳樊圃[5]，狂夫瞿瞿[6]。不能辰夜[7]，不夙则莫[8]。

【注解】

①衣：上衣。裳：下衣。②自：从。召：召唤。③晞（xī）：天亮。④令：命令。⑤樊（fán）：篱笆，此作动词，编篱笆。圃：菜园子。⑥狂夫：指监工。瞿瞿（jù）：瞪眼怒视的样子。⑦辰：通"晨"，早上。⑧莫（mù）：古"暮"字，晚。

折柳樊圃，狂夫瞿瞿。

【译文】

东方还未放亮，颠颠倒倒穿衣裳，手忙脚乱。颠颠倒倒很狼狈，因为公侯派人来叫。

东方还没放亮，颠颠倒倒穿衣裳，手忙脚乱。颠颠倒倒很狼狈，因为公侯派人来唤。

折下柳条编篱笆围菜园，监工在旁瞪眼看。不分昼夜，不是早起就是晚睡。

◎甫　田◎

【原文】

无田甫田[1]，维莠骄骄[2]。无思远人，劳心忉忉[3]。
无田甫田，维莠桀桀[4]。无思远人，劳心怛怛[5]。
婉兮娈兮[6]，总角丱兮[7]。未几见兮[8]，突而弁兮[9]。

【注解】

①无田甫田：不要耕种大田。第一个"田（diàn）"，治理。甫田（tián），大田，大田在当时为领主所有。②莠（yǒu）：杂草。骄骄：犹"乔乔"，高大貌。③忉忉（dāo）：因思念而忧伤的样子。④桀桀：高大貌。⑤怛怛（dá）：忧伤不安。⑥婉、娈：《毛传》："婉娈，少好貌。"⑦总角：古代男孩将头发梳成两个羊角样的发髻，谓之总角。丱（guàn）：形容总角翘起的样子。⑧未几：不久。⑨弁（biàn）：冠，这里作动词用，意为戴冠。男子二十而冠，戴冠就意味着成年了。

【译文】

不要种大田，野草高过膝。不要想远人，使人心忧伤。
不要种大田，野草长如人。不要想远人，使人心忧苦。
年少多美好，梳着小羊角。几天不见面，突然已成年。

国风·魏风

◎园有桃◎

【原文】

园有桃，其实之殽[①]。心之忧矣，我歌且谣[②]。不我知者[③]，谓我士也骄。彼人是哉？子曰何其[④]？心之忧矣，其谁知之？其谁知之，盖亦勿思[⑤]！

园有棘[⑥]，其实之食。心之忧矣，聊以行国[⑦]。不我知者，谓我士也罔极[⑧]。彼人是哉，子曰何其？心之忧矣，其谁知之？其谁知之，盖亦勿思！

心之忧矣，聊以行国。

【注解】

①其实之殽：即“殽其实”。殽(yáo)：吃，食用。②歌：有乐曲的唱。谣：无曲调的唱。③不我知：即“不知我”。④何：如何。其：语气词，表揣测。⑤盖：通“盍”，何不。⑥棘：酸枣树。⑦行国：在国都中走走。⑧罔：无，没有。极：限度、准则。

【译文】

园里长有桃树，摘那果实来吃。心中满是忧愁，我唱起忧伤的歌谣。不了解我的人，说我这人太骄傲。执政者是正确的吗？你又为啥多唠叨？心中忧愁，谁能了解我的苦恼？谁能了解我的苦恼，何不不再去想！

园里长有棘树，摘那果实来吃。心中满是忧愁，姑且在国都走走。不了解我的人，说我做人有违常道。执政者是正确的吗？你又为啥多唠叨？心中忧愁，谁能了解我的苦恼？谁能了解我的苦恼，何不不再去想！

◎伐　檀◎

【原文】

坎坎伐檀兮[①]，置之河之干兮[②]，河水清且涟猗[③]。不稼不穑[④]，胡取禾三百廛兮[⑤]？不狩不猎[⑥]，胡瞻尔庭有县貆兮[⑦]？彼君子兮[⑧]，不素餐兮[⑨]！

坎坎伐辐兮[10]，置之河之侧兮[11]，河水清且直猗[12]。不稼不穑，胡取禾三百亿兮[13]？不狩不猎，胡瞻尔庭有县特兮[14]？彼君子兮，不素食兮！

坎坎伐轮兮[15]，置之河之漘兮[16]，河水清且沦猗[17]。不稼不穑，胡取禾三百囷兮[18]？不狩不猎，胡瞻尔庭有县鹑兮[19]？彼君子兮，不素飧兮[20]！

【注解】

①坎坎：伐木声。檀：檀树。此树木质坚韧，可以造车。②置：放。之：代词，它。指檀木。后一个“之”是结构助词。干：岸。③且：而且。涟（lián）：风吹水面所起的波纹。猗：同“兮”，表示感叹语气。④稼（jià）：耕种。穑（sè）：收获。稼穑：指农业劳动。⑤胡：为什么。禾：百谷的通称。三百：形容很多，不是确数。廛（chán）：一百亩，古代一个成年男子耕种的田。⑥狩（shòu）：冬天打猎。猎：夜间打猎。统称狩猎为打猎。⑦瞻：看，瞧。庭：院子。县：同“悬”，悬挂。貆（huān）：一种像狐狸的小兽，即獾猪。⑧彼：那，那些。⑨素：白白地。素餐：白吃饭。此为反语。⑩辐：车轮中辏集于中心的直木、辐条。⑪侧：旁边，一边。⑫直：平。⑬亿：周代以十万为亿，指禾把的数目。这里泛指多。⑭特：三岁的兽，大野兽。⑮轮：车轮。⑯漘（chún）：水边，岸。⑰沦（lún）：小而圆的波纹。⑱囷（qūn）：圆形的谷仓。⑲鹑：鸟名，即鹌鹑。这里泛指飞禽。⑳飧（sūn）：熟食。泛指吃饭。

【译文】

砍伐檀树叮当响，把它置于河岸上，河水清清起波纹。你们既不播种又不收割，为什么拿走三百家的庄稼？不出狩又不打猎，为什么院子里挂獾猪？那些“君子”呀，可不白吃饭哪！

砍伐车辐叮当响，把它置于河边上，河水清清不见波澜。你们既不播种又不收割，为什么拿走三百捆的庄稼？不出狩又不打猎，为什么院子里挂大兽？那些“君子”呀，可不白吃饭哪！

砍伐车轮叮当响，把它置于河水边，河水清清旋起波纹。你们既不播种又不收割，为什么拿走三百囤的庄稼？不出狩又不打猎，为什么院子里挂鹌鹑？那些“君子”呀，可不白吃饭哪！

◎硕　鼠◎

【原文】

硕鼠硕鼠[①]，无食我黍[②]！三岁贯女[③]，莫我肯顾[④]。逝将去女[⑤]，适彼乐土[⑥]。乐土乐土[⑦]，爰得我所[⑧]！

硕鼠硕鼠，无食我麦！三岁贯女，莫我肯德[⑨]。逝将去女，适彼乐国。乐国乐国，爰得我直[⑩]！

硕鼠硕鼠，无食我苗。三岁贯女，莫我肯劳[⑪]。逝将去女，适彼乐郊。乐郊乐郊，谁之永号[⑫]！

【注解】

①硕（shuò）鼠：硕借作“鼫”，鼫鼠即田鼠，喜食谷物。②黍：黍子。③三岁：泛指多年。贯：

侍奉，服伺。女：同“汝”，你。④莫我肯顾：即“莫肯顾我”。下面“莫我肯德”“莫我肯劳”均同。莫：不。顾：念及，顾及。⑤逝：通“誓”，发誓。将：将要。去：离去，走开。⑥适：到，往。⑦乐土：作者理想中享有自由平等的安乐地方。以下“乐国”“乐郊”同。⑧爰（yuán）：乃，就，便。所：处所，指可以安居的地方。⑨德：感德，感激，恩惠。⑩直：通“值”，价值，代价。⑪劳：慰劳，体恤。⑫永号：长叹，长吁。

【译文】

大老鼠呀大老鼠，不要吃我的黄黍。多少年辛苦侍奉你，我的生活你不顾。如今我们誓将离开，去寻找那理想的乐土，乐土呀乐土，是我们的安居处！

大老鼠呀大老鼠，不要吃我的麦子。多少年辛苦侍奉你，你却从不对我施恩惠。如今我们誓将离开，去寻找那理想的乐国，乐国呀乐国，劳动价值归自己！

大老鼠呀大老鼠，不要吃我的禾苗。多少年辛苦侍奉你，你却从不慰劳我，如今我们誓将离开，去寻找那理想的乐郊，乐郊呀乐郊，谁还会长哭哀号！

国风·唐风

◎绸　缪◎

【原文】

绸缪束薪[①]，三星在天[②]。今夕何夕？见此良人[③]。子兮子兮[④]，如此良人何[⑤]？绸缪束刍[⑥]，三星在隅[⑦]。今夕何夕？见此邂逅[⑧]。子兮子兮，如此邂逅何？绸缪束楚[⑨]，三星在户[⑩]。今夕何夕？见此粲者[⑪]。子兮子兮，如此粲者何？

子兮子兮，如此良人何？

【注解】

①绸缪（móu）：缠绕。束：捆。薪：柴。②三星：这里指参宿三星。③良人：好人儿。④子兮：你呀。⑤如……何：把……怎么样。⑥刍（chú）：喂牲口的草。⑦隅：角落。⑧邂逅：不期而遇的人。⑨楚：荆条。⑩户：门。⑪粲：美丽，艳丽。

【译文】

把一捆柴禾左缠右绑，参宿三星高高在天。今夜是个啥日子？见到这个好人儿。

你呀你呀，要把这个好人儿怎么办？把一捆牧草左缠右绑，参宿三星东南天边闪。今夜是个啥日子？见到这个可心人。你呀你呀，要把这个可心人怎么办？把一捆荆条左缠右绑，参宿三星低低门口闪。今夜是个啥日子？见到这个美人儿。你呀你呀，要把这个美人怎么办？

◎有杕之杜◎

【原文】

有杕之杜①，生于道左②。彼君子兮，噬肯适我③？中心好之④，曷饮食之⑤？

有杕之杜，生于道周⑥。彼君子兮，噬肯来游⑦？中心好之，曷饮食之？

【注解】

①杕（dì）：树木孤生貌。杜：杜梨，又名棠梨。②道左：道路左边，古人以东为左。③噬（shì）：发语词。适：到，往。④中心：心中。⑤曷：同“盍”，何不。饮（yìn）食（sì）：喝酒吃饭。⑥周：“右”的假借。⑦来游：来看。

【译文】

孤生的棠梨树，长在路东边。那个君子呵，可愿来访我？心里爱着他，何不请他吃酒饭？

孤生的棠梨树，长在路西边。那个君子呵，可愿来看我？心里爱着他，何不请他吃酒饭？

国风·秦风

◎蒹　葭◎

【原文】

蒹葭苍苍①，白露为霜。所谓伊人②，在水一方③。溯洄从之④，道阻且长⑤。溯游从之⑥，宛⑦在水中央。

蒹葭凄凄⑧，白露未晞⑨。所谓伊人，在水之湄⑩。溯洄从之，道阻且跻⑪。溯游从之，宛在水中坻⑫。

蒹葭采采⑬，白露未已⑭。所谓伊人，在水之涘⑮。溯洄从之，道阻且右。溯游从之，宛在水中沚。

【注解】

①蒹(jiān):又称荻,细长的水草。葭(jiā):初生的芦苇。苍苍:芦苇入秋后,颜色深青,茂盛鲜明的样子。②谓:说。伊:指示代词,那,那个。③方:通“旁”。边,侧。④溯(sù):逆着水流的方向行走。洄(huí):弯曲盘旋的水道。从:追随,追寻,寻求。⑤阻:险阻,阻碍。⑥溯游:顺流而下。⑦宛:宛然,仿佛,好像。⑧凄凄:湿润的样子。⑨晞(xī):干,晒干。⑩湄(méi):水草交接的地方,水边,也即是岸边。⑪跻(jī):地势高起。⑫坻(chí):水中小沙洲。⑬采采:众多稠密的样子。⑭已:止。⑮涘(sì):水边。

【译文】

细长的荻苇青苍苍,白露凝成冰霜。我思念的人啊,在水的那一边。逆着河道追寻她,道路崎岖而漫长。顺着流水追寻她,她好像在水的中央。

细长的荻苇萋萋生,露水还没晒干。我思念的人啊,在河的岸边。逆着河道追寻她,道路崎岖而高险。顺着流水追寻她,她仿佛在水中沙洲上。

细长的荻苇密密长,露水还没有消失。我思念的人啊,在河的水边。逆着河道追寻她,道路崎岖而曲折。顺着流水追寻她,她仿佛在水中沙滩上。

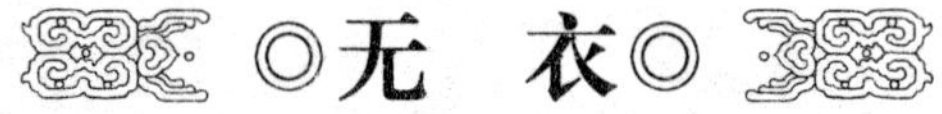

◎无　衣◎

【原文】

岂曰无衣?与子同袍[①]。王于兴师[②],修我戈矛[③],与子同仇[④]!
岂曰无衣?与子同泽[⑤]。王于兴师,修我矛戟[⑥],与子偕作[⑦]。
岂曰无衣?与子同裳[⑧]。王于兴师,修我甲兵[⑨],与子偕行。

【注解】

①袍:长衣。行军时白天当衣,晚上当被,类似现在的斗蓬、披风。②王:此指秦王。于:句中助词。兴师:起兵,发兵。③修:修理、装配。戈矛:长柄兵器。④同仇:共同对敌。⑤泽:贴身的内衣。⑥戟:古代长柄武器,形似戈,有横直两锋刃,兼钩啄和刺击作用。⑦偕:共同。作:行动起来,一同出征作战。⑧裳:下衣,战裙,有护腿足的作用。⑨甲:铠甲。兵:武器的通称。

【译文】

谁说没有衣裳?和你共穿一件战袍。君王要起兵兴师,修整我们的戈与矛。和你共同对付敌人。

谁说没有衣裳?和你共穿一件衣衫。君王要起兵兴师,修整我们的矛与戟,和你一起作战到底。

谁说没有衣裳?和你共穿一件战裙。君王要起兵兴师,修整我们的铠甲兵器,和你并肩上战场。

国风·陈风

◎衡　门◎

【原文】

衡门之下[①]，可以栖迟[②]。泌之洋洋[③]，可以乐饥[④]。岂其食鱼[⑤]，必河之鲂[⑥]？岂其取妻[⑦]，必齐之姜[⑧]？岂其食鱼，必河之鲤？岂其取妻，必宋之子[⑨]？

【注解】

①衡：通“横”，此处指横木。②可：可以。以：以此，用它来。栖迟：栖息、安息。③泌（bì）：泉水名。洋洋：水盛的样子。④乐：通“疗”，治疗。⑤岂：难道。其：句中语气词，表推测。⑥鲂（fánɡ）：鱼名，形状似鳊鱼，银灰色，味鲜美。⑦取：通“娶”。⑧姜：姜姓姑娘，姜姓在齐国为贵族。⑨子：宋国的子姓女子。子姓为宋国的贵族。

【译文】

横木门的下面，可以栖息。泌泉洋洋流淌，清水也能充饥肠。难道吃鱼，一定要吃黄河的鲂鱼？难道娶妻，一定要娶齐国的姜姓女子？难道吃鱼，一定要吃黄河的鲤鱼？难道娶妻，一定要娶宋国的齐姓女子？

◎月　出◎

【原文】

月出皎兮[①]，佼人僚兮[②]。舒窈纠兮[③]，劳心悄兮[④]。月出皓兮，佼人懰兮[⑤]。舒懮受兮，劳心慅兮[⑥]。月出照兮[⑦]，佼人燎兮[⑧]。舒夭绍兮，劳心惨兮[⑨]。

【注解】

①皎：明亮而洁白。②佼（jiǎo）：美好。僚（liǎo）：同“嫽”，娇美的样子。③舒：缓，徐。窈（yǎo）纠（jiǎo）：形容女子走路时身材的曲线美。下面的“懮（yǒu）受”“夭绍”义同。④劳心：忧心。悄：忧愁的样子。⑤懰（liú）：美好，妖冶。⑥慅（cǎo）：忧愁的样子。⑦照：此处用作形容词，明亮。⑧燎（liǎo）：明亮。⑨惨：当为“懆（cǎo）”，忧愁不安的样子。

【译文】

月亮出来那样皎洁，月下美人更俊俏。体态轻盈身段苗条，惹人思念我心忧煎。月亮出来那样皓白，月下美人更姣好。体态轻盈美丽妖娆，惹人思念我心焦。月亮出来那样明亮，月下美人更美好。体态轻盈婀娜多姿，惹人思念心烦躁。

国风·桧风

◎匪　风◎

【原文】

匪风发兮①，匪车偈兮②。顾瞻周道③，中心怛兮④。匪风飘兮⑤，匪车嘌兮⑥。顾瞻周道，中心吊兮⑦。谁能亨鱼⑧？溉之釜鬵⑨。谁将西归？怀之好音⑩。

【注解】

①匪：通“彼”，那。发：犹“发发”，象声词，风声。②偈（jié）：犹“偈偈”，车疾驰的样子。③顾：回头。瞻：看，望。周道：大路，大道。④怛（dá）：悲伤，忧伤。⑤飘：飘风，本指旋风，这里是形容风势疾猛。⑥嘌（piāo）：疾驰的样子。⑦吊：悲伤。⑧亨：古“烹”字。⑨溉：洗涤。釜（fǔ）：锅。鬵（xún）：大釜，大锅。⑩怀之：使之怀，让之带。好音：好信儿，平安的消息。

【译文】

风儿刮得发发响，车子跑得飞一样。回头望着大路，我心中充满忧愁。风儿刮得打旋转，车子轻快地飞跑。回头望着大路，我心中充满伤悲。谁能烹鱼做菜？我为他把锅洗干净。谁要回归西方？请帮我捎个平安信。

国风·曹风

◎蜉　蝣◎

【原文】

蜉蝣之羽①，衣裳楚楚②。心之忧矣，於我归处③。
蜉蝣之翼，采采衣服④。心之忧矣，於我归息⑤。
蜉蝣掘阅⑥，麻衣如雪。心之忧矣，於我归说⑦。

【注解】

①蜉（fú）蝣（yóu）：一种昆虫，幼虫生活在水中，成虫有两对翅膀，薄而透明，常在水面飞行，寿命很短，一般只有几个小时到一星期左右。②楚楚：整齐干净。③於：通“乌”，何，哪里。归处：归宿。④采采：光洁鲜艳的样子。⑤息：止息，居住。⑥阅：通“穴”，孔穴。⑦说（shuì）：止息。

【译文】

像蜉蝣的翅膀，（你们这些老爷们）个个衣冠楚楚。心中忧伤啊，我们归宿都一样。

像蜉蝣的翅膀，（你们这些老爷们）衣服华丽漂亮。心中忧伤啊，与我归宿一个样。像蜉蝣掘穴而出，（你们这些老爷们）麻衣如雪白晃晃。心中忧伤啊，大家结局都一样。

国风·豳风

◎七　月◎

【原文】

七月流火[①]，九月授衣[②]。一之日觱发[③]，二之日栗烈[④]。无衣无褐[⑤]，何以卒岁[⑥]？三之日于耜[⑦]，四之日举趾[⑧]。同我妇子，馌彼南亩[⑨]，田畯至喜[⑩]。

七月流火，九月授衣。春日载阳[⑪]，有鸣仓庚[⑫]。女执懿筐[⑬]，遵彼微行[⑭]，爰求柔桑[⑮]。春日迟迟[⑯]，采蘩祁祁[⑰]。女心伤悲，殆及公子同归[⑱]。

七月流火，九月授衣。

七月流火，八月萑苇[⑲]。蚕月条桑[⑳]，取彼斧斨[㉑]。以伐远扬[㉒]，猗彼女桑[㉓]。七月鸣䴗[㉔]，八月载绩[㉕]。载玄载黄[㉖]，我朱孔阳[㉗]，为公子裳。

【注解】

① 七月：夏历七月。流：向下行。火：星名，又名“大火”“心宿”，是天蝎星座中最亮的一颗星。每年夏历五月，火星出现在正南方，六月以后，渐偏西，七月里便向西行沉下去，天气渐渐寒冷。② 授衣：将缝制冬衣的工作交给女工。③ 一之日：夏历十一月，也即周历正月。周历以夏历十一月为正月。以下“二之日”“三之日”“四之日”，以此类推。觱（bì）发（bō）：风寒冷。④ 栗烈：同“凛冽”，空气寒冷。⑤ 褐：麻织短衣，无袖。⑥ 卒：终了。⑦ 于：修理。耜（sì）：农具，犁的一种，用来耕地翻土。⑧ 举趾：抬脚，下田耕种。⑨ 馌（yè）：送饭。南亩：泛指田地。⑩ 田畯（jùn）：掌管农事的官。⑪ 载：开始。阳：温暖，暖和。⑫ 仓庚：黄莺。⑬ 懿（yì）筐：深筐。⑭ 遵：顺着，沿着。微行：小路。⑮ 爰：于是。⑯ 迟迟：缓缓，形容春季日长。⑰ 蘩（fán）：白蒿，养蚕用。祁祁：众多的样子。⑱ 殆：将，只怕。及：与。同归：指被公子强行带走。⑲ 萑（huán）苇：芦苇一类的草，可以制作蚕箔。此作动词，指收割萑苇。⑳ 蚕月：即夏历三月，这是养蚕的月份。条：动词，修剪。㉑ 斧斨（qiāng）：斧类工具（椭圆的叫斧，方的叫斨）。㉒ 远扬：指长得太长太高的桑枝。㉓ 猗：借作“掎”，拉。女桑：嫩桑叶。㉔ 䴗（jué）：鸟名，又名“伯劳”“子规”“杜鹃”。㉕ 载：则，始。绩：织麻。㉖ 玄：黑而带红色。㉗孔：非常。阳：鲜明。

【译文】

七月火星偏西方，九月女工制冬衣。十一月北风呼呼吹，十二月寒气凛冽刺骨。粗布衣服都没有，如何熬过寒冬期？正月里修理锄犁，二月份下田犁地。耕作和妻子儿女一起，饭菜送到田地，农官看到满心欢喜。

七月火星偏西方，九月女工制冬衣。春天太阳暖洋洋，黄莺对对婉转啼。姑娘手提深竹筐，沿着那小路在行走，采呀采那嫩桑叶。春天日子渐渐长，采蒿的姑娘闹嚷嚷。姑娘心中暗悲伤，怕公子强邀一同归。

七月火星偏西方，八月收割芦苇。三月修剪桑树，取来那把斧头，砍掉又高又长的枝条。七月伯劳树上唱，八月纺麻织布忙。染色有黑又有黄，我的红布最鲜艳，为那公子做衣裳。

【原文】

四月秀葽①，五月鸣蜩②。八月其获③，十月陨萚④。一之日于貉⑤，取彼狐狸，为公子裘。二之日其同⑥，载缵武功⑦，言私其豵⑧，献豜⑨于公。

五月斯螽动股⑩，六月莎鸡振羽⑪。七月在野，八月在宇，九月在户，十月蟋蟀，入我床下⑫。穹窒熏鼠⑬，塞向墐户⑭。嗟我妇子，曰为改岁⑮，入此室处。

六月食郁及薁⑯，七月亨葵及菽⑰。八月剥枣⑱，十月获稻，为此春酒⑲，以介眉寿⑳。七月食瓜，八月断壶㉑，九月叔苴㉒。采荼薪樗㉓，食我农夫㉔。

【注解】

①秀：植物不开花而结实叫“秀”。葽（yāo）：药草名，今名“远志”。②蜩（tiáo）：蝉。③获：收获庄稼。④陨：落下。萚（tuò）：草木的落叶。⑤于：猎取。貉（hè）：兽名。似狐狸，毛深厚温暖。⑥同：会合，指聚众打猎。⑦缵（zuǎn）：继续。武功：武事。此处指田猎，古时田猎也属于军事演习。⑧言：语助词。私：私人占有。豵（zōng）：一岁的小猪。此指小兽。⑨豜（jiān）：三岁的大猪，此指大兽。⑩斯螽：虫名，即蚱蜢。动股：相传斯螽以两股相切发声。⑪莎（suō）鸡：虫名，即纺织娘。振羽：两翼鼓动发声。⑫“七月在野”四句：此四句写蟋蟀由远而近，由室外躲进室内过冬。⑬穹（qióng）：空隙，孔洞。窒：堵塞。⑭向：朝北的窗子。墐（jìn）：用泥涂抹。户：门。⑮改岁：过年，更改一岁。⑯郁：一种李子。薁（yù）：野葡萄。⑰亨：“烹”本字，煮。葵：蔬菜名，又名冬苋菜。菽（shū）：大豆黄豆一类。⑱剥：通“扑”，敲打。⑲春酒：冬日酿酒，春日始成，所以叫“春酒”。⑳介：祈求。眉寿：长寿。长寿的人生有长眉，故称。㉑断：摘取。壶：葫芦之类。㉒叔：拾取。苴（jū）：青麻子，可食。㉓荼（tú）：一种苦菜。薪：采薪，用作动词。樗（chū）：臭椿。㉔食（sì）：养活。

【译文】

四月远志结子囊，五月知了声声唱。八月庄稼要收割，十月落叶随风扬。十一月捕貉子，剥取狐狸皮，好给公子做皮衣。十二月大伙儿聚一起，继续打猎练武忙。猎到小兽归自己，大兽献到公堂里。

五月蚱蜢弹腿鸣，六月纺织娘振羽叫。七月蟋蟀野外鸣，八月屋檐底下唱，九月进到屋门里，十月钻到我床下。打扫垃圾熏老鼠，塞住北窗，泥抹门缝来御寒。可怜我的妻子儿女，眼看就要过年关，挤进这破屋居住。

六月里，吃那郁李和葡萄，七月里，烹煮冬葵和大豆。八月把那枣儿打，十月收割稻米香。将它酿成好春酒，祝贺老爷寿命长。七月吃瓜，八月摘葫芦，九月拾取青麻。采摘苦菜又砍柴，养活咱们农家人。

【原文】

九月筑场圃[①]，十月纳禾稼[②]。黍稷重穋[③]，禾麻菽麦[④]。嗟我农夫，我稼既同[⑤]，上入执宫功[⑥]。昼尔于茅[⑦]，宵尔索绹[⑧]。亟其乘屋[⑨]，其始播百谷。

二之日凿冰冲冲[⑩]，三之日纳于凌阴[⑪]。四之日其蚤[⑫]，献羔祭韭[⑬]。九月肃霜[⑭]，十月涤场[⑮]。朋酒斯飨[⑯]，曰杀羔羊。跻彼公堂[⑰]，称彼兕觥[⑱]，万寿无疆！

【注解】

①筑场圃：把菜园修筑为打谷场。古时场圃同地轮用，春夏为圃，秋冬平整筑实为场。②纳：收进谷仓。禾稼：五谷的通称。③黍稷重穋：都是谷物。黍：黍子，性粘。稷：高粱，性不粘。重：早种晚熟的谷。穋：晚种早熟的谷。④禾：此处专指小米。⑤同：收齐集中。⑥上：通“尚”，还要。执：执行，负担。宫功：修建宫室之事。⑦尔：语助词。于茅：去割茅草。⑧索绹：用手搓绳。绹（táo）：绳子。⑨亟：同“急”，赶快。乘屋：爬上屋顶修缮房屋。⑩冲冲：凿冰的声音。⑪凌阴：冰窖。⑫蚤：“早”的古字。⑬献羔祭韭：古代一种祭祀仪式，仲春二月，在取冰之时，以羔羊和韭菜祭司寒之神。⑭霜：同“爽”。肃霜：天高气爽。⑮涤场：打扫场圃。⑯朋酒：两樽酒。斯：语中助词。飨（xiǎng）：同“享”，享用。⑰跻（jī）：登上。公堂：古代的公共场所。⑱称：举杯敬酒。兕（sì）觥（gōng）：兕牛角制成的酒器。

【译文】

九月里筑好打谷场，十月粮食进谷仓。黍子、高粱、早晚谷、米、麻、豆、麦都入仓。可叹我农家人，庄稼收完，又要服役修官房。白天出外割茅草，夜晚搓绳长又长。急急忙忙盖屋顶，开春又忙种庄稼。

腊月凿冰咚咚响，正月里送进冰窖藏。二月早取冰祭寒神，献上韭菜和羊羔。九月天高气又爽，十月清扫打谷场。两樽美酒共品尝，宰杀肥美小羔羊。登上公堂，举起那牛角杯，同声高祝“万寿无疆”！

小　雅

◎鹿　鸣◎

【原文】

呦呦鹿鸣[①]，食野之苹[②]。我有嘉宾[③]，鼓瑟吹笙[④]。吹笙鼓簧[⑤]，承筐是将[⑥]。人之好[⑦]我，示我周行[⑧]。

呦呦鹿鸣，食野之蒿[⑨]。我有嘉宾，德音孔昭[⑩]。视民不恌[⑪]，君子是则是傚[⑫]。我有旨酒[⑬]，嘉宾式燕以敖[⑭]。

呦呦鹿鸣，食野之芩[⑮]。我有嘉宾，鼓瑟鼓琴[⑯]。鼓瑟鼓琴，和乐且湛[⑰]。我有旨酒，以燕乐嘉宾之心。

【注解】

我有嘉宾，鼓瑟吹笙。

①呦呦（yōu）：鹿鸣叫的声音。②苹：草名，一说为蒿草，一说为马帚，即北方的扫帚菜。③嘉宾：贵宾、佳客。④瑟：古代弹拨乐器。笙（shēng）：古代的一种簧管乐器。⑤簧（huáng）：笙中之簧叶。鼓簧：指吹笙，鼓动簧叶而发声。⑥承：奉（“捧”之古体）。筐：指盛币帛之竹筐。承筐：指主人命奴仆捧出盛币帛的竹筐。将：送。⑦好（hào）：爱护。⑧示：指示。周行（háng）：大道，正道。⑨蒿（hāo）：青蒿。⑩德音：好品德，美名。孔：很。昭：明。孔昭：很显著。⑪视：古“示”字。恌（tiāo）：轻浮，不正派。不恌，指正派厚道。⑫君子：指有道德修养有学问的人。则：准则。傚（xiào）：效仿。⑬旨：美，甘。旨酒：美酒。⑭式：语助词。燕：同宴，宴会。敖：即“遨”字，游乐，逍遥。⑮芩（qín）：草名，蒿草之类。⑯琴：古代弹拨乐器名。古人往往以琴瑟喻夫妇或友人情谊和谐。⑰湛（chén）：同“沈”，深。

【译文】

群鹿呦呦鸣叫，来吃田野青苹。我有佳客贵宾来啊，弹瑟又吹笙。吹笙吹笙，鼓簧鼓簧，捧出盈筐币帛，来赠我那尊贵的客人啊！贵宾对我无限厚爱，教我道理最欢喜。

群鹿呦呦鸣叫，来吃田野青蒿。我有佳客贵宾来啊，品德高尚有美名。示范人们不可轻佻，君子学习好典型。我有琼浆美酒，贵宾就请畅饮逍遥吧！

群鹿呦呦鸣叫，来吃田野芩草。我有佳客贵宾来啊，弹瑟弹琴来助兴。弹瑟又弹琴，宾主和乐又尽兴。我有琼浆美酒，贵宾沉醉乐开怀。

◎常　棣◎

【原文】

常棣之华[①]，鄂不韡韡[②]。凡今之人，莫如兄弟。
死丧之威[③]，兄弟孔怀[④]。原隰裒矣[⑤]，兄弟求矣。
脊令在原[⑥]，兄弟急难[⑦]。每有良朋，况也永叹。
兄弟阋于墙[⑧]，外御其务[⑨]。每有良朋，烝也无戎[⑩]。
丧乱既平，既安且宁。虽有兄弟，不如友生[⑪]？
傧尔笾豆[⑫]，饮酒之饫[⑬]。兄弟既具[⑭]，和乐且孺[⑮]。
妻子好合，如鼓瑟琴。兄弟既翕[⑯]，和乐且湛。
宜尔室家[⑰]，乐尔妻帑[⑱]。是究是图，亶其然乎[⑲]？

【注解】

①常棣（dì）：又名唐棣，数朵花为一簇，实如樱桃状。诗中以此表达兄弟情谊。②鄂：花萼。韡韡（wěi）：光明、光辉。此处形容花色鲜明。③威：通“畏”，可怕。④孔怀：非常关心。⑤裒（póu）：缺少其人。⑥脊令：是一种水鸟。在原：水鸟在原，比喻有难。⑦急难：火速抢救之意。⑧阋（xì）：互相争斗，相互怨恨，相互争讼。⑨务：即“侮”。⑩烝（zhēng）：众多。戎（róng）：相助。⑪生：语助词，无义。⑫傧（bīn）：陈列。笾、豆：均系古代用于盛放食品的器皿。⑬饫（yù）：指家宴。又训餍，满足。⑭具：俱，集。⑮孺：属。有亲慕之义。⑯翕（xī）：聚合，收敛。⑰宜：安。室家：家人，此指夫妇。⑱帑（nǔ）：通“孥”，子孙。⑲亶（dǎn）：信，诚。

【译文】

常棣花开一簇簇，花萼鲜艳又夺目。遍观当今世人啊，哪有像兄弟那样亲又亲。
死亡的事多么可怕啊，只有兄弟相牵挂。原野洼地少个人啦，只有兄弟来寻找。
水鸟脊令落郊原，兄弟急忙救急难。虽有良朋益友，徒唤奈何且长叹。
兄弟家内也有纷争，对外则同心共御敌。虽有良朋益友，众友芸芸无所助啊。
死丧祸乱平定了，生活幸福又安宁。虽有手足亲兄弟，不如好友情谊深。
摆列餐具享美食，开怀畅饮酒意酣。兄弟相聚在一起，融洽笃爱且和乐。
妻儿和谐恩情深，奏瑟弹琴心相印。兄弟们友爱又和睦，融洽欢乐无穷尽。
家庭美满又幸福，妻儿相依乐陶陶。深思熟虑理自明呀，情况就是这样！

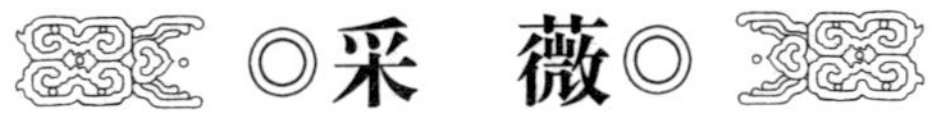

◎采　薇◎

【原文】

采薇采薇[①]，薇亦作止[②]。曰归曰归，岁亦莫止[③]。靡室靡家[④]，玁狁之故[⑤]。不遑启居[⑥]，玁狁之故。采薇采薇，薇亦柔止[⑦]。曰归曰归，心亦忧止。忧心烈烈[⑧]，载饥载渴[⑨]。我戍未定[⑩]，靡使归聘[⑪]！采薇采薇，薇亦刚止[⑫]。曰归曰归，岁亦阳止[⑬]。王事靡盬[⑭]，不遑启处[⑮]。忧心孔疚[⑯]，我行不来[⑰]！彼尔维何[⑱]？维常之华[⑲]。彼路斯何[⑳]？君子之车。戎车既驾[㉑]，四牡业业[㉒]。岂敢定居，一月三捷[㉓]！驾彼四牡，四牡骙骙[㉔]。君子所依[㉕]，小人所腓[㉖]。四牡翼翼[㉗]，象弭鱼服[㉘]。岂不日戒，玁狁孔棘[㉙]！昔我往矣[㉚]，杨柳依依[㉛]。今我来思[㉜]，雨雪霏霏[㉝]。行道迟迟，载渴载饥。我心伤悲，莫知我哀！

【注解】

①薇：即野豌豆苗，可以食用。②作：初生。止：语助词。③莫：古“暮”字。④靡：无。⑤玁（xiǎn）狁（yǔn）：我国北方的少数民族。西周时称玁狁，春秋时称北狄，战国以后称匈奴。⑥遑（huáng）：暇。启：跪坐。居：安坐。古人席地而坐，两膝着席，跪坐时腰板伸直，臀部跟足跟离开；安坐时臀部贴在足跟上。⑦柔：幼嫩。⑧烈烈：火势猛烈的样子，这里指忧心如焚。⑨载：又。⑩戍：戍守，指驻守的地方。⑪使：使者。聘：问候。归聘：带回问候家人的音信。⑫刚：粗硬。指薇菜将老，茎叶变粗变硬。⑬阳：阴历十月。⑭靡盬：没有止境。盬（gǔ）：停止。⑮启处：与上文“启居”同义。⑯孔：非常。疚：痛苦。⑰来：返回，归来。⑱尔：同“尔”，花盛开的样子。维何：

是什么。⑲常：通“棠”，棠棣。华：古“花”字。⑳路：同“辂（lù）”，古代的一种大车。斯何：同“维何”。㉑戎车：兵车，战车。㉒牡：雄马。业业：高大健壮的样子。㉓捷：通“接”，即接战。㉔骙骙（kuí）：强壮的样子。㉕依：乘。㉖腓（féi）：蔽护，掩护。㉗翼翼：行列整齐的样子。㉘弭（mǐ）：弓的两头缚弦的地方。象弭：用象牙镶饰的弓。鱼服：用鱼皮做的箭袋。服：通“箙”，箭袋。㉙棘：同“急”。㉚昔：过去。㉛依依：柳条随风摇曳飘拂的样子。㉜思：语助词。㉝雨（yù）：降落，散落。霏霏：大雪纷飞的样子。

【译文】

采薇菜呀采薇菜，薇菜新芽已长大。回家乡呀回家乡，已盼到年终岁尾。抛弃亲人离家园，只因匈奴来侵犯；跪不宁来坐不安，只因匈奴来侵犯。采薇菜呀采薇菜，薇菜柔嫩刚发芽。回家乡呀回家乡，心里忧愁多牵挂。忧心如同被火焚，又饥又渴真苦煞。防地调动难定下,无法给家人捎音信！采薇菜呀采薇菜,薇茎渐渐长硬。回家乡啊回家乡，又到十月“小阳春”。王室差事无休无止，想要休息没闲暇。心中充满忧愁伤痛，远征在外难归还！那绚丽耀眼的是什么？那是棠棣的花朵。高大的马车属于谁？那是将军的战车。驾起兵车要出战，四匹雄马矫健齐奔腾。边地怎敢图安居？一月要争几回胜！驾着那四匹雄马，什么车儿高又大？将军乘坐在车中，小兵掩护也靠它。四匹马步调一致，象牙弓配着鱼皮箭袋。哪有一天不戒备？匈奴实在太猖狂！回想我当初出征时，杨柳依依随风吹。如今回来路途中，雪花纷纷飘落下。我行路艰难慢慢走，又饥又渴真劳累。满心伤感满腔悲，却没有谁人知道我的哀痛！

◎鸿　雁◎

【原文】

鸿雁于飞，肃肃其羽[①]。之子于征，劬劳于野[②]。爰及矜人[③]，哀此鳏寡[④]。
鸿雁于飞，集于中泽。之子于垣[⑤]，百堵皆作[⑥]。虽则劬劳，其究安宅[⑦]。
鸿雁于飞，哀鸣嗷嗷[⑧]。维此哲人，谓我劬劳。维彼愚人，谓我宣骄[⑨]。

【注解】

①肃肃：羽翼声。②劬（qú）：劳苦，劳病。③爰：焉，于是。矜人：受苦人。④鳏（guān）：老而无妻曰鳏。寡：死了丈夫的妇女。⑤垣：垣墙。此处作动词用，指筑垣墙。⑥百堵：百重墙。皆：“偕”之借。作：起。⑦究：终究。宅：此处作动词。⑧嗷嗷：哀鸣声。⑨宣：侈大。骄：放纵。

【译文】

雁儿飞呀飞，两翅沙沙响。使臣在征途，在那旷野苦辛劳奔波。救济穷苦人，鳏寡更可哀。

雁儿飞呀飞，落在湖中央。使臣巡工地，筑起百堵墙。尝尽了辛劳，穷人有住房。

雁儿飞呀飞，嗷嗷哀鸣声。只有这些明理之人，说我真辛劳。那些愚昧者，说我讲排场。

◎鹤　鸣◎

【原文】

鹤鸣于九皋[1]，声闻于野。鱼潜在渊，或在于渚。乐彼之园，爰有树檀，其下维萚[2]。他山之石，可以为错[3]。

鹤鸣于九皋，声闻于天。鱼在于渚，或潜在渊。乐彼之园，爰有树檀，其下维榖[4]。他山之石，可以攻玉[5]。

【注解】

①九：虚数。皋：沼泽地。②萚（tuò）：枯叶。③错：砺石，磨石。④榖（gǔ）：楮树。叶似桑，树皮可制纸。⑤攻玉：雕琢玉器。

【译文】

鹤儿长鸣在那屈折沼泽中，鸣声嘹亮传四野。鱼儿潜在深水里，有时游出近小岛。那令人赏心悦目的林园，有檀树大又高，树下落叶已焦枯。那个山上的石头，能把那玉石琢。

鹤儿长鸣在那屈折沼泽中，声音飘荡在云霄。鱼儿游在沙洲边，或者潜在深水里。那令人赏心悦目的林园，有那檀树大又高，又有楮树矮又小。那个山上的石头，同样可以把玉雕。

大　雅

◎文　王◎

【原文】

文王在上[1]，于昭于天[2]。周虽旧邦[3]，其命维新[4]。有周不显[5]，帝命不时。文王陟降，在帝左右。

亹亹文王[6]，令闻不已[7]。陈锡哉周，侯文王孙子[8]。文王孙子，本支百世[9]，凡周之士[10]，不显亦世[11]。

世之不显，厥犹翼翼[12]。思皇多士[13]，生此王国。王国克生，维周之桢[14]。济济多士[15]，文王以宁。

穆穆文王[16]，于缉熙敬止[17]。假哉天命[18]，有商孙子[19]。商之孙子，其丽不亿[20]。上帝既命，侯于周服[21]。

侯服于周，天命靡常[22]。殷士肤敏[23]，祼将于京[24]。厥作祼将，常服黼冔[25]。王之荩臣[26]，无念尔祖。

无念尔祖[27]，聿修厥德[28]。永言配命[29]，自求多福。殷之未丧师[30]，克配上帝[31]。宜鉴于殷[32]，骏命不易！[33]

命之不易，无遏尔躬[34]。宣昭义问[35]，有虞殷自天[36]。上天之载，无声无臭。仪刑文王，万邦作孚[37]！

亹亹文王，令闻不已。

【注解】

①文王：即周文王姬昌。②于（wū）：感叹词。③旧邦：周自后稷开国，防纤夏王之业，故曰旧邦。④命：指天命。维新：指周朝新受命于天，故曰其命维新。⑤不：通"丕"，大。⑥亹亹（wěi）：勤勉貌。⑦令闻：好声誉。⑧"陈锡"两句：陈：犹敷也。一说陈，借为申，一再之意。锡：通"赐"。侯：维，只有。⑨本：冈王的嫡系。支：庶支。⑩士：指周之异姓群臣。⑪亦世：累世。⑫犹：煤。翼翼：小心的样子。⑬思：发语词。⑭桢：干，骨干。⑮济济：众多的样子。⑯穆穆：仪表美好的样子。⑰于：叹词。缉熙：光明正大。敬：恭谨。止：语助词。⑱假：大。⑲有：占有。⑳丽：数目。㉑侯：只有。服：臣服。㉒靡：无。㉓肤：美。敏：聪敏。㉔祼（guàn）：即灌祭，祭礼的一种仪式。㉕服：穿戴。黼（fǔ）：殷商礼服。冔（xǔ）：殷商礼帽。㉖荩（jìn）：忠进之臣。㉗无：语助词。㉘聿：发语词。㉙永：长。㉚师：众也。㉛上帝：天之主宰。㉜鉴：镜，借鉴。㉝骏：大。㉞遏：遏止，断绝。㉟宣昭：宣明。义问：美好的声望。问：通"闻"。㊱有：同"又"。虞：度，鉴戒。㊲孚：信。

【译文】

文王天上有英灵，远比上天还明亮。周朝虽然是旧邦，却是新受命于天。周朝前途很光明，上帝意志光万丈。文王神灵升与降，常伴天帝在天庭。

勤恳忙碌周文王，美好声誉传四方。广施洪福兴周邦。文王子孙都兴旺。文王子孙代代传，本宗庶支洪福广。凡为周朝文武臣，世世代代显荣光。

世世代代都荣光，谋事谨慎多仔细。贤士众多有美德，纷纷涌现在周邦。周国能出众贤士，均为周朝好栋梁。济济一堂来扶持，文王用以安家邦。

文王庄穆品行好，心地光明又美善。上天之命真伟大，殷商子孙繁衍多。殷商子孙数不完，数目岂止有万万。上帝已经下命令，殷商称臣服周邦。

对周称臣服周邦，天命无常不可违。殷商群臣多聪敏，齐聚周京祭周王。他们纷纷行灌礼，照穿黼裳戴殷冠。成王所冈诸贤臣，祖先功德记心间。

祖先功德记心间，继承其德祖业传。常顺天命不可违，要求幸福靠自强。殷商未失民众时，能应天命民不反。殷之兴亡应借鉴，国运永远不易主。

国命永昌实在难，切勿不要自绝天。发扬光大好名声，毁之兴亡实由天。上天之事不可测，没有声息无法猜。老老实实学文王，万国诸侯都敬仰。

◎思　齐◎

【原文】

思齐大任①，文王之母，思媚周姜②，京室之妇③。大姒嗣徽音④，则百斯男。惠于宗公，神罔时怨，神罔时恫⑤。刑于寡妻⑥，至于兄弟，以御于家邦。雍雍在宫⑦，肃肃在庙⑧。不显亦临，无射亦保⑨。肆戎疾不殄⑩，烈假不瑕。不闻亦式，不谏亦入⑪。肆成人有德，小子有造⑫。古之人无斁⑬，誉髦斯士⑭。

【注解】

①思：发语词。齐：端庄。大任：即太任，王季之妻，文王的母亲。②周姜：即太姜，古公父之妻，王季之母。③京室：即王室。④大姒：即太姒，文王之妻。⑤恫：伤心。⑥刑：指法律。⑦雍雍：和睦的样子。⑧肃肃：严肃恭敬的样子。⑨不显：即“丕显”，明显的事。⑩肆：所以。戎疾：指明西戎的边患。殄：断绝。⑪入：采纳。⑫小子：儿童。⑬斁：厌。⑭誉：有声望。

【译文】

太任谨慎又端庄，她是文王的母亲。周姜为人最可爱，太王妻子住京城。太姒继承好名声，许多贵子先后生。文王顺奉先祖，神灵对他很满意，神灵对他很满意。他给妻子作礼法，一视同仁对兄弟，推行全国都遵从。他在宫中和睦又相亲，他在宗庙中肃穆又端庄。他在众人前最是清明理事，他在人后更是谨慎自制。大灾大难他已肃清，害人瘟疫不再发生。广采众言虚心纳谏，逆耳忠言也能听进去。如今成人品德好，小孩也能够深造。文王教育不知倦，英才辈出个个强。

◎ 板 ◎

【原文】

上帝板板①，下民卒瘅②。出话不然③，为犹不远④。靡圣管管⑤。不实于亶⑥。犹之未远，是用大谏。

天之方难，无然宪宪⑦。天之方蹶⑧，无然泄泄⑨。辞之辑矣⑩，民之洽矣⑪。辞之怿矣⑫，民之莫矣⑬。

我虽异事⑭，及尔同僚⑮。我即尔谋⑯，听我嚣嚣⑰。我言维服⑱，勿以为笑。先民有言⑲，询于刍荛⑳。

天之方虐，无言谑谑㉑。老夫灌灌㉒，小子蹻蹻㉓。匪我言耄㉔，尔用忧谑㉕。多将熇熇㉖，不可救药。

天之方懠㉗，无为夸毗。威仪卒迷㉘，善人载尸㉙。民之方殿屎㉚，则莫我敢葵㉛？丧乱蔑资㉜，会莫惠我师㉝。

天之牖民㉞，如埙如篪㉟，如璋如圭㊱，如取如携。携无曰益，牖民孔易㊲。民之多辟㊳，无自立辟㊴。

价人维藩㊵，大师维垣㊶，大邦维屏㊷，大宗维翰。怀德维宁，宗子维城㊸。无俾城坏[44]，无独斯畏[45]。

敬天之怒，无敢戏豫[46]。敬天之渝，无敢驰驱[47]。昊天曰明，及尔出王[48]。昊天曰旦[49]，及尔游衍[50]。

民之多辟，无自立辟。

【注解】

①上帝：指周厉王。板板：反常。②卒：同“悴”，言积劳成疾。瘅（dàn）：因劳致病。③不然：不对。④犹：同“猷”，指政策。不远：没有远见。⑤靡圣：眼中没有圣人。管管：无所凭依而恣意放纵。⑥亶（dàn）：诚，信。⑦宪宪：喜悦的样子。⑧蹶：动乱。⑨泄泄：指妄发议论。⑩辞：王朝政令。辑：和，指政令宽缓协调。⑪洽：和谐。⑫怿：同“殬”，败坏。⑬莫：通“瘼”，病痛。⑭异事：即事异，职务不同。⑮同僚：同为王臣。⑯即：就。⑰嚣嚣：同“謷謷”，指听不进批评意见。⑱维：是。服：治。⑲先民：古人。⑳刍：草。荛：柴。刍荛：此处指樵夫。朱熹《诗集传》：“古人尚询及刍荛，况其僚友乎？”㉑谑谑：喜乐的样子。㉒灌灌：即“款款”，诚恳貌。㉓蹻蹻：指态度傲慢。㉔耄：老，这里指错乱糊涂的话。㉕忧谑：戏谑。㉖熇熇（hè）：火炽盛貌。㉗懠：怒。㉘迷：迷乱。㉙载：则。尸：《郑笺》：“君子贤人则如尸矣，不复言语。”㉚殿屎（xī）：呻吟。㉛葵：通“揆”，猜疑。㉜蔑：无。资：资财。㉝师：众庶。㉞牖：引导，诱导。㉟壎（xūn）：古代陶制的圆形吹奏乐器。篪：古代竹制的一种管乐器。㊱璋、圭：朝廷所用的玉制礼器。㊲孔易：很容易。㊳辟：通“僻”，邪僻。㊴辟：法。立辟：即立法。㊵价：大，善。维：是。藩：藩篱。㊶大师：大众。㊷大邦：大国。㊸宗子：嫡子。㊹俾：使。㊺独：独行。斯：其。畏：淫威。㊻戏豫：嬉戏逸乐。㊼驰驱：恣纵。㊽王：往。㊾旦：明。㊿游衍：游荡。

【译文】

上帝行为违反了常道，天下庶民都遭殃！你的话语不合情理，你的政策没有远见。目无圣人恣意放荡，不务实际经常食言。为政实在鼠目寸光，所以我来进行大谏！

老天正在降灾难，不要这样太高兴。老天正在降骚乱，切莫把话胡乱讲。政教协调和谐了，人民才能乐陶陶。政令混乱败坏了，人民苦难不得宁。

你我掌职务有别，同为王臣与友僚。与你一起商大计，你却不听也不理。我是在讲治国道，你莫以为是玩笑。先人曾经有话云：可找樵夫来商量。

上天肆意来作虐，切莫嬉乐而无节。老夫我忠心耿耿，小子你情态傲慢。并非老朽装糊涂，忧患岂可当笑谑。多做坏事难收拾，死到临头难救药。

老天正在发脾气，你别卑躬谗媚样。君臣礼仪尽迷乱，好人闭口如死尸。人民痛苦正呻吟，无人对我敢怀疑。丧乱流离资财尽，恩泽何曾施群黎！

上天诱导老百姓，好像吹调很平和，好像圭璋密契合，如提如携来相帮。提携生民无阻绝，诱导人民多容易。如今人间多乱子，枉自立法没用场！

贤良臣民是藩篱，大众黎庶是垣墙。诸侯大国是屏障，王宗大族是栋梁。施行善德民安康，王亲嫡子是干城。切莫把那城墙毁，不要施展你淫威！

恭肃对待上天怒，不要戏谑无拘忌。谨慎观察天变化，不敢恣纵任驰驱。老天眼睛最明亮，与你一起同出行。上帝眼睛最清朗，与你同行游四方。

荡

【原文】

荡荡上帝，下民之辟[①]。疾威上帝，其命多辟。天生烝民，其命匪谌[②]。靡不有初，鲜克有终。

文王曰咨，咨女殷商！曾是强御[③]，曾是掊克[④]。曾是在位，曾是在服。天降慆德，女兴是力。

文王曰咨，咨女殷商！而秉义类[⑤]，强御多怼[⑥]。流言以对，寇攘式内[⑦]。侯作侯祝[⑧]，靡届靡究[⑨]。

文王曰咨，咨女殷商！女炰烋于中国[⑩]，敛怨以为德。不明尔德，时无背无侧[⑪]。尔德不明，以无陪无卿。

文王曰咨，咨女殷商！天不湎尔以酒，不义从式。既愆尔止[⑫]，靡明靡晦。式号式呼，俾昼作夜。

文王曰咨，咨女殷商！如蜩如螗[⑬]，如沸如羹。小大近丧[⑭]，人尚乎由行。内奰于中国[⑮]，覃及鬼方[⑯]。

文王曰咨，咨女殷商！匪上帝不时，殷不用旧。虽无老成人，尚有典型[⑰]。曾是莫听，大命以倾。

文王曰咨，咨女殷商！人亦有言，颠沛之揭[⑱]，枝叶未有害，本实先拨[⑲]。殷鉴不远，在夏后之世[⑳]。

【注解】

①辟（bì）：君王。②匪谌（chén）：不可信。③强御：强暴。④掊克：暴敛贪狠。⑤义类：邪曲之事。⑥怼（duì）：怨恨。⑦寇攘：寇盗攘窃。⑧作：古“诅”字。祝：通“咒”。⑨届：至，引申为“极”。⑩炰（páo）烋（xiāo）：即咆哮。⑪时：是。背：后。侧：旁边。背侧：君主左右两旁的近侍。⑫愆（qiān）：罪咎，过失。止：威仪容止。⑬蜩（tiáo）：蝉。螗（táng）：蝉。⑭丧：丧亡，亡失。⑮奰（bì）：怒。⑯覃（tán）：延，扩大。鬼方：远方之国的通称。⑰典刑：先王传留的旧法常规。⑱颠沛：倒伏。揭：举起，树根翘出地面。⑲拨：败坏，断绝。⑳夏后：夏桀。

【译文】

骄纵放荡的上帝啊，却是下民的君王。暴虐贪婪的上帝啊，政令邪僻不正常。天生芸芸众百姓，天命荒唐不可信。开始都能有善行，很少有能保持始终。

文王叹息道：你这殷商的末代君王！怎能这样逞强，怎能这样的暴敛、贪赃。你竟是这样在高位，竟是这样掌大权。上天降下这些邪恶臣，助长国王来作恶。

文王叹息道：你这殷商的末代君王！你若任用正义人，强梁之辈心怏怏。流言蜚语满国内，盗寇窃贼祸朝纲。诅咒朝廷害贤良，好人全都遭祸殃。

文王叹息道：你这殷商的末代君王！你跋扈横行于国中，却将坏人当好人。不能辨明好和坏，奸臣叛臣结成邦。你真糊涂啊，不知公卿谁能当。

文王叹息道：你这殷商的末代君王！老天没叫你贪酒杯，也没叫你干坏事。你威仪容止全失态，没日没夜饮酒浆。狂呼乱叫不像样，日夜颠倒国事荒。

文王叹息道：你这殷商的末代君王！朝政昏乱如蝉儿在乱叫，怨声载道似沸汤。大小政事全搞乱，你却一意孤行还那样。国内民众怒气升，愤怒之火燃向远方。

文王叹息道：你这殷商的末代君王！不是上帝心不好，是你不遵循旧法章。虽无德高望重老臣，还有法度可遵循。先王话你也听不进，国运怎能不衰亡。

文王叹息道：你这殷商的末代君王！人们也曾这样讲：大树倾倒根子出，枝叶暂时未受伤，树根已坏命难长。殷商的借鉴并不远，看那夏桀怎样遭灭亡。

颂·周颂

◎维天之命◎

【原文】

维天之命[①]，于穆不已[②]。于乎不显[③]，文王之德之纯[④]！假以溢我[⑤]，我其收之[⑥]。骏惠我文王[⑦]，曾孙笃之[⑧]。

【注解】

①维：思。或为发语词，无义。②穆：美。不已：不止。③于乎：即“呜呼”，赞叹词。不：通“丕”，大。显：显耀，显明。④纯：大。⑤假：高亨《诗经今注》：“假，借为胡，何也。溢，借为恤。”此句是问文王之神。⑥收：受。⑦骏：大。惠：顺。⑧曾孙：指后世子孙。笃：厚。

【译文】

天道在默默运行，庄严肃然不停息。多么显耀多光明，文王之德光明纯正。仁政使我得安宁，承受文王之德行。遵顺文王的意旨，后世子孙要力行。

◎烈　文◎

【原文】

烈文辟公[①]，锡兹祉福[②]。惠我无疆[③]，子孙保之。无封靡于尔邦[④]，维王其崇之[⑤]。念兹戎功[⑥]，继序其皇之[⑦]。无竞维人[⑧]，四方其训之[⑨]。不显维德[⑩]，百辟其刑之[⑪]。于乎，前王不忘！

【注解】

①烈：光明。文：有文采。辟（bì）公：诸侯。②锡：赐。祉：福。③惠：顺。④封靡：大罪。⑤崇：尊敬。⑥戎功：成功。⑦皇：光大。⑧竞：强。人：指贤人。⑨训：顺。⑩不显：大显。⑪百辟：众

诸侯。刑：通“型”，典范，楷模。

【译文】

功德齐备的众诸侯啊，先王赐你大福祥。对我周朝要驯顺，子孙长保世代昌。别让你国犯大罪，王将重重给封赏。想起先人大功劳，继承祖业更努力。得到贤人最要紧，四方定会竞相从。你们德行能昭明，天下诸侯都模仿。先祖典范应铭记。

◎昊天有成命◎

【原文】

昊天有成命[①]，二后受之[②]。成王不敢康[③]，夙夜基命宥密[④]。于缉熙[⑤]，单厥心[⑥]，肆其靖之[⑦]！

【注解】

①昊天：皇天。成命：已定的天命。②二后：指文王、武王。③成王：即周成王，名诵，武王之子。康：安逸。④基命：以天命为根基，即信守天命。宥：通“有”，语助词。密：通“勉”，努力。⑤于（wū）：感叹语词。缉熙：光明。⑥单：诚厚。厥：其。⑦肆：故，所以。

【译文】

老天有既定的天命，文王武王承受它。成王不敢图安逸，朝夕信守天命努力。他的人品多么光明，他的心地笃厚诚信，他使国家得以安定。

颂·鲁颂

◎ 駉 ◎

【原文】

駉駉牡马[①]，在坰之野。薄言駉者[②]，有驈有皇[③]，有骊有黄[④]，以车彭彭[⑤]。思无疆[⑥]，思马斯臧[⑦]！駉駉牡马，在坰之野。薄言駉者，有骓有駓[⑧]，有骍有骐[⑨]，以车伾伾[⑩]。思无期[⑪]，思马斯才[⑫]！駉駉牡马，在坰之野。薄言駉者，有骝有骆[⑬]，有骝有雒[⑭]，以车绎绎[⑮]。思无斁[⑯]，思马斯作！駉駉牡马，在坰之野。薄言駉者，有骃有騢[⑰]，有驔有鱼[⑱]，以车祛祛[⑲]。思无邪，思马斯徂！

【注解】

①駉駉（jiōng）：马肥壮的样子。②薄言：语助词。③驈（yù）：即白胯的黑马。皇：《毛传》：

"黄白曰皇。"马瑞辰《通释》谓皇是黄马兼有其他颜色之称。④骊：纯黑的马。⑤以车：用以驾车。彭彭：车马奔腾声。⑥思：语词。无疆：无边无际。⑦臧：好。⑧骓（zhuī）：《毛传》："苍白杂毛曰骓。"苍为老青色，骓即后世所谓菊花青。駓（pī）：《毛传》："黄白杂毛曰駓。"即后世所谓黄膘马。⑨骍（xīn）：《毛传》："赤黄曰骍。"骐（qí）：黑白相间的马。⑩伾伾（pī）：《毛传》："有力也。"⑪无期：即无算、无数。⑫才：有能力。⑬驒（tuó）：青黑色而有白鳞花纹的马。⑭骝（liú）：赤身黑鬣的马。雒：黑身白鬣的马。⑮绎绎：《毛传》："善走也。"⑯斁：厌倦。⑰骃（yīn）：《毛传》："阴白杂毛曰骃。"阴白即暗白、灰白。騢（xiá）：《毛传》："彤白杂毛曰騢。"彤白略似粉白。⑱驔（diàn）：黑色黄脊的马。鱼：《毛传》："二目白曰鱼。"据马瑞辰《通释》，二目白即二目上有白毛。⑲袪袪（qū）：《毛传》："强健也。"

【译文】

高大肥壮的雄马，放牧在辽阔的远郊。且说这些良马，又有骕啊又有皇。骊马黑色相间黄色，驾起车子身大力强。愿鲁公的马多得无限量，个个马儿好健壮。高大肥壮的雄马，放牧在辽阔的远郊。且说这些良马，有菊花青的骓，又有黄白色的駓。有赤黄色的骍，又有黑白相间的骐。驾起车来都有力啊！鲁公不倦深思考。马儿撒欢腾身跃。高大肥壮的雄马，放牧在辽阔的远郊，且说这些良马，有黑纹的驒、有白色的骆，有赤色的骝、有黑身的雒。驾起车来奔驰如飞啊！愿鲁公的马数不胜数，每匹都驯良好御。高大肥壮的雄马，放牧在辽阔的远郊。且说这些良马，有灰白的骃、有粉白的騢，有长毛的驔、有白眉的鱼。身高体壮把车套，鲁公思虑是正道，马儿骏美能远跑。

◎有　驳◎

【原文】

有駜有駜①，駜彼乘黄②。夙夜在公③，在公明明④。振振鹭⑤，鹭于下⑥。鼓咽咽⑦，醉言舞⑧。于胥乐兮⑨！有駜有駜，駜彼乘牡。夙夜在公，在公饮酒，振振鹭，鹭于飞。鼓咽咽，醉言归。于胥乐兮！有駜有駜，駜彼乘駽⑩。夙夜在公，在公载燕⑪。自今以始，岁其有。君子有穀⑫，诒孙子⑬。于胥乐兮！

【注解】

①駜（bì）：马肥壮的样子。②乘：四匹马。③夙夜：早晚。公：公事。④明明：同"黾黾"，尽力做事的样子。⑤振振：鸟群飞的样子。⑥于：语助词。下：指白鹭飞落下。⑦咽咽（yān）：有节奏的鼓声。⑧言：语助词。⑨于：叹词，通"吁"。胥：皆。⑩駽（xuān）：青黑色马。⑪载：则。燕：宴饮。⑫君子：称鲁公。有：丰收。穀：禄。⑬诒：通"贻"，留给。

【译文】

马儿肥来马儿壮，四匹壮马皮毛黄。群臣早晚办公事，办起公事尽力量。振振而飞是白鹭，鹭鸟翕翕齐下落。咚咚咽咽敲响鼓，醉醺醺地又起舞。嗬，大家都欢乐啊！马儿肥来马儿壮，四匹公马力量强。早晚忙碌为公事，办公忙碌无空闲。振振而飞是白鹭，鹭鸟翩翩齐起飞。鼓儿敲起咚咚响，酒醉舞酣把家归。大家心里都欢乐！马儿肥来马儿壮，四匹青黑马真棒。群臣早晚办公事，办完公事来宴享。自打今日就开始，年年丰收定富裕。

鲁公好善有吉庆，留给子孙来继承。大家心里喜盈盈。

颂·商颂

◎玄　鸟◎

【原文】

天命玄鸟[①]，降而生商，宅殷土芒芒[②]。古帝命武汤[③]，正域彼四方[④]。方命厥后[⑤]，奄有九有[⑥]。商之先后，受命不殆[⑦]，在武丁孙子。武丁孙子，武王靡无胜。龙旂十乘[⑧]，大糦是承[⑨]。邦畿千里[⑩]，维民所止[⑪]，肇域彼四海[⑫]。四海来假[⑬]，来假祁祁[⑭]。景员维河[⑮]，殷受命咸宜，百禄是何[⑯]！

【注解】

①玄鸟：燕子。②宅：居。芒芒：广大。③古帝：犹上帝。④正：治理。域：封疆。⑤方：古通“旁”，广，普遍。⑥奄有：尽有。九有：即九州。⑦殆：“怠”之假，懈怠。⑧十乘：此指兵车十辆。⑨糦：同“饎”，指酒食，祭祀用的供品。⑩邦畿：犹封畿。⑪止：居住。⑫肇：开始。⑬假（gé）：通“格”，至，来朝。⑭祁祁：众多貌。⑮景：大。员：周围。维：围绕。⑯何：通“荷”，承受。

【译文】

上天命令神燕，降生下了契来做商王，住在殷这块广大的土地之上。古时候上帝命成汤，治理天下，征服四方。遍告天下诸侯，商朝全部拥有九州之广。商的先王接受了天命勤政不怠，武丁子孙继承大业保兴旺。成汤更是好君主，十辆马车龙旗扬，酒食丰盛祭先祖。上千里的辽阔的国土啊！是人民安居乐业的好地方。封疆达四海，四海诸侯络绎不绝朝见忙。高高的山原萦绕着黄河，殷商受之于天命万事吉祥，繁荣富强永无疆。

第六卷

尚书

虞 书

◎尧 典◎

【原文】

昔在帝尧，聪明文思[①]，光宅天下[②]。将逊于位，让于虞舜[③]，作《尧典》。

尧帝命令羲氏与和氏，恭谨制定历法。

曰若稽古[④]，帝尧曰放勋，钦明文思安安[⑤]，允恭克让[⑥]，光被四表[⑦]，格于上下[⑧]。克明俊德[⑨]，以亲九族[⑩]。九族既睦，平章百姓[⑪]。百姓昭明，协和万邦。黎民于变时雍[⑫]。

乃命羲和[⑬]，钦若昊天[⑭]，历象日月星辰[⑮]，敬授人时。分命羲仲，宅隅夷[⑯]，曰旸谷[⑰]。寅宾出日[⑱]，平秩东作[⑲]。日中[⑳]，星鸟[㉑]，以殷仲春[㉒]。厥民析[㉓]，鸟兽孳尾[㉔]。申命羲叔，宅南交[㉕]。平秩南讹[㉖]，敬致[㉗]。日永[㉘]，星火[㉙]，以正仲夏。厥民因[㉚]，鸟兽希革[㉛]。分命和仲，宅西，曰昧谷，寅饯纳日[㉜]，平秩西成[㉝]。宵中[㉞]，星虚[㉟]，以殷仲秋。厥民夷[㊱]，鸟兽毛毨[㊲]。申命和叔，宅朔方[㊳]，曰幽都，平在朔易[㊴]。日短[㊵]，星昴[㊶]，以正仲冬。厥民隩[㊷]，鸟兽氄毛[㊸]。帝曰：“咨[㊹]！汝羲暨和[㊺]，期三百有六旬有六日[㊻]，以闰月定四时，成岁。允厘百工[㊼]，庶绩咸熙[㊽]。

帝曰："畴咨若时登庸[49]？"

放齐曰："胤子朱启明[50]。"

帝曰："吁！嚚讼可乎[51]？"

帝曰："畴咨若予采[52]？"

欢兜曰："都！共工方鸠僝功[53]。"

帝曰："吁！静言庸违，象恭滔天[54]。"

帝曰："咨！四岳，汤汤洪水方割，荡荡怀山襄陵，浩浩滔天。下民其咨，有能俾乂[55]？"

佥曰："於！鲧哉[56]。"

帝曰："吁！咈哉，方命圮族[57]。"

岳曰："异哉！试可乃已[58]。"

帝曰，"往，钦哉[59]！"九载，绩用弗成。

帝曰："咨！四岳。朕在位七十载，汝能庸命，巽朕位[60]？"

岳曰："否德忝帝位[61]。"

曰："明明扬侧陋[62]。"

师锡帝曰："有鳏在下[63]，曰虞舜。"

帝曰："俞[64]！予闻，如何？"

岳曰："瞽子，父顽，母嚚，象傲，克谐。以孝烝烝，乂不格奸[65]。"

帝曰："我其试哉！"女于时[66]，观厥刑于二女[67]。"厘降二女于妫汭，嫔于虞[68]。

帝曰："钦哉！"

【注解】

①文：治理天下。思：考虑事情很果断，有计谋。②宅：充满。③逊：退避。让：禅让。④曰若：发语辞，常用于追述往事的开端。稽：考察。⑤钦：恭敬。明：明察四方。安安：温和，宽容。钦、明、文、思、安安，概指尧的五德。⑥允：诚实。恭：恭谨。克：能够。让：推贤尚善。⑦被：覆盖。四表：四海之外。⑧格：到达。上下：指天地。⑨俊：才智超人。⑩九族：君主的至亲，指高祖、曾祖、祖、父、自己、子、孙、曾孙、玄孙九代。⑪平：分辨。章：彰明。百姓：百官族姓。⑫黎：众。于变：相递变化。时：善。雍：和睦。⑬羲和：羲氏与和氏，相传都是重黎的后代，世世掌管天地和四时。⑭若：顺从。昊：广大。⑮历：推算。象：取法。⑯宅：居住。嵎夷：地名，相传在东海之滨。⑰旸（yáng）谷：传说中日出的地方。⑱寅：恭敬。宾：迎。⑲平秩：辨别测定。作：始。⑳日中：指春分，这一天昼夜长短相等。㉑星鸟：星名，南方朱雀七宿。㉒殷：确定。仲：每季中间的那一个月。㉓厥：其。析：分散。㉔孳尾：生育繁衍。㉕申：重，又。交：地名，指交趾。㉖讹：运行。㉗致：归来。㉘日永：指夏至，这一天白昼最长。永：长。㉙星火：火星名，东方青龙七宿之一。㉚因：就高地而居。㉛希革：羽毛稀疏。㉜饯：送行。纳日：落日。㉝西成：太阳西落的时刻。成：终。㉞宵中：指秋分，这一天昼夜长短相等。㉟星虚：星名，北方玄武七宿之一。㊱夷：平，指回到平地居住。㊲毨（xiǎn）：羽毛更生。㊳朔方：北方。㊴平：辨别。在：观察。易：改易，这里指运行。㊵日短：指冬至，这一天白昼最短。㊶星昴（mǎo）：星名，西方白虎七宿之一。㊷隩（yù）：室，这里指入室避寒。㊸氄（rǒng）毛：柔软的细毛。㊹咨：叹词。㊺暨：与。㊻期：指一周年。有：通"又"。旬：十日。㊼允：用。厘：治。百工：百官。㊽庶：众。咸：都。熙：兴。㊾畴：谁。若：顺应。登庸：升用。㊿放齐：人名，尧帝之臣。胤（yìn）：后代。朱：指尧的儿子丹朱。启明：开明，指明白政事。[51]吁：惊异之词。嚚（yín）：不说忠信的话。讼：争辩。[52]采：政事。[53]"欢兜"两句：欢兜：人名，尧帝之臣，四凶之一。都：语气词，表赞美。共工：人名，尧

帝之臣，四凶之一。方：通“防”，防止。鸠：通“救”，救护。僝（zhuàn）：具有。㊹“静言”两句：静言：巧言。庸：常。违：邪僻。象恭：貌似恭敬。滔：轻慢。㊺四岳：四方诸侯之长。汤汤（shāng）：水大的样子。方：普遍。割：危害。荡荡：广大的样子。怀：包围。襄：漫过。滔天：指巨浪冲天的样子。俾：使。乂（yì）：治理。㊻“佥曰”句：佥：都。於：叹词，表赞美。鲧：尧帝之臣，夏禹的父亲。㊼“咈哉”两句：咈（fú）：违背。方命：放弃教命。圮（pǐ）：毁坏。族：族类。㊽“异哉”两句：异：举，起用。已：用。㊾钦：敬。㊿“汝能”两句：庸：用。巽（xùn）：践：履行，升任。61否（pǐ）：鄙陋。忝（tiǎn）：辱，不配。62明明：明察贤明的人。扬：推举。侧陋：疏远隐匿，指地位卑微的人。63“师锡”句：师：众人。锡：提议。鳏：疾苦的人。64俞：对，表示肯定意义的应对副词。65瞽（gǔ）：瞎子，这里指舜的父亲乐官瞽瞍。顽：不依德义。象：指舜的异母弟弟。克：能够。烝烝：厚美。格：至。奸：邪恶。66女：嫁女。时：通“是”，指舜。67刑：法则。二女：指尧的两个女儿娥皇、女英。68厘：命令。妫（guī）：水名。汭（ruì）：河流弯曲之处，这里指舜居住的地方。嫔：嫁人为妇。

【译文】

帝尧在位时，睿智而果断，光辉普照天下。后来，帝尧想把帝位禅让给虞舜。史官据此写成《尧典》。

查考古代的旧事，可知尧帝的名字叫做放勋，他恭敬节俭，明察四方，智虑通达，待人宽厚，性格温和。他推贤让善，光辉普照四方，泽及天地。尧帝发挥大德，使亲族关系和睦。亲族之间和睦相处，他又辨明百官族姓的善恶。百官族姓的善恶辨明以后，又协调诸侯之间的关系。这样，天下百姓在相递变化之中和睦相处。

于是，尧帝命令羲氏、和氏恭谨地奉行天道，让他们推算日月星辰的运行规律，制定历法，以教导人民按照时令节气从事农业生产。尧帝又命令羲仲居住在东方的旸谷，让他恭敬地迎接日出，测定日出的时刻。昼夜长短相等，黄鸟在黄昏时出现于正南方，依照这种情况可以确定仲春时节。在这个时节，百姓开始分散于田间进行耕作，鸟兽开始生育繁殖。又命令羲叔住在南方的交趾，辨明测定太阳向南的运行规律，恭敬地迎接太阳南归。白天时间最长，火星在黄昏时出现于正南方，依照这种情况可以确定仲夏时节。在这个时节，百姓都迁居到高处，鸟兽的羽毛都稀疏了。尧帝又命令和仲住在西方一个名叫昧谷的地方，让他辨明测定日落的时刻。昼夜长短相等，虚星在黄昏时出现于正南方，依据这种情况可以确定仲秋时节。在这个时节，百姓又迁居到平地上，鸟兽长出新的羽毛。又命令和叔居住在北方一个名叫幽都的地方，让他谨慎观察太阳北行的规律。白天时间最短，昴星在黄昏时出现于天的正南，依据这种情况可以确定仲冬时节。在这个时节，百姓都躲在室内生火取暖（以躲避寒冷），鸟兽都长出了柔软细密的毛。尧帝说：“啊！羲氏与和氏啊，你们以三百六十六天为一周年，要用加闰月的办法来确定四季而构成一年。在这个基础上，明确地划分百官的职责，这样各种事情就都兴起了。”

尧帝问：“谁能顺应天命，可以提升任用呢？”

放齐说：“您的儿子丹朱明白政事，可以担当重任。”

尧帝说：“唉！丹朱为人浮夸，又喜好辩论，怎么能担此重任呢？”

尧帝问：“谁能遵循我的法度处理政务呢？”

欢兜说：“哦！共工防治水灾取得了很大的成绩，可以担当重任。”

尧帝说：“唉！共工虚情假意，为人邪僻，看似恭敬谨慎，实则连上天都敢轻慢。”

尧帝说：“啊！四方诸侯的君长啊，滔滔洪水为害人间，水势汹涌包围了大山，漫过了丘陵，浩浩荡荡，波浪滔天，百姓都在忧愁叹息，谁能治理洪水呢？”

诸侯们都说："啊！鲧可以担此重任。"

尧帝说："唉！不行啊，这个人违逆乖戾，常常不服从命令，危害同族。"

诸侯们说："起用他吧，让他试一试，如果不行，就罢免他的职务。"

尧帝说："那么你就去吧！鲧啊，你一定要谨慎行事啊！"鲧治水九年，未见成效。

尧帝说："啊！四方诸侯的君长啊，我在位已经七十年了，你们谁能承受天命，替代我而成为天子呢？"

诸侯们说："我们的德行鄙陋，恐难担当重任。"

尧帝说："可以考察贵族中的贤明之人，也可以举用身份卑微的贤良之士。"

诸侯们说："民间有一个贫苦的人，名字叫做虞舜。"

尧帝说："啊！这人我也听说过，他的为人到底怎么样呢？"

众人回答说："他是乐官瞽瞍的儿子，其父瞽瞍心术不正，继母爱说谎话，他的异母弟傲慢骄狂，但舜能够与他们和睦相处。因为他的品德厚美，既能很好处理与家人的关系，又不使自己沦于邪恶。"

尧帝说："我考验考验他吧。我要把两个女儿嫁给舜，以便从女儿那里考察舜的行事准则和道德修养。于是，尧帝命令自己的两个女儿到妫水的拐弯处，嫁给虞舜为妻。

尧帝勉励道："要恭敬地处理政事啊！"

◎舜　典◎

【原文】

虞舜侧微[①]，尧闻之聪明，将使嗣位[②]，历试诸难，作《舜典》。

曰若稽古，帝舜曰重华，协于帝。浚哲文明[③]，温恭允塞[④]。玄德升闻[⑤]，乃命以位。慎徽五典[⑥]，五典克从[⑦]。纳于百揆，百揆时叙[⑧]。宾于四门，四门穆穆[⑨]。纳于大麓，烈风雷雨弗迷[⑩]。

帝曰："格[⑪]！汝舜。询事考言[⑫]，乃言厎可绩[⑬]，三载。汝陟帝位[⑭]。"舜让于德，弗嗣。

正月上日，受终于文祖[⑮]。在璇玑玉衡，以齐七政[⑯]。肆类于上帝[⑰]，禋于六宗[⑱]，望于山川，遍于群神[⑲]。辑五瑞[⑳]，既月乃日[㉑]，觐四岳群牧，班瑞于群后[㉒]。

岁二月，东巡守，至于岱宗，柴[㉓]。望秩于山川[㉔]，肆觐东后，协时月正日[㉕]，同律度量衡[㉖]。修五礼、五玉、三帛、二生、一死贽[㉗]。如五器，卒乃复[㉘]。五月，南巡守，至于南岳，如岱礼。八月，西巡守，至于西岳，如初。十有一月，朔巡守，至于北岳，如西礼。归，格于艺祖，用特[㉙]。

五载一巡守，群后四朝。敷奏以言[㉚]，明试以功，车服以庸[㉛]。

肇十有二州[㉜]，封十有二山[㉝]，浚川。

象以典刑[㉞]，流宥五刑[㉟]，鞭作官刑，扑作教刑[㊱]，金作赎刑。眚灾肆赦[㊲]，怙终贼刑[㊳]。钦哉！钦哉！惟刑之恤哉[㊴]！

流共工于幽州，放欢兜于崇山，窜三苗于三危[㊵]，殛鲧于羽山[㊶]，四罪而天下咸服。

二十有八载，帝乃殂落[㊷]，百姓如丧考妣[㊸]。三载，四海遏密八音[㊹]。月正元日，舜格于文祖，询于四岳，辟四门，明四目，达四聪。

"咨，十有二牧[㊺]！"曰："食哉惟时！柔远能迩[㊻]，惇德允元[㊼]，而难任人[㊽]，蛮夷率服。"

舜曰："咨，四岳！有能奋庸熙帝之载[49]，使宅百揆亮采[50]，惠畴？"

佥曰："伯禹作司空[51]。"

帝曰："俞！咨[52]！禹，汝平水土，惟时懋哉[53]！"禹拜稽首[54]，让于稷契暨皋陶。

帝曰："俞！汝往哉！"

帝曰："弃，黎民阻饥[55]，汝后稷[56]，播时百谷[57]。"

帝曰："契，百姓不亲，五品不逊[58]，汝作司徒，敬敷五教[59]，在宽。"

帝曰："皋陶，蛮夷猾夏[60]，寇贼奸宄[61]。汝作士，五刑有服[62]，五服三就[63]，五流有宅[64]，五宅三居[65]。惟明克允[66]！"

帝曰："畴若予工[67]？"

佥曰："垂哉[68]！"

帝曰："俞，咨！垂，汝共工[69]。"垂拜稽首，让于殳斨暨伯与[70]。

帝曰："俞！往哉！汝谐[71]。"

帝曰："畴若予上下草木鸟兽[72]？"

佥曰："益哉[73]！"

帝曰："俞，咨！益，汝作朕虞[74]。"益拜稽首，让于朱虎、熊罴[75]。

帝曰："俞，往哉！汝谐。"

帝曰："咨！四岳，有能典朕三礼[76]？"

佥曰："伯夷。"

帝曰："俞，咨！伯，汝作秩宗[77]。夙夜惟寅[78]，直哉惟清。"

伯拜稽首，让于夔龙[79]。

帝曰："俞，往，钦哉！"

帝曰："夔！命汝典乐，教胄子[80]，直而温，宽而栗[81]，刚而无虐，简而无傲。诗言志，歌永言，声依永，律和声。八音克谐，无相夺伦[82]，神人以和。"

夔曰："於[83]！予击石拊石[84]，百兽率舞。"

帝曰："龙，朕堲谗说殄行[85]，震惊朕师[86]。命汝作纳言[87]，夙夜出纳朕命，惟允！"

帝曰："咨！汝二十有二人，钦哉！惟时亮天功[88]。"

三载考绩，三考，黜陟幽明[89]，庶绩咸熙[90]，分北三苗[91]。

舜生三十征，庸二十[92]，在位五十载，陟方乃死[93]。

【注解】

①侧：隐居民间。微：出身微贱。②嗣：继承。③浚（jùn）：深远。哲：智慧。④允：确实。塞：充满。⑤玄：潜行，潜修。升闻：上闻于朝廷。⑥徽：美，善。五典：五常，即父义、母慈、兄友、弟恭、子孝五种常教。⑦克：能够。从：顺从。⑧"纳于"两句：纳：入。百揆（kuí）：百事。时叙：承顺。⑨"宾于"两句：宾：迎接宾客。穆穆：容仪敬谨。⑩"纳于"两句：大麓：官名，主管山林。迷：迷误。⑪格：呼唤之词，来。⑫询：谋划。⑬厎（zhǐ）：一定。绩：成功。⑭陟（zhì）：升，登。⑮"正月"两句：上日：吉日。受终：接受尧帝终结的帝位。文祖：尧的太庙。⑯"在璇玑"两句：在：观察。璇玑玉衡：指北斗七星。齐：排列。七政：七项政事，即祭祀、班瑞、东巡、南巡、西巡、北巡、归格艺祖。⑰肆：于是。类：祭名，是向天帝报告继承帝位之事的祭礼。⑱禋（yīn）：祭名，指洁祀。六宗：指天地与四时。⑲"望于"两句：望：祭祀山川之礼。遍：按群神的尊卑次序祭祀。⑳辑：收集。五瑞：诸侯作为信符的五种玉器。㉑既月乃日：择定吉月吉日。日和月都用作动词。㉒"觐四岳"两句：觐：

朝见天子。牧：官长。班：同“颁”，分发。后：君长。㉓“至于”两句：岱宗：东岳泰山。柴：祭名，祭祀时把牺牲放在积柴上面燔烧。㉔秩：次序。㉕协：合。时：春夏秋冬四时。正：确定。㉖同：统一。律：古乐音律。度：丈尺。量：斗斛。衡：斤两。㉗五礼：公侯伯子男五等朝聘之礼。五玉：即五瑞，拿着称瑞，陈列称玉。三帛：供垫玉用的赤、黑、白三种颜色的丝织品。二生：活羊羔和雁。一死：一只死去的野鸡。贽：初次拜见时所带的礼物。㉘“如五器”两句：如：而。五器：即上文所说的五玉。卒乃复：礼毕就归还。㉙“格于”两句：格：到。艺祖：即文祖。特：一只公牛。㉚敷：普遍。㉛庸：功劳。㉜肇（zhào）：正，指划定州界。㉝封：封土为坛而祭祀。㉞象：刻画。典：常。㉟流：流放。宥（yòu）：宽恕。五刑：指墨、劓、剕、宫、大辟五种刑罚。㊱扑：古时学校用来打人的木棍。㊲眚（shěng）：过错。肆：就。㊳怙：依仗。贼：通“则”，就。㊴恤：谨慎。㊵三苗：古国名。三危：古地名，在西部边远地区。㊶殛（jí）：流放。羽山：古地名，在东部边远之处。㊷殂（cú）落：死亡。㊸考：死去的父亲。妣：死去的母亲。㊹遏（è）：停止。密：静止。八音：金、石、丝、竹、匏、土、革、木八种音乐，这里泛指一切音乐演奏。㊺牧：州的行政长官。㊻柔：安抚。能：善。迩：近。㊼惇：厚。允：信。元：善。㊽难：拒绝。任人：奸邪的人。㊾熙：光大。载：事业。㊿宅：居。百揆：官名。亮：辅导。采：事。51 司空：三公之一，掌管土地。52 俞：副词，表肯定意义。咨：叹词。53 时：通“是”，指百揆之职。懋（mào）：勉励。54 稽首：叩头。55 阻饥：困厄于饥。56 后：主持。稷：官名，主管农业。57 时：通“莳”，耕种。58 五品：指父、母、兄、弟、子。逊：和顺。59“汝作”两句：司徒：官名，主管教化，三公之一。敷：施行。五教：五品之教，即父义、母慈、兄友、弟恭、子孝。60 猾：扰乱。夏：指华夏大地。61 寇：抢劫。贼：杀人。奸宄（guǐ）：犯法作乱的事情。62“汝作士”两句：士：狱官之长。服：用。63 三就：三个处所，即野、朝、市。64 五流：五种流刑。宅：处所。65 三居：远近不同的三个地方。66 明：明察。克：能够。允：信服。67 若：善。工：官名，掌管百工之官。68 垂：人名。69 共工：官名。70 殳（shū）斨（qiāng）：人名。伯与：人名。71 谐：同“偕”，一同。72 上：指山陵。下：指草泽。73 益：人名。74 虞：掌管山林的官。75 朱虎：人名。熊罴：人名。76 典：主持。三礼：天神、人鬼、地示之礼。77 秩宗：官名，掌管祭礼的仪礼。78 夙：早晨。寅：敬。79 夔：人名。龙：人名。80 胄子：未成年的人。81 栗：谨慎。82 夺：失去。伦：理，次序。83 於（wū）：叹词。84 拊（fǔ）：轻轻叩击。石：石磬，乐器。85 塈（jí）：厌恶。殄（tiǎn）：贪婪。86 师：民众。87 纳言：官名，帝王的代言人。88 时：善。亮：领导。天功：天下大事。89 黜（chù）：罢免。陟（zhì）：提升。幽：昏庸。明：贤明。90 庶：众。熙：兴盛。91 北：通“背”，分别。92“舜生”两句：征：被征召。庸：任用。93 陟方：巡狩南方。

舜受命管理百官，百官也都能服从。

【译文】

虞舜隐居民间，出身微贱，尧帝听说他聪明睿智，就想让他继承帝位，多次拿棘手的事情考验他。史官根据这些情况，写成了《舜典》。

查考古代的旧事，可知舜帝的名字叫做重华，他的睿智圣明与尧帝相合。他深远的智慧，温顺谦恭的美德，溢满天地之间。他潜修品德的事迹上闻于朝廷，于是被授予官职。舜谨慎地赞美父义、母慈、兄友、弟恭、子孝五种美德，臣民都能顺从这五常之教。他又受命管理百官，百官也都能服从。他在明堂四门迎接前来朝见的四方宾客，四方宾客全都仪容整肃。舜担任守护山林的官职，即使在狂风暴雨之中也不迷失方向。

尧帝说："来吧，舜啊！我和你谋划政事，考察你的言论，按照你的意见办事，一定会取得成功。我已经考察你三年了，你现在可以登上帝位了。"舜要把帝位让给更有德行的人，不愿就位。舜以德行不够为由推辞，不愿就位。但是尧帝还是把帝位禅让给了虞舜。

在正月的一个吉日，舜在尧的太祖宗庙接受了禅让的帝位。他观察了北斗星的运行情况，列出了七项政务。接着向上天报告继承帝位的事情，祭祀天地四时以及山川和群神。舜又聚敛诸侯的圭玉，挑选良辰吉日，接受四方诸侯君长的朝见，把圭玉颁发给他们。

这一年二月，舜到东方巡视，到了泰山，举行了柴祭，并依照地位尊卑依次祭祀了其他山川诸神，然后接受了东方诸侯国君的朝见。舜协合春夏秋冬的月份，确定了天数；统一了音律和度量衡；制定了公侯伯子男朝见的礼节，规定了各种献礼的制度。朝见结束后，舜帝便把五种瑞玉归还给诸侯。五月，舜帝到南方巡视，到达南岳，像祭祀泰山那样行礼仪。八月，舜帝到西方巡视，到了西岳，祭祀礼仪和在泰山、南岳时一样。十一月，舜帝到北方巡视，到达北岳，祭祀礼仪和在西岳时相同。舜帝回来后，到太庙祭祖，所用的祭品是一头公牛。

此后，舜每隔五年就巡视一次。各方诸侯都在四岳朝见，普遍地报告自己的政务。然后舜帝根据诸侯的政绩进行评定，论功行赏，赐给他们车马衣服。

舜帝开始划定十二个州的疆界，在十二州的名山上封土为坛，举行祭礼，并疏通了河道。

舜把五种常用刑罚的图样刻画在器物上，以警示民众，用流放的办法代替五刑以示宽大，以鞭打作为官府的刑罚，把用木条责打定为学校的刑罚，还规定可以用金来赎罪。因为过失犯罪，可以赦免；要是有所依仗而不知悔改，就要施加刑罚。慎重啊，慎重啊，使用刑罚时一定要慎重！

舜帝把共工流放到北方的幽州，把欢兜流放到南方的崇山，把三苗驱逐到西方的三危，把鲧流放到东方的羽山。这四个罪人受到了应有的惩罚，天下人都心悦诚服。

舜帝继位二十八年后，尧帝去世了，群臣和百姓像失去父母一样悲痛。三年内，全国上下停止演奏音乐，一片沉寂。三年后的正月初一，舜帝到太庙告祭，召集四方诸侯谋划政务，打开明堂的四方之门宣布政教，使四方民众看得明、听得清。

"啊，十二州的君长！"舜帝说，"农业生产不要违背农时！要安抚远方的民众，要善待近处的臣民。要厚待有德之人，信任善良之人，远离奸佞小人。这样，四方的外族都会臣服于你。"

舜帝说："啊，四方诸侯！谁能奋发图强，光大先帝的事业，管理百官，辅佐朝廷理顺政事呢？"

众人都说："让伯禹做司空吧。"

舜说："好啊！"告诫禹说："你来治理水土，希望你更要努力做好百揆的事情啊！"禹行叩拜之礼，想推让给稷、契和皋陶。

舜说："就这样了，还是你来担当吧！"

舜说："弃，现在民众都在忍饥挨饿，你去掌管农事，教导民众播种谷物吧。"

舜说："契，百官之间关系不和谐，父母兄弟子女之间关系不和顺，你去担任司徒，谨慎恭敬地施行五常之教，着重教导他们做人要宽厚仁慈。"

舜说：“皋陶，外族侵扰中原，抢劫杀人，给我们制造祸端。你去处理刑狱，用五刑处置那些罪人。五刑各有使用的方法，执行五刑要在郊野、市、朝三个不同的地方。五种流放各有处所，分别流放到远近不同的三个地方。明察案情，公正处罚，就能使人信服。”

舜说：“谁能担任百工之长呢？”

都说：“垂可以。”

舜说：“好啊！”告诫垂说：“你去担任共工之职吧。”垂行了叩拜之礼，想推让给殳斨和伯与。

舜说：“就这样了，去吧！你们一起去吧。”

舜说：“谁能管理山林草泽中的草木鸟兽呢？”

都说：“益可以。”

舜说：“好吧。”告诫益说：“你做我的虞官，管理山林吧。”益行叩拜礼，想推让给朱虎、熊罴。

舜说：“好吧，去吧！你们一起去吧。”

舜说：“四方诸侯啊，谁能替我主持祭祀天神、地祇、人鬼的三礼呢？”

都说：“伯夷可以。”

舜说：“好吧，伯夷，我任命你做掌管祭祀的礼官吧，从早到晚你都要恭敬行事，内心要正直清明。”

伯夷行叩拜礼，想推让给夔、龙。

舜说：“行了，你去吧，你要谨慎行事啊！”

舜说：“夔，任命你担任乐官，负责教导那些年轻人，要让他们正直而温和，宽厚而谨慎，刚毅而不妄为，简朴而不高傲。诗是用来表达情志的，歌所咏唱的就是表达情志的言辞，声调要根据咏唱的感情而确定，音律要合于声调。金、石、丝、竹、匏、土、革、木这八音能够和谐一致，不互相干扰。这样，人听了以后才能欢快愉悦。”

夔说：“啊！让我敲击石磬，奏起乐曲，让扮演百兽的舞队依着音乐跳舞吧！”

舜说：“龙，我厌恶谗言和暴行，因为它使我的臣民惊恐害怕。我现在任命你为纳言官，早晚传达我的旨意，上报臣民的意见，一定要真实啊！”

舜说：“好啦，你们这二十二个人，要恭谨地履行自己的职责，要好好地辅佐我完成大业啊！”

舜帝每过三年考察一次政绩，考察三次之后，就确定官员的升降。这样，远近各项事业都兴盛起来了。同时，又分别处理了流放在北部边境的三苗氏部族。

舜帝三十岁被举用，在官位二十年，在帝位五十年，巡狩南方时在途中去世。

◎益　稷◎

【原文】

帝曰：“来，禹！汝亦昌言。”禹拜曰：“都！帝，予何言？予思日孜孜[1]。”皋陶曰：“吁！如何？”禹曰：“洪水滔天，浩浩怀山襄陵[2]，下民昏垫[3]。予乘四载[4]，随山刊木[5]，暨益奏庶鲜食[6]。予决九川距四海[7]，浚畎浍距川[8]。暨稷播，奏庶艰食鲜食[9]。懋迁有无[10]，化居[11]。烝民乃粒[12]，万邦作乂[13]。”皋陶曰：“俞！师汝昌言[14]。”

禹曰："都！帝。慎乃在位[15]。"帝曰："俞！"禹曰："安汝止[16]，惟几惟康[17]，其弼直，惟动丕应。徯志以昭受上帝[18]，天其申命用休[19]。"

帝曰："吁！臣哉，邻哉[20]！邻哉，臣哉！"

禹曰："俞！"

帝曰："臣作朕股肱耳目[21]。予欲左右有民，汝翼[22]。予欲宣力四方，汝为[23]。予欲观古人之象[24]，日、月、星、辰、山、龙、华虫、作会[25]；宗彝、藻、火、粉米、黼黻，絺绣[26]。以五采彰施于五色[27]，作服，汝明。予欲闻六律五声八音[28]，在治忽[29]，以出纳五言[30]，汝听。予违，汝弼，汝无面从，退有后言[31]。钦四邻[32]！庶顽谗说，若不在时，侯以明之[33]，挞以记之[34]；书用识哉[35]，欲并生哉！工以纳言，时而飏之[36]；格则承之庸之[37]，否则威之[38]。"

禹曰："俞哉！帝，光天之下，至于海隅苍生[39]，万邦黎献[40]，共惟帝臣，惟帝时举。敷纳以言，明庶以功[41]，车服以庸[42]。谁敢不让，敢不敬应？帝不时敷[43]，同，日奏，罔功。"

帝曰："无若丹朱傲[44]，惟慢游是好，傲虐是作[45]。罔昼夜頟頟[46]，罔水行舟，朋淫于家[47]。用殄厥世[48]，予创若时[49]。"

禹曰："娶于涂山，辛壬癸甲[50]；启呱呱而泣[51]，予弗子[52]，惟荒度土功[53]。弼成五服[54]，至于五千。州十有二师[55]。外薄四海，咸建五长，各迪有功[56]。苗顽弗即工[57]，帝其念哉！"

帝曰："迪朕德，时乃功，惟叙。"

皋陶方祗厥叙，方施象刑，惟明[58]。

夔曰[59]："戛击鸣球，搏拊[60]，琴、瑟，以咏。"祖考来格，虞宾在位，群后德让[61]。下管鼗鼓[62]，合止柷敔[63]，笙镛以间[64]，鸟兽跄跄[65]，《箫韶》九成[66]，凤皇来仪[67]。

夔曰："於！予击石拊石，百兽率舞，庶尹允谐[68]。"

帝庸作歌[69]。曰："敕天之命[70]，惟时惟几。"乃歌曰："股肱喜哉！元首起哉！百工熙哉！"

皋陶拜手稽首飏言曰[71]："念哉！率作兴事，慎乃宪[72]，钦哉！屡省乃成，钦哉！"乃赓载歌曰[73]："元首明哉，股肱良哉，庶事康哉！"又歌曰："元首丛脞哉[74]，股肱惰哉，万事堕哉！"

帝拜曰："俞！往钦哉！"

【注解】

①孜孜：勤敏，努力不懈。②怀：包围。襄：漫上。③昏垫：沉没陷落。④四载：四种运载工具。陆行乘车，水行乘舟，泥行乘撬，山行乘轿。⑤刊：砍，砍伐树木作为路标。⑥暨：和。奏：进，送。鲜食：刚刚宰杀的鸟兽。⑦决：疏通。距：到达。⑧浚：深挖疏通。畎（quǎn）浍（kuài）：田间的水沟。⑨艰食：百谷。⑩懋迁：指贸易。⑪化居：指迁移积居的货物。⑫烝：众多。粒：通"立"，安定。⑬作：开始。乂：治理。⑭师：通"斯"，这。⑮在位：当权之人，指大臣。⑯止：举止。⑰惟：思考。几：危险。康：安康。⑱徯（xī）：等待。志：德，指有德的人。昭：明白。⑲其：将。申：重复。休：美。⑳邻：四邻，指最亲近的大臣。㉑股肱：大腿和手臂。㉒"予欲"两句：左右：引导。有：名词词头。翼：辅助。㉓宣：用。为：助。㉔观：显示。象：衣服上的图像。㉕华虫：野鸡。会：画。㉖宗彝：宗庙祭祀的青铜礼器，它的上面刻有虎形，所以代指虎。藻：水草。粉米：白米。黼（fǔ）：礼服上黑白相间的斧形图案。黻（fú）：礼服上黑青相间的两个"己"字相背的图案。絺（chī）：缝。㉗五采：五种颜料。㉘六律：古代有十二乐律，即黄钟、大吕、太簇、夹钟、姑洗、仲吕、蕤宾、林

钟、夷则、南吕、无射、应钟。它们分为阴阳两类，单数者为阳律，称六律；双数者为阴律，称六吕。五声：五种高低不同的音阶，即宫、商、角、徵、羽。八音：八种乐器，指金、石、丝、竹、匏、土、革、木。㉙在：察。治忽：治乱。㉚五言：东西南北中五方的言论。㉛“汝无”两句：无：不要。面从：当面听从。后言：背后议论。㉜四邻：天子身边的亲近大臣，即左辅、右弼、前疑、后丞。㉝侯：箭靶。古代以射侯之礼区分善恶，不贤之人不能参与射侯。㉞挞（tà）：打。记：诫。㉟识（zhì）：记录。㊱时：善。飏：通“扬”，宣扬。㊲格：正。承：进。庸：用。㊳威：惩罚。㊴隅：靠边沿的地方。苍生：黎民。㊵献：贤，指贤人。㊶庶：通“度”，考察。㊷庸：功劳。㊸敷：分辨。㊹若：像。丹朱：尧的儿子。㊺虐：同“谑”，戏谑，开玩笑。㊻罔：无论。额额（è）：不休息。㊼朋：群。㊽用：因此。殄：灭绝。世：父子相承。㊾创：悲伤。㊿“娶于”两句：涂山：指居住在涂山中的部落。辛壬癸甲：从辛日到甲日，指婚事的时间共四天。51 启：禹的儿子。52 子：爱抚。53 荒：忙。度：考虑。土功：治理水土的事。54 弼：重新。成：定。五服：五种服役地区，即甸服、侯服、绥服、要服、荒服。55 师：二千五百人为师。十二师共三万人。56“外薄”三句：薄：靠近。建五长：每五个诸侯国设一个长。迪：领导。57 即工：接受工作。58 明：清明。59 夔：人名，舜帝时的乐官。60“戛击”两句：戛（jiá）：敲击。鸣球：一种乐器，即玉磬。搏拊：一种皮革制成的打击乐器，像小鼓。61 群后：各诸侯的国君。德：升堂。让：揖让。62 下：庙堂之下。管：竹制乐器。鼗（táo）：一种小鼓。63 合止：合乐和止乐。柷（zhù）：一种打击乐器，用于乐曲开始。敔（yǔ）：一种打击乐器，用于乐曲结束。64 笙：一种管状乐器。镛：大钟。65 跄跄（qiàng）跳动的样子。66 九成：奏乐时要变更九次才结束。67 来仪：成双成对地舞动。68 尹：官长。69 庸：因此。70 敕：勤劳。71 稽（qǐ）首：古代的一种跪拜礼，双膝下跪，叩头至地。72 宪：法度。73 赓（gēng）：继续。74 丛脞（cuǒ）：细碎、烦琐。

十二黼黻——华虫。

十二黼黻——米粉。

十二黼黻——藻。

十二黼黻——宗彝。

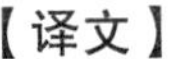

【译文】

帝舜对禹说：“来吧，禹！你也说说你的好意见。”禹拜谢道：“啊！舜帝，让我说什么呢？我只是想每天孜孜不倦地为陛下工作罢了。”皋陶说：“啊！你是怎么做的呢？”禹说：“洪水弥漫连天，浩浩荡荡地包围了山岳，淹没了丘陵，老百姓有溺水之患。我乘坐四种运载工具，沿着山路砍削树木作为标识，和益一起把刚宰杀的鸟兽送给百姓。我疏通九州的大河，把河水引进大海，还挖深疏通了田地里的大水沟，把水引入大河之中。我又和稷一起种植粮食，把百谷和鸟兽之肉赠与百姓。我发展贸易，让人们互通有无，各诸侯国才得以安定。”皋陶在旁说：“对啊！你这番话说得真好啊！”

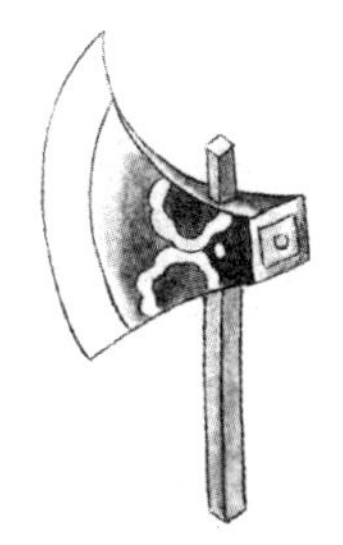

十二黼黻——黼。

禹说：“啊！舜帝，你要特别小心谨慎地对待在位的大臣啊！”舜帝说：“是呀！”禹说：“举止要稳重，（不要当止而不停止，）要考虑天下的安危，任用刚直不阿的良臣辅佐你，这样，君主一有行动，就会立即得到万民的响应。等待有德之人明确地接受上帝的旨意，上帝就会再次告诉你施行美好的德政。”

舜帝说：“啊！大臣就是我的至亲啊！我的至亲就是大臣啊！”

禹说：“是啊！”

十二黼黻——黻。

舜帝接着说："臣子应该成为我的手足耳目。我要引导人民，你应当辅佐我完成这样的大业。我要努力治理四方,你应尽力帮助我。我想把古人服饰上的图案展示给大家看，把日、月、星、辰、山、龙、野鸡等图案，绘制到衣服上；把虎、水草、白米以及各种花纹绣到衣服上。用五彩颜料按五种色别做成礼服,你们要把这些事都做好。我要听六律、五声、八音等各种乐律，通过声音来考察治乱，以听取各方面的意见，你要仔细听清楚；我有过失之处，你要匡正扶助我，你不要当面唯唯诺诺，下去就在背地里议论。我敬重前后左右的大臣，至于那些进谗言邀宠信的邪恶之徒，如果不能懂得做臣子的道理，那就用射侯之礼明确地教训他们；用鞭打惩戒他们；用刑书记录他们为非作歹的行为，要用这三种办法让他们重获新生。根据进纳的言论选用官吏，有善则扬，正确的意见要遵照执行，否则就要用刑罚来威慑他。"

禹说："好啊！舜帝，普天之下以至于四海之内的所有百姓，天下万邦的众多贤士，都是你的臣民，你要根据时势举拔任用。周到地倾听和采纳他们的意见，公正明确地任用他们，使其建立功勋，论功行赏，赐予他们不同等级的车马礼服，这样谁敢不让贤呢？谁敢不恭敬地响应帝命呢？如果你不善于区分，而是让贤愚善恶的人同时在位，那么即使天天举用人，治国也不会取得成效。"

帝舜说："不要像丹朱那样傲慢，不要只想着懒惰嬉戏，不要日夜不停地纵情享乐。当大水退去时，他还让人载着他在浅水里推来拖去，供他玩耍，甚至在家里也肆意淫乱。因为这些情况，最终使他失去了继承帝位的资格。我实在为他感到悲哀啊！"

禹说："我娶了涂山氏的女儿为妻,在辛日那天成婚,只在家中度过壬日、癸日、甲日，就离家忙着去治理洪水了。儿子启出生以后在家呱呱地哭，我也顾不上爱抚他，只是忙着尽全力治理洪水。最终辅佐陛下完成了划天下为五服的大业，使四方疆域扩展到离王城五千里远的地方。每州征集三万人，从九州一直到四海边地，每五方诸侯各设一个诸侯长，让他按照正道领导治水事业。只有三苗不服管教，负隅抵抗。舜帝，你可要多加注意啊！"

舜帝说："还是用德教去引导他们吧，如果能够顺应时势行事，三苗应该会顺从我。"

现在皋陶正恭谨地从事自己的事业，正把各种刑罚的图案刻到器物上，用以警示民众，以使他们畏服。"

夔说："我们敲击石磬，打起搏拊，弹奏琴瑟，唱起歌来吧！"乐声感动了祖先，神灵全都降临。这时舜帝的宾客都就位了，各国诸侯登堂助祭，也都以德相互礼让。庙堂之下吹起管乐，小鼓和大鼓齐奏，用柷敔相配合，用匏笙和镛钟作为间奏，扮演飞禽走兽的舞队踏着节奏起舞。舜的大舞《箫韶》九曲演奏完毕以后，扮演凤凰的舞队也成双成对地翩翩起舞了。

夔又说："啊！我击打着石磬，扮演各种兽的舞队相继起舞，诸位官员也合着曲子一起跳舞吧。"

舜帝即兴唱了一首歌，他唱道："遵从上天的命令，像这样就差不多了。"接着唱道："大臣们欢欣鼓舞啊！君王们多么兴奋啊！百事待举啊！"

皋陶跪拜叩首，大声说道："要牢记君主的教导啊！要统率群臣勤于政事，慎行法令，要认真啊！还要不断地对自己的所作所为进行反思，使事业获得成功，更应该恭谨行事啊！"于是接着作歌唱道："君主英明啊！大臣都贤良啊！万事康达啊！"停了一会儿又唱道："君王不能忙着做细碎小事啊！大臣不能怠惰啊！各种事业不能荒废啊！"

舜帝行礼拜谢说："是啊！大家都去勤勉做事，来完成我们的事业吧！"

夏　书

◎禹　贡◎

【原文】

禹别九州[①]，随山浚川，任土作贡[②]。

禹敷土，随山刊木，奠高山大川[③]。

冀州[④]：既载壶口，治梁及岐[⑤]。既修太原，至于岳阳[⑥]。覃怀厎绩，至于衡漳[⑦]。厥土惟白壤[⑧]，厥赋惟上上[⑨]，错[⑩]，厥田惟中中。恒、卫既从[⑪]，大陆既作[⑫]。岛夷皮服[⑬]，夹右碣石入于河[⑭]。

济、河惟兖州[⑮]：九河既道[⑯]，雷夏既泽，澭、沮会同[⑰]。桑土既蚕，是降丘宅土[⑱]。厥土黑坟，厥草惟繇，厥木惟条[⑲]。厥田惟中下，厥赋贞[⑳]，作十有三载乃同。厥贡漆丝，厥篚织文[㉑]。浮于济、漯[㉒]，达于河。

海、岱惟青州[㉓]：嵎夷既略，潍、淄其道[㉔]。厥土白坟，海滨广斥[㉕]。厥田惟上下。厥赋中上。厥贡盐絺，海物惟错[㉖]。岱畎丝、枲、铅、松、怪石[㉗]。莱夷作牧[㉘]。厥篚檿丝[㉙]。浮于汶[㉚]，达于济。

海、岱及淮惟徐州[㉛]：淮、沂其乂[㉜]，蒙、羽其艺[㉝]；大野既猪，东原厎平[㉞]。厥土赤埴坟，草木渐包[㉟]。厥田惟上中，厥赋中中。厥贡惟土五色[㊱]，羽畎夏翟，峄阳孤桐[㊲]，泗滨浮磬，淮夷蠙珠暨鱼[㊳]。厥篚玄纤缟[㊴]。浮于淮、泗，达于河[㊵]。

淮、海惟扬州[㊶]：彭蠡既猪，阳鸟攸居[㊷]。三江既入，震泽厎定[㊸]。篠簜既敷，厥草惟夭，厥木惟乔[㊹]。厥土惟涂泥[㊺]。厥田惟下下，厥赋下上，上错。厥贡惟金三品[㊻]，瑶、琨、篠、簜、齿、革、羽、毛惟木[㊼]。岛夷卉服[㊽]，厥篚织贝，厥包桔柚，锡贡[㊾]。沿于江、海，达于淮、泗。

荆及衡阳惟荆州[㊿]：江、汉朝宗于海[51]，九江孔殷[52]，沱、潜既道，云土梦作乂[53]。厥土惟涂泥，厥田惟下中，厥赋上下。厥贡羽、毛、齿、革惟金三品，杶、干、栝、柏[54]，砺、砥、砮、丹，惟箘、簬、楛[55]。三邦厎贡厥名[56]，包匦菁茅，厥篚玄纁玑组，九江纳锡大龟[57]。浮于江、沱、潜、汉，逾于洛，至于南河[58]。

荆、河惟豫州[59]：伊、洛、瀍、涧既入于河，荥波既猪[60]。导菏泽，被孟猪[61]。厥土惟壤，下土坟垆[62]。厥田惟中上，厥赋错上中。厥贡漆、枲、絺、纻，厥篚纤、纩，锡贡磬错[63]。浮于洛，达于河。

华阳、黑水惟梁州[64]：岷、嶓既艺[65]，沱、潜既道，蔡、蒙旅平，和夷厎绩[66]。厥土青

禹根据土地贫瘠情况制定出贡税等级。

黎，厥田惟下上，厥赋下中、三错[67]。厥贡璆、铁、银、镂、砮、磬、熊、罴、狐、狸。织皮、西倾因桓是来[68]。浮于潜，逾于沔，入于渭，乱于河[69]。

黑水、西河惟雍州[70]：弱水既西，泾属渭汭，漆沮既从，沣水攸同[71]。荆、岐既旅，终南、惇物，至于鸟鼠[72]，原隰厎绩[73]，至于猪野。三危既宅，三苗丕叙[74]。厥土惟黄壤，厥田惟上上，厥赋中下。厥贡惟球、琳、琅、玕[75]。浮于积石，至于龙门、西河[76]，会于渭汭。织皮昆仑、析支、渠搜，西戎即叙[77]。

导岍及岐[78]，至于荆山，逾于河。壶口、雷首至于太岳[79]。厎柱、析城至于王屋[80]。太行、恒山至于碣石[81]，入于海。

【注解】

①别：划分。②任土：根据土地的贫瘠。贡：贡赋。③敷：分。奠：定。④冀州：禹所划分的九州之一，在今山西省、河北省南部一带。⑤“既载”两句：载：施工。壶口：山名，在今山西省吉县南。梁：山名，在今陕西省韩城县西。岐：通“歧”，山的支脉。⑥“既修”两句：太原：今山西省太原一带，位于汾水上游。岳阳：即太岳山，在今山西省霍县东，汾水流经这里。阳：山的南面。⑦“覃怀”两句：覃（tán）怀：地名，在今河南省武陟、沁阳一带。厎（zhǐ）：获得。衡：通“横”。漳：漳水，在覃怀的北边。⑧厥：其，指冀州。壤：柔土。⑨赋：赋税，指地方的土特产。上上：第一等。《禹贡》将土质和赋税分为九等，即上上、上中、上下、中上、中中、中下、下上、下中、下下。⑩错：错杂，夹杂。⑪恒：水名。卫：水名，滹沱河。从：顺着河道流入大海。⑫大陆：泽名，在今河北省巨鹿县西北。作：开始。⑬岛夷：住在海岛上的东方民族。夷：古代东方边远地区的民族。皮服：岛夷的贡品。⑭夹：接近。碣石：山名，在今河北省昌黎县。河：黄河。⑮济：水名，源出河南济源县。兖州：禹划分的九州之一，在今河北东南、山东省一带。⑯九河：黄河的九条支流，即徒骇、太史、马颊、覆釜、胡苏、简、洁、钩盘、鬲津。道：疏通。⑰“雷夏”两句：雷夏：泽名，在今山东菏泽东北。澭（yōng）：黄河的支流。沮（jù）：澭水的支流。二水今已不存在。⑱“桑土”两句：桑土：适于种植桑树的土地。降：下。宅：居住。⑲“厥土”三句：坟：肥沃。繇（yáo）：茂盛。条：长。⑳贞：下下等，第九等。㉑篚（fěi）：圆形竹器。织文：有花纹的丝织品。㉒漯（tà）：水名，黄河的支流。㉓海：今渤海。岱：泰山。青州：禹划分的九州之一，今山东半岛一带。㉔“嵎夷”两句：嵎（yú）夷：地名。略：治理。潍：水名，淄：水名。二水都在今山东境内。㉕斥：碱地。㉖“厥贡”两句：绨（chì）：细葛布。错：杂，多种多样。㉗畎：山谷。枲（xǐ）：大麻的一种，不结子。铅：锡。㉘莱夷：地名。㉙檿（yǎn）：山桑，即柞树。㉚汶：水名，源出今山东莱芜市。㉛海：指黄海。淮：淮河。徐州：禹划分的九州之一，在今江苏、安徽北部、山东南部一带。㉜沂：水名，在山东境内。乂：治理。㉝蒙：山名，在今山东蒙阴县西南。羽：山名，在今江苏省赣榆县西南。艺：种植。㉞“大野”两句：大野：指巨野泽，在今山东省巨野县。猪：同“潴”，水停聚的地方。东原：地名，在今山东省东平县一带。厎：得到。平：治理。㉟“厥土”两句：埴：粘土。包：同“苞”，丛生。㊱土五色：五色土，指青黄赤白黑五种颜色的土，五色土是古代君王分封诸侯的用品。㊲“羽畎”两句：夏：大。翟：山雉，其羽毛可做装饰品。峄（yì）：山名，在今江苏省邳县境内。孤桐：特生的桐树。㊳“泗滨”两句：泗：水名，源出今山东省泗水县。浮磬：一种可以做磬的石头。蠙珠：蚌所产的珍珠。㊴玄：黑色。纤：细绸。缟：白绢。㊵河：应为“菏”，指菏泽，菏泽水与济水相通。㊶海：指黄海。扬州：禹划分的九州之一，在今扬州一带。㊷阳鸟：南方的岛屿，古代“鸟”“岛”通用。㊸“三江”两句：三江：指岷江、汉水、彭蠡。震泽：指江苏太湖。㊹“篠簜”三句：篠（xiǎo）：小竹。簜（dàng）：大竹。夭：茂盛。乔：高大。㊺涂泥：潮湿的泥土。㊻金三品：指金、银、铜三个等级。品：等级。㊼瑶：美玉。琨：美石。齿：象牙。革：犀牛皮。羽：鸟羽。毛：旄牛尾。惟：和。㊽岛夷：东南沿海各岛的人。卉服：指蓑衣、草笠之类。卉，草。㊾“厥篚”三句：织贝：把很小的贝用线串连起来，织成巾。包：包裹。锡：与“贡”同义。㊿荆：山名，在今湖北省南漳县。衡：即湖南境内的衡山。荆州：禹划分的九州之一，在今湖南、湖北一带。(51)江：指长江。汉：指汉水。朝宗：诸侯

春天朝见天子叫朝，夏天朝见天子叫宗。㊾九江：即今洞庭湖。孔：大。殷：定。㊿“沱、潜”两句：沱：水名，长江的支流，在今湖北枝江县。潜：水名，长江支流，在今湖北省潜江县。云土梦：即云梦，二泽名，江南为云，江北为梦。⑭杶（chūn）：椿树。干：柘木，可做弓。栝（guā）：桧树。⑮砺：粗磨刀石。砥：细磨刀石。砮（nǔ）：石制的箭镞。丹：朱砂。箘（jùn）、簵（lù）：两种竹子。楛（hù）：木名，可做箭杆。⑯三邦：湖泽附近的三个诸侯国。名：名产。⑰“包匦”三句：匦（guǐ）：杨梅。菁茅：一种带刺的茅草，可以滤酒。玄纁（xūn）：指彩色丝绸。纁：黄赤色。玑组：用丝带串起的珍珠串。玑：不圆的珍珠。组：丝带。纳锡：进贡。⑱“浮于”三句：浮：水运。逾：离船上岸陆行。南河：指洛阳巩县一段的黄河。⑲豫州：禹划分的九州之一，在黄河与湖北的荆山之间的地区。⑳“伊、洛”两句：伊：水名，源出今河南卢氏县。洛：水名，源出今陕西洛南县。瀍（chén）：水名，源出今河南孟津县。涧：水名，源出今河南渑池县。荥波：泽名，在今河南荥阳县。㉑“导菏泽”两句：导：疏通，菏泽：在今山东定陶县。被：同“陂”，修筑堤防。孟猪：泽名，在河南商丘东北。㉒垆：黑色硬土。㉓“厥贡”三句：纻（zhù）：苎麻。纩（kuàng）：细棉。磬错：可以制磬的石头。错，石头，可以琢玉。㉔华：即华山，在陕西华阴县南。黑水：怒江。梁州：禹划分的九州之一。㉕岷：山名，在四川北部。艺：治理。㉖“蔡、蒙”两句：蔡：山名，即峨嵋山。蒙：山名，在今四川雅安北。旅：治理。和：名，即大渡河。㉗“厥土”三句：青：黑。黎：疏散。三错：杂出第七、第八、第九三个等级。㉘“厥贡”两句：璆（qiú）：美玉。镂（lòu）：可以刻镂的坚硬金属。罴：一种熊，又叫马熊。狸：野猫、山猫。织皮：指西戎之国。西倾：山名，在今甘肃与青海交界处。桓：水名，即白龙江。㉙“逾于”三句：沔（miǎn）：汉水的上游。渭：水名，源出甘肃渭源县。乱：横渡。㉚西河：在冀州西边黄河南北走向的一段。雍州：禹划分的九州之一。㉛“弱水”四句：弱水：即张掖河。泾：水名。渭：水名。泾水注入渭水，渭水流入黄河。属：注入。汭（ruì）：河流会合的地方。漆沮：代指洛水。沣水：水名，源出陕西省户县东南，注入渭水。同：会合。㉜“荆、岐”三句：荆：山名，在今陕西富平县西南。岐：山名，在陕西岐山县东北。终南：指秦岭。惇物：山名，太白山，在今陕西省郿县。鸟鼠：山名，在今甘肃省渭源县西南。㉝原隰（xī）：指豳（bīn）地，在今陕西省旬邑县和邠县一带。㉞“三危”两句：三危：山名，在鸟鼠西边。丕：大。叙：顺。㉟球：美五。琳：美石。琅玕：像珠子一样的美玉。㊱“浮于”两句：积石：山名，在今青海西宁西南。龙门：山名，在今陕西韩城东北。㊲“织皮”两句：析支：山名，在今青海省西宁市西南。渠搜：山名。西戎：古代我国西北少数民族的总称。即：就。㊳岍（qiān）：山名，在今陕西陇县南。㊴雷首：山名，在今山西永济县。太岳：即霍太山。㊵底柱：即三门山，在今山西平陆县。析城：山名，在今山西阳城县西南。王屋：山名，在今山西垣曲县东。㊶太行：山名，在今山西、河北、河南的交界处。恒山：在今河北曲阳县西北，古称北岳。

【译文】

禹划分九州的疆界，顺着山势疏通河道，依照土地的贫瘠情况制定出贡税的等级。

禹划分九州的疆界，顺着山势砍削树木作为路标，依据高山大河奠定疆域。

冀州：壶口的工程施工以后，接着便治理梁山和它的支脉。太原附近的河道也治理好了，工程一直扩展到太岳山的南面。覃怀一带的水利工程也取得了很大的成绩，又治理了横流入河的漳水。冀州的土壤白细，土质松软，这里的臣民应献出一等赋税，也可夹杂二等赋税，这里的土地属第五等。恒水、卫水已经疏通好了，其水可以流入大海，大陆泽的治理工程也开始动工了。东方的岛夷人进贡皮服时，可以先接近右边的碣石山，然后再入黄河来贡。

济水与黄河一带的区域是兖州地区：黄河下游的九条河道疏通了，雷夏泽的治理工程也完成了，滩水、沮水会合流入雷夏泽。适合种植桑树的地方都可以养蚕了，于是人民便从小土山上搬下来，住在平地上。兖州的土地又黑又肥，这里的青草生长得茂盛，树木也长得修长。这里的土地属第六等，赋税是第九等，耕种十三年后，才和其他八州的赋税相同。这里的贡品主要是漆和丝，还有盛放在竹篮子里的带有各种花纹的丝织品。进贡时，可由济水、漯水乘船顺流入黄河。

渤海与泰山之间的区域是青州：嵎夷已经得到治理，潍水与淄水的河道都已经疏通了。这里的土壤呈白色，土地肥沃，沿海的广大地区都是盐碱地。这片土地在九州中属第三等，赋税是第四等。这里的贡品是盐、细葛布和各种各样的海产品。泰山一带出产丝、大麻、锡、松和奇特美好的怪石。莱夷一带可以放牧，除了畜产品外，还要把桑丝放入筐内作为贡品运来。运送贡品的船只可以由汶水直接入济水。

黄海与泰山及淮河之间的区域是徐州：淮水和沂水都已经治理好了，蒙山和羽山一带的土地，也可以种植庄稼了。大野泽蓄水以后，东原一带的土地得以平治。这里的土壤呈红色，又粘又肥，草木也长得越来越茂盛。这里的土地属第二等，赋税是第五等。贡品有五色土、羽山山谷的大山鸡、峄山南面的桐木、泗水之滨的制磬石料、淮夷之地的蚌珠和鱼类，还有用筐盛着的纤细的黑色丝绸和白绢。进贡时船只由淮水入泗水，而后再入菏泽。

淮河与黄海之间的区域是扬州：彭蠡泽已经贮蓄了大量的水，南方岛屿上的人们也可以在上面安居了。三江之水已经顺畅地流入大海，震泽也得以治理。小竹和大竹普遍地生长起来，原野的青草生长得很茂盛，树木也都长得很高大。这里多潮湿的泥土，土地属第九等，赋税是第七等，也夹杂着第六等。其贡品是金、银、铜三种金属，还有美玉、美石、小竹、大竹、象牙、犀牛皮、鸟羽和旄牛尾、木材。沿海一带进贡草制的衣服，还要把贝锦放在筐内，把桔子和柚子打成包裹作为贡品进献给朝廷。进贡时船只沿着长江进入黄海，再转入淮河和泗水。

荆山和衡山南面之间的区域是荆州：长江和汉水像诸侯朝见天子一样向东奔流入海，洞庭湖水系形成了。沱水、潜水都已经疏通了，云梦泽一带也得到了治理。这里的土壤潮湿，土地属第八等，赋税是第三等。贡品有雉羽、旄牛尾、象牙、犀牛皮和金银铜三种金属，还有椿树、柘树、桧树、柏树，粗磨刀石、细磨刀石、制箭头的石头、丹砂以及美竹、楛树等。州内各国都贡上当地的名产；杨梅、青茅要包裹好，要把彩色的丝织品和串起的珍珠等物品放在竹筐内，一并贡来。洞庭湖还要进贡大龟。进贡时船只由长江顺流入其支流沱水、潜水、汉水，然后登岸由陆路到洛水，再由洛水进入黄河。

荆山与黄河之间的区域是豫州：伊水、洛水、瀍水、涧水都已经疏通而流入黄河了。荥波泽已经治理好了，可以储蓄大量的河水。又疏通菏泽，在孟猪泽筑建堤防。这里的土壤松软，土的底层肥沃，而且又黑又硬。这里的田地属第四等，赋税是第二等，也夹杂着第一等。贡品有漆、大麻、细葛布、苎麻，细绢和细绵要用筐子包装起来，还要进贡制磬的石料。进贡时船只由洛水直入黄河。

华山南面至怒江之间的区域是梁州：岷山和嶓冢山都已经能够种庄稼了，沱江和潜水也都疏通了。峨眉山和蒙山的治理工程也已完工，大渡河一带的治理取得了成效。这里的土壤黑而疏松，土地属第七等，赋税属第八等，也夹杂着第七等和第九等。贡品有美玉、铁、银、镂、做箭头的石头、磬、熊、罴、狐、狸等。织皮和西倾山的贡品可以沿着恒水运来。运送贡品的船只经过潜水和沔水，然后舍舟登陆，陆行至沔水，再进入渭水，然后由渭水横渡进入黄河。

黑水到西河一带之间的区域是雍州：弱水在疏通之后，便向西流去；泾水在渭水的转弯处注入渭水；漆水和沮水在疏通之后，向北流入渭水；沣水也与渭水会合。荆山和岐山的治理工程已经完工，终南山、惇物山一直到鸟鼠山都得到了治理。原隰的治理取得成效，一直到猪野泽一带都取得了很大成绩。三危山这个地方已经能够居住了，三苗人民于是得到了很好的安置。这里的土壤黄而松软，土地属第一等，赋税是第六等。贡品有美玉、美石和宝珠等。进贡时船只由积石山附近进入黄河，顺流至龙门山、西河，然后在渭河弯曲处与其他船只会合。西戎的民众居住在昆仑、析支、渠搜等地，西戎各族的百姓就能安定和顺了。

疏通了岍山和岐山的道路，一直到达荆山，越过黄河。又开通了壶口山、雷首山的道路，一直到达太岳山。还开通了厎柱山、析城山的道路，一直到达王屋山。开通了太行山、恒山的道路，一直到达碣石山，从这里就可以进入渤海了。

【原文】

西倾、朱圉、鸟鼠至于太华①。熊耳、外方、桐柏至于陪尾②。

导嶓冢至于荆山③。内方至于大别④。岷山之阳至于衡山，过九江至于敷浅原⑤。

导弱水至于合黎，馀波入于流沙⑥。

导黑水至于三危，入于南海。

导河、积石，至于龙门；南至于华阴⑦，东至于厎柱；又东至于孟津⑧；东过洛汭，至于大伾⑨；北过降水⑩，至于大陆；又北，播为九河，同为逆河⑪，入于海。

嶓冢导漾⑫，东流为汉；又东，为沧浪之水⑬；过三澨⑭，至于大别，南入于江。东，汇泽为彭蠡；东，为北江，入于海。

岷山导江，东别为沱⑮，又东至于澧⑯；过九江，至于东陵⑰，东迤北，会于汇⑱；东为中江⑲，入于海。

导沇水⑳，东流为济，入于河，溢为荥㉑，东出于陶丘北㉒，又东至于菏；又东北，会于汶；又北东，入于海。

导淮自桐柏，东会于泗、沂，东入于海。

导渭自鸟鼠同穴㉓，东会于沣，又东会于泾；又东过漆沮，入于河。

导洛自熊耳，东北，会于涧、瀍；又东，会于伊；又东北，入于河。

九州攸同，四隩既宅㉔，九山刊旅㉕，九川涤源㉖，九泽既陂，四海会同㉗。六府孔修㉘，庶土交正㉙，厎慎财赋㉚，咸则三壤成赋㉛。中邦锡土、姓，祗台德先，不距朕行㉜。

五百里甸服㉝。百里赋纳总，二百里纳铚，三百里纳秸服㉞，四百里粟，五百里米。

五百里侯服㉟。百里采，二百里男邦，三百里诸侯㊱。

五百里绥服㊲。三百里揆文教，二百里奋武卫㊳。

五百里要服㊴。三百里夷，二百里蔡㊵。

五百里荒服㊶。三百里蛮，二百里流㊷。

东渐于海㊸，西被于流沙，朔南暨声教讫于四海㊹。禹锡玄圭㊺，告厥成功。

【注解】

①朱圉（yǔ）：在今甘肃甘谷县。太华：即西岳华山。②熊耳：山名，在今河南卢氏县东。外方：即中岳嵩山。桐柏：山名，在今河南桐柏县。陪尾：山名，在今湖北安陆县。③嶓冢：山名，在今陕西宁强县西北。荆山：指湖北省南漳县的南条荆山。④内方：山名，在今湖北省钟祥县西南。大别：指湖北与安徽交界处的大别山。⑤敷浅原：指江西的庐山。⑥馀波：指水的下游。流沙：指居延泽一带的沙漠。⑦华阴：华山的北面。⑧孟津：地名，今河南孟津县。⑨大伾：山名，在今河南浚县西南。⑩降水：指漳、洚合流的漳水。⑪“播为”两句：播：分布。九河：指兖州一带的黄河支流。逆河：黄河分出的支流在下游又合在一起。⑫漾：水名，指汉水的上游。⑬沧浪：即汉水。⑭三澨（shì）：

水名，源出湖北省京山县，东流入汉水。⑮沱：水名，长江的支流。⑯澧：水名，在今湖南省北部，流入洞庭湖。⑰东陵：地名，在今湖北省黄梅县。⑱汇：指淮河。⑲中江：指岷江。⑳沇(yǔn)：水名，济水的上游。㉑溢：水动荡奔突而出。荥：荥泽，汉代已成平地。㉒陶丘：地名，在今山东定陶县。㉓鸟鼠同穴：指鸟鼠山。㉔隩（ào）：可以定居的地方。㉕刊：削。旅：治理。㉖涤源：疏通水源。㉗四海：指九夷、八狄、七戎、六蛮。㉘六府：水火金木土谷。孔：很。修：治理。㉙交：都。正：征收。㉚厎：定。㉛则：准则。三壤：上中下三等土壤。成：定。㉜“中邦”两句：中邦：中央之邦，指九州。锡：赐。祗：敬。台(yí)：我。距：违背。㉝甸服：古代天子在领地外围，每五百里划分为一种服役地带，按远近分为甸服、侯服、绥服、要服、荒服。甸服就是为天子治田种谷。㉞“百里”三句：纳：交纳。总：把成熟庄稼完整交出。铚：一种短镰，这里指禾穗。秸服：带稃的谷粒。㉟侯服：服侍天子。㊱“百里采”三句：采：替天子服差役。男邦：担任国家的差事。男：任。诸侯：指侦察放哨。㊲绥服：替天子做安抚之事。㊳奋武卫：奋扬武威，保卫天子。㊴要服：接受王者约束而服侍。㊵“三百里夷”两句：夷：和平相处。蔡：相约遵守法令。㊶荒服：替天子守边。荒：远。㊷“三百里蛮”两句：蛮：尊重他们的风俗，维持隶属关系。流：流动不定居，有时纳贡，有时不纳贡。㊸渐：入。㊹“西被”两句：被：及。讫：到。㊺玄圭：天青色的瑞玉。

禹疏导黑水，让它流到三危山。

【译文】

开通西倾山、朱圉山、鸟鼠山，一直到达太华山。接着又开通熊耳山、嵩山、桐柏山，直到陪尾山。

开通嶓冢山，一直到达南条荆山。接着开通内方山，一直到达大别山。再开通岷山之南的道路，到达衡山。接着再过洞庭湖，直到庐山。

疏导弱水，让其向西流到合黎山下，它的下游流入沙漠。

疏导黑水，让其流到三危山下，最后流入南海。

疏导黄河，从积石山开始，直到龙门山；再向南到达华山之北；再向东到达厎柱山；又向东到达孟津，继续向东经过洛水弯曲处，就到了大伾山；然后折而北流，经过降水，再向前流入大陆泽；继续向北，分布为九条河道，这九个支流再汇合后注入大海。

从嶓冢山开始疏导漾水，向东流则为汉水。再向东流，便成了沧浪之水，经过三澨水，到达大别山，再向南就流入了长江。又东流汇聚为大泽，叫做彭蠡泽；自彭蠡泽再东出称为北江，最后流入大海。

从岷山开始疏导长江，向东另外分出一条支流，称为沱水；再向东到达醴水，然后流过洞庭湖，到达东陵；再自东陵东去，逶迤北流，与淮水会合，再东出称为中江，最后流入大海。

疏导沇水，向东流去称为济水，注入黄河，接着越过黄河向南溢出为荥泽；再自荥泽东出到陶丘北，再东流至于菏泽；又向东北流，与汶水会合；然后向北转向东，流入大海。

疏导淮水从桐柏山开始，向东与泗水、沂水会合，然后向东流入大海。

疏导渭水从鸟鼠山开始，向东与沣水会合，再向东与泾水会合，又向东流经漆水、沮水，然后流入黄河。

疏导洛水从熊耳山开始，向东北流，与涧水、瀍水会合；又向东会合伊水；再向东北，流入黄河。

这时九州的治理工程都已经完成了：四方的土地都可以安居了，九条山脉都治理得可以通行了，九条大河都已疏通水源了，九个湖泽都已修筑起堤防了，四海之内的进贡之道都已经畅通无阻了。六府之事都已经治理得很好了，普天之下的土地都可以征收赋税了，但必须谨慎规定财物赋税的数量和品种，这是根据土地的上中下三个等级而确定的贡赋制度。九州之内的土地都分封给了各国诸侯，并赐予他们姓氏，还告诫他们说要把敬修我的德业放在第一位，不要违背我的德教原则。

国都以外五百里的地域称为甸服。离国都一百里远的要缴纳连秆的庄稼，二百里远的要缴纳禾穗，三百里远的要缴纳带稃的谷粒，四百里远的要缴纳粗米，五百里远的要缴纳精米。

甸服以外五百里的地域称为侯服。离甸服一百里远的应该替天子服差役，二百里远的应该替国家服差役，三百里远的应当承担侦察放哨的工作。

侯服以外五百里的地域称为绥服。离侯服三百里远的要推行天子的文教，二百里远的要奋勇威武地保卫天子。

绥服以外五百里的地域称为要服。离绥服三百里远的要遵约和平相处，二百里远的要遵守天子的法令制度。

要服以外五百里的地域称为荒服。离要服三百里远的可以有自己的风俗，二百里远的是否进贡没有定制。

我们的大地东边至于大海，西边至于沙漠，无论北方还是南方，都已推行了政教法令，华夏的声威达于四海。于是帝舜赏赐给禹天青色的瑞玉，用以表彰禹所建立的巨大功业。

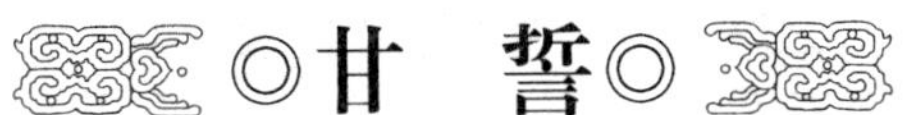

◎甘　誓◎

【原文】

启与有扈战于甘之野[①]，作《干誓》。

大战于甘，乃召六卿[②]。王曰："嗟！六事之人[③]，予誓告汝：有扈氏威侮五行[④]，怠弃三正[⑤]，天用剿绝其命[⑥]，今予惟共行天之罚。

"左不攻于左[⑦]，汝不恭命；右不攻于右，汝不恭命；御非其马之正[⑧]，汝不恭命。用命，赏于祖[⑨]；弗用命，戮于社[⑩]，予则孥戮汝[⑪]。"

【注解】

①有扈：诸侯国名，其旧城在今陕西省户县。②六卿：六军的主将。③六事之人：六军的全体将士。④威：当为"威"，通"蔑"，轻视。五行：指金木水火土五种物质。⑤怠：懈怠。三正：指正德、

利用、厚生三大政事。⑥用：因此。剿：消灭。⑦左：车左。攻：善。⑧御：驾车的人。非：违背。正：事。⑨赏于祖：古代天子亲自出征，必以车载着祖庙的神主。行赏都在神主前进行，表示不敢专断。⑩戮：杀。社：社主。⑪孥（nú）：同“奴”，降为奴隶。

【译文】

启与有扈氏在甘的郊野开战，史官把启战前的誓词记录下来，写成《甘誓》。

启要在甘这个地方与有扈氏作战，于是把六军的将领召来。启说：“啊，六军的将士们啊！我告诫你们：有扈氏轻慢五行，废弃正德、利用、厚生三大政事，上天因此要断绝他的国运，现在我将奉行上天的这种惩罚。

“所有在战车左侧的战士，如果不善于射箭，你们就是不奉行我的命令；在战车右侧的战士，如果不善于用戈矛刺杀敌人，你们也是不奉行我的命令；驾御战车的战士，如果不胜任御车的任务，你们也是不奉行我的命令。努力奉行命令的，我就在祖庙里奖赏他；不努力奉行命令的，我就在社神的神位前惩罚他，或者把他降为奴隶，或者将其杀掉！”

商　书

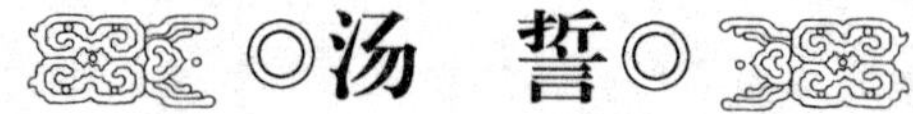

◎汤　誓◎

【原文】

伊尹相汤伐桀，升自陑[①]，遂与桀战于鸣条之野[②]，作《汤誓》。

王曰：“格尔众庶[③]，悉听朕言。非台小子，敢行称乱[④]！有夏多罪，天命殛之[⑤]。今尔有众，汝曰：‘我后不恤我众[⑥]，舍我穑事，而割正夏[⑦]？’予惟闻汝众言[⑧]，夏氏有罪，予畏上帝，不敢不正。今汝其曰[⑨]：‘夏罪其如台[⑩]？’夏王率遏众力，率割夏邑[⑪]。有众率怠弗协，曰：‘时日曷丧[⑫]？予及汝皆亡！’夏德若兹，今朕必往。”

“尔尚辅予一人，致天之罚，予其大赉汝[⑬]！尔无不信[⑭]，朕不食言[⑮]。尔不从誓言，予则孥戮汝[⑯]，罔有攸赦[⑰]。”

【注解】

①“伊尹”两句：相（xiàng）：辅佐。桀：名履癸，禹的第十四代孙，夏的最后一个君主。陑（ér）：地名，在今陕西潼关附近。②鸣条：地名，在黄河的北面，安邑之西。③格：来。④“非台”两句：台（yí）：我。小子；对自己的谦称。称：举，发动。⑤殛（jí）：诛杀。⑥后：国君。恤：关心体贴。⑦割：通“曷”，为什么。正：征伐。⑧惟：虽然。⑨其：恐怕，表揣测的副词。⑩如台（yí）：如何。⑪“夏王”两句：率：语气助词。遏（jié）：同“竭”，尽。割：剥削。⑫时：这个。日：喻夏桀。曷：什么时候。⑬赉（lài）：赏赐。⑭无：不要。⑮食言：说话不算数。食：吞没。⑯孥：同“奴”，降为奴隶。⑰攸：所。

【译文】

伊尹辅佐商汤讨伐夏桀，从陑地北上，于是与夏桀在鸣条的郊野开战。开战之前，商汤誓师告诫将士们。史官把这段誓词记录下来，写成了《汤誓》。

王说："来吧，你们各位，都来听我说。不是我敢于犯上作乱！实在是因为夏王犯了许多罪行，上天命令我去讨伐他。现在你们大家或许会问：'我们的国君不关心体贴我们大家，让我们把农事抛在一边，而去征讨夏王，这是为什么呢？'我虽然明白你们的意思，但是夏桀有罪，我敬畏上帝，不敢不去征讨啊。现在你们恐怕要问：'夏桀的罪行到底怎么样呢？'夏桀耗尽了民力，剥削夏国百姓。民众懈怠涣散，对他很不友好，都咒骂他说：'你这个太阳什么时候才能坠落啊？我们宁可和你一起灭亡！'夏桀的德行败坏到这种地步，现在我一定要去讨伐消灭他。

"你们要辅佐帮助我，执行上天对夏桀的惩罚，我将大大的赏赐你们！你们不要不相信我的话，我决不会自食诺言。如果你们不听从我的告诫，我就把你们降为奴隶，或者杀掉，决不赦免你们！"

◎伊 训◎

【原文】

成汤既没[①]，太甲元年，伊尹作《伊训》、《肆命》、《徂后》[②]。

惟元祀十有二月乙丑[③]，伊尹祠于先王[④]。奉嗣王祗见厥祖[⑤]，侯甸群后咸在[⑥]，百官总己以听冢宰[⑦]。伊尹乃明言烈祖之成德[⑧]，以训于王。

曰："呜呼！古有夏先后方懋厥德[⑨]，罔有天灾，山川鬼神，亦莫不宁，暨鸟兽鱼鳖咸若[⑩]。于其子孙弗率[⑪]，皇天降灾，假手于我有命，造攻自鸣条[⑫]，朕哉自亳。惟我商王，布昭圣武[⑬]，代虐以宽，兆民允怀。今王嗣厥德，罔不在初[⑭]，立爱惟亲，立敬惟长，始于家邦[⑮]，终于四海。

"呜呼！先王肇修人纪[⑯]，从谏弗咈，先民时若[⑰]。居上克明，为下克忠，与人不求备[⑱]，检身若不及，以至于有万邦，兹惟艰哉！

"敷求哲人，俾辅于尔后嗣，制官刑，儆于有位[⑲]。曰：'敢有恒舞于宫，酣歌于室，时谓巫风[⑳]。敢有殉于货色，恒于游畋，时谓淫风[㉑]。敢有侮圣言，逆忠直，远耆德，比顽童，时谓乱风[㉒]。惟兹三风十愆[㉓]，卿士有一于身，家必丧；邦君有一于身，国必亡。臣下不匡[㉔]，其刑墨，具训于蒙士[㉕]。'

"呜呼！嗣王祗厥身，念哉！圣谟洋洋[㉖]，嘉言孔彰。惟上帝不常，作善降之百祥，作不善降之百殃。尔惟德罔小，万邦惟庆；尔惟不德罔大，坠厥宗[㉗]。"

【注解】

①没（mò）：死亡。②《肆命》、《徂后》：都是《尚书）的篇名，已亡佚。③祀：年。夏代叫岁，商代叫祀，周代叫年，唐虞时叫载。④祠：祭祀。先王：指汤。⑤嗣王：王位的继承人。祗（zhī）：恭敬。⑥侯甸：指侯服和甸服。参见《禹贡》。⑦总己：统领自己的官员。冢宰：周代官名，为六卿之首，又叫大宰。冢，大。宰，治。⑧烈祖：建立了功业的祖先。烈，功绩。成德：盛德。⑨先后：先王，指夏禹。⑩暨（jì）：同。若：顺遂。⑪率：遵循。⑫造：开始。⑬昭：显示。圣武：威德。

⑭在：察。初：开头。⑮家：卿大夫的封地。邦：诸侯的封地。⑯肇：努力。人纪：做人的纲纪。⑰若：顺从。⑱与：结交。备：完美。⑲儆（jǐng）：告诫。⑳巫：以祈祷鬼神为职业的人。㉑“敢有”三句：殉：贪求。货：财物。游：游乐。畋（tián）：打猎。淫：邪恶。㉒“敢有侮”五句：侮：轻慢。耆（qí）德：年长有德的人。比：亲近。乱：荒乱悖理。㉓十愆（qiān）：指上述的十种罪过，即恒舞于宫、酣歌于室、贪图财货、沉迷女色、终日游乐、成天打猎、轻侮圣言、违逆忠良、疏远年长有德者、亲昵愚顽稚童。㉔匡：匡正。㉕具：详尽。蒙士：下士。㉖洋洋：美善。㉗宗：宗庙，代指国家。

太甲继承帝位后，伊尹勉励太甲敬身行德。

【译文】

成汤死后，太甲继承了帝位。太甲元年，伊尹写作了《伊训》《肆命》《徂后》（用来教导太甲）。

太甲元年十二月乙丑日，伊尹祭祀先王成汤。他侍奉刚刚继承王位的太甲恭敬地叩拜祖先的神位，侯服、甸服的众位君长都参加了祭祀仪式，百官率领自己的官员，听从大宰伊尹的命令。伊尹于是明确地阐述成汤建功立业的盛德，来教导太甲。

伊尹说：“啊！从前夏的先王大禹努力施行德政的时候，没有发生天灾，山川的鬼神也没有不安宁的，就连鸟兽鱼鳖也都顺遂孳长。可是到了他的子孙登上帝位后，就不遵循他的德政了，上天降下灾祸，借助于我们汤王的手，从鸣条开始讨伐夏桀，从亳开始施行德政。我们的商王，显示出威武圣德，用宽仁代替暴虐，天下万民确实怀念他。当今的太甲继承其美德，不能不考虑开始的情况，树立友爱的风气要从亲近的开始，树立尊敬的风气要从尊敬长者开始。这样，从自己的封地开始施行，最终会推广到天下。

“啊！先王努力地讲求做人的纲纪，采纳众人的谏言，顺从前贤的主张。身处高位能够明察下情，使臣下能够尽忠效力，结交别人不求全责备，反省自己唯恐比不上别人，因此终于达到拥有万邦而登上帝位，这是多么难能可贵的啊！

“汤王还广泛地寻求智者，让他们辅佐你们这样的继承人，制定惩罚官吏的刑罚来警诫做官的人。成汤说：‘胆敢在宫廷内经常纵情舞蹈，在房中放声唱歌，这叫做巫风。胆敢贪求财物、沉迷女色，经常出游打猎，这叫做淫风。胆敢轻慢圣贤的教诲，不听忠直诚劝，疏远年长有德的人，亲近愚顽稚童，这叫做乱风。这三种风气和十种罪过，卿士身上如果有一种，他的封地一定会丧失；诸侯身上如果有一种，他的国家必然会灭亡。而臣下如果不能匡正君主的过失，就要受到墨刑的惩治，还要用这些详细地教导下士。’

“啊！太甲你要谨记这些教诲，要念念不忘啊！圣人汤王的谋略完美无缺，他的教导也很明白。虽然上天赐福降灾没有不变的常规，但对行善者赐予各种吉祥，对不行善的人降下各种灾祸。你行德不管多小，天下的人都会感到庆幸；你行不善，即使不大，也会丧失你的宗庙，导致亡国。”

周　书

◎牧　誓◎

【原文】

武王戎车三百两①，虎贲三百人②，与受战于牧野，作《牧誓》。

时甲子昧爽③，王朝至于商郊牧野④，乃誓。王左杖黄钺，右秉白旄以麾⑤，曰："逖矣⑥，西土之人！"王曰："嗟！我友邦冢君御事⑦，司徒、司马、司空⑧，亚旅、师氏⑨，千夫长、百夫长⑩，及庸、蜀、羌、髳、微、卢、彭、濮人⑪，称尔戈，比尔干，立尔矛⑫，予其誓。"

王曰："古人有言曰：'牝鸡无晨⑬；牝鸡之晨，惟家之索⑭。'今商王受惟妇言是用⑮，昏弃厥肆祀弗答⑯，昏弃厥遗王父母弟不迪⑰，乃惟四方之多罪逋逃⑱，是崇是长，是信是使⑲，是以为大夫卿士。俾暴虐于百姓，以奸宄于商邑。今予发惟恭行天之罚。今日之事，不愆于六步、七步⑳，乃止齐焉㉑。夫子勖哉㉒！不愆于四伐、五伐、六伐、七伐㉓，乃止齐焉。勖哉夫子！尚桓桓㉔，如虎如貔㉕，如熊如罴㉖，于商郊㉗。弗迓克奔以役西土㉘。勖哉夫子！尔所弗勖㉙，其于尔躬有戮㉚！"

【注解】

①戎车：战车。两：辆。②虎贲（bēn）：勇士。三百人：应为三千人。③昧爽：太阳将要出升的时候。④商郊：商都朝歌的远郊。⑤"王左杖"两句：杖：拿着。钺（yuè）：大斧。秉：持。旄（máo）：旄牛尾。麾：指挥用的旗子。⑥逖（tì）：远。⑦御事：邦国的治事大臣。⑧司徒、司马、司空：官名，司徒掌管民事，司马掌管兵事，司空掌管土地。⑨亚旅：官名，上大夫。师氏：官名，中大夫。⑩千夫长：官名，师的统帅。百夫长：官名，旅的统帅。⑪庸、蜀、羌、髳（máo）、微、卢、彭、濮：当时周族西南方的八个诸侯国，大约位于现在的湖北、四川、甘肃、陕西等省。⑫"称尔戈"两句：称：举。戈：古代兵器，横刃、长柄。比：排列。干：古代兵器，盾牌。矛：古代兵器，直刺、长柄。⑬牝（pìn）鸡：母鸡。⑭索：空，衰落。⑮妇：指妲己。用：听。⑯昏：轻视。肆：祭祀名，指祭祀祖先。⑰迪：用。⑱逋（bū）：逃亡。⑲"是崇"两句：是：就。崇：尊重。长：尊敬。信：信任。使：任用。⑳愆（qiān）：超过。㉑止齐：等待队伍走整齐。㉒勖（xù）：努力。㉓伐：击刺。一击一刺称为一伐。㉔桓桓：威武的样子。㉕貔（pí）：豹类猛兽。㉖罴（pí）：熊的一种。㉗于：往。㉘迓（yà）：禁止。役：帮助。㉙所：如果。㉚躬：身。戮：杀。

【译文】

周武王出动战车三百辆，勇士三千人，与商纣在牧野决战。史官把这件事记录下来，写成《牧誓》。

甲子日黎明时分，周武王率军来到商都郊外的牧野，举行誓师。武王左手拿着黄色大斧，右手挥舞着白色旄牛尾做的旗子，说："你们长途跋涉，辛苦啦，西方的将士们！"接着说道："啊！我们友好之邦的国君们和办事的大臣们，司徒、司马、司空，亚旅、师氏，千夫长、百夫长，以及庸、蜀、羌、髳、微、卢、彭、濮各国的军士们，举起你们的戈，排好你们的盾，竖起你们的矛，我将要宣读誓词了。"

武王说："古人说：'母鸡不报晓；如果母鸡报晓，那么这户人家就要衰落了。'现在商纣王只听信妇人的话，轻视并抛弃祖宗祭祀而不闻不问，轻视并舍弃同祖兄弟而不任用，对四方重罪逃犯，则推崇尊敬，信任重用，让他们担任大夫、卿士。这些人对百姓施行暴政，在商国的都城违法作乱。现在，我姬发奉天命进行惩讨。今天作战的时候，我们的阵列前后距离，不得超过六步、七步，要保持整齐，不得拖拉。将士们，要努力呀！刺击敌人时，不要超过四至七次，也要保持整齐，不得畏缩不前。努力吧，众位将士！希望你们威武雄壮，像虎貔熊罴一样勇猛，直奔商都的郊外。在战斗中，不要拒绝来投降的人，要用他们来加强我们自己。努力吧，将士们！你们如果不努力，就会被杀戮！"

◎酒　诰◎

【原文】

王若曰："明大命于妹邦[①]。乃穆考文王[②]，肇国在西土[③]。厥诰毖庶邦庶士越少正御事朝夕曰[④]：'祀兹酒[⑤]。'惟天降命，肇我民[⑥]，惟元祀[⑦]。天降威[⑧]，我民用大乱丧德，亦罔非酒惟行[⑨]；越小大邦用丧，亦罔非酒惟辜。

"文王诰教小子有正有事[⑩]：无彝酒[⑪]。越庶国[⑫]：饮惟祀，德将无醉[⑬]。惟曰我民迪小子惟土物爱，厥心臧[⑭]。聪听祖考之遗训，越小大德[⑮]。

"小子惟一妹土[⑯]，嗣尔股肱[⑰]，纯其艺黍稷[⑱]，奔走事厥考厥长。肇牵车牛，远服贾用[⑲]，孝养厥父母；厥父母庆[⑳]，自洗腆，致用酒[㉑]。

"庶士有正越庶伯君子，其尔典听朕教！尔大克羞耇惟君[㉒]，尔乃饮食醉饱。丕惟曰尔克永观省[㉓]。作稽中德[㉔]，尔尚克羞馈祀。尔乃自介用逸[㉕]，兹乃允惟王正事之臣[㉖]。兹亦惟天若元德，永不忘在王家[㉗]。"

王曰："封，我西土棐徂[㉘]，邦君御事小子尚克用文王教，不腆于酒[㉙]，故我至于今，克受殷之命。"

王曰："封，我闻惟曰：'在昔殷先哲王迪畏天显小民，经德秉哲[㉚]。自成汤咸至于帝乙[㉛]，成王畏相[㉜]。惟御事，厥棐有恭，不敢自暇自逸，矧曰其敢崇饮[㉝]？越在外服[㉞]，侯甸男卫邦伯；越在内服，百僚庶尹惟亚惟服宗工越百姓里居[㉟]，罔敢湎于酒。不惟不敢，亦不暇，惟助成王德显越，尹人祗辟[㊱]。'

"我闻亦惟曰：'在今后嗣王[㊲]，酣[㊳]，身厥命，罔显于民祗[㊴]，保越怨不易[㊵]。诞惟厥纵[㊶]，淫泆于非彝[㊷]，用燕丧威仪[㊸]，民罔不衋伤心[㊹]。惟荒腆于酒，不惟自息乃逸[㊺]。厥心疾很，不克畏死[㊻]。辜在商邑，越殷国灭，无罹[㊼]。弗惟德馨香祀，登闻于天[㊽]；诞惟民怨，庶群自酒[㊾]，腥闻在上。故天降丧于殷，罔爱于殷，惟逸。天非虐，惟民自速辜[㊿]。'"

王曰："封，予不惟若兹多诰[51]。古人有言曰：'人无于水监[52]，当于民监。'今惟殷坠厥命，我其可不大监抚于时[53]！予惟曰汝劼毖殷献臣[54]，侯甸男卫，矧太史友、内史友、越献臣百宗工[55]，矧惟尔事、服休服采[56]，矧惟若畴[57]，圻父薄违、农父若保、宏父定辟[58]：'矧汝刚制于酒[59]。'

"厥或诰曰：'群饮。'汝勿佚[60]，尽执拘以归于周，予其杀[61]。又惟殷之迪诸臣惟工[62]，乃湎于酒，勿庸杀之，姑惟教之[63]。有斯明享[64]，乃不用我教辞，惟我一人弗恤弗蠲[65]，乃事时同于杀[66]。”

王曰：“封，汝典听朕毖[67]，勿辩乃司民湎于酒[68]。”

【注解】

①王：指摄政王周公。明：昭告，宣布。妹邦：指康叔的封地卫国。妹：通“沬”，卫国的都邑。②乃：当初。穆考：指文王。按古代昭穆制，文王世次当穆。③肇：创建。④诰毖：告诫。庶：众。⑤兹：则，才。⑥“惟天”两句：惟：语气助词。命：福命。肇：劝勉。⑦惟：只是。元：大。⑧威：罚。⑨“我民”两句：用：因此。惟：为。⑩有正：大臣。有事：小臣。⑪无：不要。彝：经常。⑫越：于。庶国：指在诸侯国任职。⑬将：扶助。德将：以德自助。⑭“惟曰”两句：迪：指导。土物：指粮食。臧：善。⑮越：发扬。⑯一：专一。⑰嗣：用。股肱：脚手。⑱纯：专心。艺：种植。⑲服：从事。贾（gǔ）用：指贸易。⑳庆：高兴。㉑“自洗腆”两句：洗腆：洁治丰盛的饮食。致：得到。㉒羞：进献。耇：年长者。惟：与。㉓丕惟：语助词。省：省察。㉔作：举止。稽：符合。中德：中正之德。㉕乃：如果。介：通“界”，限制。用逸：行逸，指饮酒。㉖允：长期。㉗忘：失。㉘棐徂：辅助。徂：通“助”。㉙腆：丰厚。㉚“在昔”两句：惟：有。迪：语助词。天显：指天命。经：行。秉：持。哲：敬。㉛咸：通“覃”，延续。㉜成王：有成就的君王。畏相：敬畏辅臣。㉝崇：纵，尽情。㉞外服：外官，指诸侯。㉟百僚：百官。庶尹：众长。亚：副官。服：任事的官。宗工：宗室的官员。百姓里居：百官中退休而住在家里的人。㊱尹：正。㊲后嗣王：指商纣王。㊳酣：嗜酒。㊴民祗：百姓的疾苦。祗：通“疷”，病。㊵保越：安于。易：改。㊶诞：大。惟：为。纵：淫乱。㊷泆：通“佚”，乐。㊸燕：通“宴”，宴饮。㊹衋（xì）：伤痛。㊺逸：过失。㊻克：肯。㊼罹：忧虑。㊽登：升。㊾庶群：指纣王的群臣。自酒：私自饮酒。㊿速：招致。51惟：想。若兹：如此。52监：察看。53其：难道。监抚：省察。抚：览。54劼：谨慎。毖：告。献臣：遗臣。55矧：又。友：同僚。56事：治事官员。服休：掌管游宴的官员。服采：管理朝祭的官员。57若：你。畴：指下文的三卿。58圻（qí）父：指司马，掌管军事。薄：讨伐。农父：司徒，掌管农业。若：顺。保：养。宏父：司空，掌管土地。辟：法度。59刚：强。制：断绝。60佚：放纵。61执拘：逮捕。其：将要。62迪：辅佐。惟：与。63姑：暂且。64享：劝导。65恤：怜惜。蠲（juān）：免除。66事：治理。时：这种人。同：一样。67典：听。毖：告。68辩：使。司民：治理民众的官员。

【译文】

王这样说：“你要到卫国去宣布一项重大命令。你那尊敬的先父文王，在西方的土地上创建了周国。他从早到晚告诫各国诸侯、各位卿士和各级官员说：‘只有祭祀时才可以饮酒。’上天降下旨意，劝勉我们的臣民，只能在大祭时才可以饮酒。后来，上天降下惩罚，我们的臣民犯上作乱，丧失了道德，这是因为酗酒造成的；那些大大小小的诸侯国之所以灭亡，也无非就是因为君臣过度纵酒的缘故。

“文王还告诫在朝中担任大小官职的人们：不要经常饮酒。告诫在诸侯国任职的人们：只有祭祀时才可以饮酒，饮酒时要用道德约束自己，不要喝醉了。文王还告诫我们的臣民，要他们爱惜粮食，使他们心地善良。我们要好好听取先祖留下的遗训，发扬各种美德。

“殷民们，你们要一心留在故土，用你们自己的手脚，专心致志地种好庄稼，勤勉地侍奉自己的父兄。努力牵牛赶车，到外地去做生意，以孝敬和赡养你们的父母；父母高兴，自己动手置备丰盛的饮食，这时你们可以饮酒。

“各级官员们，希望你们经常听取我的意见！只要你们能向老人和国君进献酒食，你们就可以吃饱饭、喝足酒了。只要你们能经常省察自己，使自己的行为举止符合中正的美德，你们就可以参与王室的祭祀活动了。如果你们能够约束自己不纵酒，就可以长期担任王室的治事官员了。这也是上天所赞赏的大德，王室将永远不会忘记你们这些臣属。”

王说：“封啊，我们西方的诸侯和官员，常常能够遵从文王的教导，从不多喝酒，所以我们到今天能够承受治殷的天命。”

王说：“封，我听到有人说：‘过去，殷商的先人明王畏惧天命和百姓，施行德政，保持恭敬。从成汤延续到帝乙，明君贤相都时常考虑着如何治理好国家。那些治事之臣，颁布政令都很认真，不敢偷闲享乐，何况敢聚众饮酒呢？在外地的侯、甸、男、卫等诸侯，在朝中的各级官员、宗室贵族以及退居在家的官员，都不敢沉溺于纵酒。不但不敢这样做，就是敢做也没有闲暇的工夫，他们只想着显扬君王的美德，让百官恭敬地事奉君王。’

“我又听到有人说：‘近世的商纣王，沉溺于纵酒，自以为有命在天，不体察民间的疾苦，面对百姓的怨恨而不知悔改。他大肆纵酒淫乐，过分贪图安逸而违反常法，因宴乐而丧失了威仪，臣民没有不痛心的。商纣王只想着纵酒，不想停止作乐。他心肠狠毒，不能用死亡来威吓他。他在商都作恶，对于殷国的灭亡，从来没有忧虑过。没有明德芳香的祭祀升闻于天；只有百姓的怨气和群臣私自饮酒的酒气升闻于天。上帝知道了，于是对殷商降下灾祸，不再眷顾殷商，这就是淫乐纵酒的缘故。上帝并不暴虐，是殷民自己招致了灾祸。”

王说：“封啊，我不想如此反复告诫你了。古人说：‘人不应该把水面当做镜子来察看自己，而应当把民情当做镜子来察看自己。’现在殷商已经丧失了国运，难道我们不应该好好地省察自己吗？我想告诉你，你要谨慎地告诫殷商的遗臣、诸侯国君和各级官员，对他们说：‘你们要强行戒酒啊！’

“假如有人报告说：‘有人群聚饮酒。’你不要放纵他们，要把他们全部抓起来，并把他们押送到京城，我将杀掉他们。假如殷商的辅臣和官员沉溺于纵酒，就先不要杀掉他们，暂且先教育他们。有了这样明显的政令，如果还有人违反我的政令，我就不再怜惜他们，不再赦免他们，同治理聚众纵酒的人一样将他们杀掉（绝不姑息）。”

王说：“姬封，你要经常遵从我的告诫，不要让你的官员纵酒啊！”

◎秦　誓◎

【原文】

秦穆公伐郑[①]。晋襄公帅师败诸崤，还归[②]，作《秦誓》。

公曰：“嗟！我士，听无哗[③]！予誓告汝群言之首[④]。

“古人有言曰：‘民讫自若[⑤]，是多盘[⑥]。’责人斯无难，惟受责俾如流[⑦]，是惟艰哉！我心之忧，日月逾迈[⑧]，若弗云来[⑨]。

“惟古之谋人，则曰未就予忌[⑩]；惟今之谋人，姑将以为亲[⑪]。虽则云然，尚猷询兹黄发[⑫]，则罔所愆[⑬]。

“番番良士[⑭]，旅力既愆[⑮]，我尚有之[⑯]。仡仡勇夫[⑰]，射御不违[⑱]，我尚不欲[⑲]。惟截截善谝言[⑳]，俾君子易辞[㉑]，我皇多有之[㉒]！

“昧昧我思之[㉓]，如有一介臣，断断猗无他技[㉔]，其心休休焉[㉕]，其如有容[㉖]。人之有技，若己有之。人之彦圣[㉗]，其心好之，不啻若自其口出[㉘]。是能容之，以保我子孙黎民，亦职有利哉[29]！

“人之有技，冒疾以恶之[30]。人之彦圣，而违之俾不达[31]。是不能容，以不能保我子孙黎民，亦曰殆哉[32]！

“邦之杌陧[33]，曰由一人；邦之荣怀[34]，亦尚一人之庆。”

【注解】

①郑：郑国，今河南省新郑县一带。②还归：指晋国释放秦军三帅孟明视、西乞术、白乙丙还归秦国。③诶：同“哗”，喧哗。④首：首要，紧要处。⑤讫：尽。若：顺。自若：随心所欲。⑥盘：通“般”，邪僻。⑦俾：依从。⑧逾：过。迈：行。⑨云：旋，回转。⑩就：顺从。忌：志，意志。⑪姑：姑且，将。亲：亲近。⑫猷：还。询：征询意见。黄发：老人，这里指蹇叔等老臣。⑬愆：过失。⑭番番：白发苍苍的样子。⑮旅：通“膂”，脊骨。旅力：体力。愆：通“骞”，亏损。⑯有：亲近。⑰仡仡（yì）：壮健勇武的样子。⑱射御：射箭和驾车。违：失误。⑲欲：喜欢。⑳截截：浅薄的样子。谝（piǎn）：花言巧语。㉑俾：使。易辞：轻忽，懈怠。㉒皇：更，大。㉓昧：暗。㉔断断：精诚专一。猗：语中助词。㉕休休：宽厚。㉖如：能。容：容纳。㉗彦：才能过人。圣：圣明，品德高尚。㉘啻（chì）：但，仅仅。自：从。㉙职：尚，当。㉚冒疾：妒忌。㉛违：阻止。达：通达。㉜殆：危险。㉝杌（wù）陧（niè）：不安。㉞荣怀：光荣和安宁。

【译文】

秦穆公讨伐郑国。晋襄公率军在崤山大败秦军，晋国释放秦军的主帅回归秦国，（秦穆公）作了一篇《秦誓》。

穆公说：“喂，我的君臣众士们，你们都听着，不要喧哗，我有重要的话告诉你们。

“古人这样说过：‘人若随心所欲，就会出现很多差错。’责备别人并不是难事，被别人责备却能从善如流，这才是困难的啊！我心里所忧虑的，是往事像日月行进那样一去不复返了，（那样的话）懊悔也来不及了。

“对于以前的谋臣，我曾认为他们不顺着我的意志来谋划；对于现在的谋臣，我将要把他们当做最亲近的人。话虽如此，对于军国大事，我还是应当去征询那些德高望重的老成人的意见，这样才不会有过失。

“满头白发的忠臣良士，虽然已年老体衰，我还是要亲近他们。勇猛强壮的武夫，虽然是射御的好手，我却不大喜欢。而那些浅薄善辩的人，使君子轻忽怠惰的人，我竟然非常亲近他们。

“我默默思考，如果有这样一班臣子，他们纯正专一，没有其他技能，胸怀宽广而有容人的雅量。看到别人有技能，就像自己有一样高兴；别人品德高尚、才能出众，他从心里喜欢，不只是从口中称赞出来而已（这就真的是宽容大度了）。任用这样的臣子当政，来保护我的子孙、黎民，这应该是很有利的啊！

“（又有另一种人，）看到别人有才能，就妒忌，就厌恶；看到别人才能出众、品德高尚，就想方设法扼杀阻碍他，这是一种完全不能容忍他人（优点）的人。任用这样的人，不但不能保护我的子孙、黎民，也是很危险的啊！

“国家的不安定，就是由于君王一人的过失所致；而国家的繁荣稳定，也正是由于君王一人的善行所致啊！”

第七卷

易经

上 经

◎乾卦第一◎

【原文】

《乾》 元亨利贞。

初九 潜龙勿用。

九二 见龙在田，利见大人。

九三 君子终日乾乾，夕惕若，厉无咎。

九四 或跃在渊：无咎。

九五 飞龙在天，利见大人。

上九 亢龙有悔。

用九 见群龙无首：吉。

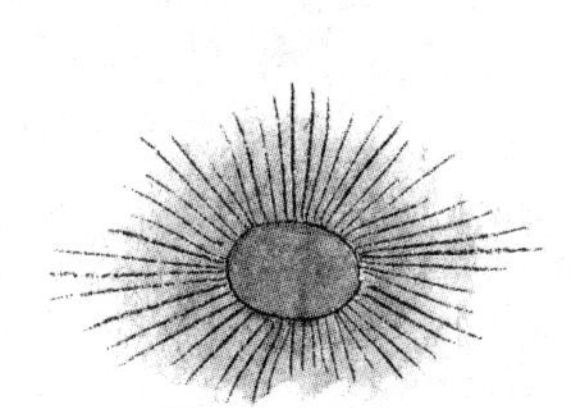

下乾上乾。

【译文】

《乾》 元始，亨通，和合有利，贞正坚固。

初九 龙藏水中，暂时不宜妄动。

九二 龙出现田间，见大人有利。

九三 君子整天勤勉不懈，晚上谨小慎微，纵使遇险也能化险为夷。

九四 （龙或飞腾上天），或遁守深渊：无害。

九五 龙飞在天上，见大人有利。

上九 飞得过高的龙会有麻烦、陷于困境。

用九 群龙出现，都不以首领自居：吉祥。

【原文】

《彖》曰：大哉乾元，万物资始，乃统天。云行雨施，品物流形。大明终始，六位时成。时乘六龙以御天。乾道变化，各正性命，保合大和，乃利贞。首出庶物，万国咸宁。

【译文】

《彖传》说：真是伟大啊，乾的创始！万物都依赖它诞生，万物都是属于天的。云朵飘浮，雨水降下，万物的形态千变万化。太阳东升西落，于是上下和东西南北这六个方位就定下了。太阳按时驾着六条龙在天上往返。乾道不断变化，使万物各归其位，使宇宙保持着大和谐的状态，于是万物受益、正道运行。乾道始生天下万物，使万国都得到了安定。

【原文】

《象》曰：天行健，君子以自强不息。

初九　“潜龙勿用”，阳在下也。

九二　“见龙在田”，德施普也。

九三　“终日乾乾”，反复道也。

九四　“或跃在渊”，进无咎也。

九五　“飞龙在天”，大人造也。

上九　“亢龙有悔”，盈不可久也。

用九　“用九”，天德不可为首也。

【译文】

《象传》说：天道刚健，君子取法天道，自强不息。

初九　“潜龙勿用”，这是因为君子还居于下位。

九二　“见龙在田”，表明君子要广施德泽于天下了。

九三　“终日乾乾”，这是说君子反复行道。

九四　“或跃在渊”，这是说明审时度势向前进取而无害。

九五　“飞龙在天”，这是说大人可以大有作为。

上九　“亢龙有悔”，说明凡事过度就久不了。

用九　“用九”，天道之德即天道的特点，六爻（六龙）都在运行变化中，不见端际。

【原文】

《文言》曰：元者，善之长也；亨者，嘉之会也；利者，义之和也；贞者，事之干也。君子体仁足以长人，嘉会足以合礼，利物足以和义，贞固足以干事。君子行此四德者，故曰：“乾：元亨利贞。”

【译文】

《文言》说：元，是善的开始；亨，是美的荟萃；利，是义的和谐；贞，是行事的根据。君子践行仁德，足以为人君长；荟萃美好，足以合乎礼仪；利人利物，足以响应道义；坚守正道，足以干出事业。君子能践行仁、礼、义、正这四德，所以说：“乾：表现着创始、亨通、和谐有利、贞正坚固。”

【原文】

初九曰：“潜龙勿用”，何谓也？子曰：“龙，德而隐者也。不易乎世，不成乎名，遁世无闷，不见是而无闷，乐则行之，忧则违之，确乎其不可拔，潜龙也。”

九二曰：“见龙在田，利见大人”，何谓也？子曰：“龙，德而正中者也。庸言之信，庸行之谨，闲邪存其诚，善世而不伐，德博而化。《易》曰：‘见龙在田，利见大人’，君德也。”

九三曰：“君子终日乾乾，夕惕若，厉，无咎”，何谓也？子曰：“君子进德修业，忠信，所以进德也，修辞立其诚，所以居业也。知至至之，可与言几也；知终终之，可与存义也。是故，居上位而不骄，在下位而不忧，故乾乾因其时而惕，虽危无咎矣。”

九四曰：“或跃在渊，无咎”，何谓也？子曰：“上下无常，非为邪也；进退无恒，非离群也。君子进德修业，欲及时也，故无咎。”

九五曰：“飞龙在天，利见大人。”何谓也？子曰，“同声相应，同气相求；水流湿，火就燥；云从龙，风从虎。圣人作而万物睹。本乎天者亲上，本乎地者亲下，则各从其类也。”

上九曰：“亢龙有悔”，何谓也？子曰：“贵而无位，高而无民，贤人在下位而无辅，是以动而有悔也。”

【译文】

初九说：“潜龙勿用”，这是什么意思呢？孔子说：“潜龙，是指有德的隐者，他不为世俗所转移，不求虚名，避世却不觉苦闷，不被世人赞同也不苦闷，心以为乐的事就去做，心以为忧恼的事就避开，意志坚定不拔，这就是潜龙。”

九二说：“见龙在田，利见大人”，这是什么意思呢？孔子说：“龙，是指有德又中正的人，他平时总是言有信，日常行为谨慎有节，防范邪僻，秉持真诚，有益于世却不自夸，德泽广大感化了天下。《周易》说：‘见龙在田，利见大人’，这就是君主的品德。”

九三说：“君子终日乾乾，夕惕若，厉，无咎”，这是什么意思呢？孔子说：“这说的是君子增进道德，治理事业。忠信可以增进道德，说话都要出于真诚，可以积累功业。知道方向并努力实现目标，就可以跟他谈事业的精微的道理了；知道方向并达成了目标，就可以和他一道秉守事业的大义了。所以君子居高位时却不骄傲，处低位时却不忧愁，随时勤勉警惕，纵使遇险也能化险为夷了。”

九四说：“或龙或跃出渊，或潜入渊”，这是什么意思呢？孔子说：“（君子像龙一样）或上或下不定，不是出于邪念；或进或退不定，不是脱离群众。君子增进道德，治理事业，只是想把握时机罢了，所以是无害的。”

九五说：“龙高飞在天，有到于出现大人物”，这是什么意思呢？孔子说：“同类的声音互相应和，同种的气息互相觅求；水流向湿处，火烧向干处；云伴从龙，风伴从虎。圣人兴起就会万人仰望。本属天的亲近上面，本属地的亲近下面，那么万物就都能各得其所了。”

上九说：“龙飞至穷极之处，终将有所悔恨”，这是什么意思呢？孔子说：“尊贵却没有君德，居高却脱离群众，贤人屈居下位而丧失辅助，所以君主一轻举妄动就有悔恨。”

【原文】

“潜龙勿用”，下也；“见龙在田”，时舍也；“终日乾乾”，行事也；“或跃在渊”，自试也。“飞龙在天”，上治也；“亢龙有悔”，穷之灾也；乾元“用九”，天下治也。

【译文】

“潜龙勿用”，是因为君子尚居下位；“见龙在田”，说明时势舒展开了；“终日乾乾”，是说君子勤勉行事；“或跃在渊”，是说君子用实践自检验才能；“飞龙在天”，是说君子居高治国，出现最好的局面；“亢龙有悔”，因为穷极而将有灾了；乾元“用九”，是说天下大治。

【原文】

“潜龙勿用”，阳气潜藏；“见龙在田”，天下文明；“终日乾乾”，与时偕行；“或跃在渊”，乾道乃革；“飞龙在天”，乃位乎天德；“亢龙有悔”，与时偕极；乾元“用九”，乃见天则。

【译文】

“潜龙勿用”，因为阳气还在潜伏中；“见龙在田”，因为万物正当焕然光明；“终日乾乾”，是说君子与时俱进；“或跃在渊”，是说天道开始变化了；“飞龙在天”，是说君子具有天一样的品德；“亢龙有悔”，说明人和事情已发展到极端了；乾元“用九”，“用九”体现了天的规律。

【原文】

《乾》“元”者，始而亨者也；“利贞”者，性情也。乾始能以美利利天下，不言所利。大矣哉！大哉乾乎！刚健中正，纯粹精也。六爻发挥，旁通情也。时乘六龙，以御天也；云行雨施，天下平也。

【译文】

《乾》卦中的“元亨”，是说天创始和亨通万物；“利贞”，是说天具有利益和规正万物的性情。天创始时用美利来利益天下，却不夸耀它对天下的利益，真是伟大啊！真是伟大啊，天！它刚健中正，达到了纯精的地步。《乾》卦的六爻推演变化，就能广通万物的情状。太阳按时驾着六条龙，为的是在天上运行；云朵飘行，雨水降下，于是天下太平。

【原文】

君子以成德为行，日可见之行也。“潜”之为言也，隐而未见，行而未成，是以君子“弗用”也。

君子学以聚之，问以辩之，宽以居之，仁以行之。《易》曰：“见龙在田，利见大人”，君德也。

九三重刚而不中，上不在天，下不在田。故乾乾因其时而惕，虽危无咎矣。

九四重刚而不中，上不在天，下不在田，中不在人，故“或”之。“或”之者，疑之也，故“无咎”。

夫“大人”者，与天地合其德，与日月合其明，与四时合其序，与鬼神合其吉凶，先天而天弗违，后天而奉天时。天且弗违，而况于人乎？况于鬼神乎？

“亢”之为言也，知进而不知退，知存而不知亡，知得而不知丧。其唯圣人乎，知进退存亡而不失其正者，其唯圣人乎！

【译文】

初九　君子以成就德业为目标，每天都可看见他在行动。说是“潜”，是因为君子隐伏不露，行动未有成绩，所以君子不妄动。

九二　君子通过学习积累知识，通过问询辨别是非，宽容处世，仁慈办事。《周易》说：“见龙在田，利见大人”，这就是君主的品德。

九三　九三爻处于两个阳爻之上，故曰重刚，又未居上卦或下卦中位，上不在天位，下不在地位，所以只要随时勤勉警惕，纵使有危险，也能转危为安。

九四　处于两个重叠的阳爻之上称为重刚，又未居上卦或下卦中位，上不在天位，下不在地位，中不在人位，所以说“或”。所谓“或”，是说君子的位置疑而未定，所以说“无咎”。

九五　所谓“大人”，他的品德可比天地覆载万物，贤明可比日月照亮大地，行为有序可比四季，察知吉凶可比鬼神。先于天的变化而行动，天的变化正好和他的行动一致，他若后于天的变化而行动，也能遵循天的变化规律。天道尚且不违背他，何况人呢，何况鬼神呢？

上九　说是“亢”，是因为君子知进而不知退，知存而不知亡，知得而不知失。大概只有圣人吧——既知道进退存亡，又不失正道的，大概只有圣人吧。

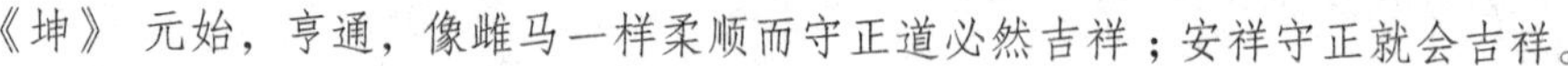

◎坤卦第二◎

【原文】

《坤》　元亨，利牝马之贞。君子有攸往，先迷后得主；利。西南得朋，东北丧朋；安贞吉。

初六履霜，坚冰至。

六二　直方大，不习，无不利。

六三　含章可贞；或从王事，无成有终。

六四　括囊：无咎无誉。

六五　黄裳：元吉。

上六　龙战于野，其血玄黄。

用六利永贞。

下坤上坤。

【译文】

《坤》　元始，亨通，像雌马一样柔顺而守正道必然吉祥；安祥守正就会吉祥。

初六　当脚踩到秋霜时，寒冬的坚冰也将来临。

六二　操持方舟，不熟练也没有什么不利。

六三　内蕴文采，占问之事可行，或从事君王的事业，不能成功也有好结果。

六四　捆紧囊袋（比喻遇事缄口，不理是非）：无害也无赞誉。

六五　黄下衣（象征富贵）：大吉。

上六　二龙在野外搏斗，淌出黑黄色的血。

用六　永远坚守正道就会有利。

【原文】

《彖》曰：至哉坤元！万物资生，乃顺承天。坤厚载物，德合无疆。含弘光大，品物咸亨。牝马地类，行地无疆，柔顺利贞。君子攸行，先迷失道，后顺得常。“西南得朋”，乃与类行；“东北丧朋”，乃终有庆。安贞之吉，应地无疆。

【译文】

《彖传》说：真是达到了极致啊！坤的创始！万物都依赖它诞生长成，它是顺承着天道的。坤道的大地深厚，承载万物，坤德配合乾德，没有止境。大地涵容一切，广阔无垠，万物都亨通畅达。母马和地同类，在地上奔驰无疆，它性情柔顺，利于秉守正道。君子出行，起初因抢行而先迷失道路，后来随于人后顺利得回正路。往西南去得到朋友，于是伴友同行；往东北去失去朋友，却能终获福庆。安守正道是吉祥的，能适应大地的广大无边。

【原文】

《象》曰：地势坤。君子以厚德载物。

初六　“履霜”，“坚冰”，阴始凝也；驯致其道，至“坚冰”也。

六二　六二之动，“直”以“方”也；“不习无不利”，地道光也。

六三　“含章可贞”，以时发也；“或从王事”，知光大也。

六四　“括囊无咎”，慎不害也。

六五　“黄裳元吉”，文在中也。

上六　“龙战于野”，其道穷也。

用六　“用六永贞”，以大终也。

【译文】

《象传》说：地势柔顺，君子取法大地厚德载物。

初六　“履霜”，这是说阴气开始凝结了；顺着自然规律发展下去，就会形成“坚冰”。

六二　六二中的“直方”，是说人办事正直端方；“不习无不利”，这是因为地道广大。

六三　有德正直，这要适时使用；“或从王事”，这是因为他智慧大。

六四　“括囊无咎”这是说君子行事谨慎就会无害。

六五　“黄裳元吉”，这是因为君子心怀美德。

上六　“龙战于野”，这是说君子途穷了。

用六　用六说，永远正直，这样就会大有结果。

【原文】

《文言》曰：坤至柔而动也刚，至静而德方。后得主而有常。含万物而化光。坤道其顺乎，承天而时行。

积善之家，必有余庆，积不善之家，必有余殃。臣弑其君，子弑其父，非一朝一夕之故，其所由来者渐矣，由辩之不早辩也。《易》曰：“履霜，坚冰至”，盖言顺也。

“直”，其正也，“方”，其义也。君子敬以直内，义以方外，敬义立而德不孤。“直方大，不习无不利”，则不疑其所行也。

阴虽有美，含之以从王事，弗敢成也。地道也，妻道也，臣道也。地道“无成”，而代“有终”也。

天地变化，草木蕃；天地闭，贤人隐。《易》曰：“括囊，无咎无誉”，盖言谨也。

君子“黄”中通理，正位居体，美在其中，而畅于四支，发于事业，美之至也。

阴疑于阳必战，为其嫌于无阳也，故称“龙”焉，犹未离其类也，故称“血”焉。夫“玄黄”者，天地之杂也，天玄而地黄。

【译文】

《文言》说：大地极其柔顺，但运动却是刚健的；大地极其宁静，但地道却是方正的。地道随后，以天道为主人，有稳固的规律。地包容万物而化育广大。地道是柔顺的呵，顺承天道且按时运行。

积善的人家，必然多福庆，积不善的人家，必然多灾殃。臣弑君，儿弑父，不是一朝一夕的缘故，它所以变成这样是渐成的，是由可以察觉却没有早点察觉造成的。《周易》说：“踩上霜，坚冰也将来临”，大概说的就是这种事物发展的必然趋势吧。

“直”，是指正直，“方”，是指行事合乎道义。君子通过诚敬成就内在的正直，通过道义成就外在的方正。诚敬、道义确立了，德行就不会孤立了。“直方大，不习无不利”，那么人们就不会怀疑他所做的了。

臣子虽有美德，却能收敛着从事王事，不敢以成功自居。地道就是妻道、臣道。地道无所谓成功，它只是替天道成功罢了。

天地变化，草木就旺盛，天地闭塞，贤人就退隐。《周易》说：“括囊，无咎无誉”，大概说的就是谨慎处世的道理吧。

君子内怀美德，通达事理，端正位置，秉守仪礼，美德在心中，外现在四肢上，发扬在事业上，美德真是达到了极致啊。

阴和阳势钧力敌时，一定起争斗，本是阴与阳战而说成“龙战”，是因为怕人们误以为无阳，但上六还没脱离它的阴类属性，不能离开阳，所以称“血”表示阴阳交合。所谓“玄黄”，这是天地杂合的颜色，天是玄色，地是黄色。

◎屯卦第三◎

【原文】

下震上坎。

《屯》 元亨，利贞；勿用有攸往，利建侯。

初九 磐桓；利居贞，利建侯。

六二 屯如邅如，乘马班如，匪寇，婚媾；女子贞不字，十年乃字。

六三 即鹿无虞，惟入于林中，君子几不如舍，往吝。

六四 乘马班如，求婚媾，往吉，无不利。

九五 屯其膏，小贞吉，大贞凶。

上六 乘马班如；泣血涟如。

【译文】

《屯》象征事物的初生：元始、亨通，利于坚守正固；不宜有所前往，利于建立诸侯。

初九 徘徊迟疑；静居守持，正固有利，利于建立诸侯。

六二 （他们）聚集前来，乘马回旋，不是抢劫的，是求婚的；女子守持正固，不急出嫁，十年后才能嫁。

六三 逐鹿而没有虞官的帮助，鹿躲入林中，这时与其继续追捕，不如舍弃，继续追捕则将有不利。

六四 乘马徘徊去抢婚，前去吉祥，没有不利。

九五 处草创之艰难，需要普施恩泽。柔小而守正可得吉祥，若刚大则守正也凶险。

上六 （他们）乘马之人徘徊不前，泪流不止，当是凶象。

【原文】

《彖》曰：《屯》，刚柔始交而难生，动乎险中，大亨贞。雷雨之动满盈，天造草昧。宜建侯而不宁。

【译文】

《彖传》说：《屯》卦的象征是，阴阳二气开始相交艰难也随着萌生，下震上坎，事物在艰险下运动发展，如同雷雨，动生万物而润泽之，有元大、亨通的美德。雷雨动行天下，大自然虽然蒙昧，却一片生机。适宜封侯得大安宁。

【原文】

《象》曰：云雷，屯。君子以经纶。

初九 虽“磐桓”，志行正也。以贵下贱，大得民也。

六二 六二之难，乘刚也。“十年乃字”，反常也。

六三 “即鹿无虞”，以从禽也。君子舍之，“往吝”，穷也。

六四 求而往，明也。

九五 “屯其膏”，施未光也。

上六 “泣血涟如”，何可长也?

【译文】

《象传》说：云行于上，雷动于下，这就是《屯》卦。君子取法《屯》卦，在事业草创之际即规划治国方略。

初九 虽然徘徊难以前进，志向和行为却是端正的。地位虽高但能以谦和态度对待人民，就能大获民心。

六二 六二中的“女子贞不字，十年乃字”是艰难的，这是因为女凌驾男。“十年才孕”，这是反常的事。

六三 “即鹿无虞”，这是说追捕禽兽。君子弃追，是因为“往吝”，前去也难有得而且会受困。

六四 前去求婚，且可知晓女家的情况——这是明智的。

九五 “积聚肥肉”，这是说君子尚未广施德泽。

上六 “血泪直流”，这种状况怎能长久呢？

◎蒙卦第四◎

【原文】

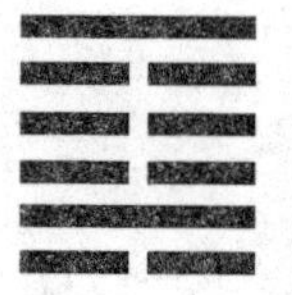

下坎上艮。

《蒙》 亨；匪我求童蒙，童蒙求我，初筮告，再三渎，渎则不告；利贞。

初六 发蒙；利用刑人，用说桎梏；以往吝。

九二 包蒙：吉；纳妇：吉，子克家。

六三 勿用取女，见金夫，不有躬，无攸利。

六四 困蒙：吝。

六五 童蒙：吉。

上九 击蒙；不利为寇，利御寇。

【译文】

《蒙》 亨通；不是我去求幼童占筮，是幼童求我占筮，初次求教就施以教诲，再三乱问，这就渎犯了神圣的筮法，乱问就不再为之筮。此卦是有利的占问。

初六 启发蒙昧；利于刑人脱桎梏。但有所前往则会发生悔恨之事。

九二 包容蒙昧之人：吉祥；为子娶妻：吉祥；儿子能够继承父志兴家立业。

六三 不能娶那样的女人，她看见有钱人，就会失身，娶她没有什么好处。

六四 困于蒙昧之中：有艰难。

六五 童子蒙昧受启发（能够听从教导）：吉祥。

上九 以猛击开启蒙昧；过于暴烈则不利，用抵御盗寇之法有利。

【原文】

《彖》曰：《蒙》，山下有险，险而止，《蒙》。“蒙亨”，以亨行时中也。“匪我求童蒙，童蒙求我”，志应也；“初筮告”，以刚中也；“再三渎，渎则不告”，渎蒙也。蒙以养正，圣功也。

【译文】

《彖传》说：《蒙》卦的象征是，山下有危险，君子遇险止步，这就是《蒙》卦。《蒙》卦是亨通的，是因为遇险止步是及时的和中正的。“匪我求童蒙，童蒙求我”，这是说双方的想法一致；“初筮告”，是因为蒙童求问的是刚健中正的事；“再三渎，渎则不告”，是因为这种行为是渎犯神灵的和蒙昧的。通过培养中正的道德去除蒙昧，这是圣人的功业。

【原文】

《象》曰：山下出泉，《蒙》。君子以果行育德。

初六　“利用刑人”，以正法也。

九二　“子克家”，刚柔接也。

六三　“勿用取女”，行不顺也。

六四　“困蒙”之“吝”，独远实也。

六五　“童蒙”之“吉”，顺以巽也。

上九　“利”用“御寇”，上下顺也。

【译文】

《象传》说：山下涌出泉水，这就是《蒙》卦的象征。君子取法《蒙》卦果断行动，培养道德。

初六　“利用刑人”，这是说君子按照法令办事。

九二　“……子克家”，这是说男女相配。

六三　“勿用取女”，这是说事情不顺。

六四　“困蒙”是艰难的，是因为远离实际。

六五　“童蒙”是吉祥的，是因为蒙童柔顺又能服从大人。

上九　“御寇”是有利的，是因为御寇是自卫，臣民都会顺从支持。

◎需卦第五◎

【原文】

《需》有孚，光亨，贞吉，利涉大川。

初九　需于郊，利用恒，无咎。

九二　需于沙，小有言，终吉。

九三　需于泥，致寇至。

六四　需于血，出自穴。

九五　需于酒食：贞吉。

上六　入于穴，有不速之客三人来，敬之终吉。

下乾上坎。

【译文】

《需》真诚守信，光明亨通，守正吉祥，渡大河有利。

初九　停留郊野外，恒心等待有利，无害。

九二　停留在难行的沙地上，会受到小的谴责，但终获吉祥。

九三　停留淤泥里，会招致盗寇到来。

六四　停留血泊中，（形势凶险）但终能逃出洞穴（度过灾难）。

九五　停留酒食之地：占问说吉祥。

上六　故人居于洞穴，有三个不速之客来访，恭敬接待就会终获吉祥。

【原文】

《象》曰：需，须也。险在前也，刚健而不陷，其义不困穷矣。《需》，“有孚，光亨，贞吉”，位乎天位，以正中也。“利涉大川”，往有功也。

【译文】

《彖传》说：需，指等待。前有危险，人却能凭着刚健，避免使自己陷险，宜其不会困穷。《需》卦说：“有孚，光亨，占吉”，这是因为人居尊位，道德中正。“利涉大川”，这是说前往有收获。

【原文】

《象》曰：云上乎天，《需》。君子以饮食宴乐。

初九　“需于郊”，不犯难行也；“利用恒无咎”，未失常也。

九二　“需于沙”，衍在中也，虽小有言，以吉终也。

九三　“需于泥”，灾在外也。自我“致寇”，敬慎不败也。

六四　“需于血”，顺以听也。

九五　“酒食贞吉”，以中正也。

上六　“不速之客来，敬之终吉”，虽不当位，未大失也。

【译文】

《象传》说：云在天上，这就是《需》卦的象征。君子取法《需》卦安于饮食宴乐。

初九　“需于郊”，这是说不要冒险前进；“利用恒，无咎”，是因为没有违反常道。

九二　“需于沙”，这是说君子停于不当停之处而有过失，受到小的谴责，结果却还是吉祥的。

九三　“需于泥”，这是说灾祸就在外面。虽是自己招来的寇盗，但谨慎防御，还是能避免失败的。

六四　“需于血”，这是说要顺乎时势应乎天命。

九五　“酒食贞吉”，这是因为君子能行中正之道。

上六“不速之客来，敬之终吉”。上六处的位置虽有不当，也不会酿成大过失。

◎讼卦第六◎

【原文】

《讼》有孚，窒，惕，中吉，终凶；利见大人，不利涉大川。

初六　不永所事，小有言，终吉。

九二　不克讼，归而逋，其邑人三百户无眚。

六三　食旧德：贞厉，终吉；或从王事，无成。

九四　不克讼，复即命渝；安贞吉。

九五　讼元吉。

上九　或锡之鞶带，终朝三褫之。

下坎上乾。

【译文】

《讼》有俘获；心中恐惧警惕，事情中途吉祥，结果凶险；见大人有利，渡大河不利。

初六　事情做不久，会受到小的谴责，但终获吉祥。

九二　争讼输了，回家后逃跑，逃至他封邑内的三百户人家那里就能免于灾祸了。

六三　靠祖业过活：守持正固以避免危险，但终获吉祥；或者从事君王事业，成功不自居。

九四　官司输了，回来后服从命令；占问平安：吉祥。

九五　明断讼事，大吉。

上九　偶或（讼胜）得到显贵的大腰带，但一天里多次得到又多次被剥夺。

【原文】

《彖》曰：《讼》，上刚下险，险而健，《讼》。《讼》"有孚，窒惕，中吉"，刚来而得中也；"终凶"，讼不可成也；"利见大人"，尚中正也；"不利涉大川"，入于渊也。

【译文】

《彖传》说：《讼》卦的象征是，君子刚健时遇险，遇险时依然刚健，这就是《讼》卦。《讼》卦说："有孚，窒惕，中吉"，这是因为君子刚健中正；"终凶"，这是说君子争讼不会赢；"利见大人"，是因为君子崇尚中正；"不利涉大川"，是因为强渡会落水。

【原文】

《象》曰：天与水违行，《讼》。君子以作事谋始。

初六　"不永所事"，讼不可长也。虽小有言，其辩明也。

九二　"不克讼"，归逋窜也。自下讼上，患至掇也。

六三　"食旧德"，从上吉也。

九四　"复即命渝"、"安贞"，不失也。

九五　"讼元吉"，以中正也。

上九　以讼受服，亦不足敬也。

【译文】

《象传》说：天和水反向运动，这就是《讼》卦的象征。君子取法《讼》卦，做事考虑好开始（以绝争讼之源）。

初六　"不永所事"，这是说争讼不可长久不了。虽然受到（官吏）小的谴责，是非却已辨明白了。

九二　争讼赢不了，回来后就逃跑。居于下位而和上位发生争讼，招来祸患十分容易。

六三　"食旧德"，这是说顺从上位就能吉祥。

九四　回来后服从命令，安守正道，这就不会有过失。

九五　争讼大吉，这是因为君子居中守正。

上九　通过争讼捞得官位，这是不值得人敬重的。

◎师卦第七◎

【原文】

下坎上坤。

《师》　贞，丈人吉，无咎。

初六　师出以律，否臧凶。

九二　在师中：吉，无咎，王三锡命。

六三　师或舆尸：凶。

六四　师左次：无咎。

六五　田有禽：利执言，无咎；长子帅师，弟子舆尸：贞凶。

上六　大君有命，开国承家，小人勿用。

【译文】

《师》　坚守正固，贤明长者率兵吉祥，无害。

初六　行军靠军纪，不守军纪会有凶险。

九二　在军统兵，持中不偏者吉祥，无害，天子多次奖赏他。

六三　军队或会用车载着尸体回来：凶险。

六四　军队撤退安全处驻扎：免遭灾害。

六五　田野上有野禽，利于捕捉，无害；可以委任长者统率军队出征，委任幼稚者就会战亡，尸体用车载着回来：要保持贞正以防凶险。

上六　天子有奖赏，有功者封为诸侯或大夫，小人不得受封。

【原文】

《彖》曰："师"，众也；"贞"，正也。能以众正，可以王矣。刚中而应，行险而顺，以此毒天下，而民从之，吉又何咎矣。

【译文】

《彖传》说："师"，指众人；"贞"，指正道。能使众人都来归顺正道，就可以称王了。刚健中正又能得人响应，身处危险仍能顺应正道，这样治理天下，百姓就会归附，这是吉祥的，哪里会有害处呢？

【原文】

《象》曰：地中有水，《师》。君子以容民畜众。

初六　"师出以律"，失律凶也。

九二　"在师中吉"，承天宠也；"王三锡命"，怀万邦也。

六三　"师或舆尸"，大无功也。

六四　"左次无咎"，未失常也。

六五　"长子帅师"，以中行也；"弟子舆尸"，使不当也。

上六　"大君有命"，以正功也；"小人勿用"，必乱邦也。

【译文】

《象传》说：地中有水，这就是《师》卦的象征。君子取法《师》卦容纳和蓄养百姓。

初六 “师出以律”，失了纪律是凶险的。

九二 “在师中吉”，这是因为受到上天的宠爱；“王三锡命”，为的是收服万国的心。

六三 “师或舆尸”，这是说征伐不仅毫无战绩，而且出师的军队可能载尸而归。

六四 “左次无咎”，撤退驻守，没有出现灾祸，这是因为军队没有违反行军的常道。

六五 “长子帅师”，这是因为长子能行中道；“弟子舆尸”，这是因为用人不当。

上六 “大君有命”，为的是论功行赏；“小人勿用”，不然必定乱邦。

◎比卦第八◎

【原文】

《比》 吉，原筮，元，永贞无咎；不宁方来，后夫凶。

初六 有孚；比之，无咎；有孚盈缶，终来有它，吉。

六二 比之自内：贞吉。

六三 比之，匪人。

六四 外比之：贞吉。

九五 显比，王用三驱，失前禽，邑人不诫：吉。

上六 比之，无首：凶。

下坤上坎。

【译文】

《比》 亲密比辅则吉祥，初次占问大亨通，长久坚持正固则无害；不获安宁的邦国前来朝拜，迟来的有凶险。

初六 心怀诚信，亲比天子则无害；积累的诚信有如水装满瓦器，最终还有别的收获到来：吉祥。

六二 在朝廷内辅助天子：守持正固吉祥。

六三 想亲附而不得其人。

六四 在外亲附于上：守持贞正则吉祥。

九五 用光明的道广获亲比；天子用三驱法狩猎，放掉逃向前面的野禽，当地人对此不加警告：吉祥。

上六 亲附于人而没有好的开端：凶险。

【原文】

《象》曰：《比》，吉也；《比》，辅也，下顺从也。“原筮元。永贞无咎”，以刚中也；“不宁方来”，上下应也；“后夫凶”，其道穷也。

【译文】

《彖传》说:《比》卦是吉祥的,《比》指辅佐,指臣子顺从君主。“原筮元,永贞无咎”,是因为君主刚健中正;“不宁方来”,是因为君臣能彼此响应;“后夫凶”,这是说后到者将无路可走了。

【原文】

《象》曰:地上有水,《比》。先王以建万国,亲诸侯。

初六　《比》之“初六”,“有它吉”也。

六二　“比之自内”,不自失也。

六三　“比之,匪人”,不亦伤乎?

六四　外比于贤,以从上也。

九五　“显比”之“吉”,位正中也。舍逆取顺,“失前禽”也。“邑人不诫”,上使中也。

上六　《象》曰:“比之无首”,无所终也。

【译文】

《象传》说:“地上有水,这就是《比》卦的象征。先王取法《比》卦建立众国,亲近诸侯。

初六　《比》卦初六爻:“终会有他人来亲近自己”吉祥。

六二　从内部相亲相辅,这是没有失去自己本来就有的正应关系(强调亲比要从自己做起)。

六三　“比之匪人”,这岂不是会被伤害么?

六四　在朝廷外辅佐贤君,这是因为臣子要服从君主。

九五　用光明的道辅助君主是吉祥的,这是因为君主中正。舍弃迎面奔来的野兽不射杀,却去射杀往前远跑的,这是“失前禽”的原因。当地人对此不感到惊奇,这是因为君主中正。

上六　“比之无首”,这是说事情没有好收场。

◎小畜卦第九◎

【原文】

下乾上巽。

《小畜》　亨;密云不雨,自我西郊。

初九　复自道:何其咎,吉。

九二　牵复:吉。

九三　舆说辐;夫妻反目。

六四　有孚,血去惕出,无咎。

九五　有孚挛如,富以其邻。

上九　既雨既处,尚德载;妇贞厉;月几望,君子征凶。

【译文】

《小畜》 亨通；浓云不下雨，从我的西邑郊外涌来。

初九　从正路返回，能有什么灾祸呢？吉祥。

九二　受人牵引返回：吉祥。

九三　车轮辐条脱落；夫妻反目成仇。

六四　心怀诚信，忧患将要过去；出远门无害。

九五　心怀诚信，密切相联，与近邻共同富裕。

上九　雨下过了，停了，此时应当积德载物，妇女应保持贞正以防危险；接近阴历十五时，君子出征有凶险。

【原文】

《彖》曰：《小畜》，柔得位而上下应之，曰“小畜”。健而巽，刚中而志行，乃“亨”。“密云不雨”，尚往也；“自我西郊”，施未行也。

【译文】

《彖传》说：《小畜》卦的象征是，六四阴爻居阴位即是柔顺者得其位，上下五阳爻与之相应，所以小有蓄聚。所以卦名叫“小蓄”。君子刚健谦逊，道德中正，志向得以推行，所以亨通。“密云不雨”，这是说乌云上涌聚集；“自我西郊”，这是说雨尚未降下，说明阴阳交和之功方积，而未大行其道。

【原文】

《象》曰：风行天上，《小畜》。君子以懿文德。

初九　“复自道”，其义吉也。

九二　“牵复”在中，亦不自失也。

九三　“夫妻反目”，不能正室也。

六四　“有孚惕出”，上合志也。

九五　“有孚挛如”，不独富也。

上九　“既雨既处”，德积载也；“君子征凶”，有所疑也。

【译文】

《象传》说：风刮在天上，这就是《小畜》卦的象征。君子取法《小畜》卦，磨练自己的才能和道德。

初九　“复自道”，这是吉祥的。

九二　“牵复”，这是因为君子能守中道，不会有什么过失。

九三　“夫妻反目”，这是因为丈夫不能使夫妻关系正常家庭和睦。

六四　“有孚惕出”，这是能于居于上位的阳刚者心志相合。

九五　“有孚挛如”，这是说不要一家独富。

上九　“既雨既处”，这是说这时可以装货出行了；“君子征凶”，这是因为出兵时对敌我形势、战争策略都迟疑不决。

◎履卦第十◎

【原文】

下兑上乾。

《履》 履虎尾，不咥人：亨。

初九 素履往：无咎。

九二 履道坦坦：幽人贞吉。

六三 眇能视，跛能履；履虎尾，咥人，凶；武人为于大君。

九四 履虎尾，愬愬，终吉。

九五 夬履：贞厉。

上九 视履考祥，其旋元吉。

【译文】

《履》 踩到老虎尾巴，老虎不咬人：亨通。

初九 穿着朴素无华的鞋子前往：无害。比喻人要以朴实坦白的态度行事，则无害。

九二 大路平坦：幽静无争的人吉祥。

六三 眼瞎了却自以为视力好，瘸腿的却自以为能走路；踩到老虎尾巴，老虎咬人：凶险；粗猛武人要担当君主给的大任。

九四 踩到老虎尾巴，心里戒惧，终获吉祥。

九五 决然行事但不可一意孤行：刚愎自用会有危险。

上九 小心回顾走过的路，考察其中福祸得失的征兆，返回时就能大吉。

【原文】

《彖》曰：《履》，柔履刚也。说而应乎乾，是以"履虎尾，不咥人"、"亨"。刚中正，履帝位而不疚，光明也。

【译文】

《彖传》说：《履》卦的象征是，小民凌驾君子。小民和悦地响应君子，这就是"履虎尾，不咥人"、"亨"的象征。君子刚健中正，即使登临帝位也毫无愧疚，前途光明。

【原文】

《象》曰：上天下泽，《履》。君子以辩上下，安民志。

初九 "素履"之"往"，独行愿也。

九二 "幽人贞吉"，中不自乱也。

六三 "眇能视"，不足以有明也；"跛能履"，不足以与行也；"咥人"之"凶"，位不当也；"武人为于大君"，志刚也。

九四 "愬愬终吉"，志行也。

九五 "夬履贞厉"，位正当也。

上九 "元吉"在上，大有庆也。

【译文】

《象传》说：上天下泽，这就是《履》卦的象征。君子取法《履》卦，建立秩序分别上下名分，安定百姓思想。

初九　朴素无华地往前走，这是说君子行事坚定。

九二　安静、中和、恬淡的人是幽人，能坚持守住中正之道，自然是可以获得吉祥的。

六三　“眇能视”，这是说独眼看不清东西；“跛能履”，这是说瘸腿走不了路；“咥人”是凶险的，这是因为地位失当；“武人为于大君”，这是说武人刚愎自用。

九四　“愬愬终吉”，这是因为君子得志了。

九五　“夬履贞厉”，不过他的地位毕竟是得当的。

上九“元吉”在上九出现，这是说上位君子大获福庆了。

◎泰卦第十一◎

【原文】

下乾上坤。

《泰》　小往大来，吉，亨。

初九　拔茅茹以其汇；征吉。

九二　包荒，用冯河，不遐遗，朋亡，得尚于中行。

九三　无平不陂，无往不复；艰贞，无咎；勿恤其孚，于食有福。

六四　翩翩，不富以其邻，不戒以孚。

六五　帝乙归妹，以祉，元吉。

上六　城复于隍，勿用师，自邑告命，贞吝。

【译文】

《泰》象征和畅通泰：小的去了大的来，吉祥，亨通。

初九　拔茅草的根，连同茅草的同类也一同拔起来；如此同根同志地团结出征，吉祥。

九二　有包容大川的胸怀，涉越长河的能力，不遗弃远方的贤人，也不溺于私情，要中道行事。

九三　没有哪种平坦，永远不会倾斜，没有哪种失去，永远不会得回；事情艰难也要坚守正道，自然是无害的；不用忧虑无法取信于人，生活是会变富足的。

六四　像鸟飞那样轻飘自得，难保财富。但与邻居相互信任不必加以戒备。

六五　帝乙出嫁少女，因而得福，大吉。

上六　城墙倒塌在濠沟里。命令说是不要用兵，只能自我检讨，坚守正道来防止危害。

【原文】

《彖》曰：“《泰》：小往大来，吉，亨。”则是天地交而万物通也，上下交而其志同也。内阳而外阴，内健而外顺，内君子而外小人。君子道长，小人道消也。

【译文】

《彖传》说："《泰》：小往大来。吉，亨。"这是说天地阴阳二气相交就会万物亨通，君臣相互沟通就能心意一致。《泰》卦内卦是阳，外卦是阴，内卦是健，外卦是顺，内卦是君子，外卦是小人。君子的道将要发展，小人的道将要衰落。

【原文】

《象》曰：天地交，《泰》。后以财成天地之道，辅相天地之宜，以左右民。

初九　"拔茅征吉"，志在外也。

九二　"包荒，得尚于中行"，以光大也。

九三　"无往不复"，天地际也。

六四　"翩翩不富"，皆失实也；"不戒以孚"，中心愿也。

六五　"以祉元吉"，中以行愿也。

上六　"城复于隍"，其命乱也。

【译文】

《象传》说：天地阴阳二气相交，这就是《泰》卦的象征。君主取法《泰》卦，制定符合天地之道的制度，辅助百姓从事生产，以便统治百姓。

初九　"拔茅征吉"，这是说君子志在向外发展。

九二　"包荒，得尚于中行"，这是因为君子光明正大。

九三　"无往不复"，这是说事情发展到了临界点（就要转变了）。

六四　"翩翩不富"，这是说君子丧失财物；有诚信不戒备，这是君子的心愿。

六五　"以祉元吉"，这是因为君子行事中正。

上六　"城复于隍"，这是说统帅的命令错乱失当。

◎否卦第十二◎

【原文】

《否》　否之，匪人；不利君子贞；大往小来。

初六　拔茅茹以其汇：贞吉，亨。

六二　包承：小人吉，大人否，亨。

六三　包羞。

九四　有命：无咎，畴离祉。

九五　休否，大人吉，其亡其亡，系于苞桑。

上九　倾否，先否后喜。

【译文】

《否》卦象征天下闭塞不通：否闭之世排斥贤人，君子此时应坚守贞正；大的阳刚去了，小的阴柔来了。事业由盛转衰。

初六　拔茅草的根，连同茅草的同类也一起拔起：君子应当坚守正道，吉祥亨通。

六二　被包容并顺承尊者：小人吉祥，大人闭塞，以后才亨通。

六三　位置不当，包藏羞辱。

九四　保有天命：无害，同志都来会一起享有福祉。

九五　终止闭塞的局面，大人才能吉祥，但还要时刻警惕（将要灭亡，将要灭亡），才会像桑树一样安然无恙。

上九　倾覆闭塞的局面，起初闭塞，后来通泰喜悦。

下坤上乾。

【原文】

《彖》曰：“否之匪人。不利君子贞。大往小来。”则是天地不交而万物不通也，上下不交而天下无邦也。内阴而外阳，内柔而外刚，内小人而外君子。小人道长，君子道消也。

【译文】

《彖传》说：“《泰》：小往大来。吉，亨。”这是说天地阴阳二气不相交，就会万物不亨通，君臣不相沟通，就会国家衰亡。《否》卦内卦是阴，外卦是阳，内卦是柔，外卦是刚，内卦是小人，外卦是君子。小人的道将要发展，君子的道将要衰落。

【原文】

《象》曰：天地不交，《否》。君子以俭德辟难，不可荣以禄。

初六　“拔茅贞吉”，志在君也。

六二　“大人否，亨”，不乱群也。

六三　“包羞”，位不当也。

九四　“有命无咎”，志行也。

九五　“大人”之“吉”，位正当也。

上九　否终则倾，何可长也。

【译文】

《象传》说：天地阴阳二气不相交，这就是《否》卦的象征。君子取法《否》卦，崇尚俭德，躲避祸难，不以利禄为荣。

初六　“拔茅贞吉”，初六不忘上应阳刚，坚持正道则吉祥，这是说君子志在辅助君王。

六二　“大人否，亨”，这是因为大人不和小人厮混。

六三　“包羞”，这是因为地位失当。

九四　“有命无咎”，这是说君子得志了。

九五　大人是吉祥的，这是因为他地位得当。

上九　事情闭塞到了极点就要变了，怎么可能长久不变呢？

◎同人卦第十三◎

【原文】

下离上乾。

《同人》 同人于野：亨；利涉大川，利君子贞。

初九 同人于门：无咎。

六二 同人于宗：吝。

九三 伏戎于莽，升其高陵，三岁不兴。

九四 乘其墉，弗克攻，吉。

九五 同人，先号咷而后笑，大师克，相遇。

上九 同人于郊：无悔。

【译文】

同人 在郊野外聚集众人：亨通；渡大河有利，君子坚守贞正有利。

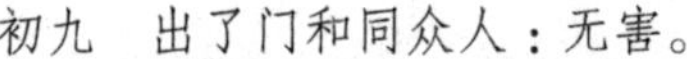

初九 出了门和同众人：无害。

六二 在宗庙聚集众人：危险。

九三 在草丛埋伏军队，又登上高地瞭望，三年了都不能取胜。

九四 登临敌城了，但又放弃了进攻，是吉祥的。

九五 和同于众人，先是嚎哭，然后大笑，（原来是因为）大部队攻克了敌人，会师成功了。

上九 在野外聚集众位同仁：无悔。

【原文】

《彖》曰：《同人》，柔得位得中，而应乎乾，曰“同人”。《同人》曰：“同人于野，亨，利涉大川”，乾行也。文明以健，中正而应，君子正也。唯君子为能通天下之志。

【译文】

《彖传》说：《同人》卦的象征是，柔顺者地位得当，秉守中正，响应刚健者，所以卦名叫“同人”。《同人》卦说：“同人于野，亨，利涉大川”，这是因为君子行事刚健。文明刚健，中正又得人响应，这就因为君子秉守正道。唯有君子能通晓天下人的心思。

【原文】

《象》曰：天与火，《同人》。君子以类族辨物。

初九 前往同人，又谁咎也。

六二 “同人于宗”，吝道也。

九三 “伏戎于莽”，敌刚也；“三岁不兴”，安行也。

九四 “乘其墉”，义弗克也。其“吉”，则困而反则也。

九五 “同人”之“先”，以中直也；大师相遇，言相克也。

上九 “同人于郊”，志未得也。

【译文】

《象传》说：天和火，这就是《同人》卦的象征。君主取法《同人》卦的卦象以区分物类，辨明物事。

初九 出门在外与人接触能够和同于人，与人同心同德，又有谁来怪罪呢？

六二 “同人于宗”，这是危险的举动。

九三 “伏戎于莽”，这是因为敌兵强大；“三岁不兴”，这是说不能出兵，此事行不通。

九四 虽然登临敌城了，不过按照道义是不宜赶尽杀绝的；军队是吉祥的，这是因为军队受困时能回归正确的作战计划。

九五 赞同他人，先是哀哭，后是破涕为笑，这是因为君子能守中正；军队和大部队会师，这是说战争打赢了。

上九 “同人于郊”，这是说君子尚未得志。

◎大有卦第十四◎

【原文】

《大有》 元亨。

初九 无交害，匪咎，艰则无咎。

九二 大车以载，有攸往：无咎。

九三 公用亨于天子，小人弗克。

九四 匪其彭：无咎。

六五 厥孚交如威如：吉。

上九 自天祐之：吉，无不利。

下乾上离。

【译文】

《大有》象征大获富有：事业大亨通。

初九 没有因不当的交往受祸害，就无灾殃，身处艰难时也无害。

九二 用大车运载货物出行：无害（因为有良好之工具、设备）。

九三 公侯向天子献礼，小人不能担当重任。

九四 富盛而不炫耀：无害。

六五 他与人交往诚信明亮威严：吉祥。

上九 上天降下保佑：吉祥，没有不利。

【原文】

《彖》曰：《大有》，柔得尊位大中，而上下应之，曰“大有”。其德刚健而文明，应乎天而时行，是以“元亨”。

【译文】

《彖传》说：《大有》卦的象征是，阴爻赢得了尊位，秉守中道，得到众阳刚的响应，所以卦名叫“大有”。君子的道德刚健而又文明，能顺应天道适时行事，所以说前途必是至为亨通。

【原文】

《象》曰：火在天上，《大有》。君子以遏恶扬善，顺天休命。

初九 《大有》初九，"无交害"也。

九二 "大车以载"，积中不败也。

九三 "公用亨于天子"，"小人"害也。

九四 "匪其彭，无咎"，明辨晢也。

六五 "厥孚交如"，信以发志也。"威如"之"吉"，易而无备也。

上九 《大有》上"吉"，"自天祐"也。

【译文】

《象传》说：火在天上，这就是《大有》卦的象征。君子取法《大有》卦遏恶扬善，顺应天道，磨炼命运。

初九 《大有》初九说："无交害。"（传对此爻没有释读）

九二 "大车以载"，这是说货物堆在车上塌不了。

九三 "公用亨于天子"，这是说小人参加祭祀会有害。

九四 "匪其彭无咎"，这是因为君子明辨事理。

六五 "厥孚交如"，这是说君子能老实地表达愿望。办事威严是吉祥的，这是因为他平易近人，毫无心机。

上九 《大有》上九是吉祥的，这是因为有上天的保佑。

◎谦卦第十五◎

【原文】

下艮上坤。

《谦》 亨，君子有终。

初六 谦谦：君子用涉大川，吉。

六二 鸣谦：贞吉。

九三 劳谦，君子有终：吉。

六四 无不利，㧑谦。

六五 不富以其邻，利用侵伐，无不利。

上六 鸣谦：利用行师，征邑国。

【译文】

《谦》卦象征谦虚：亨通，君子能保持谦虚最终有好结果。

初六 谦虚而又谦虚的君子：这种态度可以渡过大河，吉祥。

六二 名声在外，但仍能保持谦虚：吉祥。

九三 功劳很大，但仍能保持谦虚：吉祥。

六四 在事业上发扬谦虚，没有不利。

六五 不能和邻国共富的国家，可以对它进行征伐，没有不利。

上六 名声在外，但仍能保持谦虚：用这种态度出兵征讨邑国有利。

【原文】

《彖》曰：《谦》，“亨”。天道下济而光明，地道卑而上行。天道亏盈而益谦，地道变盈而流谦，鬼神害盈而福谦，人道恶盈而好谦。谦，尊而光，卑而不可逾，君子之终也。

【译文】

《彖传》说：《谦》卦是亨通的。天道屈尊向下，照耀成就地上的万物，地道谦逊卑下，从而使得地气得以上升。天道减损盈满的，补充谦虚的；地道毁坏盈满的，增益谦虚的；鬼神道伤害盈满的，造福谦虚的；人道厌恶盈满的，喜爱谦虚的。秉守谦虚，居尊位时是光荣，居卑位时也不会遭人羞辱，这就是君子的好结果。

【原文】

《象》曰：地中有山，《谦》。君子以裒多益寡，称物平施。

初六 “谦谦君子”，卑以自牧也。

六二 “鸣谦贞吉”，中心得也。

九三 “劳谦君子”，万民服也。

六四 “无不利，㧑谦”，不违则也。

六五 “利用侵伐”，征不服也。

上六 “鸣谦”，志未得也。可“用行师”，“征邑国”也。

【译文】

《象传》说：地中有山，这就是《谦》卦的象征。君子取法《谦》卦取多补少，称物平分。

初六 “谦谦君子”，是君子就要培养谦逊。

六二 “鸣谦贞吉”，这是因为君子心怀中正。

九三 “劳谦君子”，使万民都敬服了。

六四 “无不利，㧑谦”，这是因为没有违反法则。

六五 “利用侵伐”，君子前去讨伐的是不臣服的国家。

上六 “鸣谦”，这是因为尚未得志。出兵征伐不臣服的邑国是可以的。

◎豫卦第十六◎

【原文】

下坤上震。

《豫》 利建侯行师。

初六 鸣豫：凶。

六二 介于石，不终日：贞吉。

六三 盱豫，悔；迟有悔。

九四 由豫，大有得，勿疑，朋盍簪。

六五 贞疾，恒不死。

上六 冥豫成，有渝无咎。

【译文】

《豫》象征欢乐：利于建立诸侯出征打仗。

初六　人有名声而耽于享乐：凶险。

六二　耿介如石，不用一天就明白坚守中道，吉祥。

六三　贪慕他人放肆享乐，会有悔恨；迟疑不改，又有悔恨。

九四　人们由于他而得到欢乐，必将大有所得，但不能猜忌，这样朋友就都聚集来了。

六五　坚守正道防止疾病：人能永久健康。

上六　沉迷享乐成性，但能及时改好就无害。

【原文】

《彖》曰：《豫》，刚应而志行，顺以动，《豫》。《豫》顺以动，故天地如之，而况“建侯行师”乎？天地以顺动，故日月不过，而四时不忒。圣人以顺动，则刑罚清而民服。《豫》之时义大矣哉！

【译文】

《彖传》说：《豫》卦的象征是，君子得到小民的响应，心意得以推行，顺应规律办事，这就是《豫》卦。《豫》卦象征君子顺应规律办事，所以天地会顺从君子，何况是“建侯行师”这种愿望呢！天地顺应规律运转，所以日月的更替没有过失，四季的循环不会出错。圣人顺应规律办事，于是刑罚清明，百姓服从。《豫》卦这种顺应规律办事的道理真是大啊！

【原文】

《象》曰：雷出地奋，《豫》。先王以作乐崇德，殷荐之上帝，以配祖考。

初六　“初六鸣豫”，志穷“凶”也。

六二　“不终日，贞吉”，以中正也。

六三　“盱豫有悔”，位不当也。

九四　“由豫大有得”，志大行也。

六五　“六五贞疾”，乘刚也；“恒不死”，中未亡也。

上六　“冥豫”在上，何可长也？

【译文】

《象传》说：雷出地动，这就是《豫》卦的象征。先王取法《豫》卦制作音乐，推崇道德，用丰盛的祭品祭献上帝和祖先。

初六　“初六鸣豫”，这是玩物丧志的表现，会有凶险。

六二　“不终日，贞吉”，这是因为君子能守中正。

六三　“盱豫有悔”，这是因为地位失当。

九四　“由豫大有得”，这是说君子大大得志了。

六五　六五说“贞疾”，这是因为小民凌驾君子；“恒不死”，这是因为中道尚未丧失。

上六　上级死到临头还在享乐，这种享乐怎能长久呢？

◎随卦第十七◎

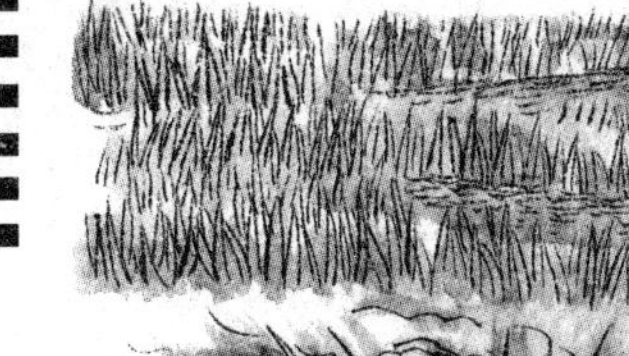

下震上兑。

【原文】

《随》 元亨，利贞，无咎。

初九 官有渝：贞吉；前往交有功。

六二 系小子，失丈夫。

六三 系丈夫，失小子；随有，求得，利居贞。

九四 随有获：贞凶。有孚在道，以明，何咎。

九五 孚于嘉：吉。

上六 拘系之，乃从维之；王用亨于西山。

【译文】

《随》象征追随：人有元创、亨通、利物、坚守正道之美德，人都愿意随从之，无危害。

初九 做官要懂得变化之理，又要坚守正道吉祥；前往与人交游必能成功。

六二 追随了小子，却失去了丈夫。

六三 追随了丈夫，却失去了小子；追随就会有，追求就能得，坚守正道乃为有利。

九四 追逐能有所收获（但不免相争）：坚守正道以防凶险；行路有诚信，又能明察，这样能有什么害处呢。

九五 真诚信任美善：吉祥。

上六 绑了他，又放走了他；获释后的周文王在西山举行祭祀大礼。

【原文】

《彖》曰：《随》，刚来而下柔，动而说，《随》。大“亨贞无咎”，而天下随之。《随》之时义大矣哉！

【译文】

《彖传》说：《随》卦的象征是，君主礼遇臣子，臣子对君主的行动感到欣喜，这就是《随》卦。君主正直，大亨通无害，天下人都追随他。《随》卦这种因时随人的道理真是大啊！

【原文】

《象》曰：泽中有雷，《随》。君子以向晦入宴息。

初九 “官有渝”，从正“吉”也；“前往交有功”，不失也。

六二 “系小子”，弗兼与也。

六三 “系丈夫”，志舍下也。

九四 “随有获”，其义凶也；“有孚在道”，明功也。

九五 “孚于嘉吉”，位正中也。

上六 “拘系之”，上穷也。

【译文】

《象传》说：泽中有雷，这就是《随》卦的象征。君子取法《随》卦，夜来时休息。

初九　“官有渝”，这是说官吏改邪归正是吉祥的；“前往交有功”，这是因为没有迷失正道。

六二　“系小子”，这是说丈夫和小子不可兼得（这句是说鱼和熊掌不可得兼，必须二者选一）。

六三　“系丈夫”，这是说君子的意见是放弃小子。

九四　“随有获”，这是凶险的；“有孚在道”，这是君子明察的功劳。

九五　“孚于嘉吉”，这是因为君子能守中正。

上六　“拘系之”，这是说上六处于上位而陷于困境。

◎蛊卦第十八◎

【原文】

下巽上艮。

《蛊》元亨，利涉大川，先甲三日，后甲三日。

初六　干父之蛊，有子，考无咎，厉，终吉。

九二　干母之蛊：不可贞。

九三　干父之蛊：小有悔，无大咎。

六四　裕父之蛊，往见吝。

六五　干父之蛊，用誉。

上九　不事王侯，高尚其事。

【译文】

《蛊》象征要拯弊治乱：大亨通，利于渡过大河。物极必反，宜先想好“甲”日前三天的情况，然后定好“甲”日后三天的治乱方针。这符合“七日来复的自然规律。”

初六　纠正父辈积累的弊端：这种儿子能继承先业而且于父辈没有危害，即使有危险，但终获吉祥。

九二　纠正母辈的过失：情势难行时要守正以待。

九三　纠正父辈的过失：小有不幸，但无大害。

六四　放任父辈的过失，这样发展下去会出现危险。

六五　纠正父辈的过失，会得到称赞。

上九　不去侍奉王侯，先培养自己的志尚为重。

【原文】

《彖》曰：《蛊》，刚上而柔下，巽而止，《蛊》。《蛊》“元亨”，而天下治也。“利涉大川”，往有事也；“先甲三日，后甲三日”，终则有始，天行也。

【译文】

《彖传》说：《蛊》卦的象征是，君主居上，臣子居下，都谦逊清静，这就是《蛊》卦。《蛊》卦是大亨通的，会天下大治。“利涉大川”，这是因为有事要办；“先甲三日，后甲三日”，这是说事物到头后又是新的开始，这就是天道。

【原文】

《象》曰：山下有风，《蛊》。君子以振民育德。

初六　“干父之蛊”，意承考也。

九二　“干母之蛊”，得中道也。

九三　“干父之蛊”，终“无咎”也。

六四　“裕父之蛊”，往未得也。

六五　“干父之誉”，承以德也。

上九　“不事王侯”，志可则也。

【译文】

《象传》说：山下有风，这就是《蛊》卦的象征。君子取法《蛊》卦感化百姓，培育他们的道德。

初六　“干父之蛊”，整治父辈留下的弊病，这是说儿子志在继承父亲的事业。

九二　“干母之蛊”，这是合乎中道的。

九三　九三说“干父之蛊”，结果“无咎”。（传对此爻没有释读）

六四　“裕父之蛊”，这种做法是不当的。

六五　“干父用誉”，这是说儿子继承了父亲的道德。

上九　“不事王侯”，这种志向值得效法。

◎临卦第十九◎

【原文】

下兑上坤。

临　元亨，利贞。至于八月有凶。

初九　咸临：贞吉。

九二　咸临：吉，无不利。

六三　甘临，无攸利；既忧之，无咎。

六四　至临：无咎。

六五　知临，大君之宜：吉。

上六　敦临：吉，无咎。

【译文】

《临》阳临阴消象征自上至下治理民众之事：大亨通，利于坚守正道。到了阳气日衰的八月份有凶险。

初九　用感化的政策治理百姓：正固吉祥。

九二　用感化的政策治理百姓：吉祥，没有不利。

六三　用巧言令色来治理百姓，无利可得；若是已经知道忧虑这种政策了，则无害。

六四　用极为亲和的态度治理百姓：无害。

六五　用明智的政策治理百姓，这是君主的适宜的做法：吉祥。

上六　用诚恳厚道宽容的政策治理百姓：吉祥，无害。

【原文】

《彖》曰：《临》，刚浸而长。说而顺，刚中而应。大亨以正，天之道也。“至于八月，有凶”，消不久也。

【译文】

《彖传》说：《临》卦的象征是，君子的道德逐渐增长，性情和悦，顺应天道，刚健中正，得人响应。中正才能亨通，这就是天道。“至于八月有凶”，这是因为八月时阳气渐消，不能长久保持了。

【原文】

《象》曰：泽上有地，《临》。君子以教思无穷，容保民无疆。

初九　“咸临贞吉”，志行正也。

九二　“咸临吉无不利”，未顺命也。

六三　“甘临”，位不当也。“既忧之”，“咎”不长也。

六四　“至临无咎”，位当也。

六五　“大君之宜”，行中之谓也。

上六　“敦临”之“吉”，志在内也。

【译文】

《象传》说：泽上有地，这就是《临》卦的象征。君子取法《临》卦不懈地教导百姓，关心百姓，包容和保护百姓。

初九　“咸临贞吉”，这是因为君子品行端正。

九二　“咸临吉无不利”，这是因为民众不从王命。

六三　“甘临”，这是说君主地位失当；“既忧之”，这样危机就久不了了。

六四　“至临无咎”，这是因为君主地位得当。

六五　“大君之宜”，这是说君主能行中道。

上六　“敦临”是吉祥的，这是因为君主心怀治好国家的愿望。

◎观卦第二十◎

下坤上巽。

【原文】

《观》　盥而不荐，有孚颙若。

初六　童观，小人无咎，君子吝。

六二　窥观，利女贞。

六三　观我生，进退。

六四　观国之光，利用宾于王。

九五　观我生，君子无咎。

上九 观其生，君子无咎。

【译文】

《观》象征观仰：观看用酒洒地迎神，即使没看到神供献祭品，心中已充满了虔信恭敬。

初六 像儿童一样幼稚地观仰事物，在小人不算过失，在君子则有害。

六二 从暗中偷偷地观仰，有利于女子坚守正道（但对于君子来说就不好了）。

六三 观察自己的成长过程，以决定进退。

六四 观仰国家的光荣，明白这时出仕辅佐君主有利。

九五 观察自己的成长，（时时自省）这样君子就可以无咎害了。

上九 观察别人的成长，（从中借鉴）这样君子就可以无咎害了。

【原文】

《彖》曰：大观在上，顺而巽，中正以观天下，《观》。“盥而不荐，有孚颙若”，下观而化也。观天之神道，而四时不忒，圣人以神道设教，而天下服矣。

【译文】

《彖传》说：君主遍观下民，柔顺谦逊，观察天下时能秉守中正，这就是《观》卦的象征。“盥而不荐，有孚颙若”，这是为了使下面的臣民看到并受感化。圣人观察上天神妙的规律，发现四季循环不会出错；圣人根据这种神妙的规律设立教化，使得天下都顺服了。

【原文】

《象》曰：风行地上，《观》。先王以省方观民设教。

初六 “初六童观”，“小人”道也。

六二 “窥观女贞”，亦可丑也。

六三 “观我生进退”，未失道也。

六四 “观国之光”，尚宾也。

九五 “观我生”，观民也。

上九 “观其生”，志未平也。

【译文】

《象传》说：风刮在地上，这就是《观》卦的象征。先王取法《观》卦视察邦国，观察民情，设立教化。

初六 “初六童观”，这是小人的观察方法。

六二 “窥观女贞”，这是丑陋的行为。

六三 “观我生进退”，这是说君子没有迷失正道。

六四 “观国之光”，这是说君子是时候出仕从政了。

九五 反观自己的生命历程，也是说君主观察民生。

上九 “观其生”，这是因为君子尚未得志。

◎噬嗑卦第二十一◎

【原文】

下震上离。

噬嗑　亨，利用狱。

初九　屦校，灭趾：无咎。

六二　噬肤，灭鼻：无咎。

六三　噬腊肉，遇毒：小吝，无咎。

九四　噬干胏，得金矢：利艰贞吉。

六五　噬干肉，得黄金：贞厉，无咎。

上九　何校，灭耳：凶。

【译文】

《噬嗑》象征啮合：亨通，利于决断刑事案件。

初九　脚拖着刑具，脚趾被伤及了：倒也无害。

六二　偷吃肉，被施割鼻的轻刑（由此惩前毖后，所以说）：也无害。

六三　像吃坚硬的腊肉，遇毒：未咽小有不好，没有大害。

九四　吃带骨的干肉，吃到铜箭头：在艰难中要坚持守正，吉祥。（“噬乾胏”比喻办事，“得金矢”比喻办事遇到了艰难，但扔掉金矢，肉还可继续吃，比喻艰难可除，所以说吉祥。）

六五　吃干肉，吃到黄金：占问说危险，但终获无害。（黄金吃进肚里，能致病甚至致死，比喻事有危险；“得黄金”比喻危险发现了，终获无害。）

上九　肩扛着刑具，耳朵被割掉：凶险。

【原文】

《彖》曰：颐中有物，曰噬嗑。《噬嗑》而“亨”，刚柔分，动而明，雷电合而章。柔得中而上行，虽不当位，“利用狱”也。

【译文】

《彖传》说：腮帮鼓动、口腔中有食物，这就叫“噬嗑”。《噬嗑》卦是亨通的，这是因为此卦三阳爻三阴爻刚柔均衡，下震上离，有雷有电，象征办事明察，威明结合。六五阴爻居上卦中位，能守中道，虽然地位失当，但和人打官司还是有利的。

【原文】

《象》曰：雷电，《噬嗑》。先王以明罚敕法。

初九　“屦校灭趾”，不行也。

六二　“噬肤灭鼻”，乘刚也。

六三　“遇毒”，位不当也。

九四　“利艰贞吉”，未光也。

六五　“贞厉无咎”，得当也。

上九 “何校灭耳”，聪不明也。

【译文】

《象传》说：雷和电，这就是《噬嗑》的象征。先王取法《噬嗑》卦明察刑罚，严正法令。

初九 “屦校灭趾”，这是为了使他不再犯罪。

六二 “噬肤灭鼻”，这是因为小民凌驾君子。

六三 “遇毒”，这是因为他地位失当。

九四 “利艰贞吉”，这是说君子这时还未获得光明。

六五 “贞厉无咎”，这是因为君子行为得当。

上九 “何校灭耳”，这是因为他闭目塞听。

◎贲卦第二十二◎

【原文】

下离上艮。

《贲》 亨。小利有攸往。

初九 贲其趾，舍车而徒。

六二 贲其须。

九三 贲如濡如，永贞吉。

六四 贲如皤如，白马翰如，匪寇，婚媾。

六五 贲于丘园；束帛戋戋，吝，终吉。

上九 白贲：无咎。

【译文】

贲卦象征文饰：亨通。前往有小利。

初九 修饰自己的脚，舍车走来。

六二 修饰自己的胡子。

九三 扮靓了，又与人相润泽，长期坚守正固必然吉祥。

六四 打扮得美素，骑白马奔来，他们不是抢劫的，是求婚的。

六五 装点山丘田园，礼物却是微薄的丝帛，这样求婚就难了，但终获吉祥。

上九 朴素的打扮：没有过错。

【原文】

《彖》曰：《贲》亨，柔来而文刚，故“亨”。分，刚上而文柔，故“小利有攸往”。刚柔交错，天文也；文明以止，人文也。观乎天文，以察时变，观乎人文，以化成天下。

【译文】

《彖传》说：《贲》卦是亨通的，臣子辅助君主，所以亨通。君臣各居其位，君主援助臣子，所以说“小利有攸往”。刚柔交错，就形成了自然景观；用文明约束人，就形成了人文。圣人观察自然景观，从中洞察时序的变迁，观察社会制度与教化，以此教化并成就天下之人。

【原文】

《象》曰：山下有火，《贲》。君子以明庶政，无敢折狱。

初九　“舍车而徒”，义弗乘也。

六二　“贲其须”，与上兴也。

九三　“永贞”之“吉”，终莫之陵也。

六四　“六四”，当位疑也；“匪寇婚媾”，终无尤也。

六五　“六五”之“吉”，有喜也。

上九　“白贲无咎”，上得志也。

【译文】

《象传》说：山下有火，这就是《贲》卦的象征。君子取法《贲》卦，明察各种政务，不乱断官司。

初九　“舍车而徒”，这是因为他乘车是不合理的。

六二　“贲其须”，这是说六二辅助居上位者振兴事业。

九三　永远正直是吉祥的这样就没人敢来欺凌他。

六四　六四说的是，君子地位得当，但遇事会起疑心；“匪寇婚媾”，这结果是无害的。

六五　六五中的“吉”，是指喜事临头。

上九　“白贲无咎”，这是说君子得志了。

◎剥卦第二十三◎

【原文】

《剥》　不利有攸往。

初六　剥床以足：蔑贞凶。

六二　剥床以辨，蔑；贞凶。

六三　剥之：无咎。

六四　剥床以肤：凶。

六五　贯鱼以宫人宠：无不利。

上九　硕果不食，君子得舆，小人剥庐。

【译文】

下坤上艮。

《剥》象征剥落：前往不利。

初六　床腿剥蚀了，床将毁掉，凶险。

六二　床身与床足脱落床板剥蚀了，床将毁掉，凶险。

六三　床腿和床板都处剥落时，却无咎害。

六四　床面剥蚀：凶险。

六五　像贯串一起的鱼一样的宫女依次得到君王的宠爱，没有不利。

上九　硕大的果子没被摘食，这意味着君子将得到车马，小人将失去房子。

【原文】

《彖》曰：《剥》，剥也。柔变刚也。"不利有攸往"，小人长也。顺而止之，观象也。君子尚消息盈虚，天行也。

【译文】

《彖传》说：剥，指衰落。小人改变了君子。"不利有攸往"，这是因为小人猖獗。这时君子要顺服清净，这是君子由观察卦象得到的启示。君子按自然消长盈虚的规律决定行动，这就是天道。

【原文】

《象》曰：山附于地，《剥》。上以厚下安宅。

初六　"剥床以足"，以灭下也。

六二　"剥床以辨"，未有与也。

六三　"剥之无咎"，失上下也。

六四　"剥床以肤"，切近灾也。

六五　"以宫人宠"，终无尤也。

上九　"君子得舆"，民所载也；"小人剥庐"，终不可用也。

【译文】

《象传》说：山依附在地上，这就是《剥》卦的象征。王侯取法《剥》卦厚待百姓，使百姓安居乐业。

初六　"剥床以足"，这是说根基坏了。

六二　"剥床以辨"，这是说剥蚀到了床身，六二没有相应相助的人（王侯失去了辅助他的人）。

六三　"剥之无咎"，这是因为敌人失去了上下人的拥戴。

六四　"剥床以肤"，这是说剥蚀到了床面，六四接近凶险（灾祸就要来了）。

六五　"以宫人宠"，这结果是无害的。

上九　"君子得舆"，这是说君子得到了百姓的拥戴；"小人剥庐"，这是说小人是不能任用的。

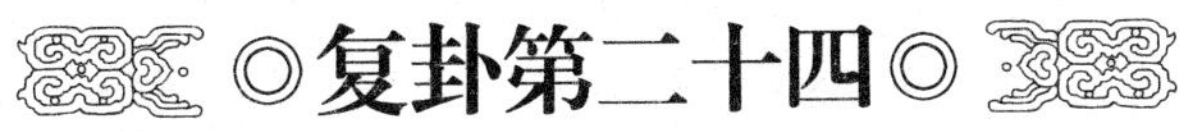

◎复卦第二十四◎

【原文】

《复》　亨，出入无疾，朋来无咎，反复其道，七日来复；利有攸往。

初九　不远复：无祇悔，元吉。

六二　休复：吉。

六三　频复：厉，无咎。

六四　中行独复。

六五 敦复：无悔。

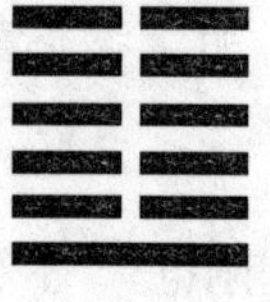

上六 迷复：凶，有灾眚；用行师，终有大败，以其国君凶，至于十年不克征。

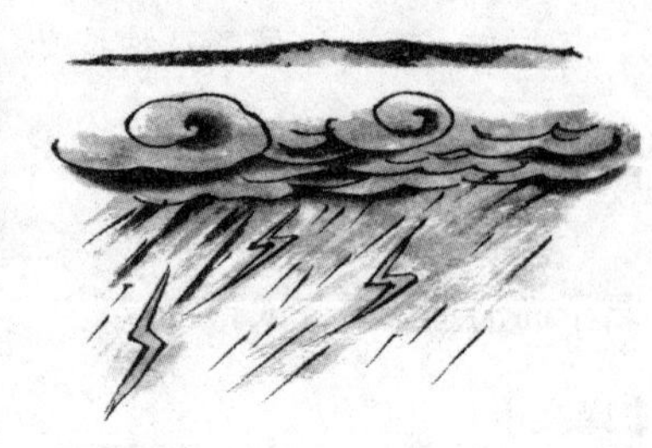

下震上坤。

【译文】

《复》象征阳气回复事物复兴：亨通，出入无病，朋友也都挺好，从路上往来，七天就可一个来回；前往有利。

初九 走出不远就返回正道来：没有大悔恨，大吉。

六二 美好的回复：吉祥。

六三 皱着眉头回来：有危险，终获无害。

六四 中路独自回来。

六五 诚恳地返回：无悔。

上六 迷失回来的路：凶险，有祸；行军打仗，结果大败，连他的国君也有凶险，以至十年不能出兵作战。

【原文】

《彖》曰：《复》"亨"。刚反，动而以顺行，是以"出入无疾，朋来无咎"。"反复其道，七日来复"，天行也。"利有攸往"，刚长也。《复》，其见天地之心乎。

【译文】

《彖传》说：《复》卦是亨通的。君子将回归正道，顺应规律办事，所以说"出入无疾，朋来无咎"。万物循环往复，以七为周期单位，这就是天道。"利有攸往"，这是因为君子的刚健在增长。《复》卦大概就体现了这种天地循环的规律吧。

【原文】

《象》曰：雷在地中，《复》。先王以至日闭关，商旅不行，后不省方。

初九 "不远"之"复"，以修身也。

六二 "休复"之"吉"，以下仁也。

六三 "频复"之"厉"，义"无咎"也。

六四 "中行独复"，以从道也。

六五 "敦复无悔"，中以自考也。

上六 "迷复"之"凶"，反君道也。

【译文】

《象传》说：雷在地中，这就是《复》卦的象征。先王取法《复》卦，冬至日时关闭城门，杜绝商旅出行，君主停止视察邦国。

初九 才走不远就回来了，这是为了修身养性（如果人偏离了正道，最可贵的是及时回复）。

六二 "休复"是吉祥的，这是因为君主能谦恭地亲近贤人。

六三 "频复"是危险的，不过按理终获无害。

六四　“中行独复”，这是为了顺从正道。
六五　“敦复无悔”，这是因为君子能用中道内省。
上六　“迷复”是凶险的，这是因为君主违反为君之道。

◎无妄卦第二十五◎

【原文】

下震上乾。

《无妄》元亨，利贞，其匪正，有眚；不利有攸往。

初九　无妄，往吉。

六二　不耕获，不菑畲，则利有攸往。

六三　无妄之灾，或系之牛，行人之得，邑人之灾。

九四　可贞，无咎。

九五　无妄之疾，勿药有喜。

上九　无妄行，有眚，无攸利。

【译文】

《无妄》象征不妄为：大为亨通，占问有利，如果不守正道，就会遭灾；前往不利。

初九　不胡来妄为，前往会吉祥。

六二　不耕种，不在乎收获，不开荒，无意于良田，人心平和如此，外出去做事有利。

六三　没有胡来妄为却遭灾了：（邑人）拴牛在外，路人顺手把牛牵走了，这就是邑人的灾祸。

九四　固守正道，无害。

九五　没有胡来妄为而得的小病，不吃药也能好。

上九　不要胡来妄为，不然将有灾，无利可得。

【原文】

《彖》曰：《无妄》，刚自外来而为主于内，动而健，刚中而应。大“亨”以正，天之命也。“其匪正有眚，不利有攸往”，无妄之往何之矣？天命不祐，行矣哉！

【译文】

《彖传》说：《无妄》卦的象征是，初九阳爻从外部进来，成为一卦之主，其动势健进，刚健中正，得居下卦之中位的阴爻响应。中正才能亨通，这就是天理。“其匪正有眚，不利有攸往”，这是说君子就算不是妄意前往，又能往哪里去呢？上天不保佑，能往哪里去啊！

【原文】

《象》曰：天下雷行，物与，《无妄》。先王以茂对时育万物。

初九　“无妄”之“往”，得志也。

六二 “不耕获”，未富也。

六三 “行人”得牛，“邑人灾”也。

九四 “可贞无咎”，固有之也。

九五 “无妄”之“药”，不可试也。

上九 “无妄”之“行”，穷之灾也。

【译文】

《象传》说：天的下面有雷震动，万物生长，这就是《无妄》卦的象征。先王取法《无妄》卦勉力应时，养育万物。

初九 不妄为而前往——这是说君子得志了（这句话是说君子一起步的时候就无妄，前途就会吉祥）。

六二 “不耕获”，——这样是换不来富裕的。

六三 路人顺手牵走了牛——这就是邑人的灾难。

九四 “可贞无咎”，这是因为君子本来具有美德。

九五 没有妄行的疾病却试图服药——这是不必试的。

上九 妄意前行，就会导致途穷的灾难。

◎大畜卦第二十六◎

【原文】

下乾上艮。

《大畜》 利贞，不家食：吉；利涉大川。

初九 有厉，利已。

九二 舆说輹。

九三 良马逐，利艰贞；曰闲舆卫，利有攸往。

六四 童牛之牿：元吉。

六五 豮豕之牙：吉。

上九 何天之衢：亨。

【译文】

《大畜》象征大为积畜：有利于守持正道，不要守食于家（而是外出做事业），吉祥；渡大河有利。

初九 有危险，暂时停止行动有利。

九二 车轴脱了车箱了。

九三 驾着良马奔驰，这意味着牢记艰难的事有利；每天练习驾车术和防卫术，这样就能前往有利。

六四 小牛角上有横木挡着（伤不到人）：大吉。

六五 阉割过的大猪虽有牙齿（伤不到人）：吉祥。

上九 四通八达的符合天意的大道：亨通。

【原文】

《彖》曰：《大畜》，刚健笃实，辉光日新。其德刚上而尚贤，能止健，大正也。"不家食吉"，养贤也；"利涉大川"，应乎天也。

【译文】

《彖传》说：《大畜》卦的象征是，君子刚健笃实，道德光辉，天天有新气象。他的德行是，刚正居尊而尚贤，能留住刚健的贤人，这就是伟大的正道。"不家食吉"，这是说君主能蓄养贤人；"利涉大川"，这是因为顺应天道。

【原文】

《象》曰：天在山中，《大畜》。君子以多识前贤往行，以畜其德。

初九　"有厉利已"，不犯灾也。

九二　"舆说輹"，中无尤也。

九三　"利有攸往"，上合志也。

六四　"六四元吉"，有喜也。

六五　"六五"之"吉"，有庆也。

上九　"何天之衢"，道大行也。

【译文】

《象传》说：天在山中，这就是《大畜》卦的象征。君子取法《大畜》卦，多多记取前贤的良言德行，来积累自已的道德。

初九　"有厉利已"，这样就不会引祸上身了。

九二　"舆说輹"，这是说（君子虽然脱离了组织），仍能秉守中道，所以是无害的。

九三　"利有攸往"，这是因为九三能和上九心志相合。

六四　"六四元吉"，这是说将有喜事来临。

六五　六五中的"吉"，是指福庆临头。

上九　"何天之衢"，这是说正道大行于天下。

◎颐卦第二十七◎

【原文】

下震上艮。

《颐》　贞吉。观颐，自求口实。

初九　舍尔灵龟，观我朵颐：凶。

六二　颠颐，拂经，于丘颐，征凶。

六三　拂颐：贞凶，十年勿用，无攸利。

六四　颠颐：吉；虎视眈眈，其欲逐逐：无咎。

六五　拂经；居贞吉，不可涉大川。

上九　由颐：厉，吉；利涉大川。

【译文】

《颐》象征颐养：谨守贞正可获吉祥。观察天下的颐养之道，就知人应该自己努力用正道求得食物。

初九　舍掉灵龟的自养美德，却贪看我吃得鼓起来的腮帮：凶险。

六二　既颠倒向下求获颐养，又反常理跑去高丘向尊者乞食，前往就凶险了。

六三　违反颐养常道，要坚守贞正以防凶险，十年不能有所行动，无利可得。

六四　颠倒向下寻求颐养，再用以养人，吉祥；像老虎紧盯猎物，对它的猎物紧追不舍：无害。

六五　违背常理，静居守正可获吉祥，不可渡大河。

上九　天下君民都赖他颐养：有危险，终获吉祥；渡大河有利。

【原文】

《彖》曰：《颐》“贞吉”，养正则吉也；“观颐”，观其所养也；“自求口实”，观其自养也。天地养万物，圣人养贤以及万民，《颐》之时大矣哉！

【译文】

《彖传》说：《颐》卦中的“贞吉”，是说君子循着正道养身就会吉祥；“观颐”，是说观察他人的养生法；“自求口实”，是说观察怎样自我养育。天地养育万物，圣人养育贤人和百姓。《颐》卦这种养生的道理真是大啊！

【原文】

《象》曰：山下有雷，《颐》。君子从慎言语，节饮食。

初九　“观我朵颐”，亦不足贵也。

六二　“六二征凶”，行失类也。

六三　“十年勿用”，道大悖也。

六四　“颠颐”之“吉”，上施光也。

六五　“居贞”之“吉”，顺以从上也。

上九　“由颐厉吉”，大有庆也。

【译文】

《象传》说：山下有雷，这就是《颐》卦的象征。君子取法《颐》卦，谨慎说话，节制饮食。

初九　“观我朵颐”，这种行为是不值一提的（吃喝之风有害健康）。

六二　六二说“征凶”，这是因为行为失轨。

六三　“十年勿用”，这是因为大大违背了颐养之道。

六四　“颠颐”是吉祥的，六四在上而有德之光辉（六四居上而向下问道，以德自养）。

六五　“居贞”是吉祥的，这是因为六五能顺从上九。

上九　“由颐厉吉”，这是说君子大获福庆。

◎大过卦第二十八◎

下巽上兑。

【原文】

《大过》 栋桡，利有攸往，亨。

初六 藉用白茅：无咎。

九二 枯杨生稊，老夫得其女妻：无不利。

九三 栋桡：凶。

九四 栋隆：吉；有它：吝。

九五 枯杨生华，老妇得其士夫：无咎无誉。

上六 过涉灭顶：凶，无咎。

【译文】

《大过》象征过度、过分：栋梁弯曲，利于前往，亨通。

初六 用白茅衬垫（祭品），无咎害。

九二 枯杨树抽嫩芽，老年人娶得年少娇妻：没有不利。

九三 栋梁弯曲：有凶险。

九四 栋梁隆起：吉祥；假如有意外变故：还是有危险。

九五 枯杨树开花，老妇人嫁给少夫：无害也无赞誉。

上六 过河时水没过头顶：有凶险，终究无害。

【原文】

《彖》曰：《大过》，大者过也。“栋桡”，本末弱也。刚过而中，巽而说行，“利有攸往”，乃“亨”。《大过》之时大矣哉！

【译文】

《彖传》说：大过，是说在刚大者超过了限度。“栋梁弯曲”，是说阳刚过分时以中道来调节，刚盛过头，就要回归中正，谦逊和悦地办事，这样才能前往有利，如意亨通。《大过》卦这种察时观势的道理真是大啊！

【原文】

《象》曰：泽灭木，《大过》。君子以独立不惧，遁世无闷。

初六 “藉用白茅”，柔在下也。

九二 “老夫少妻”，过以相与也。

九三 “栋桡”之“凶”，不可以有辅也。

九四 “栋隆”之“吉”，不桡乎下也。

九五 “枯杨生华”，何可久也。“老妇士夫”，亦可丑也。

上六 “过涉”之“凶”，不可咎也。

【译文】

《象传》说：泽水淹没木头，这就是《大过》卦的象征。君子取法《大过》卦独立不惧，纵然遁世也不感到苦闷难熬。

初六　“藉用白茅”，这是说下级具有柔顺的品质。

九二　“老夫少妻”，说明阳刚过度，但能和阴柔相配。

九三　栋梁弯曲是凶险的，没有什么办法补救。

九四　栋梁隆起是吉祥的，这是因为栋梁没有朝下弯曲。

九五　“枯杨生华”，这种花怎能开得长久呢？“老妇士夫”，这是令人羞愧的事。

上六　过河是凶险的，但事已至此，不必多加责备他了。

◎坎卦第二十九◎

【原文】

《习坎》　有孚维心，亨，行有尚。

初六　习坎，入于坎窞：凶。

九二　坎有险，求小得。

六三　来之坎坎，险且枕，入于坎窞，勿用。

六四　樽酒簋贰用缶，纳约自牖：终无咎。

九五　坎不盈，祗既平：无咎。

上六　系用徽纆，置于丛棘，三岁不得：凶。

下坎上坎。

【译文】

《习坎》象征坎险重重：用诚信维系人心，亨通，努力前行必得成功。

初六　坑中有坑，进入坑中，掉进深处：凶险。

九二　在坑穴中遇有危险，可以先从小处努力，能有所得。

六三　来去都在坎险之中，进退都难，进入坑中，掉进深处，这意味着不可盲目行动。

六四　一樽酒，两碗饭，用陶器装着，从窗口里送进取出，终获无害。

九五　坑还没填满，小丘的土已被铲平：无咎害。

上六　被绳子捆住了，投进监狱，三年不得放：凶险。

【原文】

《彖》曰：习坎，重险也。水流而不盈。行险而不失其信，维心亨，乃以刚中也。“行有尚”，往有功也。天险，不可升也；地险，山川丘陵也。王公设险以守其国。险之时用大矣哉！

【译文】

《彖传》说：习坎，指双重坑险，水流进坑中都不能满坑。君子遇险却不失诚信，顺利地维系众人的心，这是因为他刚健中正。“行有尚”，这是说前往有收获。天险，是指天高不可攀；地险，是指地面山川丘陵密布。但王公却能设置险障来守卫他的国家。

这种“险”能因时而用的道理真是大啊！

【原文】

《象》曰：水洊至，习坎。君子以常德行，习教事。

初六　“习坎入坎”，失道“凶”也。

九二　“求小得”，未出中也。

六三　“来之坎坎”，终无功也。

六四　“樽酒簋贰”，刚柔际也。

九五　“坎不盈”，中未大也。

上六　“上六”失道，“凶”“三岁”也。

【译文】

《象传》说：水不断涌至，两坎相重，这就是《坎》卦的象征，君子取法《坎》卦崇尚德行，熟习政教。

初六　“习坎入坎”，这是说君子迷失了正道，会有凶险。

九二　“求小得”，这是因为君子没有偏离中道。

六三　“来之坎坎”——任何行动结果是毫无收获。

六四　“樽酒簋贰”，这是说用于刚柔交际的礼品。

九五　“坎不盈”，这是说中正之道尚未光大。

上六　上六说犯人受囚——这是因为他迷失了正道，所以有受囚三年的凶险。

◎离卦第三十◎

【原文】

《离》　利贞，亨，畜牝牛，吉。

初九　履错然，敬之：无咎。

六二　黄离：元吉。

九三　日昃之离，不鼓缶而歌，则大耋之嗟：凶。

九四　突如其来如，焚如，死如，弃如。

六五　出涕沱若，戚嗟若：吉。

上九　王用出征，有嘉折首，获匪其丑：无咎。

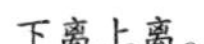

下离上离。

【译文】

《离》　象征附丽：守贞正之道有利，亨通，蓄养母牛可获吉祥。

初九　见到鞋子有金饰（象征贵人）恭敬待他：无害。

六二　（见到）附丽着黄金色彩的物品，（指富贵之物）：大吉。

九三　（见到）太阳西斜，附着天边的云彩，如果不及时敲起瓦盆纵歌，那么就会因为老朽而叹气：凶险。

九四　突然而来，像是火在燃烧，会有生命危险，会被抛弃。

六五　践大位，为新君，为悼念先君泪水滂沱，哀愁叹息：吉祥。

上九　君主带兵征战，建功业，斩获了敌首，捉住了他们许多人：无害。

【原文】

《彖》曰：离，丽也。日月丽乎天，百谷草木丽乎土。重明以丽乎正，乃化成天下；柔丽乎中正，故“亨”，是以“畜牝牛吉”也。

【译文】

《彖传》说：离，指附丽。日月附丽在天上，百谷草木附丽在地上。君子不息的明察力附丽在正道上，于是促成天下；柔顺附丽在中正上，所以亨通，所以能够“畜牝牛吉”。

【原文】

《象》曰：明两作，《离》。大人以继明照于四方。

初九　“履错”之“敬”，以辟咎也。

六二　“黄离元吉”，得中道也。

九三　“日昃之离”，何可久也？

九四　“突如其来如”，无所容也。

六五　“六五”之“吉”，离王公也。

上九　“王用出征”，以正邦也；“获匪其丑”，大有功也。

【译文】

《象传》说：太阳重复升起，这就是《离》卦的象征。大人取法《离》卦，用不息的明察力洞悉四方。

初九　步履错落有致，保持恭敬，这是为了避免过错。

六二　“黄离元吉”，这是因为合乎中道。

九三　“日昃之离”，这种状况怎能长久呢？

九四　“突如其来如”，这是说六四无处容身了。

六五　六五说“吉”，这是因为攀附上了王公贵族。

上九　“王用出征”，这是为了安定国家。

下　经

◎咸卦第三十一◎

【原文】

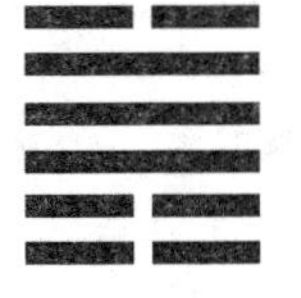

下艮上兑。

《咸》　亨，利贞，取女吉。

初六　咸其拇。

六二　咸其腓，凶；居吉。

九三　咸其股，执其随，往吝。

九四　贞吉，悔亡；憧憧往来，朋从尔思。

九五　咸其脢：无咎。

上六　咸其辅颊舌。

【译文】

《咸》象征交感：亨通，有利于坚守贞正，娶妻吉祥。

初六　感应在大脚趾上。

六二　感应到了小腿肚，有凶险；安静一下，别躁进，吉祥。

九三　感应到了大腿，如果他执意盲目随从别人，如此前往则会有令人悔恨之事。

九四　人道之事是正理，吉祥，悔恨会消失；心神不安地频繁往来，友朋最终会随了你的心思。

九五　交相感应到了背部，这样不会导致什么悔恨。

上六　交相感应到了脸颊和口舌上。

【原文】

《彖》曰：咸，感也。柔上而刚下，二气感应以相与，止而说，男下女，是以“亨利贞，取女吉”也。天地感而万物化生，圣人感人心而天下和平。观其所感，而天地万物之情可见矣。

【译文】

《彖传》说：咸，指感应。阴柔的女在上，阳刚的男在下，阴阳二气交感，男女情投意合，清静和悦。男亲自下到女家迎娶，所以说“亨利贞，取女吉”。天地阴阳二气交感，由此万物化生，圣人感化人心，由此天下和平。观察这些感应的现象，就可以知道天地万物的情状了。

【原文】

《象》曰：山上有泽，《咸》。君子以虚受人。

初六　“咸其拇”，志在外也。

六二　虽“凶居吉”，顺不害也。

九三　“咸其股”，亦不处也，志在“随”人，所“执”下也。

九四　“贞吉悔亡”，未感害也；“憧憧往来”，未光大也。

九五　“咸其脢”，志末也。

上六　“咸其辅颊舌”，滕口说也。

【译文】

《象传》说：山上有泽，这就是《咸》卦的象征。君子取法《咸》卦虚怀纳人。

初六　感应在脚拇指上，这是说初六已经有心在向外追求了。

六二　六二说，虽说凶险，但安居不动就会吉祥，这是说六二顺应时势、从于九五没有害处。

九三　“咸其股”，这是说静不下来、无法独处了，志在追随别人，这种志向是浅薄的。

九四　“贞吉悔亡”，这是说守正则吉祥，没有遗憾；“憧憧往来”，这是说感应之道还未发挥出来。

九五　“咸其脢”，这是说九五感应迟钝志气小。

上六　“咸其辅颊舌”，这是说君子说话天花乱坠。

◎恒卦第三十二◎

【原文】

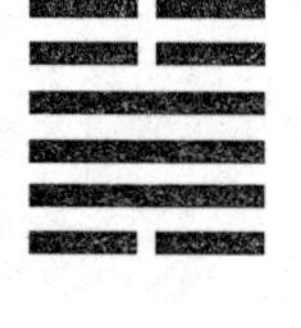

下巽上震。

《恒》　亨，无咎，利贞，利有攸往。

初六　浚恒：贞凶，无攸利。

九二　悔亡。

九三　不恒其德，或承之羞：贞吝。

九四　田无禽。

六五　恒其德；贞妇人吉，夫子凶。

上六　振恒：凶。

【译文】

《恒》征恒久，阴阳和谐：亨通，无害，持贞守正有利，前往有利。

初六　好似挖河，开始就一味求深急切，不是恒久之道，凶险，无利可得。

九二　悔恨消失。

九三　不能长久保持德行，有时会蒙受羞辱：要守正以防留下憾事。

九四　打猎无收获。

六五　能长存柔顺的德行；对女子来说吉祥，对男子来说则凶险。

上六　长久动荡，无恒入之道，凶险。

【原文】

《彖》曰：恒，久也。刚上而柔下，雷风相与。巽而动，刚柔皆应，《恒》。《恒》“亨，无咎，利贞”，久于其道也。天地之道恒久而不已也。“利有攸往”，终则有始也。日月得天而能久照，四时变化而能久成，圣人久于其道而天下化成。观其所恒，而天地万物之情可见矣。

【译文】

《彖传》说：恒，指长久。阳刚在上阴柔在下；雷风相生。谦逊行事，阳刚阴柔都相应，这就是《恒》卦的象征。《恒》卦说："亨无咎利贞"，这是因为君主长存正道。天地的道恒行不止。"利有攸往"，这是说事情到头后又是新的开始。日月顺应天道，便能长久照耀；四季更替有序，便能长久养物；圣人长存正道，所以促成天下。探察天地万物长久的道理，这样就可以知道它们的情状了。

【原文】

《象》曰：雷风，《恒》。君子以立不易方。

初六　"浚恒"之"凶"，始求深也。

九二　"九二悔亡"，能久中也。

九三　"不恒其德"，无所容也。

九四　久非其位，安得"禽"也。

六五　"妇人贞"吉，从一而终也；"夫子"制义，从妇凶也。

上六　"振恒"在上，大无功也。

【译文】

《象传》说：雷和风，这就是《恒》卦的象征。君子取法《恒》卦立身正道，绝不改变。

初六　深求恒久之道是凶险的，这是因为开始时就冒险求深。

九二　"九二悔亡"，这是因为君子能长久守中道而不偏。

九三　不恒久保存德行，就将无处容身。

九四　长久定位失当，怎么能成事呢?

六五　妇人守节是吉祥的，这是因为妇人从一而终；男人是能因事制宜的，顺从妇人就会凶险。

上六　身居高位者长久折腾，这样是做不出大的成绩来的。

◎遁卦第三十三◎

【原文】

下艮上乾。

《遁》　亨，小利贞。

初六　遁尾：厉；勿用有攸往。

六二　执之用黄牛之革，莫之胜说。

九三　系遁，有疾：厉；畜臣妾：吉。

九四　好遁：君子吉，小人否。

九五　嘉遁：贞吉。

上九　肥遁：无不利。

【译文】

《遁》象征退避：亨通，是阴长阳消之时，有小利，但不失正道。

初六　退避时落在后面，危险；不宜前往。

六二　用黄牛皮绳捆住，谁也脱不掉。

九三　心怀系恋，未能退避，身患疾病，有危险；蓄养男臣女妾，吉祥。

九四　好端端的毅然退避：君子吉祥，小人办不到。

九五　嘉美而及时的隐遁：坚守贞正获吉祥。

上九　远走高飞去隐遁：没有不利。

【原文】

《彖》曰：《遁》"亨"，遁而亨也。刚当位而应，与时行也。"小利贞"，浸而长也。《遁》之时义大矣哉！

【译文】

《彖传》说：《遁》卦是亨通的，说明必先退避而后亨通。阳刚者中正地位得当，而能与下位阴柔者相应和，这是因为他识时务。"小利贞"，这是因为阴气浸润在逐渐渐长。《遁》卦这种识时务知适时退避的意义真是重大啊！

【原文】

《象》曰：天下有山，《遁》。君子以远小人，不恶而严。

初六　"遁尾"之"厉"，不往何灾也？

六二　"执用黄牛"，固志也。

九三　"系遁"之"厉"，有疾惫也。"畜臣妾吉"，不可大事也。

九四　"君子好遁，小人否"也。

九五　"嘉遁贞吉"，以正志也。

上九　"肥遁无不利"，无所疑也。

【译文】

《象传》说：天下有山，这就是《遁》卦的象征。君子取法《遁》卦远离小人，不动声色却严守自我。

初六　隐遁时落在后面是危险的，不隐遁又会有什么灾祸呢？

六二　"执用黄牛"，这是说君子志向坚决。

九三　不隐遁是危险的，君子将病得疲乏。"畜臣妾吉"，这是说这时不宜干大事。

九四　君子爱退隐，小人不退隐会不妙。

九五　"嘉遁贞吉"，这是因为君子志向正当。

上九　"高飞远退无不利"，这是因为君子退隐时毫不迟疑。

◎大壮卦第三十四◎

【原文】

《大壮》　利贞。

初九　壮于趾：征凶，有孚。

九二　贞吉。

九三　小人用壮，君子用罔：贞厉；羝羊触藩，羸其角。

九四　贞吉，悔亡；藩决不羸，壮于大舆之輹。

六五　丧羊于易：无悔。

上六　羝羊触藩，不能退，不能遂，无攸利，艰则吉。

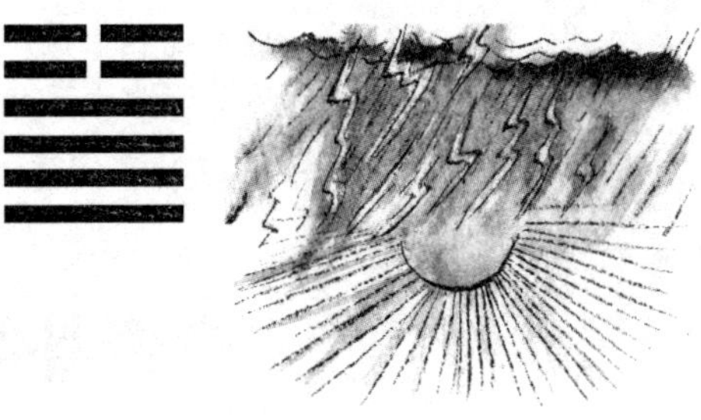

下乾上震。

【译文】

《大壮》象征壮大强盛：坚守贞固有利。

初九　脚趾健壮（比喻有实力）：出征肯定有凶险。

九二　经意　占问吉祥。

九三　小人滥用强力，君子不会滥用强力：占问说危险；公羊触篱，角卡住了。

九四　守持正固，可获吉祥，悔恨消失；好似冲破篱笆也无损坏，比大车的轮輹还要强壮。

六五　在田地上丢了羊：无悔。

上六　公羊触篱，角卡住了，进退不得，无利可得，历经艰难后可转吉祥。

【原文】

《彖》曰：大壮，大者壮也。刚以动，故壮。《大壮》"利贞"，大者正也。正大，而天地之情可见矣。

【译文】

《彖传》说：大壮，指大者强壮。行事刚健，所以称"壮"。《大壮》中的"利贞"，是指大者正直。正直壮大，天地万物的情状就可以明白了。

【原文】

《象》曰：雷在天上，《大壮》。君子以非礼弗履。

初九　"壮于趾"，其"孚"穷也。

九二　"九二贞吉"，以中也。

九三　"小人用壮，君子用罔"也。

九四　"藩决不羸"，尚往也。

六五　"丧羊于易"，位不当也。

上六　"不能退，不能遂"，不详也；"艰则吉"，咎不长也。

【译文】

《象传》说：雷在天上轰响，这就是《大壮》卦的象征。君子取法《大壮》卦，不合礼义的事不做。

初九　"壮于趾"，这是说初九确实要走向困境。

九二　"九二贞吉"，这是因为君子能守中道。

九三　九三说："小人滥用强盛，君子虽强不用。"

九四 “藩决不赢”，这是说利于九四向前发展。

六五 “丧羊于易”，这是因为六五地位失当。

上六 “不能退，不能遂”，这是不祥现象；“艰则吉”，这是说遭受灾殃的时间长不了。

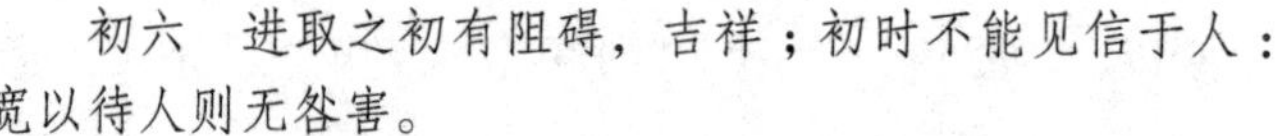

◎晋卦第三十五◎

【原文】

下坤上离。

《晋》 康侯用锡马蕃庶，昼日三接。

初六 晋如，摧如：贞吉；罔孚，裕无咎。

六二 晋如，愁如：贞吉；受兹介福于其王母。

六三 众允：悔亡。

九四 晋如鼫鼠：贞厉。

六五 悔亡，失得勿恤，往吉，无不利。

上九 晋其角，维用伐邑：厉吉，无咎，贞吝。

【译文】

《晋》象征上进：康侯蒙受天子赏赐的车马众多，一天里多次受到接见。

初六 进取之初有阻碍，吉祥；初时不能见信于人：宽以待人则无咎害。

六二 进取途中充满忧虑：守持正固可获吉祥；做事能从王母那里获得大福气。

六三 众人都信服他：悔恨消失。

九四 进取之时，就像身无专技的田鼠偷吃禾苗一样：这样很危险。

六五 悔恨消失，不用忧虑得失，前往吉祥，没有不利。

上九 进取到了事物顶端如野兽用它的角进攻，这意味着可以出兵攻邑：起初危险，终获吉祥，无害，坚守贞固以防发生遗憾。

【原文】

《彖》曰：晋，进也。明出地上。顺而丽乎大明，柔进而上行，是以“康侯用锡马蕃庶，昼日三接”也。

【译文】

《彖传》说：晋，指前进。太阳升出地面。顺从的臣子向上依附明君，以柔顺之道积极进取、功业不断增长，所以说“康侯用锡马蕃庶，昼日三接”。

【原文】

《象》曰：明出地上，《晋》。君子以自昭明德。

初六 “晋如摧如”，独行正也；“裕无咎”，未受命也。

六二 “受兹介福”，以中正也。

六三 “众允”之，志上行也。

九四　“鼫鼠贞厉”，位不当也。

六五　“失得勿恤”，往有庆也。

上九　“维用伐邑”，道未光也。

【译文】

《象传》说：太阳升出地面，这就是《晋》卦的象征。君子取法《晋》卦，自我展现美德。

初六　“晋如摧如”，这是因为军队能独行正道；“裕无咎”，这是因为君子未领受王命。

六二　“受兹介福”，这是因为君子中正。

六三　众人都信服他，这是因为六三志向上进。

九四　“鼫鼠贞厉”，这是因为九四地位失当。

六五　不用忧虑得失，六五大胆前往会有收获。

上九　“维用伐邑”，这是说上九进取之道尚未光大。

◎明夷卦第三十六◎

【原文】

下离上坤。

《明夷》　利艰贞。

初九　明夷于飞，垂其翼；君子于行，三日不食；有攸往，主人有言。

六二　明夷，夷于左股，用拯马壮：吉。

九三　明夷于南狩，得其大首；不可疾贞。

六四　入于左腹，获明夷之心于前往庭。

六五　箕子之明夷：利贞。

上六　不明，晦，初登于天，后入于地。

【译文】

《明夷》象征光明损伤：利于牢记艰难，守贞正固。

初九　在光明受到损害之时向外飞，低垂着羽翼；君子前往，几天没饭吃；前往办事，所到之处都受主人责备。

六二　光明不见了，伤了左腿，得到壮马搭救：吉祥。

九三　光明殒伤时去南方行猎，君子捕得大野兽；不宜操之过急，还要守持贞正。

六四　退处于左方腹地，洞悉了光明殒伤的中心情况，终于跨出大门向远方走去。

六五　像箕子一样处于光明殒伤之时，守贞则有利。

上六　天色不明，昏暗一片，（太阳）先是升空，后来落地。

【原文】

《彖》曰：明入地中，《明夷》。内文明而外柔顺，以蒙大难，文王以之。“利艰贞”，晦其明也，内难而能正其志，箕子以之。

【译文】

《彖传》说：太阳落下地面，光明殒伤这就是《明夷》卦的象征。君子内有文明美德，外有柔顺之象，却蒙受大难，周文王的情况就像这样。“利艰贞”，这是说君子隐藏他的光明。君子身陷内难，仍能志向正直，箕子的情况就像这样。

【原文】

《象》曰：明入地中，《明夷》。君子以莅众用晦而明。

初九　“君子于行”，义“不食”也。

六二　“六二”之“吉”，顺以则也。

九三　“南狩”之志，乃大得也。

六四　“入于左腹”，获心意也。

六五　“箕子”之“贞”，“明”不可息也。

上六　“初登于天”，照四国也；“后入于地”，失则也。

【译文】

《象传》说：太阳落下地面，象征光明受到殒伤，这就是《明夷》卦。君子取法《明夷》卦，治理众人时要深藏智慧而不显但已明察在心。

初九　君子前往，三天不吃东西，不吃是为了节操为重。

六二　六二说“吉”，这是因为行事时柔顺而能坚守中天规则。

九三　君子向南狩猎的目的，是要有大收获。

六四　（鹈鹕）飞入左边山洞，（君子捉它）是为了获知真实的情况。

六五　箕子是正直的，他的光明是不可熄灭的。

上六　“初登于天”，这是说君子德耀四方；“后入于地”，这是说君子失掉了准则了。

◎家人卦第三十七◎

【原文】

《家人》　利女贞。

初九　闲有家：悔亡。

六二　无攸遂，在中馈：贞吉。

九三　家人嗃嗃：悔，厉，吉；妇子嘻嘻：终吝。

九四　富家：大吉。

九五　王假有家，勿恤，吉。

九六　有孚，威如：终吉。

下离上巽。

【译文】

《家人》象征一家人：女子守持贞固有利。

初九 在家之初即防范邪恶，保有其家：悔恨消失。

六二 女子不用外出，不自作主张，在家打理家务：守持贞固，吉祥。

九三 家人因治家严格而嗷嗷叫苦：有悔恨，有危险，终获吉祥；家人嘻哈作乐：起初亨通，终变艰难。

九四 能使家里富裕起来：大吉。

九五 君王用大道美德感格众人，不用忧虑，吉祥。

上九 有诚信，威严治家：终获吉祥。

【原文】

《彖》曰：《家人》，女正位乎内，男正位乎外，男女正，天地之大义也。家人有严君焉，父母之谓也。父父，子子，兄兄，弟弟，夫夫，妇妇，而家道正。正家而天下定矣。

【译文】

《彖传》说：《家人》卦的象征是，女子在家居正位守正道，男子在外居正位守正道，男女各守其位，这就是天地阴阳的大义。家中有严明的君长，这就是父和母。如果父有父样，子有子样，兄有兄样，弟有弟样，夫有夫样，妇有妇样，家道就端正了。家道端正了，天下也就定了。

【原文】

《象》曰：风自火出，《家人》。君子以言有物而行有恒。

初九 “闲有家”，志未变也。

六二 “六二”之“吉”，顺以巽也。

九三 “家人嗃嗃”，未失也；“妇子嘻嘻”，失家节也。

六四 “富家大吉”，顺在位也。

九五 “王假有家”，交相爱也。

上九 “威如”之“吉”，反身之谓也。

【译文】

《象传》说：风从火中出来，这就是《家人》卦的象征。君子取法《家人》卦言之有物，恒心办事。

初九 在家多加防范，这是说在家人思想尚未产生变化的时候预先防范。

六二 六二说“吉”，这是因为君子柔顺谦逊。

九三 “家人嗃嗃”，这是说家人没有过失；“妇子嘻嘻”，这是说家中失去了家规。

六四 “富家大吉”，这是因为君子能行柔顺之道，又地位得当。

九五 “王假有家”，这是说一家人交相爱睦。

上九 办事威严是吉祥的，这是因为君子能反省自己。

◎睽卦第三十八◎

【原文】

下兑上离。

睽　小事吉。

初九　悔亡；丧马，勿逐，自复；见恶人，无咎。

九二　遇主于巷：无咎。

六三　见舆曳，其牛掣，其人天且劓：无初有终。

九四　睽孤，遇元夫，交孚，厉，无咎。

六五　悔亡。厥宗噬肤，往何咎？

上九　睽孤，见豕负涂，载鬼一车，先张之弧，后说之弧，匪寇，婚媾，往遇雨则吉。

【译文】

《睽》象征睽违背离：小心处事吉祥。

初九　悔恨消失；丢了马，不用追，它自己会回来；谦和接触与自己对立的恶人：无咎害。

九二　小巷里撞见主人：无咎害。

六三　路上见到一辆大车被拖拽难行，牛受牵制也无法前进，车夫是受过刺额和割鼻的刑罚的人：事情开局不妙，但会有好的结果。

九四　在背离、孤独之时与阳刚大丈夫遇合，两人彼此互信：有风险，终获无害。

六五　悔恨消失。它相应的宗亲像咬噬柔嫩皮肤一样和顺应合，哪会有什么祸害呢？

上九　背离孤独之时，看见猪背着污泥在跑，一辆车上载着一堆鬼怪一样奇形怪状的人，他张弓想射，后来放下弓了，原来他不是抢劫的，是求婚的，前去求婚时遇雨吉祥。

【原文】

《彖》曰：《睽》，火动而上，泽动而下；二女同居，其志不同行。说而丽乎明，柔进而上行，得中而应乎刚，是以“小事吉”。天地睽而其事同也，男女睽而其志通也，万物睽而其事类也。睽之时用大矣哉！

【译文】

《彖传》说：《睽》卦的背离违逆的象征是，火苗朝上，泽流朝下；二女同居，心思不同。和悦地附丽于光明，柔顺地上进，居于中正而得阳刚相应，所以说“小事吉”。天地上下背离但却在同做生成万物之事，男女阴阳有别却能心意相通，万物各异却能道理暗合。《睽》卦这种异同共存道理的作用真是大啊！

【原文】

《象》曰：上火下泽，《睽》。君子以同而异。

初九　“见恶人”，以辟咎也。

九二　“遇主于巷”，未失道也。

六三　“见舆曳”，位不当也；“无初有终”，遇刚也。

九四　“交孚无咎”，志行也。

六五　“厥宗噬肤”，往有庆也。

上九　“遇雨”之“吉”，群疑亡也。

【译文】

《象传》说：上火下泽，这就是《睽》卦的象征。君子取法《睽》卦，掌握同中有异、异中有同的道理。

初九　“见恶人”——这是为了避免激化矛盾的祸害。

九二　“遇主于巷”，这是说没有迷失正道。

六三　“见舆曳”，这是说六三地位失当；“无初有终”，这是因为六三遇上了阳刚。

九四　“交孚无咎”，这是说君子求志同道合的愿望是可以实现的。

六五　其宗亲如咬噬柔嫩的皮肤一样和顺地应合——前去将得福庆。

上九　求婚遇雨是吉祥的——这时众人的猜疑都消失了。

◎蹇卦第三十九◎

【原文】

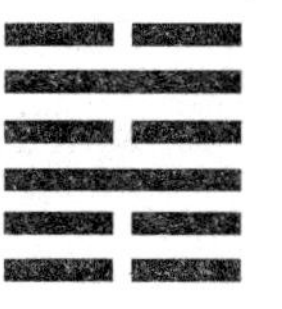

下艮上坎。

《蹇》　利西南，不利东北；利见大人，贞吉。

初六　往蹇，来誉。

六二　王臣蹇蹇，匪躬之故。

九三　往蹇，来反。

六四　往蹇，来连。

九五　大蹇，朋来。

上六　往蹇，来硕：吉；利见大人。

【译文】

《蹇》象征行走艰难：往西南去有利，往东北去不利；见大人有利，守持正固吉祥。

初六　去时艰难，回时得到荣誉。

六二　君主的臣子处困境十分艰难，这不是他自身原因所致。

九三　去时艰难，回时返归原所。

六四　去时艰难，回时又与九三等爻相联合，说明六四当位正。

九五　碰上大难，朋友们纷纷来归相助。

上六　去时艰难，回时有大成绩：吉祥；见大人有利。

【原文】

《彖》曰：《蹇》，难也，险在前也。见险而能止，知矣哉！《蹇》，“利西南”，往得中也；“不利东北”，其道穷也；“利见大人”，往有功也。当位“贞吉”，以正邦也。《蹇》之时用大矣哉！

【译文】

《彖传》说：《蹇》，指艰难，危险在前，遇见危险就止步，明智啊！《蹇》卦说，“利西南”，往西南去是合乎正道的；“不利东北”，东北是死路一条；“利见大人”，这是说前往有收获。君子地位得当，中正吉祥，足以安邦定国。《蹇》卦这种灵活应对艰险的道理的作用真大啊！

【原文】

《象》曰：山上有水，《蹇》。君子以反身修德。

初六　“往蹇来誉”，宜待也。

六二　“王臣蹇蹇”，终无尤也。

九三　“往蹇来反”，内喜之也。

六四　“往蹇来连”，当位实也。

九五　“大蹇朋来”，以中节也。

上六　“往蹇来硕”，志在内也；“利见大人”，以从贵也。

【译文】

《象传》说：山上有水，这就是《蹇》卦的象征。君子取法《蹇》卦反省自我，修养道德。

初六　如果往前行走，就会很艰难，如果回来就会获得赞誉，这时君子宜等待时机。

六二　六二说大臣忠心耿耿地奔走于艰难之中，结果终无过错。

九三　去时艰难，回时反省，九三心里满意这次出行。

六四　往前行走艰难，归来与九三各爻联合，这是说君子地位得当，从而具有实力。

九五　“大蹇朋来”，这是因为君子节操中正。

上六　“往蹇来硕”，这是因为君子壮志在心；“利见大人”，这是因为君子能追随贵人。

◎解卦第四十◎

【原文】

下坎上震。

《解》　利西南；无所往，其来复吉；有攸往，夙吉。

初六　无咎。

九二　田获三狐，得黄矢：贞吉。

六三　负且乘，致寇至：贞吝。

九四　解而拇，朋至斯孚。

六五　君子维有解：吉；有孚于小人。

上六　公用射隼于高墉之上，获之：无不利。

【译文】

《解》卦象征艰难得到缓解：往西南去有利；没有外出无须缓解，从外返回，吉祥；前往时，早上出去吉祥。

初六 （险难初解）无咎害。

九二 猎得几匹狐狸，捡到铜箭头：坚守正固可得吉祥。

六三 背着东西去坐车，招致强盗来抢：坚贞守正以防事情艰难。

九四 像解开你的脚一样解脱小人的纠缠，真正的朋友会以诚心与你相应。

六五 君子受绑了，又解开了：吉祥；并使小人也相信只有改恶从善才有前途。

上六 王公在高墙上用箭射隼，射中了它：没有不利。

【原文】

《彖》曰：《解》，险以动，动而免乎险，《解》。《解》“利西南”，往得众也；“其来复吉”，乃得中也；“有攸往夙吉”，往有功也。天地解而雷雨作，雷雨作而百果草木皆甲坼。《解》之时大矣哉！

【译文】

《彖传》说：《解》卦的象征是，君子在危险中行动，通过行动脱险了，所以卦名叫“解”。《解》卦说，“利西南”，这是因为前往会得众人帮助；“其来复吉”，这是因为君子中正；“有攸往夙吉”，这是说前往有收获。天地解冻而雷雨大作，雷雨大作而草木抽芽。《解》卦这种适时解放的道理真是大啊！

【原文】

《象》曰：雷雨作，《解》。君子以赦过宥罪。

初六 刚柔之际，义“无咎”也。

九二 九二“贞吉”，得中道也。

六三 “负且乘”，亦可丑也，自我致戎，又谁咎也？

九四 “解而拇”，未当位也。

六五 “君子有解”，“小人”退也。

上六 “公用射隼”，以解悖也。

【译文】

《象传》说：雷雨大作，这就是《解》卦的象征。君子取法《解》卦，赦免和宽容人们的过失罪恶。

初六 刚柔相济之时，这该是无害的。

九二 九二说，正直是吉祥的，这是因为合乎中道。

六三 背着东西坐车，这是可笑的，自已招来了寇盗，又能怪谁呢？

九四 像解开脚摆脱的纠缠，这是九四地位尚未妥当。

六五 君子解脱了，小人退缩了。

上六 王公在高墙上用箭射隼，这是说王公的目的是除去悖逆者。

◎损卦第四十一◎

【原文】

下兑上艮。

《损》 有孚，元吉，无咎，可贞，利有攸往；曷之用？二簋可用享。

初九 巳事遄往，无咎，酌损之。

九二 利贞；征凶；弗损，益之。

六三 三人行则损一人，一人行则得其友。

六四 损其疾，使遄有喜：无咎。

六五 或益之十朋之龟，弗克违：元吉。

上九 弗损，益之：无咎，贞吉；利有攸往，得臣无家。

【译文】

《损》象征减损：心存诚信，大吉，无害，可以坚守正固，前往有利；减损之道怎样体现？两簋食物就可以用来献祭。

初九 祭祀的事要赶快举行，无害，可以酌量减少祭品。

九二 坚守正固有利；出征凶险；不用减损自己就可以施益于上方。

六三 三人同行，其中一人会受损，一人独行，就会得到友人。

六四 减损自己的病症，使初九很快来相增益：无害。

六五 有人赏他价值十朋的大龟，无法推辞：大吉。

上九 不用自我减损，同样可以帮他：无害，守持贞固吉祥；前往有利，将得到大家的拥护。

【原文】

《彖》曰：《损》，损下益上。其道上行。损而“有孚，元吉，无咎，可贞，利有攸往，曷之用二簋，可用享”，二簋应有时。损刚益柔有时，损益盈虚，与时偕行。

【译文】

《彖传》说：《损》卦的象征是，减损下面的以增益上面的。这种道理是处于下位者自愿奉献于上位。《损》卦说：“有孚，元吉，无咎，可贞，利有攸往，曷之用二簋，可用享”，这是说君子祭祀时只用两簋食物的方法，要因时而用。减损刚强来补充柔弱要因时而用，减损盈满来补充亏空，这些都是与时机相配合而自然进行的。

【原文】

《象》曰：山下有泽，《损》。君子以惩忿窒欲。

初九 “巳事遄往”，尚合志也。

九二 “九二利贞”，中以为志也。

六三 “一人行”，“三”则疑也。

六四 “损其疾”，亦可“喜”也。

六五 “六五”“元吉”，自上祐也。

上九 “弗损，益之”，大得志也。

【译文】

《象传》说：山下有泽，这就是《损》卦的象征。君子取法《损》卦克制愤怒，节制欲望。

初九 “已事遄往”，这是说君子的意志要和上级合拍。

九二 “九二利贞”，这是说君子以坚守中道作为自己的心志。

六三 一人独行能交到朋友，三人同行就产生疑惑。

六四 病情减缓——这是可喜的事。

六五 六五说“元吉”，这是因为有上天保祐。

上九 “弗损，益之”，这是说君子大大得到了施益天下之志了。

◎益卦第四十二◎

【原文】

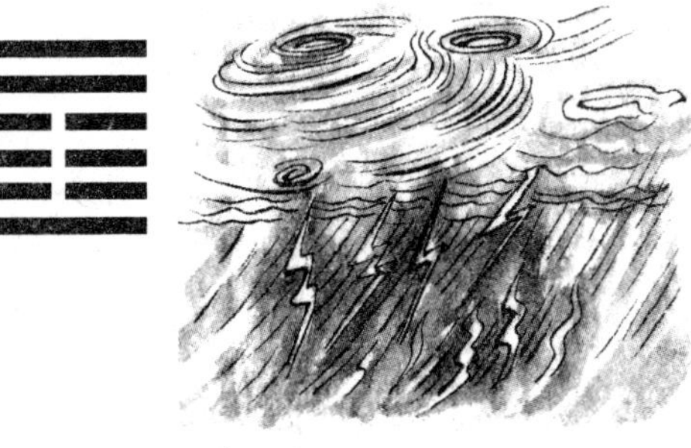

下震上巽。

《益》 利有攸往，利涉大川。

初九 利用为大作，元吉，无咎。

六二 或益之十朋之龟，弗克违；永贞吉；王用享于帝：吉。

六三 益之用凶事：无咎；有孚中行，告公用圭。

六四 中行告公，从，利用为依迁国。

九五 有孚惠心，勿问，元吉；有孚惠我德。

上九 莫益之，或击之，立心勿恒：凶。

【译文】

《益》 前往有利，有利于渡大河。

初九 做大事有利，大吉，没有咎害。

六二 有人赏他价值十朋的大龟，无法辞谢；坚守正固可获吉祥；君主以此宝龟祭祀天帝：吉祥。

六三 增益很多应当推及大众，没有除凶灾之事：心存诚信，谨慎持中而行，上告公侯要手持玉珪。

六四 持中慎行之道，上告公侯（迁移国都之事），公侯必能同意，依此建议迁移国都是有利的。

九五 以诚信之心施惠百姓，不必占问，定然大吉；有诚信，百姓就会顺从我的德行。

上九 没人增益于他，有人攻击他，因为他用心不恒：凶险。

【原文】

《彖》曰：《益》，损上益下，民说无疆。自上下下，其道大光。“利有攸往”，中正有庆；“利涉大川”，木道乃行。《益》动而巽，日进无疆。天施地生，其益无方。凡益之道，与时偕行。

【译文】

《彖传》说：《益》卦的象征是，减损于上以补充于下，人民受益则欣喜无限。居于上位的人能自愿处于民众之下，其增益之道就能光大。“利有攸往”，这是说六二与九五者能各得其位，居中得正，就能赢得福庆；“利涉大川”，这是说木舟的作用得到了发挥。《益》卦增益时上震动、下巽顺，象征顺理而动，天天向前，没有止境。天布德泽，地生万物，天地补益万物不分种类。凡是补益的规则，都要因时而用。

【原文】

《象》曰：风雷，《益》。君子以见善则迁，有过则改。

初九 “元吉无咎”，下不厚事也。

六二 “或益之”，自外来也。

六三 “益用凶事”，固有之也。

六四 “告公从”，以益志也。

九五 “有孚惠心”，“勿问”之矣。“惠我德”，大得志也。

上九 “莫益之”，偏辞也；“或击之”，自外来也。

【译文】

《象传》说：风和雷，这就是《益》卦的象征。君子取法《益》卦，见了善行就学习，有了过失就改正。

初九 “元吉无咎”，这是因为初九本也不能胜任大事。

六二 有人赏他（价值十朋的大龟），这种增益来自外部。

六三 六三说，要加大财力物力，用在去除灾祸上，本就应该这么做了。

六四 六四说，中行劝告国君迁都，国君答应了。这是说六四有益民的志向。

九五 有真诚的施惠天下之心，不必多问，肯定吉祥；民众会感念我的德行，这是说九五损上益下的心志实现了。

上九 没人帮他，人们普遍拒绝对他帮助；有人攻击他，这种攻击来自外部。

◎夬卦第四十三◎

【原文】

《夬》 扬于王庭，孚号有厉，告自邑，不利即戎；利有攸往。

初九 壮于前趾，往不胜，为咎。

九二 惕号，莫夜有戎，勿恤。

九三　壮于頄：有凶；君子夬夬独行，遇雨若濡，有愠：无咎。

九四　臀无肤，其行次且，牵羊悔亡，闻言不信。

九五　苋陆，夬夬中行：无咎。

上六　无号，终有凶。

下乾上兑。

【译文】

《夬》象征果决：在王庭上宣布奸人的罪恶，诚恳地号令众人戒备，颁政令于城邑，不利于用武；准备好了前往有利。

初九　仗着前脚趾强壮前往，力不胜任，会惹祸。

九二　恐惧地号叫，原来是夜里敌兵来袭，但不用忧虑。

九三　面颊强壮（比喻炫耀勇猛）：有凶险；君子果决独行，撞上下雨，淋湿了，心中不快：无害。

九四　臀无完肤，走路困难，据说牵羊去献给执刑者，就可以消除悔恨，他听了这话不信。

九五　山羊在陆地上，果决地奔走在路中央：无害。

上六　不号哭，结果有凶险。

【原文】

《彖》曰：夬，决也。刚决柔也，健而说，决而和。“扬于王庭”，柔乘五刚也；“孚号有厉”，其危乃光也；“告自邑不利即戎”，所尚乃穷也；“利有攸往”，刚长乃终也。

【译文】

《彖传》说：夬，指决断。阳刚君子果决决裁阴柔小人，君子刚健和悦，行事果断，坚定而又温和有度。“扬于王庭”，这是说小人凌驾君子；“心怀诚恳地号召众人戒备危险”，因为只有长存戒备之心方能转危为安；“颁告政令于城邑，不利于武力制裁”，这是说好战是行不通的；“利有攸往”，这是因为阳刚君子势力增长，小人阴柔势力到头了。

【原文】

《象》曰：泽上于天，《夬》。君子以施禄及下，居德则忌。

初九　“不胜”而“往”，“咎”也。

九二　“有戎勿恤”，得中道也。

九三　“君子夬夬”，终“无咎”也。

九四　“其行次且”，位不当也；“闻言不信”，聪不明也。

九五　“中行无咎”，中未光行。

上六　“无号之凶”，终不可长也。

【译文】

《象传》说：泽在天上，这就是《夬》卦的象征。君子取法《夬》卦，把福禄施给百姓，避免以功德自傲。

初九　不能取胜却硬要出征，这是有害的。

九二　“有戎勿恤”，这是因为君子能守居中慎行之道。

九三　君子办事果断，有果决除奸之心，结果是无害的。

九四　“行动犹豫不决”，这是因为君子地位不妥当；“闻言不信”，这是说君子的判断力有问题。

九五　“合乎中道而没有咎害”，这是说中道尚未光大。

上六　上六哭也没用，必定凶险，上六阴柔小人不可能长久了。

◎姤卦第四十四◎

【原文】

《姤》女壮，勿用取女。

初六　系于金柅：贞吉；有攸往，见凶；羸豕孚蹢躅。

九二　包有鱼：无咎；不利宾。

九三　臀无肤，其行次且：厉，无大咎。

九四　包无鱼，起凶。

九五　以杞包瓜，含章，有陨自天。

上九　姤其角：吝，无咎。

下巽上乾。

【译文】

《姤》女子过于强壮，不宜娶她。

初六　像系在金属刹车器上一样静处（象征初遇合时），守持贞正可获吉祥，若急于前往时将遇凶险；像系住的瘦弱的母猪一样躁动着，这不行。

九二　厨房里有一条鱼：没有祸害，但非自己之物，从道义上讲不宜用鱼待客。

九三　（受刑后）臀无完肤，走路困难：有危险，但终无大害。

九四　厨房无鱼，会引起凶险。

九五　用杞树枝叶蔽护着树下的甜瓜，内含着文彩，这意味着将有佳遇从天而降。

上九　碰到兽角上：有危险（但没碰伤），终获无害。

【原文】

《彖》曰：《姤》，遇也，柔遇刚也。“勿用取女”，不可与长也。天地相遇，品物咸章也。刚遇中正，天下大行也。《姤》之时义大矣哉！

【译文】

《彖传》说：姤，指际遇、遇合，阴柔遇合了阳刚。“勿用取女”，这是因为和她相处难以久长。天和地相遇合，然后万物章显美好；刚健和中正相遇，然后天下大顺。《姤》卦这种顺时相遇的意义真是重大啊！

【原文】

《象》曰：天下有风，《姤》。后以施命诰四方。

初六　“系于金柅”，柔道牵也。

九二　“包有鱼”，义不及“宾”也。

九三　“其行次且”，行未牵也。

九四　“无鱼”之“凶”，远民也。

九五　“九五”“含章”，中正也；“有陨自天”，志不舍命也。

上九　“姤其角”，上穷“吝”也。

【译文】

《象传》说：天下有风，这就是《姤》卦的象征。君主取法《姤》卦，把政令布告四方。

初六　“系于金柅”，这是说阴柔之道总要受到牵制。

九二　“包有鱼”，从道义上讲拿鱼待客是不适宜的。

九三　“其行次且”，这是说行动尚未受阴柔的初六牵制。

九四　九四说，厨房无鱼是凶险的，这是因为君子远离了群众。

九五　九五中的“含章”，是说君子内含章美之德；“有陨自天”，这是说君子意在不违弃天命。

上九　“姤其角”，这是说君子途穷了。

◎萃卦第四十五◎

【原文】

萃　亨，王假有庙；利见大人，亨，利贞；用大牲：吉；利有攸往。

初六　有孚不终，乃乱乃萃；若号，一握为笑；勿恤，往无咎。

六二　引吉，无咎，孚乃利用禴。

六三　萃如嗟如：无攸利；往无咎，小吝。

九四　大吉，无咎。

九五　萃有位，无咎，匪孚；元永贞：悔亡。

上六　赍咨涕洟：无咎。

下坤上兑。

【译文】

《萃》象征聚集：亨通，君主来到宗庙祭祀；见大人有利，亨通，利于守持正固；用大牲口祭祀：吉祥；利于有所前往。

初六　有诚信，但不能贯彻始终，导致了行动混乱、不正当聚合。此时若能向正当者呼号，必能握手言欢，不用忧虑，前往无害。

六二　受人招引而相聚可得吉祥，无害，只要有诚信，用禴祭都可有利。

六三　大家都来聚集，叹气：事情无利可得；前往无害，但有小遗憾。

九四　大吉，无害。

九五　会聚之时得有正位，是无害的，但其尚未获广泛得众人的信任，只要大气地坚持于中正之道，悔恨自会消失。

上六　叹气掉泪：无害。

【原文】

《彖》曰：《萃》，聚也。顺以说，刚中而应，故聚也。“王假有庙”，致孝享也；“利见大人，亨”，聚以正也；“用大牲吉，利有攸往”，顺天命也。观其所聚，而天地万物之情可见矣。

【译文】

《彖传》说：萃，指会聚。其性柔顺和悦，在上者刚健中正，而又得众人响应，所以能够会聚众人。“王假有庙”，这是王在表达他的孝顺和祭祀之诚心；“利见大人，亨”，这是因为大家以正道相聚；“用大牲吉，利有攸往”，这是因为君子能顺应天命。探察天地万物会聚的道理，这样就可以知道它们的情状了。

【原文】

《象》曰：泽上于地，《萃》。君子以除戎器，戒不虞。

初六　“乃乱乃萃”，其志乱也。

六二　“引吉无咎”，中未变也。

六三　“往无咎”，上巽也。

九四　“大吉无咎”，位不当也。

九五　“萃有位”，志未光也。

上六　“赍咨涕洟”，未安上也。

【译文】

《象传》说：泽在地上，这就是《萃》卦的象征。君子取法《萃》卦修治兵器，以防不备。

初六　“乃乱乃萃”，这是说君子的心志乱了。

六二　“引吉无咎”，这是因为君子恪守中道的心志不改。

六三　“往无咎”，这是因为君子能谦逊从于阳刚之正。

九四　“大吉无咎”，这是因为君子居位失当。

九五　“萃有位”，这是说君子的会聚天下的志向尚未光大。

上六　“赍咨涕洟，”这是因为上六未能安居此穷极的上位。

◎升卦第四十六◎

【原文】

《升》　元亨，用见大人，勿恤；南征吉。

初六　允升：大吉。

九二　孚乃利用禴，无咎。

九三　升虚邑。

六四　王用亨于岐山：吉，无咎。

六五　贞吉，升阶。

上六　冥升：利于不息之贞。

下巽上坤。

【译文】

《升》象征上升：非常亨通、顺利。见大人有利，不用忧虑；南进征战吉祥。

初六　诚信地得到上升：大为吉祥。

九二　心存诚信，用祭品简单的禴祭有利，无害。

九三　上升顺畅如入无人之邑。

六四　（获释后的）周文王在岐山举行祭祀大礼：吉祥，无害。

六五　柔中守正，必能如登上台阶，步步高升。

上六　夜里登上台阶，利于不停地坚守正固、奋斗不息。

【原文】

《彖》曰：柔以时升，巽而顺，刚中而应，是以大"亨"。"用见大人勿恤"，有庆也；"南征吉"，志行也。

【译文】

《彖传》说：以柔顺之道与时俱升，谦逊而和顺，刚健中正，而又与上者相应，所以大亨通。"利见大人勿恤"，这是说如此上升将有福庆；"南征吉"，这是说上升的心志可以畅行了。

【原文】

《象》曰：地中生木，升。君子以顺德，积小以高大。

初六　"允升大吉"，上合志也。

九二　"九二"之"孚"，有喜也。

九三　"升虚邑"，无所疑也。

六四　王用亨于岐山，顺事也。

六五　"贞吉升阶"，大得志也。

上六　"冥升"在上，消不富也。

【译文】

《象传》说：地中生木，这就是《升》卦的象征。君子取法《升》卦顺应道德，积累微小以逐渐成就伟大的事业。

初六　"允升大吉"，这是因为初六上承二阳的意志能及时上升。

九二　九二心怀诚信，是说喜庆必然到来。

九三　九三说，上升顺畅如入无人之邑，说明九三果敢而没有疑惑。

六四　"王用亨于岐山"，这是顺应事物之情势做事。

六五　"贞吉升阶"，这是说君子大遂上升的心志了。

上六　上级夜里登上台阶，这是说要改变不富盛的命运。

◎困卦第四十七◎

【原文】

下坎上兑。

《困》 亨，贞大人：吉，无咎；有言不信。

初六 臀困于株木，入于幽谷，三岁不觌。

九二 困于酒食，朱绂方来，利用享祀；征凶，无咎。

六三 困于石，据于蒺藜，入于其宫，不见其妻：凶。

九四 来徐徐，困于金车：吝，有终。

九五 劓刖，困于赤绂，乃徐有说，利用祭祀。

上六 困于葛藟，于臲卼，曰动悔有悔；征吉。

【译文】

《困》象征困穷：努力脱困可获亨通，坚守正道的大人可获吉祥，无祸害；此时节说什么话也不会有人信从。

初六 臂部被困在枯的树干之上不能安稳坐处，隐入幽深的山谷，几年不露面。

九二 为酒食所困（指酒食匮乏），但荣禄正在到来（酒食将变丰富），这对祭祀有利；急于出征有凶险，但终获无害。

六三 为乱石所困，手按在蒺藜上（受伤），走进自己的屋里，也见不到妻子：有凶险。

九四 缓缓而来，却为金车所困（比喻受到贵人的为难）：有憾惜，但会有好结果。

九五 心神不安，受到贵人的为难，后来逐渐逃脱了，宜祭祀谢神。

上六 为葛藟所困，心神不安，此时若能汲取动辄生悔的教训而有所悔恨，悔恨前往必可脱离困境以获吉祥。

【原文】

《彖》曰：《困》，刚掩也。险以说，困而不失其所，“亨”，其唯君子乎。“贞大人吉”，以刚中也。“有言不信”，尚口乃穷也。

【译文】

《彖传》说：《困》卦的象征是，阳刚被掩盖而难以伸展。遇险却能和悦应对，困顿却能不失其本色，这种亨通，大概只有君子能得到吧。“贞大人吉”，这是因为君子刚健中正；“有言不信”，这是说信奉空谈是行不通的。

【原文】

《象》曰：泽无水《困》。君子以致命遂志。

初六 “入于幽谷”，幽不明也。

九二　“困于酒食”，中有庆也。

六三　“据于蒺藜”，乘刚也；“入于其宫，不见其妻”，不祥也。

九四　“来徐徐”，志在下也；虽不当位，有与也。

九五　“劓刖”，志未得也；“乃徐有说”，以中直也；“利用祭祀”，受福也。

上六　“困于葛藟”，未当也；“动悔有悔”，吉行也。

【译文】

《象传》说：泽中无水，这就是《困》卦的象征。君子取法《困》卦，不惜舍命达成理想。

初六　“入于幽谷”，这是说君子处境黑暗。

九二　“困于酒食”，这是说秉守中道就会赢得福庆。

六三　“据于蒺藜”，这是说小人凌驾君子；“入于其宫，不见其妻”，这是不祥的兆头。

九四　“来徐徐”，这是说君子甘居下位，虽然地位失当，仍能得人帮助。

九五　“劓刖”，这是说君子尚未得志；“乃徐有说”，这是因为君子中正；“利用祭祀”，这是说祭祀使人蒙福。

上六　“困于葛藟”，这是因为君子行为不当；“动悔有悔”，这样吉祥就来了。

◎井卦第四十八◎

【原文】

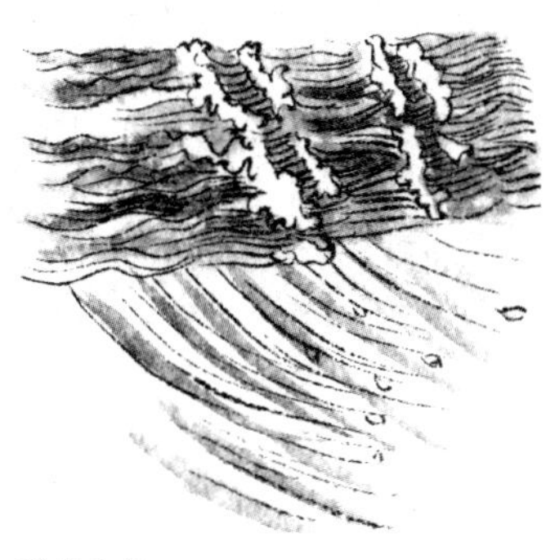

下巽上坎。

《井》　改邑不改井，无丧无得；往来井井，汔至，亦未繘井，羸其瓶：凶。

初六　井泥，不食；旧井无禽。

九二　井谷射鲋；瓮敝漏。

九三　井渫，不食，为我心恻；可用汲，王明，并受其福。

六四　井甃：无咎。

九五　井洌，寒泉食。

上六　井收，勿幕，有孚：元吉。

【译文】

井卦象征水井，城邑变了而水井不变，这意味着无失无得；来来往往的人从井中汲水，汲水时，水瓶即将升到井口但还没出井口，汲水瓶磕破了：凶险。

初六　井积淤泥，无法饮用；破旧的井边没有鸟禽飞来。

九二　向井底射小鱼，难射中；水瓮破了，难储水。

九三　井水污秽，不能喝，为此令人心伤悲；此时宜于尽快疏井，疏通后的井。可以汲水，如果是王道圣明，臣民都会受到他的恩泽。

六四　井砌好了：无有咎害。

九五　井水清澈，深壤冒出的井水为人们所喜欢饮用。

上六　从井里汲完了水，不要盖上井口，供人继续饮用：心怀诚信，当得大吉祥。

【原文】

《彖》曰：巽乎水而上水，《井》。井养而不穷也。“改邑不改井”，乃以刚中也；“汔至，亦未繘井”，未有功也；“羸其瓶”，是以凶也。

【译文】

《彖传》说：顺着水的特性蓄水并打上水，这就是《井》卦的象征。井水养人，水源不断。“改邑不改井”，这是因为君子能刚毅持中的美德；“汔至，亦未繘井”，这是说明尚未完成进水养人的功用；“羸其瓶”，这是说事情有凶险。

【原文】

《象》曰：木上有水，《井》。君子以劳民劝相。

初六　“井泥不食”，下也；“旧井无禽”，时舍也。

九二　“井谷射鲋”，无与也。

九三　“井渫不食”，行“恻”也；求“王明”，“受福”也。

六四　“井甃无咎”，修井也。

九五　“寒泉”之“食”，中正也。

上六　“元吉”在上，大成也。

【译文】

《象传》说：木上有水，这就是《井》卦的象征。君子取法《井》卦，教导百姓劳作互助。

初六　“井泥不食”，这是说井口太低；“旧井无禽”，这是说那时井就废弃了。

九二　“井谷射鲋”，说明得不到帮助的。

九三　“井渫不食”，这是可叹的；祈求君主圣明，这是企盼受福泽。

六四　“井甃无咎”，这是说应当及时修井。

九五　“寒泉”是可以饮用的，这是因为九五有中正之德。

上六　上级大吉祥，这是说水井养人获得了大成功。

◎革卦第四十九◎

【原文】

革　巳日乃孚：元亨，利贞，悔亡。

初九　巩用黄牛之革。

六二　巳日乃革之；征吉，无咎。

九三　征凶，贞厉；革言三就，有孚。

九四　悔亡，有孚改命，吉。

九五　大人虎变，未占，有孚。

上六　君子豹变，小人革面；征凶，居贞吉。

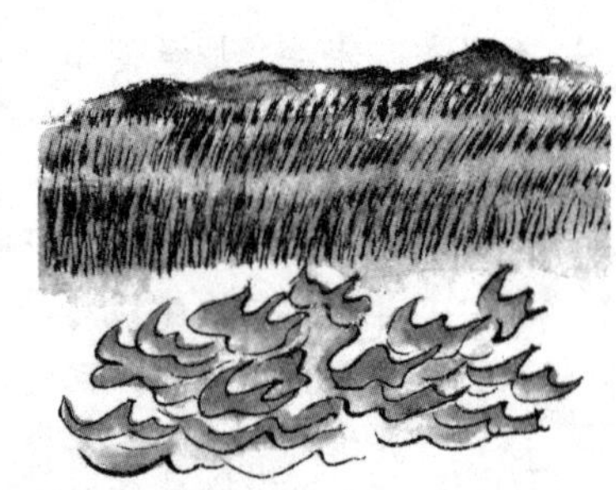

下离上兑。

【译文】

《革》卦象征变革，选择最佳时日进行变革：能取信于民，它具有元始、通达、和谐、贞正的德行。悔恨消失。

初九 要用坚固的黄牛皮束缚以固根本。

六二 选最佳时日可以推行变革；勇于前往、必获吉祥，必无咎害。

九三 过急行动有凶险，须守持贞正以防危险；变革的主张要多次研究、广泛听取意见，变革将有曲折，要长久保有诚心。

九四 悔恨消失，心怀诚信；革除旧命，定会吉祥。

九五 大人像老虎一样勇猛无惧地推行变革，其道如虎纹昭然可见，还没占问前，已令人感其诚信。

上六 君子像豹子一样勇猛灵活地推行变革，小人纷纷改变脸色只是表面上拥护变革，急进将有凶险，守持正固则可吉祥。

【原文】

《彖》曰：《革》，水火相息，二女同居，其志不相得，曰革。“巳日乃孚”，革而信之。文明以说，大亨以正。革而当，其“悔”乃“亡”。天地革而四时成，汤武革命，顺乎天而应乎人。《革》之时大矣哉！

【译文】

《彖传》说：《革》卦的象征是，像水与火相互冲突；又像二女同居一室，心思常常各异，这就是《革》卦。“巳日乃孚”，这是说选择好时机变革将获得天下信从。具有文明美德而又使天下和悦，正直大顺，变革恰当，所以悔恨消失。天地变革而四季形成，汤武革命，顺乎天道又合乎人心。《革》卦这种因时变革的意义真是大啊！

【原文】

《象》曰：泽中有火，《革》。君子以治历明时。

初九 “巩用黄牛”，不可以有为也。

六二 “巳日乃革之”，行有嘉也。

九三 “革言三就”，又何之矣。

九四 “改命”之“吉”，信志也。

九五 “大人虎变”，其文炳也。

上六 “君子豹变”，其文蔚也；“小人革面”，顺以从君也。

【译文】

《象传》说：泽中有火，这就是《革》卦的象征。君子取法《革》卦修治历法，明确时令。

初九 “巩用黄牛皮”，这是说这时君子不宜行动。

六二 “巳日乃革之”，这是说这时君子办事有利。

九三 “革言三就”，这是说不走变革之路，又能往哪里去呢？

九四 变革政令是吉祥的，要相信九四的变革之志。

九五 “大人虎变”，大人的美德与这种变革的成绩和美，将是文彩光耀炳焕照人。

上六 “君子豹变”，这种变革的成绩将是极大的；最后小人洗心革面也会顺从君主的改革的。

◎鼎卦第五十◎

【原文】

下巽上离。

《鼎》元吉，亨。

初六　鼎颠趾，利出否；得妾以其子：无咎。

九二　鼎有实，我仇有疾，不我能即：吉。

九三　鼎耳革，其行塞，雉膏不食，方雨，亏，悔，终吉。

九四　鼎折足，覆公悚，其形渥：凶。

六五　鼎黄耳、金铉：利贞。

上九　鼎玉铉：大吉，无不利。

【译文】

《鼎》象征制鼎器而明新制大吉祥而亨通。

初六　鼎足颠倒，对倒空鼎里的废物有利；就像娶妾而生下的儿子，无害。

九二　鼎里装满食物；我的仇人有病，不能接近我：吉祥。

九三　鼎耳有所变，它的移动受阻，鼎里精美的野鸡肉还没来得及吃，等到天降阴阳和合之雨，悔憾可清除，终获吉祥。

九四　由于不堪重负，鼎足折了，翻倒了公侯的美味，鼎浑身沾湿：凶险。

六五　鼎配有黄色的鼎耳、铜铉（象征富贵）：利于守持正固。

上九　鼎配有镶玉的铉（象征富贵）：大吉祥，没有不利。

【原文】

《彖》曰：《鼎》，象也，以木巽火，亨饪也。圣人亨以享上帝，而大亨以养圣贤。巽而耳目聪明，柔进而上行，得中而应乎刚，是以“元亨”。

【译文】

《彖传》说：《鼎》卦是养人的烹饪器具的形象，架起木头升起火烹饪食物。圣人煮食物祭祀上帝，用最丰盛的食物奉养贤人。君主谦逊而耳聪目明，以性情柔顺美德，前进上升，高居中正而又与阳刚贤者相应合，所以大亨通。

【原文】

《象》曰：木上有火，《鼎》。君子以正位凝命。

初六　“鼎颠趾”，未悖也。“利出否”，以从贵也。

九二　“鼎有实”，慎所之也。“我仇有疾”，终无尤也。

九三　“鼎耳革”，失其义也。

九四　“覆公餗”，信如何也。

六五　“鼎黄耳”，中以为实也。

上九　“玉铉”在上，刚柔节也。

【译文】

《象传》说：木上有火，这就是《鼎》卦的象征。君子取法《鼎》卦端正职位，完成使命。

初六　“鼎颠趾”，这是说君子行事不悖于常理；“利出否”，这么做是为了能跟从贵人。

九二　鼎里食物满了，这是说外出要谨慎；我的仇人生病了，结果我无忧于咎害了。

九三　“鼎耳革”，这是说君子行事有失道义。

九四　这人打翻了王公的美食，怎么能信任呢？

六五　“鼎黄耳”，这是说君子能守中道，从而得阳刚充实之利了。

上九　玉铉出现在上九，这说明上九与阴柔相互调节。

◎震卦第五十一◎

【原文】

《震》　亨，震来虩虩，笑言哑哑；震惊百里，不丧匕鬯。

初九　震来虩虩，后笑言哑哑：吉。

六二　震来，厉，亿丧贝，跻于九陵，勿逐，七日得。

六三　震苏苏，震行：无眚。

九四　震，遂泥。

六五　震往来，厉，亿无丧有事。

上六　震，索索，视矍矍；征凶；震不于其躬，于其邻：无咎；婚媾有言。

下震上震。

【译文】

《震》象征震动亨通，雷声震动，人们起先惶恐畏惧，后来笑语阵阵；雷声震惊百里，祭师却没有抖落羹匙里的一滴酒。

初九　雷声震动，人们起先惶恐畏惧，后来慎行保福笑语阵阵：可获吉祥。

六二　雷声震动，有危险，丢了很多货币，此时登上高陵之上，不用寻找，过七天会失而复得。

六三　雷声轻缓，在这样的雷声中行路，不会遭殃。

九四　雷声震动，慌不择路，掉进泥泞中。

六五　雷声阵阵，上下往来都有危险，但能知危惧而慎守中道，可以万无一失。

上六　雷声震动，极端恐惧，畏缩难以行走，目光惊恐不安；此时前行必有凶险；雷电没有打中他的身体，打中了他的邻居：无害；此时谋求婚姻会导致议论。

【原文】

《彖》曰：《震》，"亨，震来虩虩"，恐致福也；"笑言哑哑"，后有则也；"震惊百里"，惊远与迩也。出，可以守宗庙社稷，以为祭主也。

【译文】

《彖传》说：《震》卦说："亨，震来虩虩"，这是说祭师克服惊吓，就能带来福运；"笑言哑哑"，这是说惊吓过后，祭祀就恢复秩序了。"震惊百里"，这是说远近的人都吓坏了。那种能够做到"不丧匕鬯"的人，出去可以守护宗庙国家，担任祭主。

【原文】

《象》曰：洊雷，《震》。君子以恐惧修省。

初九　"震来虩虩"，恐致福也；"笑言哑哑"，"后"有则也。

六二　"震来厉"，乘刚也。

六三　"震苏苏"，位不当也。

九四　"震遂泥"，未光也。

六五　"震往来厉"，危行也，其事在中，大"无丧"也。

上六　"震索索"，中未得也；虽"凶""无咎"，畏邻戒也。

【译文】

《象传》说：持续地打雷，这就是《震》卦的象征。君子取法《震》卦心怀戒惧，修身自省。

初九　"震来虩虩"，这是说初九知惧而戒慎，就能带来福运；"笑言哑哑"，这是说惊吓过后，行为遵循法则不失常态。

六二　"震雷打来有危险"，这是因为六二乘凌于阳刚之上。

六三　"震苏苏"，这是因为君子地位失当。

九四　"震遂泥"，这是说其阳刚之德还没有光大。

六五　"震动之时上下往来均有危险"，这是说君子的行动遇上危险了，但因为能守中道，不会有损失。

上六　"震动之时极其恐惧以致畏缩难行"，这是因为君子未能秉守中道；君子有凶险，后来无害，这是因为畏惧邻居的那种灾祸，从而有了戒备。

◎艮卦第五十二◎

【原文】

《艮》　艮其背，不获其身，行其庭，不见其人：无咎。

初六　艮其趾：无咎。利永贞。

六二　艮其腓，不拯其随，其心不快。

九三　艮其限，列其夤：厉，熏心。

六四　艮其身：无咎。

六五　艮其辅，言有序：悔亡。
上九　敦艮：吉。

下艮上艮。

【译文】

《艮》象征当止则止：止于背后，不让私欲占据身体而妄行，好似在庭院里自如地行走。必无咎害。

初六　抑止在脚趾迈出之前：无害。利于永守正固。

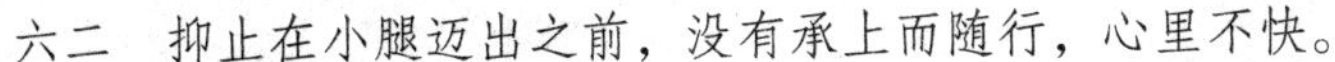

六二　抑止在小腿迈出之前，没有承上而随行，心里不快。

九三　抑止他的腰，致使连续人体上下的部分脊肉裂开：十分危险，像火一样烧灼心。

六四　抑止身体不妄动：无害。

六五　抑止他的面颊，说话注意有条不紊，悔恨就可以消失。

上九　以诚恳厚道的品德抑止亢进的私欲：吉祥。

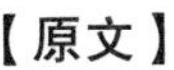

【原文】

《彖》曰：艮，止也。时止则止，时行则行，动静不失其时，其道光明。艮其止，止其所也。上下敌应，不相与也。是以“不获其身，行其庭，不见其人，无咎”也。

【译文】

《彖传》说：艮，抑止之意。当止则止，当行则行，行止动静都能适时，就会前途光明。艮卦的抑止，是要止于当止之处。卦中各爻都上下同性相敌对而不应合，所以卦辞说：“不随身体本能之欲妄行，在庭院中自如地行走，如同没有人，没有咎害”啊！

【原文】

《象》曰：兼山，《艮》。君子以思不出其位。
初六　“艮其趾”，未失正也。
六二　“不拯其随”，未退听也。
九三　“艮其限”，危“熏心”也。
六四　“艮其身”，止诸躬也。
六五　“艮其辅”，以中正也。
上九　“敦艮”之“吉”，以厚终也。

【译文】

《象传》说：两山重叠，这就是《艮》卦的卦象。君子取法《艮》卦，谋事不超出本分。
初六　“艮其趾”，这是说君子没有迷失正道。
六二　不再追随他了，这是因为他不能退而听从不同的意见。
九三　“艮其限”，这是说危险使君子焦心。
六四　“艮其身”，这是说君子安守本分了。
六五　“艮其辅”，这是说君子能守中正。
上九　“很诚恳地止而不动”而“获吉祥”，是因为上九能始终保持敦厚。

◎渐卦第五十三◎

【原文】

下艮上巽。

《渐》 女归：吉，利贞。

初六 鸿渐于干；小子厉，有言：无咎。

六二 鸿渐于磐，饮食衎衎：吉。

九三 鸿渐于陆；夫征不复，妇孕不育：凶；利御寇。

六四 鸿渐于木，或得其桷：无咎。

九五 鸿渐于陵，妇三岁不孕，终莫之胜：吉。

上九 鸿渐于陆，其羽可用为仪：吉。

【译文】

《渐》象征渐进女子出嫁按礼逐步进行，吉祥，利于坚守正道。

初六 大雁飞进水边；小孩（到水边玩耍）有危险，加以责备（使他离去）：无害。

六二 大雁飞到水边石上，快乐地饮水吃鱼：吉祥。

九三 大雁飞进陆地；丈夫出征未回，妻子失贞得孕而不能育，凶险；不过却对防御敌人有利。

六四 大雁飞到高高的树上，有的停在像平稳舒展的树枝上：没有祸害。

九五 大雁飞上山峰（尽管有阻力尚未遂愿）；就像妇女几年不孕，但最终没人能替代她：吉祥。

上九 大雁飞进云路；它的羽毛可用来编织仪饰：吉祥。

【原文】

《彖》曰：渐之进也。"女归吉"也，进得位，往有功也。进以正，可以正邦也。其位，刚得中也，止而巽，动不穷也。

【译文】

《彖传》说：渐，指渐进。"女归吉"，这是说君子会逐渐获得地位，前往有收获。凭着正道进取，可以安邦定国。这样的君子刚健中正，清净谦逊，行事不会途穷。

【原文】

《象》曰：山上有木，《渐》。君子以居贤德善俗。

初六 "小子"之"厉"，义"无咎"也。

六二 "饮食衎衎"，不素饱也。

六三 "夫征不复"，离群丑也；"妇孕不育"，失其道也；"利用御寇"，顺相保也。

六四　“或得其桷”，顺以巽也。

九五　“终莫之胜吉”，得所愿也。

上九　“其羽可用为仪吉”，不可乱也。

【译文】

《象传》说：山上有木，这就是《渐》卦的象征。君子取法《渐》卦积累贤德，端正习俗。

初六　小孩近水是危险的，大人责备他——是说只要渐近不要危险，这理所当然是无害的。

六二　“饮食衎衎”，这是说君子不是吃白饭的。

六三　“夫征不复”，这是说丈夫离群去了；“妇孕不育”，这是因为迷失正道了；“利用御寇”，这是说人们能和顺同心地保卫家园。

六四　“或得其桷”，这是说君子能和顺而谦逊啊！

九五　“终莫之胜吉”，这是说阴阳相合的心愿实现了。

上九　“其羽可用为仪吉”——这是说其高洁的志向不能躁乱。

◎归妹卦第五十四◎

【原文】

下兑上震。

归妹　征凶，无攸利。

初九　归妹以娣；跛能履；征吉。

九二　眇能视；利幽人之贞。

六三　归妹以须，反归，以娣。

九四　归妹愆期，迟归有时。

六五　帝乙归妹，其君之袂不如其娣之袂良，月几望：吉。

上六　女承筐，无实，士刲羊，无血：无攸利。

【译文】

《归妹》象征嫁出少女不可急就强求，急就强求则凶险，无利可得。

初九　嫁少女并以少女的妹妹陪嫁；像跛子能够走路；前往吉祥。

九二　瞎了一只眼勉强能够看见；此时幽静的人坚守正固将有利。

六三　少女出嫁盼望成为正室，结果正是随姐姐嫁作偏房。

九四　嫁少女延误婚期，迟嫁是想等待更好的夫家。

六五　象征帝乙嫁女儿，作为正夫人的服饰没有陪嫁妹妹的服饰漂亮，其内在的美德如临近阴历十五时的月亮近圆满而不盈，吉祥。

上六　女子捧着筐子，筐中没有东西，男子杀羊，（是空刺）刺不出血：无利可得。

【原文】

《象》曰：《归妹》，天地之大义也。天地不交，而万物不兴。

《归妹》，人之终始也。说以动，所归妹也。“征凶”，位不当也；“无攸利”，柔乘刚也。

【译文】

《象传》说：《归妹》卦讲少女出嫁体现的是天地之间的大道理。天地阴阳二气不交接，万物就不能生长。《归妹》卦就是体现人类繁衍的道理的。男女相处和悦，所以婚姻就成了。“征凶”，这是因为君子地位失当；“无攸利”，这是因为柔爻凌驾刚爻。

【原文】

《象》曰：泽上有雷，《归妹》。君子以永终知敝。

初九　“归妹以娣”，以恒也。“跛能履吉”，相承也。

九二　“利幽人之贞”，未变常也。

六三　“归妹以须”，未当也。

九四　“愆期”之志，有待而行也。

六五　“帝乙归妹”，“不如其娣之袂良”也。其位在中，以贵行也。

上六　上六“无实”，承虚筐也。

【译文】

《象传》说：泽上有雷，这就是《归妹》卦的象征。君子取法《归妹》卦，追求婚姻美满，察明婚姻有始无终的流弊。

初九　“归妹以娣”，这是按常规办事。“跛能履吉”，这是因为吉祥紧随着来。

九二　“利幽人之贞”，这是因为其不会改变柔和幽静的一贯志向。

六三　“归妹以须”，这种地位失当的。

九四　错过嫁期的目的，是有所等待的行为啊！

六五　帝乙嫁女儿，作为正夫人的服饰没有陪嫁妹妹的漂亮，但她品行中正，是以尊贵的身份而行朴素之道啊！

上六　上六说，女子的筐里没东西，她捧的是空筐啊。

◎丰卦第五十五◎

【原文】

《丰》　亨，王假之，勿忧，宜日中。

初九　遇其配主，虽旬无咎，往有尚。

六二　丰其蔀，日中见斗，往得疑疾，有孚发若：吉。

九三　丰其沛，日中见沬，折其右肱：无咎。

九四　丰其蔀，日中见斗，遇其夷主：吉。

六五　来章，有庆誉：吉。

上六　丰其屋，蔀其家，窥其户，阒其无人，三岁不觌：凶。

【译文】

下离上震。

《丰》象征盛大：亨通，君主会达到盛大亨通之境界，不用忧虑，宜保持如日中天之势。

初九　遇上仁厚的主子，十天之内可以无害，前往会得嘉赏。

六二　增大他的草帘，(遮住太阳，屋中一片黑暗，以至明明是)正午，(黑屋中的他却)看见了北斗星(北斗星代指黑夜，此人多疑，以为黑屋是由黑夜所致)，这意味着前往会得多疑病，(此时克服多疑，向人)表明自己的信任：吉祥。

九三　增大他的布幔，(遮住太阳，屋中一片黑暗，以至明明是)正午，(黑屋中的他却)看见了星星，这意味着会折断手臂(但能治愈)：无害。

九四　增大他的草帘，(遮住太阳，屋中一片黑暗，以至明明是)正午，(黑屋中的他却)看见了北斗星(北斗星代指黑夜，此人多疑，以为黑屋是由黑夜所致)，此时遇上仁厚的主子：吉祥。

六五　取得德行上的风采，就会得到赏赐和赞誉：吉祥。

上六　增大他的屋子，用草帘遮蔽他的家，窥探他的窗户，寂静无人，几年不见他了：凶险。

【原文】

《彖》曰：丰，大也。明以动，故丰。“王假之”，尚大也；“勿忧宜日中”，宜照天下也。日中则昃，月盈则食，天地盈虚，与时消息，而况于人乎，况于鬼神乎？

【译文】

《彖传》说：丰，象征丰大。如离明动而上行，君子可使事业如太阳升至高空，所以能够盛大。“王假之”，这是说君主崇尚丰大；“勿忧宜日中”，这是说君主宜以丰盛之德普照天下。太阳升中就西斜，月亮满了就亏缺，天地的盈缺，都是随着时间消长的，何况人呢，何况鬼神呢？

【原文】

《象》曰：雷电皆至，《丰》。君子以折狱致刑。

初九　“虽旬无咎”，过旬灾也。

六二　“有孚发若”，信以发志也。

九三　“丰其沛”，不可大事也；“折其右肱”，终不可用也。

九四　“丰其蔀”，位不当也；“日中见斗”，幽不明也；“遇其夷主”，“吉”行也。

六五　“六五”之“吉”，有庆也。

上六　“丰其屋”，天际翔也；“窥其户，阒其无人”，自藏也。

【译文】

《象传》说：雷电交加，这就是《丰》卦的象征。君子取法《丰》卦审明案件，施用刑罚。

初九　十天之内可以无害，不过十天，一过可就有灾了。

六二　“有孚发若”，这是说君子能老实地表达真诚的愿望。

九三　“丰其沛”，这是说这时君子不宜办大事；“折其右肱”，结果右肱就不能用了。

九四　“丰其蔀”，这是说君子地位失当；“日中见斗”，这是说君子的处境黑暗；“遇其夷主”，如此相得相合定获吉祥。

六五　六五中的“吉”，是说必有福庆。

上六　“丰其屋”，这是说君子高飞逃逸了；“窥其户，阒其无人”，这是说君子自己深藏不露。

◎旅卦第五十六◎

【原文】

上艮下离。

《旅》　小亨，旅贞吉。

初六　旅琐琐，斯其所取灾。

六二　旅即次，怀其资，得童仆：贞。

九三　旅焚其次，丧其童仆：贞厉。

九四　旅于处，得其资斧，我心不快。

六五　射雉，一矢亡，终以誉命。

上九　鸟焚其巢，旅人先笑后号咷；丧牛于易：凶。

【译文】

《旅》象征行旅：小事亨通，旅人坚守正道则吉祥。

初六　旅人行为卑贱猥琐心中多疑，这是他招致灾祸的原因。

六二　旅人住进旅舍，怀带资财，拥有童仆：守持正固吉祥。

九三　旅人住的旅舍失火，火灾中跑了童仆：应守持正固以防危险。

九四　旅人住进了别的旅舍，寻回了他的钱币，但心里仍有不快。

六五　（旅人）射野鸡，野鸡被一箭射中，（射艺高超的旅人）终获赞誉和爵命。

上九　鸟巢失火（比喻旅中过于张扬忘形而旅舍失火），旅人先得高位而笑后遭殃而哭；好像牛在地边走失：有凶险。

【原文】

《彖》曰：《旅》“小亨”。柔得中乎外，而顺乎刚，止而丽乎明，是以“小亨，旅贞吉”也。《旅》之时义大矣哉！

【译文】

《彖传》说：《旅》卦辞言是能小亨通的。谦柔之人民位中正，顺从阳刚君子，安定守正而依附光明，所以说“小获亨通，羁旅在处守持贞正可获吉祥”。《旅》卦这种适时前往的道理真是大啊！

【原文】

《象》曰：山上有火，《旅》。君子以明慎用刑而不留狱。

初六　“旅琐琐”，志穷灾也。

六二　“得童仆贞”，终无尤也。

九三　“旅焚其次”，亦以伤矣。以旅与下，其义丧也。

九四　“旅于处”，未得位也。“得其资斧”，心未快也。

六五　“终以誉命”，上逮也。

上九　以旅在上，其义焚也。“丧牛于易”，终莫之闻也。

【译文】

《象传》说：山上有火，这就是《旅》卦的象征。君子取法《旅》卦，使用刑罚时明察慎重，办案时不拖延案件。

初六　“行旅之初行为过于卑贱猥琐”，这是说其由于意志穷窘而酿祸了。

六二　旅客凭正道得到童仆，这结果是无害的。

九三　“旅焚其次”，这是可悲的；旅客和童仆共处，童仆在失火时跑了，跑是理所当然的。

九四　“旅于处”，这是说旅客地位失当。旅客的钱财失而复得，但他心里还是不快。

六五　终获赞誉和爵命，这是追随上面尊者的结果。

上九　旅客前往，却居高自傲，所以他的房子被烧是理所当然的；牛在边地走失这件事，终归是无人知道啊！

◎巽卦第五十七◎

【原文】

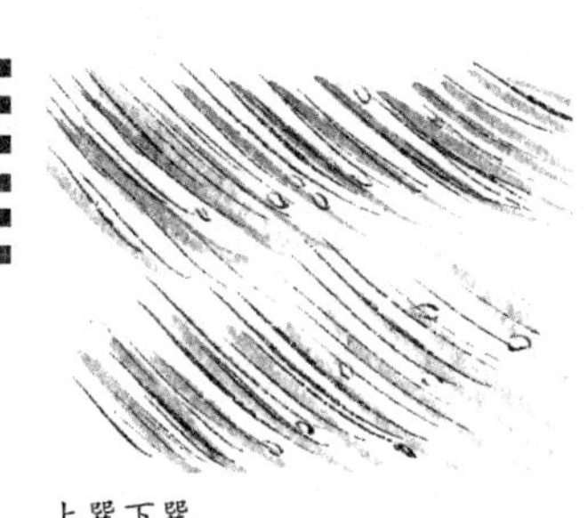

上巽下巽。

《巽》　小亨，利有攸往，利见大人。

初六　进退，利武人之贞。

九二　巽在床下，用史巫纷若：吉，无咎。

九三　频巽：吝。

六四　悔亡，田获三品。

九五　贞吉，悔亡，无不利，无初有终；先庚三日，后庚三日：吉。

上九　巽在床下，丧其资斧：贞凶。

【译文】

《巽》象征谦顺：小事亨通，前往有利，见大人有利。

初六　谦顺过度而犹豫，以为进退都可，勇武之人守持贞正则有利。

九二　谦顺地伏于床下，如祝史、巫、觋一样殷勤侍奉于上：吉祥，无咎害。

九三　皱眉不乐地勉强谦顺：必有悔憾。

六四　悔恨消失，打猎获得多种猎物。

九五　坚守正固吉祥，悔恨消失，没有不利，事情开局不妙，但会有好结果；在象征变更的庚日前三天发布新令，在庚日后三天实行，必获吉祥。

上九　（惊恐地）躲伏床下，丢了资财：坚守正固以防凶险。

【原文】

《彖》曰：重巽以申命。刚巽乎中正而志行，柔皆顺乎刚，是以“小亨，利有攸往，利见大人”。

【译文】

《彖传》说：上下都谦顺宜于君主重申政令。君主刚健，具有谦顺而中正之美德，意志得以推行，阴柔者都能顺从于阳刚者，所以说“小亨，利有攸往，利见大人”。

【原文】

《象》曰：随风，《巽》。君子以申命行事。

初六　“进退”，志疑也；“利武人之贞”，志治也。

九二　“纷若”之“吉”，得中也。

九三　“频巽”之“吝”，志穷也。

六四　“田获三品”，有功也。

九五　“九五”之“吉”，位正中也。

上九　“巽在床下”，上穷也；“丧其资斧”，正乎凶也。

【译文】

《象传》说：风随着风吹，这就是《巽》卦的象征。君子取法《巽》卦，办事时申明政令。

初六　“进退”，这是说君子心存疑惑；“利武人之贞”，这是说勇武君子心志坚定。

九二　史巫纷纷（前来为他祷告），这是吉祥的，这是因为他能秉守中道。

九三　皱眉躲伏是危险的，这是说其心志困穷。

六四　“田获三品”，这是说君子有收获了。

九五　九五说，事情吉祥，这是因为君子能守中正。

上九　“巽在床下”，这是说上级途穷了；“丧其资斧”，这是说钱丢了，此时应守持贞正以防凶险。

◎兑卦第五十八◎

【原文】

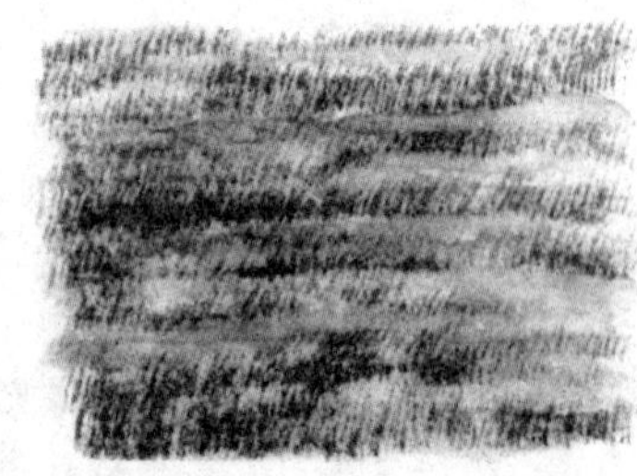

上兑下兑。

《兑》亨，利贞。

初九　和兑：吉。

九二　孚兑：吉，悔亡。

六三　来兑：凶。

九四　商兑未宁；介疾有喜。

九五　孚于剥：有厉。

上六 引兑。

【译文】

《兑》象征和悦：亨通，利于守持正固。

初九 和气待人：吉祥。

九二 诚实欣悦待人：吉祥，悔恨消失。

六三 前来曲意逢迎取悦于人当至凶险。

九四 商谈尚未定下来的事，心中很不安宁；要是隔断疾患一样的邪恶之人，则有喜事。

九五 相信消剥阳气的小人：有危险。

上六 （有人）引诱我相悦：有危险。

【原文】

《彖》曰：兑，说也。刚中而柔外，说以“利贞”，是以顺乎天而应乎人。说以先民，民忘其劳；说以犯难，民忘其死。说之大，民劝矣哉！

【译文】

《彖传》说：兑，指的是和悦。君子刚健中正于内，柔顺接物于外，把利益百姓、秉守正道当成乐事，所以君子能顺应天道，应合人情。用和悦的政策引导百姓，百姓就会忘掉劳苦；用和悦的政策宣扬赴难，百姓就会舍生忘死。和悦的政策光大了，百姓就都能奋勉不息了。

【原文】

《象》曰：丽泽，《兑》。君子以朋友讲习。

初九 “和兑”之“吉”，行未疑也。

九二 “孚兑”之“吉”，信志也。

六三 “来兑”之“凶”，位不当也。

九四 “九四”之“喜”，有庆也。

九五 “孚于剥”，位正当也。

上六 “上六引兑”，未光也。

【译文】

《象传》说：泽连着泽，互相附丽润泽这就是《兑》卦的象征。君子取法《兑》卦，和朋友们互相讲习切磋。

初九 和悦是吉祥的，这是因为君子行事平和正直不为所疑。

九二 诚信和悦是吉祥的，这是因为大家信赖他的心志诚信。

六三 主动跟人说话是凶险的，这是因为他居地位失当。

九四 九四中的“喜”，是说福庆临头。

九五 没落时还能诚信，这是因为九五所处的地位得当。

上六 上六说，有人引诱我说话，这是因为君子的欣悦之道尚未光大。

◎涣卦第五十九◎

【原文】

下坎上巽。

涣　亨，王假有庙；利涉大川，利贞。

初六　用拯马壮：吉。

九二　涣奔其机：悔亡。

六三　涣其躬：无悔。

六四　涣其群：元吉；涣有丘，匪夷所思。

九五　涣汗其大号，涣王居：无咎。

上九　涣其血去，逖出：无咎。

【译文】

《涣》象征涣散：亨通，君主亲临宗庙祭祀以诚聚民心；渡大河有利，占问有利。

初六　涣散时有壮马搭救：吉祥。

九二　涣散之时，奔向几案，要找到一个安身之所：悔恨消失。

六三　散其私心（献身于事业）：无悔。

六四　涣散朋党，大吉；涣散小丘聚成大阜，这不是一般人能想到的。

九五　像涣散汗水一样发布号令，广散王的积财以聚合人心：无害。

上九　涣散之极的忧患消失，保持警惕：无害。

【原文】

《彖》曰：《涣》“亨”，刚来而不穷，柔得位乎外而上同。“王假有庙”，王乃在中也；“利涉大川”，乘木有功也。

【译文】

《彖传》说：《涣》卦是亨通的。是说阳刚者前来处于阴柔之中而不困穷，阴柔者获正位于外而与上面阳刚同德。“王假有庙”，这是君主中正的表现；“利涉大川”，这是说乘木船过河会成功。

【原文】

《象》曰：风行水上，《涣》。先王以享于帝，立庙。

初六　“初六”之“吉”，顺也。

九二　“涣奔其机”，得愿也。

六三　“涣其躬，志在外也。”

六四　“涣其群元吉”，光大也。

九五　“王居无咎”，正位也。

上九　“涣其血”，远害也。

【译文】

《象传》说：风吹在水上，这就是《涣》卦的象征。先王取法《涣》卦祭祀上帝，设立宗庙。

初六　初六说，涣散时有壮马搭救是吉祥的，这是因为其能顺承阳刚、马能顺从人意。

九二　"涣奔其机"，这是说君子阴阳聚合的愿望实现了。

六三　"涣其躬"，这是说君子志在向外发展。

六四　"涣其群元吉"，这是六四品德光明正大。

九五　"王居无咎"，这是因为君主地位得当。

上九　涣散之极的忧患消失，这样就远离危害了。

◎节卦第六十◎

【原文】

下兑上坎。

《节》　亨；苦节，不可贞。

初九　不出户庭，无咎。

九二　不出门庭，凶。

六三　不节若，则嗟若：无咎。

六四　安节：亨。

九五　甘节：吉，往有尚。

上六　苦节：贞凶，悔亡。

【译文】

《节》卦象征节制：亨通，以节制为苦：不可占问（会有凶险）。

初九　节制自守居家不出户庭：无害。

九二　（自拘于节制）不出门庭：凶险。

六三　不守节制（事情败坏），人将叹息：（但转机将来）无害。

六四　安于节制：亨通。

九五　甘于节制：吉祥，前往得奖赏。

上六　以节制为苦：利于守持正固以防凶险（但转机将来），悔恨消失。

【原文】

《彖》曰：节"亨"。刚柔分而刚得中。"苦节不可贞"，其道穷也。说以行险，当位以节，中正以通。天地节而四时成。节以制度，不伤财，不害民。

【译文】

《彖传》说：节制可致亨通。阳刚与阴柔均衡相分，而又刚健中正。以节制为苦而不守正道，君子就将途穷。君子遇险却能和悦应对，地位得当，奉行节制，道德中正，所以亨通。天地节制就形成了四季。订立制度来推行节制，就可以不损民伤财。

【原文】

《象》曰：泽上有水，《节》。君子以制数度，议德行。

初九　"不出户庭"，知通塞也。

九二　“不前往庭凶”，失时极也。
六三　“不节”之“嗟”，又谁咎也。
六四　“安节”之“亨”，承上道也。
九五　“甘节”之“吉”，居位中也。
上六　“苦节贞凶”，其道穷也。

【译文】

《象传》说：泽上有水，这就是《节》卦的象征。君子取法《节》卦订立制度，议定道德的准则。

初九　“不出户庭”，这是因为君子晓得外出行或不行的道理。
九二　“不前往庭凶”，这是因为君子大大地错过时机了。
六三　由于不知节制导致叹息，这又能怪谁呢？
六四　安于节制是亨通的，因为这是遵从上位的刚中之道。
九五　甘于节制是吉祥的，这是秉守中正的表现。
上六　“苦节贞凶”，这是说君子途穷了。

◎中孚卦第六十一◎

【原文】

中孚　豚鱼：吉；利涉大川，利贞。
初九　虞：吉；有它，不燕。
九二　鸣鹤在阴，其子和之；我有好爵，吾与尔靡之。
六三　得敌，或鼓或罢，或泣或歌。
六四　月几望，马匹亡：无咎。
九五　有孚挛如：无咎。
上九　翰音登于天：贞凶。

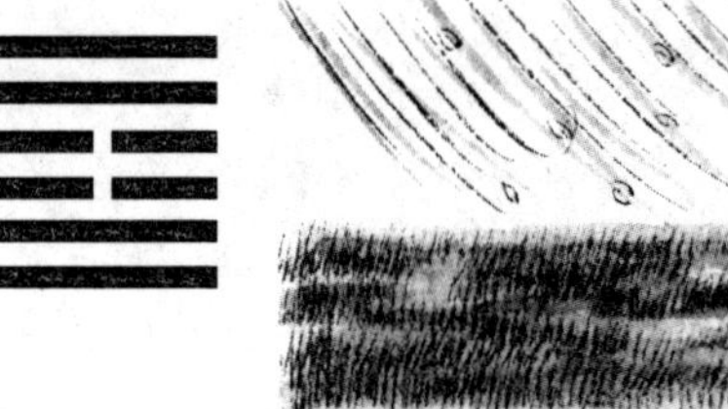
上兑下巽。

【译文】

《中孚》象征内心要诚信，诚信到能感动小猪和鱼：肯定吉祥；渡大河有利，有利于守持正固。

初九　心中安守诚信：吉祥；别有他求，则心中不安。
九二　鹤在树荫鸣叫，它的同类来应和；两者诚信相合，就像我有美酒，与你共饮。
六三　用心不诚，而自树敌手，有时击鼓进攻，有时停止攻击，有时畏敌而自生悲泣，有时轻敌而发出欢歌。
六四　此爻象征其地位甚佳如接近阴历十五时的月亮，但由于心不诚不专而致使马匹丢失，（但终能找回）：若能专诚则无害。
九五　诚信一以贯之：无祸害。
上九　飞鸟鸣声上达于天（虚有声名）上天：当守持正固以防凶险。

【原文】

《彖》曰：《中孚》，柔在内而刚得中，说而巽，孚乃化邦也。"豚鱼吉"，信及豚鱼也；"利涉大川"，乘木舟虚也；中孚以"利贞"，乃应乎天也。

【译文】

《彖传》说：《中孚》卦讲的是心中诚信，说的是君子心怀柔顺至诚，刚健中正，和悦谦逊，运用诚信使邦国得到了教化。"豚鱼吉"，这是说君子的诚信甚至推及豚鱼这类的小物；"利涉大川"，这是因为有木船渡河将畅行无阻；心诚对秉守正道是有利的，这是合乎天道的啊！

【原文】

《象》曰：泽上有风，《中孚》。君子以议狱缓死。

初九　"初九虞吉"，志未变也。

九二　"其子和之"，中心愿也。

六三　"或鼓或罢"，位不当也。

六四　"马匹亡"，绝类上也。

九五　"有孚挛如"，位正当也。

上九　"翰音登于天"，何可长也？

【译文】

《象传》说：泽上有风，这就是《中孚》卦的象征。君子取法《中孚》卦议定案件，宽缓死刑。

初九　初九说，君子心中安定是吉祥的，这是因为君子诚信的心志不改变。

九二　小鹤来应和，这是其心里乐意的啊。

六三　"或鼓或罢"，这是因为它地位失当。

六四　马丢了，要断绝分心之处而专心承从于上位。

九五　诚信能够一以贯之，这是因为九五地位得当。

上九　"翰音登于天"，这种虚诚的状况怎能长久呢？

◎小过卦第六十二◎

【原文】

上艮下震。

《小过》　亨，利贞；可小事，不可大事；飞鸟遗之音，不宜上，宜下：大吉。

初六　飞鸟以凶。

六二　过其祖，遇其妣；不及其君，遇其臣：无咎。

九三　弗过，防之，从或戕之：凶。

九四　无咎；弗过遇之；往厉，必戒；勿用永贞。

六五　密云不雨，自我西郊；公弋，取彼在穴。

上六　弗遇，过之，飞鸟离之：凶，是谓灾眚。

【译文】

《小过》象征小有过度，亨通，有利于守持正固；可做小事，不可做大事；飞鸟欲留声，不宜向上飞太高，宜向下飞低（谦逊务实）：如此可获大吉祥。

初六　飞鸟飞过：（所过太甚）有凶险。

六二　超过他的祖父，得遇他的祖母；赶不上他的君主，君主能遇他的臣子：无咎害。

九三　没有过度防备，接着有人会害了他，有凶险。

九四　没有祸害；不要过分刚强就能得遇阴柔；急于前往有危险，务必要警告他；不可施展才干，要永远守持贞正。

六五　浓云不下雨，从我的西郊飘来；公侯射兽，在洞穴中捉到了猎物。

上六　不能遇合阳刚却超越阳刚丈甚，好似飞鸟遭到射杀，有凶险，这就是灾祸。

【原文】

《彖》曰：《小过》，小者过而亨也。过以“利贞”，与时行也。柔得中，是以“小事吉”也。刚失位而不中，是以“不可大事”也。有飞鸟之象焉，“飞鸟遗之音，不宜上，宜下，大吉”，上逆而下顺也。

【译文】

《彖传》说：《小过》卦是说，小有过度，还是能亨通的。小有点过度，对秉守正道是有利的，这是说君子能与时俱进。阴柔居于中正，所以说“小事吉”；阳刚地位失当，不守中正，所以说“不可大事”。《小过》卦有飞鸟的象征，“飞鸟遗之音，不宜上，宜下，大吉”，这是说君子过于向上发展将受阻，而向下发展则顺利。

【原文】

《象》曰：山上有雷，《小过》。君子以行过乎恭，丧过乎哀，用过乎俭。

初六　“飞鸟以凶”，不可如何也。

六二　“不及其君”，臣不可过也。

九三　“从或戕之”，凶如何也？

九四　“弗过遇之”，位不当也。“往厉必戒”，终不可长也。

六五　“密云不雨”，已上也。

上六　“弗遇过之”，已亢也。

【译文】

《象传》说：山上有雷，这就是《小过》的象征。君子取法《小过》卦，办事时格外恭谦，奔丧时格外哀痛，消费时格外节俭。

初六　飞鸟飞过，有凶险，这是其自己做得太过，有什么办法呢。

六二　“不及其君”，这是说臣子不能僭越君主。

九三　纵容他有时会害了他，这种凶险怎么避免呢。

九四　不要过分礼遇他，他地位失当。“往厉必戒”，这样危险就不能长久了。

六五　“密云不雨”，这是说它已经超越阳刚而高居在上了。

上六　（没有过失）却不礼遇他，反批评他，这种行为过分了。

◎既济卦第六十三◎

【原文】

上离下坎

《既济》　亨小，利贞；初吉，终乱。

初九　曳其轮，濡其尾：无咎。

六二　妇丧其茀，勿逐，七日得。

九三　高宗伐鬼方，三年克之；小人勿用。

六四　繻有衣袽，终日戒。

九五　东邻杀牛，不如西邻之禴祭，实受其福。

上六　濡其首：厉。

【译文】

《既济》象征事已成：连柔小者也都得到亨通，守持贞正有利，否则起初吉祥，终成祸乱。

初九　拉动车轮（过河），（河水）沾湿了车尾：无害。

六二　妇女丢了首饰，不必寻找，七天内会失而复得。

九三　殷高宗讨伐鬼方，几年后打败了它；不要任用小人。

六四　（河水）沾湿了衣絮，（怕受冻）整天警惕。

九五　东邻杀牛厚祭，不如西邻微薄的禴祭，能确实地得到神的赐福。

上六　（河水）沾湿了车头：危险。

【原文】

《彖》曰：既济“亨”，小者亨也。“利贞”，刚柔正而位当也。“初吉”，柔得中也。“终”止则“乱”，其道穷也。

【译文】

《彖传》说：事已成，亨通，此时柔小者都可亨通。秉守正道是有利的，因为阳刚和阴柔都地位得当。“初吉”，这是因为柔顺者居中得位；柔顺者居中得位，事之最终将有危乱，是因为事成之道将近困穷了。

【原文】

《象》曰：水在火上，《既济》。君子以思患而豫防之。

初九　“曳其轮”，义“无咎”也。

六二　“七日得”，以中道也。

九三　“三年克之”，惫也。

六四　“终日戒”，有所疑也。

九五　“东邻杀牛”，不如西邻之时也。“实受其福”，吉大来也。

上六　“濡其首”，何可久也？

【译文】

《象传》说：水在火上，这就是《既济》卦的象征。君子取法《既济》卦，忧虑祸患并预防它。

初九　拉动车轮过河，按理这是无害的。

六二　“七日得”，这是因为君子能守中道。

九三　几年后才打败了敌人，真是太疲惫了。

六四　“终日戒”，这是因为它疑心重啊！

九五　东邻杀牛厚祭，不如西邻微薄的禴祭来得时机适当。“实受其福”，这是说吉庆将大大地到来了。

上六　“濡其首”，这种状况怎能长久呢？

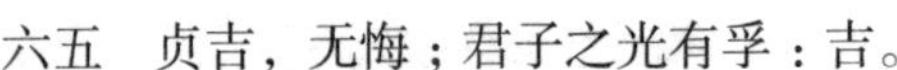

◎未济卦第六十四◎

【原文】

下坎上离。

未济　亨；小狐汔济，濡其尾：无攸利。

初六　濡其尾：吝。

九二　曳其轮：贞吉。

六三　未济，征凶；利涉大川。

九四　贞吉，悔亡；震用伐鬼方，三年有赏于大国。

六五　贞吉，无悔；君子之光有孚：吉。

上九　有孚于饮酒：无咎；濡其首，有孚，失是。

【译文】

《未济》象征事未成之时：努力可致亨通；（如果不慎）就像小狐几乎渡水成功时，沾湿了尾巴：无利可得。

初六　小狐沾湿了尾巴：必有遗憾。

九二　（事未成之时），拖曳住车轮不使急行：守持贞正可获吉祥。

六三　渡水失败，争于前进则凶险；渡大河有利。

九四　守持贞正可获吉祥，悔恨消失；以雷霆之势讨伐鬼方，三年后得以封赏为大国。

六五　守持贞正可获吉祥，没有悔恨；君子的光荣是做人有诚信：吉祥。

上九　怀着诚信之心饮酒：无灾害；饮酒得意忘形，浇湿了脑袋，失去诚信，即有失正道。

【原文】

《象》曰：《未济》"亨"，柔得中也。"小狐汔济"，未出中也；"濡其尾，无攸利"，不续终也。虽不当位，刚柔应也。

【译文】

《彖传》说：《未济》卦是亨通的，因为臣子中正。"小狐汔济"，这是说臣子办事不是出于中道；"濡其尾，无攸利"，这是说臣子办事不能善终。虽然臣子地位失当，君臣之间却还能互相响应。

【原文】

《象》曰：火在水上，《未济》。君子以慎辨物居方。

初六　"濡其尾"，亦不知极也。

九二　"九二""贞吉"，中以行正也。

六三　"来济征凶"，位不当也。

九四　"贞吉悔亡"，志行也。

六五　"君子之光"，其辉吉也。

上九　"饮酒濡首"，亦不知节也。

【译文】

《象传》说：火在水上，这就是《未济》卦的象征。君子取法《未济》卦，谨慎地辨别事物，摆正事物的位置。

初六　渡水沾湿了尾巴，这是因为不懂审慎前进的准则。

九二　九二说秉守正道是吉祥的，这是说君子守中，行事正直。

六三　"未济，征凶"，这是因为君子地位失当。

九四　"贞吉悔亡"，这是说君子心志实现了。

六五　君子的光荣是在讨伐中有所俘获，这种诚信的光荣是吉祥的。

上九　饮酒时浇湿了脑袋，这人也太不知节制了。

第八卷

春秋

隐　公

◎元　年◎

【原文】

惠公元妃孟子[①]。孟子卒，继室以声子，生隐公。

宋武公生仲子。仲子生而有文在其手，曰："为鲁夫人。"故仲子归于我[②]。生桓公而惠公薨[③]，是以隐公立而奉之。

【注解】

①惠公：名弗湦，隐公、桓公之父。元妃：元配夫人。②归：女子出嫁。我：指鲁国。③薨：周代诸侯死称薨。

【译文】

鲁惠公的元配夫人是孟子。孟子死后，娶声子为继室，生下了隐公。

宋武公生了仲子。仲子出生时手上有字样说："为鲁夫人。"所以仲子便让她出嫁鲁国。生下桓公后惠公就死了。因此隐公摄政拥立桓公为君。

【原文】

元年春，王正月[①]。三月，公及邾仪父盟于蔑[②]。

夏五月，郑伯克段于鄢[③]。

秋七月，天王使宰咺来归惠公、仲子之赗[④]。九月，及宋人盟于宿[⑤]。

冬十有二月，祭伯来[⑥]。公子益师卒[⑦]。

【注解】

①王正月：周历的正月。②邾：诸侯国名，在今山东邹城南。仪父：邾君的字。蔑：地名，在今山东泗水东南。③郑伯：郑庄公。段：共叔段，郑伯的同母弟。鄢：在今河南鄢陵县北。④天王：指周

平王。赗：助丧之物。⑤宿：国名，在今山东东平县东南。⑥祭伯：诸侯之中在周朝担任卿士的称为祭伯。⑦公子益师：鲁孝公的儿子。

【译文】

鲁隐公元年春，周历正月。三月，隐公和邾仪父在蔑地结盟。

夏季五月，郑伯在鄢地击败共叔段。

秋季七月，周平王派宰咺来赠送惠公、仲子的助丧之物。九月，鲁国与宋国在宿地结盟。

冬季十二月，祭伯来到鲁国。公子益师去世。

◎二　年◎

【原文】

二年春，公会戎于潜[①]。

夏五月，莒人入向[②]。无骇帅师入极[③]。

秋八月庚辰，公及戎盟于唐[④]。九月，纪裂繻来逆女[⑤]。

冬十月，伯姬归于纪。纪子帛、莒子盟于密[⑥]。十有二月乙卯，夫人子氏薨。郑人伐卫。

【注解】

①会：会见。潜：地名，在今山东济宁西南。②莒：国名，在今山东莒县。向：地名，在今山东莒县南。③无骇：鲁国司空。④唐：地名，在今山东曹州东南。⑤逆：迎娶。⑥密：莒地。

【译文】

二年春，隐公在潜地会见戎人。

夏季五月，莒人进入向地。司空无骇率领军队进入极国。

秋季八月庚辰日，隐公在唐地与戎人结盟。九月，纪国大夫裂繻来迎娶鲁国女子。

冬季十月，伯姬嫁到了纪国。纪子帛与莒君在密地结盟。十二月乙卯日，惠公的夫人子氏去世。郑人讨伐卫国。

◎三　年◎

【原文】

三年春，王二月己巳，日有食之。三月庚戌，天王崩。

夏四月辛卯，君氏卒[①]。

秋，武氏子来求赙[②]。八月庚辰，宋公和卒[③]。

冬十有二月，齐侯、郑伯盟于石门[④]。癸未，葬宋穆公。

【注解】

①君氏：鲁隐公的母亲，名叫声子。②赙：助丧的财物。③宋公和：即宋穆公。④石门：地名，在今山东长清西南。

【译文】

三年春，周历二月己巳日，出现日食。三月庚戌日，周平王驾崩。

夏季四月辛卯日，隐公生母君氏去世。

秋季，周大夫武氏子来到鲁国收取助丧的财物。八月庚辰日，宋穆公去世。

冬季十二月，齐侯、郑伯在石门结盟。癸未日，安葬宋穆公。

◎四 年◎

【原文】

四年春，王二月，莒人伐杞[①]，取牟娄。戊申，卫州吁弑其君完。

夏，公及宋公遇于清[②]。宋公、陈侯、蔡人、卫人伐郑。

秋，翚帅师会宋公、陈侯、蔡人、卫人伐郑。九月，卫人杀州吁于濮[③]。

冬十有二月，卫人立晋。

【注解】

①杞：国名，在今山东安丘东北。②清：卫邑，在今山东东阿县南。③濮：陈地名。

【译文】

四年春，周历二月，莒人讨伐杞国，攻取了牟娄。戊申日，卫国州吁杀了其国君卫桓公。

夏季，隐公与宋殇公在清地相遇。宋、陈、蔡、卫四国联合起来讨伐郑国。

秋季，大夫公子翚率军与宋、陈、蔡、卫四国一起讨伐郑国。九月，卫人在濮地杀死了州吁。

冬季十二月，卫人迎立公子晋为君。

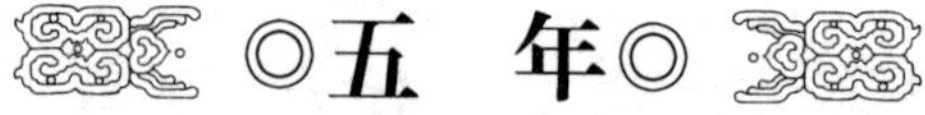

◎五 年◎

【原文】

五年春，公矢鱼于棠[①]。

夏四月，葬卫桓公。

秋，卫师入郕[②]。九月，考仲子之宫[③]。初献六羽[④]。邾人、郑人伐宋。螟。

冬十有二月辛巳，公子彄卒。宋人伐郑，围长葛。

【注解】

①矢：陈列。棠：地名，在今山东鱼台。②郕：地名。③考：落成。④六羽：即六佾，古代乐舞八人

为一列，称为一佾。爵位不同，舞队列数也不相同。

【译文】

五年春，隐公在棠地观看捕鱼。

夏季四月，安葬卫桓公。

秋季，卫国军队攻入郕国。九月，仲子之宫落成。举行落成典礼时进献六羽之乐舞。邾国和郑国联合讨伐宋国。发生虫灾。

冬季十二月辛巳日，公子彄卒。宋人攻伐郑国，包围长葛。

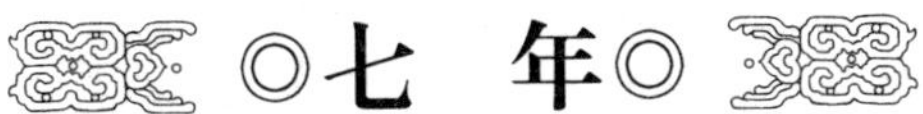

◎七　年◎

【原文】

七年春，王三月，叔姬归于纪。滕侯卒①。

夏，城中丘②。齐侯使其弟年来聘③。

秋，公伐邾。

冬，天王使凡伯来聘。戎伐凡伯于楚丘以归④。

【注解】

①滕：国名，在今山东省滕州市西南。②中丘：地名，在今山东境内。③聘：访问。④楚丘：卫地。

【译文】

七年春，周历三月，叔姬嫁到纪国。滕侯去世。

夏季，修筑中丘城墙。齐侯派其弟来鲁国访问。

秋季，隐公讨伐邾国。

冬季，周王命令凡伯来鲁国访问。凡伯返回周朝时在楚丘被戎人捉住。

桓　公

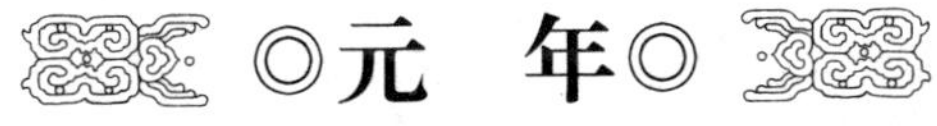

◎元　年◎

【原文】

元年春，王正月，公即位。三月，公会郑伯于垂，郑伯以璧假许田①。

夏季四月丁未，公及郑伯盟于越②。

秋，大水。

冬十月。

【注解】

①假：借。②越：地名，在今山东境内。

【译文】

元年春，周历正月，桓公即位。三月，桓公在垂地会见郑伯，郑伯以圭璧来换取鲁国的许田之地。

夏季四月丁未，桓公与郑伯在越地结盟。

秋季，发生水灾。

冬季十月，无事。

◎二　年◎

【原文】

二年春，王正月戊申，宋督弑其君与夷及其大夫孔父。滕子来朝。三月，公会齐侯、陈侯、郑伯于稷[①]，以成宋乱[②]。

夏四月，取郜大鼎于宋。戊申，纳于大庙。

秋七月，杞侯来朝。蔡侯、郑伯会于邓[③]。九月，入杞。公及戎盟于唐。

冬，公至自唐。

【注解】

①稷：地名，在今河南商丘。②成：平。③邓：地名，在今河南境内。

【译文】

二年春，周历正月戊申日，宋国的华父督杀死宋国国君以及大夫孔父嘉。滕君前来朝见。三月，桓公在稷地会见齐侯、陈侯及郑伯，计划平定宋国的叛乱。

夏季四月，鲁国取走宋国的郜大鼎。戊申日，将鼎放入太庙之中。

秋季七月，杞侯前来朝见。蔡侯、郑伯在邓地相见。九月，鲁国派军队进入杞国。桓公与戎人在唐地结盟。

冬季，桓公由唐地回国。

◎三　年◎

【原文】

三年春，正月，公会齐侯于嬴[①]。

夏，齐侯、卫侯胥命于蒲[②]。六月，公会杞侯于郕。

秋七月壬辰朔，日有食之，既[③]。公子翚如齐逆女。九月，齐侯送姜氏于讙[④]。公会齐侯于讙。夫人姜氏至自齐。

冬，齐侯使其弟年来聘。有年。

【注解】

①嬴：地名，在今山东莱芜西北。②胥命：不举行仪式的结盟。蒲：地名，在今河南境内。③既：尽。④讙：地名，在今山东宁阳县北。

【译文】

三年春，正月，桓公在嬴地会见齐侯。

夏季，齐侯、卫侯在蒲地相见，双方表示彼此会信守约言。六月，桓公在郕地会见杞侯。

秋季七月壬辰日，发生日全食。桓公在讙地会见齐侯。夫人姜氏从齐国来到鲁国。

冬季，齐侯派自己的弟弟年来鲁国访问。这一年五谷皆熟。

◎四 年◎

【原文】

四年春，正月，公狩于郎[①]。

夏，天王使宰渠伯纠来聘。

秋，秦师侵芮，败焉，小之也。

冬，王师、秦师围魏，执芮伯以归。

【注解】

①狩：冬猎。

【译文】

四年春，正月，桓公在郎地狩猎。

夏季，周王派宰臣渠伯纠来鲁国访问。

秋天，秦国的军队入侵芮国，不料遭到失败，这是由于秦军太轻视芮国的缘故。

冬天，周王的军队和秦国的军队包围魏城，俘虏了芮伯回来。

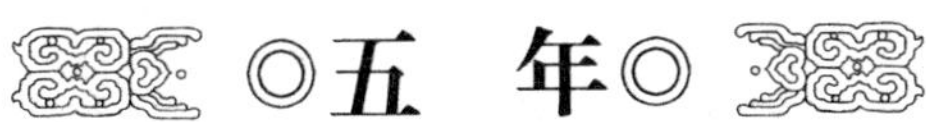

◎五 年◎

【原文】

五年春，正月，甲戌、己丑，陈侯鲍卒。

夏，齐侯、郑伯如纪[①]。天王使仍叔之子来聘。葬陈桓公。城祝丘。

秋，蔡人、卫人、陈人从王伐郑。大雩[②]。螽[③]。

冬，州公如曹。

【注解】

①如纪：前往纪国。②大雩：祈雨仪式。③螽（zhōng）：飞蝗之类的昆虫。

【译文】

五年春，正月，收到陈侯甲戌、己丑两次讣告。

夏季，齐侯、郑伯前往纪国。周王派仍叔之子来鲁国访问。安葬陈桓公。修筑祝丘城墙。

秋季，蔡人、卫人、陈人跟随周王讨伐郑国。举行祈雨仪式。发生蝗灾。

冬季，州国君主前往曹国。

◎六 年◎

【原文】

六年春，正月，实来[①]。

夏四月，公会纪侯于成[②]。

秋八月壬午，大阅[③]。蔡人杀陈佗。九月丁卯，子同生。

冬，纪侯来朝。

【注解】

①实来：指淳于公来鲁国朝见而不再回到本国。②成：地名，在今山东宁阳县北。③大阅：检查兵车。

齐桓公在成地会见纪侯。

【译文】

六年春，正月，淳于公来到鲁国，却不返回故国。

夏季四月，桓公在成地会见纪侯。

秋季八月壬午，检查兵车。蔡人杀死陈佗。九月丁卯日，桓公的嫡长子同出生了。

冬季，纪侯来鲁国朝见。

◎十二年◎

【原文】

十有二年春，正月。

夏六月壬寅，公会杞侯、莒子，盟于曲池[①]。

秋七月丁亥，公会宋公、燕人，盟于谷丘[②]。八月壬辰，陈侯跃卒。公会宋公于虚。

冬十有一月，公会宋公于龟。丙戌，公会郑伯，盟于武父。丙戌，卫侯晋卒。十有二月，及郑师伐宋。丁未，战于宋。

【注解】

①曲池：地名，在今山东省宁阳县东北。②谷丘：地名，在今河南商丘东南。

【译文】

十二年春正月，无事。

夏季六月壬寅日，桓公会见杞侯、莒子，并在曲池结盟。

秋季七月丁亥日，桓公会见宋公、燕人，并在谷丘结盟。八月壬辰日，陈侯跃卒。桓公在虚地会见宋公。

冬季十一月，桓公在龟地会见宋公。丙戌日，桓公会见郑伯，双方在武父结盟。丙戌日，卫侯晋卒。十二月，鲁国联合郑国讨伐宋国。丁未日，与宋国开战。

僖　公

◎元　年◎

【原文】

元年春，王正月。齐师、宋师、曹师次于聂北，救邢。

夏六月，邢迁于夷仪。齐师、宋师、曹师城邢。

秋七月戊辰，夫人姜氏薨于夷，齐人以归。楚人伐郑。八月，公会齐侯、宋公、郑伯、曹伯、邾人于柽[①]。九月，公败邾师于偃。

冬十月壬午，公子友帅师败莒于郦，获莒挐[②]。十有二月丁巳，夫人氏之丧至自齐[③]。

【注解】

①柽：念chēng。②挐：念ná。③夫人氏：即夫人姜氏。

【译文】

元年春，周历正月。齐、宋、曹三国军队驻扎在聂北，（准备）救援邢国。

夏季六月，邢国的都城迁到夷仪。齐、宋、曹三国军队帮助邢国修筑城墙。

秋季七月戊辰日，夫人姜氏在夷地被齐人杀死，齐国将其尸体送回。楚军讨伐郑国。八月，僖公在柽地与齐侯、宋公、郑伯、曹伯、邾人相会。九月，僖公在偃地打败了邾国军队。

冬季十月壬午日，公子友率军在郦地击败莒军，并俘获莒君的弟弟挐。十二月丁巳日，夫人姜氏的灵柩由齐国运回鲁国。

◎五　年◎

【原文】

五年春，晋侯杀其世子申生。杞伯姬来朝其子。

夏，公孙兹如牟。公及齐侯、宋公、陈侯、卫侯、郑伯、许男、曹伯会王世子于首止。

秋八月，诸侯盟于首止。郑伯逃归不盟。楚人灭弦，弦子奔黄。九月戊申，朔，日有食之。

冬，晋人执虞公。

【译文】

五年春，晋侯杀死其太子申生。杞伯姬命令其子来鲁国朝见。

夏季，公孙兹前往牟国。僖公与齐侯、宋公、陈侯、卫侯、郑伯、许男、曹伯在首止会见王世子。

秋季八月，诸侯在首止订立盟约。郑伯逃走，不参加盟会。楚国灭掉弦国，弦君逃到黄地。九月戊申日，初一，有日食。

冬季，晋人逮捕虞公。

◎十五年◎

【原文】

十有五年春，王正月，公如齐。楚人伐徐。三月，公会齐侯、宋公、陈侯、卫候、郑伯、许男、曹伯盟于牡丘，遂次于匡。公孙敖帅师及诸侯之大夫救徐。

夏五月，日有食之。

秋七月，齐师、曹师伐厉。八月，螽。九月，公至自会。季姬归于鄫。己卯晦①，震夷伯之庙②。

冬，宋人伐曹。楚人败徐于娄林。十有一月壬戌，晋侯及秦伯战于韩，获晋侯。

【注解】

①晦：每月最后一天。②震：雷击。

【译文】

十五年春，周历正月，僖公前往齐国。楚军讨伐徐国。三月，僖公与齐侯、宋公、陈侯、卫侯、郑伯、许男、曹伯相会，并在牡丘结盟，继而在匡地驻扎军队。公孙敖率领鲁军与诸侯大夫救援徐国。

夏季五月，有日食。

秋季七月，齐军、曹军讨伐厉国。八月，发生虫灾。九月，僖公从牡丘之会返回鲁国。

季姬回到鄫国。己卯，三十日，雷击夷伯之庙。

冬季，宋人讨伐曹国。楚军在娄林打败徐国军队。十一月壬戌日，晋侯与秦伯在韩地开战，秦国俘获晋侯。

◎二十三年◎

【原文】

二十有三年春，齐侯伐宋，围缗[①]。

夏五月庚寅，宋公兹父卒。

秋，楚人伐陈。

冬十有一月，杞子卒。

齐侯进攻宋国。

【注解】

①缗（mín）：宋邑。

【译文】

二十三年春，齐侯进攻宋国，围困缗邑。

夏季五月庚寅日，宋公兹父卒。

秋季，楚军攻伐陈国。

冬季十一月，杞子卒。

◎二十六年◎

【原文】

二十有六年春，王正月，己未，公会莒子、卫宁速，盟于向。齐人侵我西鄙，公追齐师至酅，弗及。

夏，齐人伐我北鄙。卫人伐齐。公子遂如楚乞师。

秋，楚人灭夔，以夔子归。

冬，楚人伐宋，围缗。公以楚师伐齐，取谷。公至自伐齐。

【译文】

二十六年春，周历正月，己未日，僖公在向地会见莒子、卫宁速，并订立盟约。齐国侵入鲁国西部边境，僖公追击齐军，到达酅地，最终没能追上。

夏季，齐国又入侵鲁国北部边境。卫国讨伐齐国。公子遂前往楚国请求出兵伐齐。

秋季，楚国灭掉夔国，把夔国君主带回楚国。

冬季，楚国攻伐宋国，围困缗地。僖公领着楚军讨伐齐国，取得谷地。僖公由伐齐之地返回。

◎三十一年◎

【原文】

三十有一年春，取济西田[①]。公子遂如晋。

夏四月，四卜郊[②]，不从，乃免牲。犹三望[③]。

秋七月。

冬，杞伯姬来求妇。狄围卫。十有二月，卫迁于帝丘。

【注解】

①济西：济水以西。②郊：祭天的礼仪，冬至日在南郊举行。③望：祭祀山川的礼仪。

【译文】

三十一年春，取得济水以西的田地。公子遂前往晋国。

夏季四月，四次为郊祭占卜，都不可行，于是免去牺牲。仍然举行祭祀山川之礼。

秋季七月，无事。

冬季，杞伯姬来到鲁国，为其子求妇。狄人围困卫国。十二月，卫国把都城迁到帝丘。

◎三十三年◎

【原文】

三十有三年春，王二月，秦人入滑。齐侯使国归父来聘。

夏四月辛巳，晋人及姜戎败秦师于殽。癸巳，葬晋文公。狄侵齐。公伐邾，取訾娄。

秋，公子遂帅师伐邾。晋人败狄于箕。

冬十月，公如齐。十有二月，公至自齐。乙巳，公薨于小寝[①]。陨霜不杀草，李、梅实。晋人、陈人、郑人伐许。

【注解】

①小寝：即燕寝，为君主休息、睡眠的宫室。

【译文】

三十三年春，周历二月，秦国入侵滑国。齐侯派国归父来鲁国访问。

夏季四月辛巳日，晋人及姜戎在殽地大败秦军。癸巳日，为晋文公举行葬礼。狄人入侵齐国。僖公攻伐邾国，夺取訾娄。

秋季，公子遂率军讨伐邾国。晋人在箕地打败狄人。

冬季十月，僖公前往齐国。十二月，僖公自齐国回国。乙巳日，僖公薨于寝室。降霜而不能杀草，李树、梅树结出果实。晋人、陈人、郑人攻伐许国。

文　公

◎元　年◎

【原文】

元年春，王正月，公即位。二月癸亥，日有食之。天王使叔服来会葬。

夏四月丁巳，葬我君僖公。天王使毛伯来锡公命[①]。晋侯伐卫。叔孙得臣如京师。卫人伐晋。

秋，公孙敖会晋侯于戚。

冬十月丁未，楚世子商臣弑其君頵。公孙敖如齐。

【注解】

①锡：同“赐”。诸侯即位时，天子赐予爵位称为“赐命”。

【译文】

元年春，周历正月，文公即位。二月癸亥日，有日食。周王派叔服参加僖公的葬礼。

夏季四月丁巳日，为僖公举行葬礼。周王派毛伯前来赐予文公爵位。晋侯进攻卫国。鲁叔孙得臣前往京师。卫人攻伐晋国。

秋季，公孙敖在戚地与晋侯相会。

冬季十月丁未，楚国世子商臣杀死其君主頵。公孙敖去了齐国。

◎二　年◎

【原文】

二年春，王二月甲子，晋侯及秦师战于彭衙[①]，秦师败绩。丁丑，作僖公主。三月乙巳，及晋处父盟。

夏六月，公孙敖会宋公、陈侯、郑伯、晋士縠，盟于垂陇。

自十有二月不雨，至于秋七月。八月丁卯，大事于大庙[②]，跻僖公。

冬，晋人、宋人、陈人、郑人伐秦。公子遂如齐纳币。

【注解】

①彭衙：秦国邑名。②大事：这里指大祭。

【译文】

二年春，周历二月甲子，晋侯与秦军战于彭衙，秦师溃败。丁丑日，制作僖公的神主牌位。三月乙巳日，文公与晋国大夫处父结盟。

夏季六月，公孙敖与宋公、陈侯、郑伯、晋士縠在垂陇相会，并订立盟约。

自去年十二月至今年七月，一直没有下雨。八月丁卯日，在太庙举行大祭，把僖公的神主提升到闵公之上。

冬季，晋人、宋人、陈人、郑人联合讨伐秦国。公子遂前往齐国馈送礼物以修婚姻之礼。

◎三　年◎

【原文】

三年春，王正月，叔孙得臣会晋人、宋人、陈人、卫人、郑人伐沈。沈溃。

夏五月，王子虎卒。秦人伐晋。

秋，楚人围江。雨螽于宋。

冬，公如晋。十有二月己巳，公及晋侯盟。晋阳处父帅师伐楚以救江。

【译文】

三年春，周历正月，鲁叔孙得臣与晋人、宋人、陈人、卫人、郑人联合讨伐沈国。沈国大败。

夏季五月，王子虎卒。秦人讨伐晋国。

秋季，楚人围困江国。宋国发生虫害。

冬季，鲁公前往晋国。十二月己巳日，文公与晋侯结盟。晋阳处父率军讨伐楚国以援救江国。

◎五　年◎

【原文】

五年春，王正月，王使荣叔归含且赗[①]。三月辛亥，葬我小君成风。王使召伯来会葬。

夏，公孙敖如晋。秦人入鄀。

秋，楚人灭六。

冬十月甲申，许男业卒。

【注解】

①归：馈赠。含：放入死者口中的珠玉。赗：助丧的车马、束帛等物。

【译文】

五年春，周历正月，周王派荣叔来鲁国馈赠含玉和助丧的车马、束帛等物。三月辛亥日，安葬小君成风。周王派召伯来鲁国参加葬礼。

夏季，公孙敖前往晋国。秦人入侵鄀国。

秋季，楚人灭六。

冬季，十月甲申日，许男业卒。

◎六　年◎

【原文】

六年春，葬许僖公。

夏，季孙行父如陈。

秋，季孙行父如晋。八月乙亥，晋侯驩卒。

冬十月，公子遂如晋。葬晋襄公。晋杀其大夫阳处父。晋狐射姑出奔狄。闰月不告月[①]，犹朝于庙。

【注解】

①告月：即告朔。

【译文】

六年春，安葬许僖公。

夏季，季孙行父前往陈国。

秋季，季孙行父去了晋国。八月乙亥日，晋侯驩卒。

冬季十月，公子遂前往晋国。参加晋襄公的葬礼。晋人杀死其大夫阳处父。晋国大臣狐射姑出奔到狄国。闰月不行告朔之礼，仍旧保留对诸庙的祭祀。

◎九　年◎

【原文】

九年春，毛伯来求金[①]。夫人姜氏如齐。二月，叔孙得臣如京师。辛丑，葬襄王。晋人杀其大夫先都。三月，夫人姜氏至自齐。晋人杀其大夫士縠及箕郑父。楚人伐郑。公子遂会晋人、宋人、卫人、许人救郑。

夏，狄侵齐。

秋八月，曹伯襄卒。九月癸酉，地震。

冬，楚子使椒来聘。秦人来归僖公、成风之襚。葬曹共公。

【注解】

①求金：求取贡物。

【译文】

九年春，毛伯到鲁国求取贡物。夫人姜氏前往齐国。二月，鲁叔孙得臣前往京师。辛丑日，安葬襄王。晋人杀死其大夫先都。三月，夫人姜氏自齐国返回。晋人杀死其大夫士縠及箕郑父。楚人讨伐郑国。公子遂与晋人、宋人、卫人、许人一起援救郑国。

夏季，狄国入侵齐国。

秋季八月，曹伯襄卒。九月癸酉日，发生地震。

冬季，楚君派子越椒来鲁国访问。秦人来鲁国馈送僖公、成风丧事所用的衣衾。为曹共公举行葬礼。

◎十　年◎

【原文】

十年春，王三月辛卯，臧孙辰卒。

夏，秦伐晋。楚杀其大夫宜申。

自正月不雨，至于秋七月。及苏子盟于女栗。

冬，狄侵宋。楚子、蔡侯次于厥貉[1]。

【注解】

①次：驻扎。

【译文】

十年春，周历三月辛卯日，臧孙辰卒。

夏季，秦国攻伐晋国。楚国杀死其大夫宜申。

从正月就无雨，至七月才开始降雨。文公在女栗与苏子结盟。

冬季，狄人入侵宋国。楚子、蔡侯在厥貉驻扎军队。

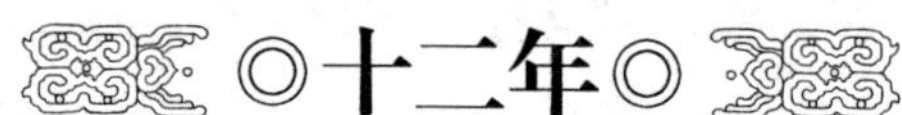

◎十二年◎

【原文】

十有二年春，王正月，郕伯来奔。杞伯来朝。二月庚子，子叔姬卒。

夏，楚人围巢。

秋，滕子来朝。秦伯使术来聘。

冬十有二月戊午，晋人、秦人战于河曲。季孙行父帅师城诸及郓。

【译文】

十二年春，周历正月，郕伯投奔鲁国。杞伯来鲁国朝见。二月庚子日，叔姬卒。

夏季，楚人围困巢国。

秋季，滕国君主来鲁国朝见。秦伯派西乞术访问鲁国。

冬季十二月戊午日，晋人与秦人战于河曲。季孙行父率军去诸地和郓地筑城。

◎十四年◎

【原文】

十有四年春，王正月，公至自晋。邾人伐我南鄙，叔彭生帅师伐邾。

夏五月乙亥，齐侯潘卒。六月，公会宋公、陈侯、卫侯、郑伯、许男、曹伯、晋赵盾。癸酉，同盟于新城。

秋七月，有星孛入于北斗。公至自会。晋人纳捷菑于邾。弗克纳。九月甲申，公孙敖卒于齐。齐公子商人弑其君舍。宋子哀来奔。

冬，单伯如齐。齐人执单伯。齐人执子叔姬。

【译文】

十四年春，周历正月，文公自晋国回国。邾人进攻鲁国的南部边境，叔彭生率军讨伐邾国。

夏季五月乙亥日，齐侯潘卒。六月，文公与宋公、陈侯、卫侯、郑伯、许男、曹伯、晋卿赵盾相会。癸酉日，在新城结盟。

秋季七月，有彗星穿过北斗星所在的区域。文公自盟会返回鲁国。晋人护送邾国公子捷菑回国即位，未能为邾人接纳。九月甲申日，公孙敖卒于齐国。齐公子商人杀死其君舍。宋国君主哀投奔鲁国。

冬季，周朝卿士单伯前往齐国。齐人扣留单伯。齐人逮捕子叔姬。

◎十五年◎

【原文】

十有五年春，季孙行父如晋。三月，宋司马华孙来盟。

夏，曹伯来朝。齐人归公孙敖之丧。六月辛丑朔，日有食之。鼓，用牲于社[①]。单伯至自齐。晋郤缺帅师伐蔡。戊申，入蔡。

秋，齐人侵我西鄙。季孙行父如晋。

冬十有一月，诸侯盟于扈。十有二月，齐人来归子叔姬。齐侯侵我西鄙，遂伐曹，入其郛。

卫国的赵阳逃到宋国。

【注解】

①用牲于社：用牺牲在社稷坛祭祀。

【译文】

十五年春，季孙行父前往晋国。三月，宋国司马华孙来鲁国结盟。

夏季，曹伯来鲁国朝见。齐人送回公孙敖的灵柩。六月辛丑日，初一，有日食。鲁国在社稷坛击鼓，用牺牲进行祭祀。单伯从齐国来到鲁国。晋国上卿郤缺率军讨伐蔡国。戊申日，进入蔡国。

秋季，齐人侵犯鲁国西部边境。季孙行父前往晋国。

冬季十一月，诸侯在扈地结盟。十二月，齐人送回子叔姬。齐侯侵犯鲁国西部边境，接着进攻曹国，进入其外城。

◎十六年◎

【原文】

十有六年春，季孙行父会齐侯于阳谷，齐侯弗及盟。

夏五月，公四不视朔。六月戊辰，公子遂及齐侯盟于郪丘。

秋八月辛未，夫人姜氏薨。毁泉台。楚人、秦人、巴人灭庸。

冬十有一月，宋人弑其君杵臼。

【译文】

十六年春，季孙行父与齐侯在阳谷相会，齐侯没有与他结盟。

夏季五月，文公四次没有在朔日告庙听政。六月戊辰日，公子遂与齐侯在郪丘结盟。

秋季八月辛未日，夫人姜氏薨。毁坏泉台。楚、秦、巴三国联合灭掉庸国。

冬季十一月，宋人杀死其君杵臼。

◎十七年◎

【原文】

十有七年春，晋人、卫人、陈人、郑人伐宋。

夏四月癸亥，葬我小君声姜。齐侯伐我西鄙。六月癸未，公及齐侯盟于谷。诸侯会于扈。

秋，公至自谷。

冬，公子遂如齐。

【译文】

十七年春，晋、卫、陈、郑四国讨伐宋国。

夏季四月癸亥日，安葬夫人声姜。齐侯侵犯鲁国西部边境。六月癸未日，文公与齐侯在谷地结盟。诸侯相会于扈地。

秋季，文公自谷地回国。

冬季，公子遂前往齐国。

哀 公

◎元 年◎

【原文】

元年春，王正月，公即位。楚子、陈侯、随侯、许男围蔡。鼷鼠食郊牛，改卜牛。

夏四月辛巳，郊。

秋，齐侯、卫侯伐晋。

冬，仲孙何忌帅师伐邾。

仲孙何忌率军讨伐邾国。

【译文】

元年春，周历正月，哀公即位。楚子、陈侯、随侯、许男包围蔡国。鼷鼠咬伤郊祭之牛，改卜其它的牛代替。

夏季四月辛巳日，举行郊祀之礼。

秋季，齐侯、卫侯讨伐晋国。

冬季，仲孙何忌率军讨伐邾国。

◎二 年◎

【原文】

二年春，王二月，季孙斯、叔孙州仇、仲孙何忌帅师伐邾，取漷东田及沂西田[①]。癸巳，叔孙州仇、仲孙何忌及邾子盟于句绎[②]。

夏四月丙子，卫侯元卒。滕子来朝。晋赵鞅帅师纳卫世子蒯聩于戚[③]。

秋八月甲戌，晋赵鞅帅师及郑罕达帅师战于铁[④]，郑师败绩。

冬十月，葬卫灵公。十有一月，蔡迁于州来[⑤]。蔡杀其大夫公子驷。

【注解】

①漷东：漷水之东。漷，即今南沙河。沂西：沂水之西。沂，即西沂河，源出山东邹城，入于泗水。②句绎：地名，在今山东邹城东南。③戚：地名，在今河南濮阳北。④铁：地名，在今河南濮阳西北。⑤州来：地名，在今安徽凤台。

【译文】

二年春，周历二月，季孙斯、叔孙州仇、仲孙何忌率军讨伐邾国，攻取漷水以东的土地及沂水以西的土地。癸巳日，叔孙州仇、仲孙何忌与邾国君主在句绎结盟。

夏季四月丙子日，卫侯元卒。滕子来鲁国朝见。晋国的赵鞅率军护送卫国世子蒯聩进入戚邑。

秋季八月甲戌日，晋国的赵鞅率军与郑国罕达的军队战于铁地，郑军溃败。

冬季十月，安葬卫灵公。十一月，蔡国迁到州来。蔡国人杀死自己的大夫公子驷。

第九卷

礼记

曲礼上第一

【原文】

曲礼曰：

毋不敬，俨若思，安定辞[①]。安民哉！

傲不可长，欲不可从，志不可满，乐不可极。

贤者狎而敬之，畏而爱之。爱而知其恶，憎而知其善。积而能散。安安而能迁[②]。临财毋苟得，临难毋苟免。很[③]，毋求胜；分，毋求多。疑事毋质，直而勿有。

傲不可长

欲不可从

志不可满

乐不可极

若夫，坐如尸[④]，立如齐[⑤]，礼从宜，使从俗。

夫礼者，所以定亲疏，决嫌疑，别同异，明是非也。礼不妄说人，不辞费。礼不逾节，不侵侮，不好狎。修身践言，谓之善行。行修言道，礼之质也。礼闻取于人，不闻取人。礼闻来学，不闻往教。

道德仁义，非礼不成。教训正俗，非礼不备。分争辨讼，非礼不决。君臣、上下、父子、兄弟，非礼不定。宦学事师，非礼不亲。班朝治军[⑥]，莅官行法，非礼威严不行。祷祠、祭祀、供给鬼神，非礼不诚不庄。是以君子恭敬撙节[⑦]，退让以明礼。鹦鹉能言，不离飞鸟；猩猩能言，不离禽兽。今人而无礼，虽能言，不亦禽兽之心乎？夫唯禽兽无礼，故父子聚麀[8]。是故圣人作，为礼以教人，使人以有礼，知自别于禽兽。

太上贵德[9]，其次务施报[10]。礼尚往来：往而不来，非礼也；来而不往，亦非礼也。人有礼则安，无礼则危，故曰“礼者不可不学”也。夫礼者，自卑而尊人。虽负贩者，必有尊也，而况富贵乎？富贵而知好礼，则不骄不淫。贫贱而知好礼，则志不慑。

人生十年曰幼，学；二十曰弱，冠；三十曰壮，有室；四十曰强，而仕；五十曰艾，服官政；六十曰耆，指使；七十曰老，而传重[11]；八十、九十曰耄；七年曰悼。悼与耄虽有罪，不加刑焉。百年曰期，颐。

大夫七十而致事，若不得谢，则必赐之几杖；行役以妇人，适四方，乘安车。自称曰“老夫”，于其国则称名。越国而问焉，必告之以其制。

谋于长者，必操几杖以从之。长者问，不辞让而对，非礼也。

凡为人子之礼，冬温而夏清，昏定而晨省。在丑夷不争[12]。

夫为人子者，三赐不及车马[13]，故州闾乡党称其孝也，兄弟亲戚称其慈也，僚友称其弟也，执友称其仁也，交游称其信也。见父之执[14]，不谓之进，不敢进；不谓之退，不敢退；不问，不敢对。此孝子之行也。

夫为人子者，出必告，反必面；所游必有常，所习必有业；恒言不称老。年长以倍，则父事之。十年以长，则兄事之。五年以长，则肩随之[15]。群居五人，则长者必异席。

为人子者，居不主奥[16]，坐不中席，行不中道，立不中门；食飨不为概[17]，祭祀不为尸；听于无声，视于无形；不登高，不临深；不苟訾，不苟笑。

孝子不服暗，不登危，惧辱亲也。父母存，不许友以死；不有私财。

人一生中各个年龄阶段的称谓及如何从于长者

人七岁称为“悼”。

人长到十岁称为“幼”，开始学习。

二十岁称为“弱”，要举行冠礼。

三十岁称为“壮”，娶妻成家。

四十岁称为“强”，可以外出做官。

五十岁称为“艾”，可以独当一面处理政事。

六十岁称为“耆”，可以指导使唤他人。

七十岁称为“老”，应该传重于子孙了。

八十岁、九十岁的老人称为“耄”。

“耄”和“悼”即使犯有罪过，也不施加刑罚。

百岁老人称为“期”，应当颐养天年了。

七十岁的老人可以自称为“老夫”。大夫七十岁就可以致仕退休了，如果不得辞官，（君王）应当赐给他几和杖。

后辈到长者那儿去商议事情，一定要附带几、杖随从他。长者问话，不先谦让就回答，是不符合礼的。随从长者登上丘陵，一定要朝长者所看的方向观望。

为人子者，父母存，冠衣不纯素[18]。孤子当室[19]，冠衣不纯采。

幼子常视毋诳[20]，童子不衣裘裳。立必正方，不倾听。长者与之提携，则两手奉长者之手。负剑辟咡诏之[21]，则掩口而对。

从于先生，不越路而与人言。遭先生于道，趋而进，正立拱手。先生与之言，则对；不与之言，则趋而退。

从长者而上丘陵，则必乡长者所视。

登城不指。城上不呼。将适舍，求毋固。将上堂，声必扬。户外有二屦[22]，言闻则入，言不闻则不入。将入户，视必下。入户奉扃[23]，视瞻毋回。户开亦开，户阖亦阖。有后入者，阖而勿遂。毋践屦，毋踖席[24]，抠衣趋隅[25]。必慎唯诺。

大夫、士出入君门，由闑右[26]，不践阈[27]。

凡与客入者，每门让于客。客至于寝门，则主人请入为席，然后出迎客；客固辞，主人肃客而入；主人入门而右，客入门而左；主人就东阶，客就西阶，客若降等，则就主人之阶；主人固辞，然后客复就西阶。主人与客让登，主人先登；客从之。拾级聚足，连步以上。上于东阶，则先右足；上于西阶，则先左足。

帷薄之外不趋[28]，堂上不趋，执玉不趋。堂上接武[29]，堂下布武[30]。室中不翔[31]。并坐不横肱。授立不跪，授坐不立。

凡为长者粪之礼[32]，必加帚于箕上，以袂拘而退[33]。其尘不及长者，以箕自乡而扱之[34]。

奉席如桥衡[35]，请席何向，请衽何趾。席南向北向，以西方为上；东向西向，以南方为上。

若非饮食之客，则布席，席间函丈[36]。主人跪正席。客跪，抚席而辞。客彻重席，主人固辞。客践席，乃坐。主人不问，客不先举。将即席，容毋怍。两手抠衣，去齐尺[37]。衣毋拨，足毋蹶。

先生书策、琴瑟在前，坐而迁之，戒勿越。虚坐尽后，食坐尽前。坐必安，执尔

做儿子的礼仪

儿子应照顾好父母的日常生活起居，应使父母在冬天里感到温暖，在夏天里感到凉爽。

晚上替父母铺床安枕，早晨向他们请安问好。

做儿子的，虽官至三命但不敢接受君王的车马之赐。

见到父亲的挚友，不叫上前就不上前，不让退后便不退后，不问话就不敢随便答话。

外出必须告知父母。

回家必须当面禀告。出游必须有固定的地方。

学习必须有一定的专业。

起居饮食祭祀不居于主位。

要善于揣摩父母的心思，让父母心情愉悦。

孝子不潜伏于暗处，不登临危险之地，害怕（因出危险而）辱没父母的名声。

不随便嬉戏笑闹。父母在世，不可对朋友以死相许，也不积蓄私房钱。

做儿子的，父母在世，衣帽不镶白边；父母去世，孤子主持家事，衣帽不镶彩边。

颜。长者不及，毋儳言。正尔容，听必恭。毋剿说，毋雷同。必则古昔，称先王。侍坐于先生，先生问焉，终则对。请业则起，请益则起。父召，无“诺”。先生召，无“诺”。“唯”而起。侍坐于所尊，敬毋余席。见同等不起。烛至，起。食至，起。上客，起。烛不见跋[38]。尊客之前不叱狗。让食不唾。

侍坐于君子，君子欠伸、撰杖屦、视日蚤莫[39]，侍坐者请出矣。侍坐于君子，君子问更端，则起而对。侍坐于君子，若有告者曰“少间，愿有复也”，则左右屏而待。毋侧听，毋噭应[40]，毋淫视，毋怠荒。游毋倨，立毋跛，坐毋箕，寝毋伏。敛发毋髢[41]，冠毋免。劳毋袒，暑毋褰裳。

侍坐于长者，屦不上于堂，解屦不敢当阶。就屦，跪而举之，屏于侧。乡长者而屦，跪而迁屦，俯而纳屦。

离坐离立[42]，毋往参焉。离立者不出中间。男女不杂坐，不同椸枷[43]，不同巾栉，

侍坐之礼

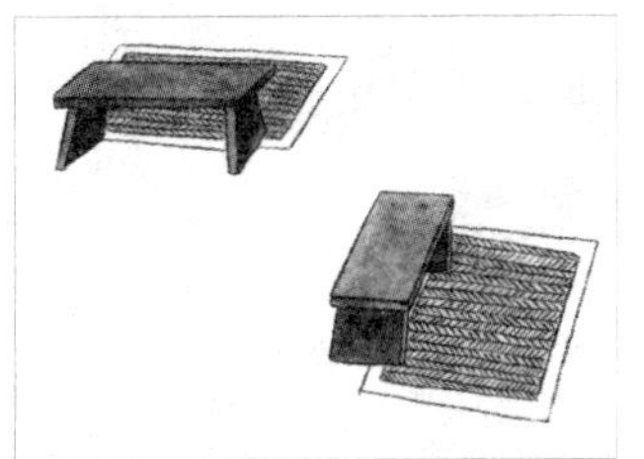

如果请来的不是饮酒吃饭的客人，为他布席时应当宽敞一些，席与席之间大约应有一丈间隔。

主人跪下为客人整理席位时，客人应当跪下用手按席表示辞谢。

客人要撤掉垫在上面的席子时，主人要再三请他不要撤去。

客人登席，主人才就坐。

主人不发问，客人不抢先说话。

将要入席时，脸色不要有变化，要用双手提起衣裳，使衣裳的下摆离地面一尺左右。

饮酒吃饭就尽量往前坐。

坐有坐相，一定要安稳，表情要保持自然。

父亲和老师召唤自己，一定要声应身从，马上站起立即行动。

不亲授。嫂叔不通问，诸母不漱裳[44]。外言不入梱[45]，内言不出梱。

女子许嫁，缨。非有大故，不入其门。姑、姊、妹、女子子已嫁而反，兄弟弗与同

向老师请教学业要起立，请老师重复一遍也要起立。

长者没有提及的话题，不要妄言。要端正你的仪容。

先生发问，要等他把话问完再回答。

如果在自己尊敬的人面前陪坐，要坐在席端距离他最近的地方，不使中间有空席。

侍坐于君子，要保持仪容端正，不要侧耳偷听，不要粗声大气地喊叫，不要左顾右盼，不要无精打采。

在君子身旁陪坐，如果君子打呵欠，伸懒腰，摆弄拐杖、鞋子，观看天色早晚，陪坐的人就应该请求告退了。

在长辈身旁陪坐，不能穿着鞋上堂，也不能在堂前台阶上脱鞋。穿鞋时，要跪着拿起鞋子，退避到一旁再穿。

见两个人坐在一起，或两个人站在一起，不要侧身插入他们中间。

男女不同坐一块儿。

男女成人、交媾之礼

给儿子取名，不用国名，不同日月之名，不用身体上的暗疾为名，不用山川为名。

男子到了二十岁，就要举行成人礼。

女子许嫁之后，才行成人礼，并为她取字。

女子一旦订婚，就要系上五色彩缨。除非有大的变故，就不要进她的屋门。

男女之间没有媒妁做媒，不互通姓名。没有接受男方的聘礼，双方不交际往来。

一旦选定了男女婚期，就要把吉日登记上报，并沐浴斋戒而后祭告家庙中的鬼神，然后大摆宴席遍请乡亲朋友。

席而坐，弗与同器而食。父子不同席。男女非有行媒，不相知名。非受币，不交不亲。故日月以告君，斋戒以告鬼神，为酒食以召乡党僚友，以厚其别也。取妻不取同姓，故买妾不知其姓，则卜之。寡妇之子，非有见焉，弗与为友。

贺取妻者曰："某子使某，闻子有客，使某羞[46]。"贫者不以货财为礼，老者不以筋力为礼。

名子者不国，不以日月，不以隐疾，不以山川。

男女异长。男子二十，冠而字。父前子名，君前臣名。女子许嫁，笄而字[47]。

凡进食之礼：左肴右胾[48]；食居人之左，羹居人之右；脍炙处外，醯酱处内，葱渫处末[49]，酒浆处右；以脯修置者，左朐右末[50]。客若降等，执食兴辞；主人兴辞于客，然后客座。主人延客祭。祭食，祭所先进。肴之序，遍祭之。三饭，主人延客食胾，然后辩肴。主人未辩，客不虚口[51]。

侍食于长者，主人亲馈，则拜而食；主人不亲馈，则不拜而食。

共食不饱，共饭不泽手[52]。

毋抟饭。毋放饭。毋流歠[53]。毋咤食。毋啮骨。毋反鱼肉。毋投与狗骨。毋固获。毋扬饭。饭黍毋以箸。毋嚃羹[54]。毋絮羹[55]。毋刺齿。毋歠醢[56]。客絮羹，主人辞不能亨。客歠醢，主人辞以窭[57]。濡肉齿决，乾肉不齿决。毋嘬炙[58]。卒食，客自前跪，彻饭齐[59]，以授相者。主人兴辞于客，然后客坐。

侍饮于长者，酒进则起，拜受于尊所，长者辞，少者反席而饮。长者举未釂[60]，少者不敢饮。

长者赐，少者贱者不敢辞。赐果于君前，其有核者，怀其核。御食于君，君赐余，器之溉者不写[61]，其余皆写。

馂馀不祭[62]，父不祭子，夫不祭妻。

御同于长者，虽贰不辞。偶坐不辞。

羹之有菜者用梜[63]，其无菜者不用梜。

为天子削瓜者副之，巾以絺[64]。为国君者华之，巾以绤[65]。为大夫累之[66]，士疐之[67]，庶人龁之。

父母有疾，冠者不栉，行不翔，言不惰，琴瑟不御，食肉不至变味，饮酒不至变貌，笑不至矧[68]，怒不至詈。疾止复故。

有忧者，侧席而坐；有丧者，专席而坐。

水潦降，不献鱼鳖。献鸟者佛其首[69]，畜鸟者则勿佛也。献车马者执策绥。献甲者执胄，献杖者执末，献民虏者操右袂，献粟者执右契，献米者操量鼓，献孰食者操酱齐，献田宅者操书致。

凡遗人弓者：张弓尚筋，弛弓尚角；右手执箫，左手承弣[70]；尊卑垂帨[71]。若主人拜，则客还辟，辟拜。主人自受，由客之左，接下承弣，乡与客并。然后受。进剑者左首。进戈者前其镈[72]，后其刃。进矛戟者前其镦[73]。

进几杖者拂之。效马效羊者右牵之，效犬者左牵之。执禽者左首，饰羔雁者以缋。受珠玉者以掬。受弓剑者以袂。饮玉爵者弗挥。凡以弓、剑、苞、苴、箪、笥问人者，操以受命，如使之容。

凡为君使者，已受命，君言不宿于家。君言至，则主人出拜君言之辱；使者归，则必拜送于门外。若使人于君所，则必朝服而命之；使者反，则必下堂而受命。

博闻强识而让，敦善行而不怠，谓之君子。君子不尽人之欢，不竭人之忠，以全交也。

礼曰：君子抱孙不抱子。此言孙可以为王父尸，子不可以为父尸。为君尸者，大夫、士见之，则下之。君知所以为尸者，则自下之；尸必式[74]。乘必以几。

斋者不乐不吊。

居丧之礼：毁瘠不形，视听不衰，升降不由阼阶，出入不当门隧。居丧之礼：头有创则沐，身有疡则浴；有疾则饮酒食肉，疾止复初。不胜丧，乃比于不慈不孝。五十不致毁，六十不毁，七十唯衰麻在身[75]，饮酒食肉处于内。

生与来日，死与往日。

知生者吊。知死者伤。知生而不知死，吊而不伤。知死而不知生，伤而不吊。

吊丧弗能赙[76]，不问其所费。问疾弗能遗，不问其所欲。见人弗能馆，不问其所舍。赐人者不曰“来取”，与人者不问其所欲。

适墓不登垄，助葬必执绋[77]。临丧不笑。揖人必违其位。望柩不歌。入临不翔。当食不叹。邻有丧，舂不相；里有殡，不巷歌。适墓不歌，哭日不歌。送丧不由径，送葬不辟途潦。临丧则必有哀色，执绋不笑，临乐不叹，介胄则有不可犯之色。故君子戒慎，不失色于人。

国君抚式，大夫下之。大夫抚式，士下之。

礼不下庶人，刑不上大夫。刑人不在君侧。

兵车不式，武车绥旌，德车结旌。

史载笔，士载言。前有水，则载青旌。前有尘埃，则载鸣鸢。前有车骑，则载飞鸿。前有士师，则载虎皮。前有挚兽，则载貔貅。行，前朱鸟而后玄武，左青龙而右白虎；招摇在上[78]，急缮其怒[79]；进退有度，左右有局，各司其局。

父之仇，弗与共戴天。兄弟之仇，不反兵。交游之仇，

凡献弓给人的，张了弦的弓要使弓弦朝上。

凡作为国君使者出使的，一旦接受了命令就必须立即出发，不得带着君命在家过夜。

博闻强记而能够谦让，广多善事而不懈怠，可称之为君子。君子不要求别人无尽地喜欢自己，也不要求别人全力为自己尽忠，以使交情得以完美地保持下去。

父之仇，弗与共戴天。

不同国。

四郊多垒，此卿、大夫之辱也。地广大，荒而不治，此亦士之辱也。

临祭不惰。祭服敝则焚之，祭器敝则埋之，龟策敝则埋之，牲死则埋之。凡祭于公者，必自彻其俎。

卒哭乃讳[80]。礼不讳嫌名，二名不遍讳。逮事父母，则讳王父母。不逮事父母，则不讳王父母。君所无私讳，大夫之所有公讳。《诗》《书》不讳。临文不讳。庙中不讳。夫人之讳，虽质君之前，臣不讳也。妇讳不出门。大功、小功不讳。入竟而问禁，入国而问俗，入门而问讳。

外事以刚日，内事以柔日。凡卜筮日，旬之外曰“远某日”，旬之内曰“近某日”。丧事先远日，吉事先近日。曰：“为日，假尔泰龟有常[81]，假尔泰筮有常。”卜筮不过三。卜筮不相袭。

龟为卜，策为筮。卜筮者，先圣王之所以使民信时日，敬鬼神，畏法令也；所以使民决嫌疑，定犹与也。故曰：“疑而筮之，则弗非也。日而行事，则必践之。”

君车将驾，则仆执策立于马前。已驾，仆展軨[82]。效驾，奋衣由右上，取贰绥；跪乘，执策分辔，驱之五步而立。君出就车，则仆并辔授，左右攘辟。车驱而驺，至于大门，君抚仆之手，而顾命车右就车[83]。门闾、沟渠必步。凡仆人之礼，必授人绥。若仆

居丧之礼

守丧之礼：虽因哀伤而身体羸瘦，但不可形销骨立，也不可以损坏视力和听力。

上、下堂不走阼阶，进、出门不走正中的甬道。

头上长了疮才能洗头，身上发痒了才可洗澡。

活人（为死人的服丧期）从人死的第二天算起。

孝子禁不住哀伤而伤害了身体，就要等同于不慈不孝。

病了才能饮酒吃肉，病愈后还要恢复原样。

者降等，则受，不然则否。若仆者降等，则抚仆之手；不然，则自下拘之。

客车不入大门。妇人不立乘。犬马不上于堂。

故君子式黄发，下卿位，入国不驰，入里必式。

君命召，虽贱人，大夫、士必自御之。

介者不拜，为其拜而蓌拜[84]。

祥车旷左[85]。乘君之乘车，不敢旷左；左必式。

仆御妇人，则进左手，后右手。御国君，则进右手，后左手而俯。国君不乘奇车。

车上不广欬，不妄指。立视五嶲[86]，式视马尾，顾不过毂。国中以策彗恤勿驱[87]，尘不出轨。

国君下齐牛，式宗庙。大夫、士下公门，式路马。乘路马，必朝服，载鞭策，不敢授绥，左必式。步路马，必中道。以足蹙路马刍[88]，有诛。齿路马，有诛。

【注解】

① 定：指说话语气要确切。② 安安：安于所习惯的环境或事物。③ 很：指争讼。④ 尸：用一活人扮作父祖的形象以代父祖受祭，此人即称为尸。⑤ 齐：通“斋”。⑥ 班：正位次。⑦ 撙（zǔn）：自我抑损。⑧ 麀（yōu）：母鹿，在此泛指雌兽。⑨ 太上：指帝皇之世，即传说中的三皇五帝时代。⑩ 其次：指后王。⑪ 传重：父亲把宗庙土的地位传给嫡长子，就叫传重。⑫ 丑夷：丑，众也；夷，侪也。指同辈、平辈。⑬ 三赐：指三命之赐。⑭ 父之执：父亲的朋友。⑮ 肩随：并行而差退。⑯ 奥：屋中

卜筮之礼

在宗庙外举行典礼要选在单日，在宗庙内举行典礼要选在双日。

凡需要用卜筮决定举行典礼的日子，十天以外的称为“远某日”，十天以内的称为“近某日”。

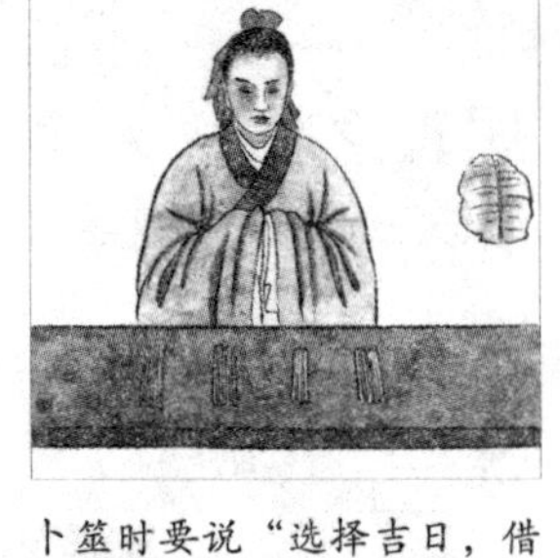

卜筮时要说“选择吉日，借助你这从无差错的大龟来占卜”，或说“借助你这从无差错的大蓍草来占筮”。

卜、筮都不得超过三次。占卜、占筮也不可互相重复使用。

用龟甲叫做占卜，用蓍草叫占筮。

有怀疑就问卜，问了卜就不会再犹豫不定；办事情择吉日，择定了日子就一定要履行。

乘驭之礼

国君的车将要套马出行，驾车的仆人要手持马鞭站在马前。

上车后，要跪在车上，手执马鞭，并将马缰绳分别握在两个手中。

君王出来乘车时，仆人要把马缰绳合握在一手，而用另一只手将绥递给君王。

左右群臣都要为君王避让，车前行时群臣要急步紧跟。

车行至大门口，君王要按住仆人的手示意停车，而回头命令车右上车。

当车驶过大门、里巷、沟渠等地方时，车右要下车步行。

客人的车不可直接驶进主人家的大门，妇女不站着乘车。

国君乘车，路遇高龄老人要行轼礼。

进入国都不驱驰，行过里巷要行轼礼，经过卿的朝位要下车步行。

西南角，尊长居住。⑰概：量米麦时刮平斗斛的器具。⑱纯（zhǔn）：古代衣裳、鞋帽的镶边。⑲孤子：二十九岁以下而无父称为孤子。⑳视：通“示”，示意。㉑负剑辟咡诏之：剑，挟小儿于胁下如带剑也。辟，倾也。咡（èr），口旁也。㉒屦（jù）：古代的一种单底鞋。㉓扃（jiǒng）：上门的横杠或门栓。㉔踖（jì）：践踏。㉕抠：提。㉖闑（niè）：古代大门正中所竖的短木。㉗阈（yù）：门槛。㉘帷薄：帷，指布幔。薄，指帘子。㉙接武：武，足迹。接武，指足迹相接。㉚布武：每移足，各自成迹，不相接连。㉛翔：指甩开手臂。㉜粪：除污秽。㉝拘：遮蔽。㉞扱：即收取垃圾。㉟桥衡：桥，措井上打水的桔槔衡，指桔槔上起杠杆作用的横本杆。㊱函丈：三席为一丈，广三尺三寸三分，谓函丈。㊲齐（zī）：衣裳的下边。㊳跋：本也，指火把的柄。㊴蚤莫：早暮。㊵噭：号呼三声。㊶髢（tì）：垂发。㊷离：两也。㊸椸（yí）枷（jiā）：椸，晾衣服的竹竿。枷，衣架。㊹诸母：父之诸妾有子者。㊺梱（kǔn）：门槛。㊻羞：进也。所进者，据郑玄《注》说，是一壶酒，十条干肉，无干肉就送一条狗。㊼笄：女子的成人礼。㊽胾（zì）：熟肉带骨切成大块叫肴，纯肉切块叫胾。㊾渫（xiè）：即渫，蒸葱。㊿朐（qú）：干肉中间弯曲就叫朐。51虚口：漱口。52泽手：揉搓手。吃饭用手，既与人共饭，

礼，是用来规定人们之间的亲疏关系，决断事理上的疑问、分辨事物的异同、明确道理上的是非的。

依礼而言，不随便讨好人，不说多余的话。

依礼而行，不超越节度，不侵犯侮慢他人，不与人亲昵失敬。

加强自身修养，实践许下的诺言，便可称之为“善行”。

行为有修养，言谈合道理，就体现了礼的本质。

关于礼的学问，要到别人那儿取法学习。

手宜洁净，不得临食时揉搓手，使别人嫌恶。⑤³ 歠（chuò）：饮。⑤④ 嚃（tā）羹：羹不嚼菜，合而饮之。⑤⑤ 絮：调也。⑤⑥ 歠醢：醢即肉酱，歠醢是指像吃羹一样饮而食之。⑤⑦ 窭（jù）：贫，不足。⑤⑧ 嘬：吞食。⑤⑨ 齐：指酱、腌菜等。⑥⓪ 釂（jiào）：即干杯。⑥① 写：泻，是说把食物从一个容器倒入另一个容器。⑥② 馂（jùn）：吃剩的食物。⑥③ 梜：箸，筷子。⑥④ 绨（chī）：细葛布。⑥⑤ 绤（xī）：粗葛布。⑥⑥ 累：通“裸”。⑥⑦ 疐（dì）：通“蒂”。⑥⑧ 矧（shěn）：齿。⑥⑨ 佛其首：用小竹笼把鸟罩上。⑦⓪ 弣（fǔ）：弓中部把手处。⑦① 帨：古人腰际的佩巾。⑦② 镈：戈柄末的金属套。⑦③ 镦：矛戟柄末端的金属套。⑦④ 式：通“轼”，是古代车箱前供人凭依的横木，人立于车凭轼俯身向人表示敬意也叫轼。⑦⑤ 衰：通“缞”（cuī），古时丧服，用粗麻布制成。⑦⑥ 赙（fù）：赠送财物给办丧事的人家。⑦⑦ 绋：牵引灵车的大绳。⑦⑧ 招摇：指北斗第七星。⑦⑨ 缮：坚定，坚持。⑧⓪ 卒哭：祭名，指人死葬后的最后一次祭礼。⑧① 泰龟有常：泰龟，大龟。此指龟甲。有常：指其无差错。皆为尊称美辞。⑧② 轸：车阑，即车箱前面和左右两面横直交结的栏木。⑧③ 车右：勇力之士，护卫君王，乘车则在右边。⑧④ 蓌拜：蓌（cuò），蹲也，犹诈也。著铠甲而拜，形仪不足，似诈也。⑧⑤ 祥车：死者生前所乘的车。⑧⑥ 嶲：guī：即规，车轮的周长。⑧⑦ 策彗：即以彗策。彗，带叶的竹扫帚。恤勿：搔摩也。⑧⑧ 蹙：通“蹴”，蹋也。

【译文】

《曲礼》说：

（凡事）不要不严肃认真，（神情要）庄重若有所思，说话要态度安详、言辞确切。这样才能使人信服，使民众安定！

傲气不可滋长，欲望不可放纵，心志不可自满，享乐不可穷极。

对有德行的人要亲近而敬重，畏服而爱慕。（对）所爱的人要知道他的缺点，（对）所恨的人要知道他的优点。（财富）既能善于积聚，又能广泛布施；（处境）既能安于现状，又能适时变迁。面对财物，不随便获取；面临危难，不随便逃避。遇有争讼，不求胜过他人；分配财物，不求多于别人。事有疑问，不要臆断；自己正确，不要得理不让人。

如果坐着，就要像“尸”那样端庄矜持；如果站着，就要同斋戒那样恭恭敬敬。礼仪要遵从事理机宜，出使他国要顺从当地的风俗习惯。

礼，是用来规定人们之间的亲疏关系，决断事理上的疑问、分辨事物的异同、明确道理上的是非的。依礼而言，不随便讨好人，不说多余的话。依礼而行，不超越节度，不侵犯侮慢他人，不与人亲昵失敬。加强自身修养，实践许下的诺言，便可称之为“善行”。行为有修养，言谈合道理，就体现了礼的本质。关于礼的学问，只听说到别人那儿取法学习，没听说主动要求别人来学习；只听说前来投师学习，没听说主动前去教授。

没有礼，就不能成就仁义道德；没有礼，教训人民移风易俗就不能完备；没有礼，就不能决断分辨争讼的是非；没有礼，就不能确定君臣、上下、父子、兄弟的名分；外出游学拜师，没有礼，师生之间就不会亲密；排列朝班，整治军队，莅临官职，执行法令，没有礼，就失去了威严；临时的祭祀和定期的祭祀，供奉鬼神，没有礼，就失去了虔诚和庄重。因此，君子态度恭敬，凡事有节制，对人谦让，以此来体现礼。鹦鹉虽能学人言，终究不外是飞鸟；猩猩虽懂人语，到底还是禽兽。现在作为人而不知礼，虽然讲的是人话，其心也不过是禽兽。正因为禽兽没有礼，所以父子能共一雌兽。因此，圣人制定礼制，用以教化人民，使人民有了礼制而自知区别于禽兽。

上古时代，人们崇尚德，以德为贵；（后来则讲究施惠和报答）礼崇尚有来有往：只往而不来，不合乎礼；只来而不往，也不合乎礼。人人都有了礼，社会就能安定；人人都没有了礼，社会就会危机，因此说“礼，是不可以不学的”。礼的原则，要求自己谦卑而尊重他人，即使是身份低微的人，也有值得尊敬的（地方），何况是富贵的人呢？富贵而且懂得爱好礼义，就不会骄奢淫泆；贫贱却能懂得爱好礼义，便不会畏怯困惑。

人长到十岁称为“幼”，开始学习；二十岁称为“弱”，行冠礼；三十岁称为“壮”，娶妻成家；四十岁称为“强”，可以外出做官；五十岁称为“艾”，可以独当一面处理政事；六十岁称为“耆”，可以指导使唤他人；七十岁称为“老”，应该传重于子孙了；八十岁、九十岁称为“耄”；七岁称为“悼”。“耄”和“悼”即使犯有罪过，也不施加刑罚。百岁老人称为“期”，应当颐养天年了。

大夫七十岁就可以致仕退休了，如果不得辞官，（君王）应当赐给他几和杖，外出办事要派妇人服侍，出使四方，要让他乘坐安车。七十岁的人可以自称“老夫”，但在本国朝廷上仍需自称名字。别国来问国政，一定要能把本国的制度告诉人家。

到长者那儿去商议事情，一定要附带几、杖随从他。长者问话，不先谦让就回答，是不符合礼的。

凡做儿子的礼仪，应使父母在冬天里感到温暖，在夏天里感到凉爽；晚上替父母铺床安枕，早晨向他们请安问好。与同辈人相处，不发生争吵。

做儿子的，虽官至三命但不敢接受君王的车马之赐，因此地方上的人称他孝顺，兄弟亲戚称他慈爱，同事友好称他敬重兄长，朋友称他仁爱，同他有交往的人称他诚实。见到父亲的挚友，不叫上前就不上前，不让退后便不退后，不问话就不敢随便答话：这些都是孝子的品行。

做儿子的，外出必须告知父母，回家必须当面禀告；出游必须有固定的地方，学习必须有一定的专业；平时说话不自称“老”。年长自己一倍的人，以父辈之礼对待；年长自己十岁的人，以兄长之礼对待；年长自己五岁的人以同辈之礼对待，但一块儿行走应略退后。五个人同在一起，就必须为年长者另设专席。

做儿子的，起居不占家长的尊位，不坐当中的席位，不走中间的道路，不站在门的中央，在为招待宾客或祭祀而设的食礼和飨礼中不居于主位，祭祀时不敢充当“尸”，（要善于揣摩父母的心思）虽然没有听到父母的声音也能知道他们要指使自己了。不攀登险峻的高处，不临近危险的深渊；不随便诋毁他人，不随便嬉戏笑闹。

孝子不潜伏于暗处，不登临危险之地，害怕（因出危险而）辱没父母的名声。父母在世，不可对朋友以死相许，也不积蓄私房钱。

做儿子的，父母在世，衣帽不镶白边；父母去世，孤子主持家事，衣帽不镶彩边。

平时要用正确的道理教育幼儿，绝不能欺骗他。儿童不宜穿皮裘和裙子，站立一定要端正，不要歪着头听长者说话。长辈搀扶儿童，儿童要双手握住长辈的手。长辈背负儿童或挟着儿童时，俯身在儿童耳旁说话，儿童要用手掩口再回答长者的话。

随从先生行路，不越过道路到另一边去同别人说话。在路上遇见先生，应当快步前迎，站立端正向老师拱手致敬。先生同自己讲话，就应当回话；如不讲话，则应快步退下。

随从长者登上丘陵，一定要朝长者所看的方向观望。

登城不要用手乱指划，在城上不要乱呼乱叫。外出宿于旅舍，要求不能像在家一样。将要走进堂屋，应当高声说话（使屋内人听到）。如果门外有两双鞋，能听见室内的说话声，就可以进去；否则不要进去。将进入室内时，眼睛一定要向下看；进屋之后，双手要像捧着门闩一样，眼睛不要东张西望。进门之前门是开着的，进屋之后就仍然让它开着；进门之前门是关着的，进屋之后就应随手把门关上。如果身后还有人要进来，就不要把门立即关上。不要踩别人的鞋子，不要越过席次去就坐，应当提起衣脚走到席位下角入座。谈话时一定要谨慎。

大夫、士出入国君的朝门，要走门橛的右边，不要踩踏门槛。

凡主人与客人一起进门，每到一个门前主人都要请客人先进。但客人来至寝室门口时，主人要自己先进去，为客人铺好坐席之后再迎客入室。如果客人谦逊，一再请主人先行，则主人要在前引导客人入内。主人进门后走右边，客人则走左边。主人来到东阶前，客人来到西阶前。客人地位如果低于主人，就要跟随主人走向东阶，主人一再推辞，然后客人再回到西阶。主人与客人又谦让着上台阶，然后主人先登，客人随之而登。登阶时主宾一级一级踩着走，上一级一并足，步步相继而上。上东阶，先抬右脚；上西阶，先抬左脚。

在帷幔和帘子外面不快步行走，在堂上不快步行走，端着玉器不快步行走。在堂上要小步行走，在堂下可大步流星。在室内，不要甩着膀子行走。和别人一块儿坐着，不要横着胳膊。把东西交给站立的人，不用下跪；把东西交给坐着的人，不要站着。

凡为长辈清扫席前垃圾之礼，必须将扫帚放在簸箕上双手捧着前去，然后用一手的衣袖遮住扫帚且扫且退。（这样，可）避免灰尘飞扬到长者身上，（扫完之后）要将簸箕口朝自己一方扫入垃圾。

为长者捧席，要像桔槔上的横木一样左高右低。布设坐席时要请问长者面朝哪个方向，布设卧席时要请问长者脚朝哪个方向。席面如若是南北方向，则以西方为上；如若是东西方向，则以南方为上。

如果请来的不是饮酒吃饭的客人，为他布席时应当宽敞一些，席与席之间大约应有一丈间隔。主人跪下为客人整理席位时，客人应当跪下用手按席表示辞谢。客人要撤掉垫在上面的席子时，主人要再三请他不要撤去。客人登席，主人才就坐。主人不发问，客人不抢先说话。将要入席时，脸色不要有变化，要用双手提起衣裳，使衣裳的下摆离地面一尺左右。衣裳不要摆动，脚步不能急促。

老师的书策琴瑟放在前面，（做弟子的）应当跪着绕过去，千万不能从上边跨过去。不饮酒吃饭时应尽量往后坐，饮酒吃饭就尽量往前坐。坐有坐相，一定要安稳，表情要保持自然。长者没有提及的话题，不要妄言。要端正你的仪容，洗耳恭听。不要抄袭他人的学说，也不要同别人雷同，要依据古代的道理，称引先贤的遗训。在老师那儿侍奉陪坐，先生发问，要等他把话问完再回答。向老师请教学业要起立，请老师重复一遍也要起立。父亲和老师召唤自己，不要只应声而不行动，一定要声应身从，马上站起立即行动。在自己尊敬的人面前陪坐，要坐在席端距他最近的地方，不使中间有空席。看到同辈的人不用起立。（天黑后）有人送来火把，要起立。（吃饭时）有人送来饭菜要起立。尊贵的客人来了要起立。火把不要等烧到根部再换掉。在贵客面前不要喝叱狗。在谦让食物时不要吐口水。

在君子身旁陪坐，如果君子打呵欠，伸懒腰，摆弄拐杖、鞋子，观看天色早晚，陪坐的人就应该请求告退了。在君子身旁陪坐，如果君子转换话题询问另外一件事，就要起立回答。在君子身旁陪坐，如果有人进来禀告君子说："等您稍有闲暇，有事想向您汇报。"陪坐者就应该退避到一旁等侯。不要侧耳偷听，不要粗声大气地喊叫，不要左顾右盼，不要无精打采。走路不要大摇大摆，站立不要左偏右斜，坐着不要两腿分开，睡觉不要趴伏着身子,头发要收拢好不要下垂。帽子不要随便脱下,劳作时不要袒脚露臂，炎热时不要撩起衣裙。

在长辈身旁陪坐，不能穿着鞋上堂，也不能在堂前台阶上脱鞋。穿鞋时，要跪着拿起鞋子，退避到一旁再穿。如果面朝长辈穿鞋，要先跪下把鞋拿近，再俯身穿上鞋子。

见两个人坐在一起,或两个人站在一起,不要侧身插入他们中间。两人并排站在一起，不要从他们中间穿过。男女不同坐一块儿，不共用一根竹竿或一个衣架晾晒衣服，不共用面巾和梳子、篦子，不亲手递给对方东西。叔嫂之间不通问候。不让庶母洗涤衣裳。男人在外面的公务不说给家中妇女听，妇女闺门内的琐事也不要用来聒噪男人。

女子一旦订婚，就要系上五色彩缨。除非有大的变故，就不要进她的屋门。姑、姊妹以及自己的女儿，已经出嫁又回到家里来的，兄弟们不和她同席而坐，也不与她们共用餐具。父子也不同席而坐。

男女之间没有媒妁做媒,不互通姓名。没有接受男方的聘礼,双方不交际往来。因此，一旦选定了男女的婚期，就要把吉日登记上报，并沐浴斋戒而后祭告家庙中的鬼神，然后大摆宴席遍请乡亲朋友，以此来显示慎重男女之间的区别。娶妻不娶同姓的女子，因此买妾时如果不知道她的姓氏，就要用占卜断定吉凶。寡妇的儿子，如果不是才能突出，不要同他结为朋友。

向娶妻的人祝贺，应当说："某子派某前来，听说您宴请宾客，特意送来一份礼物。"如果家境贫寒，就不必送财物；如果年高体弱，就不必劳动身体亲身前来。

给儿子取名，不用国名，不同日月之名，不用身体上的暗疾为名，不用山川为名。

男女分别按长幼排序。男子到了二十岁，就要举行成人礼仪，并为他取字，但儿子在父亲面前仍然称名（不称字），臣子在君王面前也称名（不称字）。女子许嫁之后，才行成人礼，并为她取字。

凡向客人行进食之礼，要把带骨头的肉块陈放在左边，把纯肉块陈放在右边。饭食放在客人的左边，羹汤放在客人的右边。细切的烤肉放在外侧，醋和酱放在里侧，蒸葱放在末端，酒浆放在后边。如果再放脯脩，就要把形状弯曲的放在左边；形状挺直的放在右边。宾客如果地位低于主人，就要端着饭食站起来，（对主人陪食）加以推辞，（并表示要下堂去用饭。）主人要站起来说请他安坐饮食一类的话，然后客人才重新在堂上就坐。主人引导客人行食前祭礼。祭食物，应从先进上的开始，然后依次遍祭各种食物。客人吃过三口饭后，主人要引导客人吃大块的切肉，然后请客人依次遍吃各种食物。主人还没有吃遍各种食物之前，客人不饮酒以洁口。

陪长辈吃饭，如果长辈亲自向自己盘中夹送食物，就要行拜礼然后再吃；如果长辈不亲自为自己夹菜，就不必行拜礼。

与人在同一个食器内吃饭，不要求吃饱；与人同在一个食器内吃饭不要揉搓手。

宾客如果地位低于主人，就要端着饭食站起来，对主人陪食加以推辞。

不要用手搓饭团吃，不要将剩饭再放回食器中，不要在喝汤时狼吞虎咽，不要在吃饭时啧啧作声。不要啃骨头，不要把吃过的鱼肉再放回食器内，也不要把骨头喂狗。不要单挑自己喜欢的菜吃，不要为使饭凉的快些而簸扬，吃黍米饭不要用筷子（而要用手）；不要不嚼汤中的菜而囫囵吞咽，不要给自己的羹汤添加调料。吃饭时不要剔牙。不要像喝汤一样喝调料。如果客人往自己的汤里加调料，主人要道歉，说“家人不善于烹煮羹饭”。客人有饮调料的，主人也要道歉，说“家贫以致食物不足”。温软的肉可以直接用牙齿咬开吃，干肉用牙咬不开（而要用手撕开再吃）。不要大口吞食烤肉。吃完后，客人要起身前跪，帮助主人收拾饭桌，将吃剩的饭菜交给佣人。主人则要站起来，请客人不必动手，然后客人再重新入座。

客人吃过三口饭后，主人要引导客人吃大块的切肉，然后请客人依次遍吃各种食物。

陪长辈吃饭，如果长辈向晚辈递酒，晚辈应站起来走到陈放酒樽的地方向长辈行拜礼，然后再接酒；如果长辈说不必客气，晚辈即可返回自己席上饮酒。但长辈没有饮干杯中酒，晚辈就不敢饮酒。

陪长辈吃饭，如果长辈向晚辈递酒，晚辈应站起来走到陈放酒樽的地方向长辈行拜礼，然后再接酒。

长辈有赏赐，晚辈和地位卑下者不必推辞。如果君王当面赐给臣下水果，水果有核，则臣下应当把果核揣进怀里（不能随便丢弃）。侍候国君吃饭，国君将吃剩下的饭菜赐给侍者，如果食物是盛在可以洗涤的容器内，就不必倒在别的器皿中再吃；如果食物是盛在不可洗涤的容器内，就应当倒在可以洗涤的器具中再吃。

吃别人剩下的饭菜可以不举行食前祭祀，父亲吃儿子进的馔可以不祭，丈夫吃妻子进的馔也可以不祭。

陪侍长辈吃饭，即使主人献上双份食物，也不能推辞（因为自己是侍者，食物非为自己专设）。如果同辈两人并坐为客，（主人献上双份饭菜）自己也不须推辞（因为主人的意思未必是专为自己所设）。

羹汤中有菜就用筷子，没有菜就不用筷子。

为天子削瓜，应当把瓜顺切成四瓣然后横切开来，用细葛布覆好送上；为国君削瓜，应当把瓜切成两瓣然后横切开来，再用粗葛布覆好送上；为大夫削瓜，应当把瓜切成两半再横切开来，不用覆盖就可送上；士（自己动手削瓜，然后）去掉瓜蒂即可食用；庶人（只把瓜蒂去掉）就咬着吃。

献野鸟时要用小笼罩住（防止它啄人）。

父母有病，已经成人的儿子顾不上梳理头发，走路顾不上注意姿势，说话顾不上注意辞藻，不弹奏琴瑟。吃肉少到不至改变食物的滋味，饮酒少到不至脸红，笑不露齿，怒不骂人。父母病体痊愈之后，再恢复到原来的样子。

遭遇忧患的人，自己独席而坐；遇有丧事的人，只坐单席。

雨水多降的季节，不向人献鱼鳖（因为不足珍异）。献野鸟时要用小笼罩住（防止它啄人）。驯服的鸟就不用罩住了。献车马的，要手执马鞭和登车绳献上。献铠甲的，要拿头盔献上。献手杖的，要拿住手杖的末端。献俘虏的，要抓住俘虏的右手。献粟的，要拿符契的右半边献上。献米粮的，要拿量鼓献上。献熟食的，要将调料献上。献田宅的，要将房地契献上。

献车马的，要手执马鞭和登车绳献上。

凡献弓给人的，张了弦的弓要使弓弦朝上，来张弦的弓要使弓背朝上，右手拿着弓的末端，左手托着弓背的中部。不分贵贱，授受双方都要互相鞠躬致意。如果主人行拜受礼，客人就要退后避让主人的拜谢。主人亲自接受所赠的弓，要由客人的左边，从客人手的下边托着弓背中央，与客人同向并排站立，然后接过弓来。进献宝剑的，要把剑柄朝左递给主人。进献戈的，要将戈把朝前，戈刃朝后。进献矛戟的，也要把柄递给人家。

进献几、杖的，要擦抹干净。送马送羊的，要用右手牵着。送狗的可以用左手牵着。拿禽鸟送人的要使鸟头向左，拿羔羊、大雁送人的，要系上彩色的装饰。接受别人赠送珠玉的人要用双手捧着。接受弓剑的人要用衣袖承接。用玉杯饮酒的人不可挥动酒杯。凡用弓、剑，或用苞、苴、革、笥等容器盛物送人的，（送东西的人）应先拿着这些东西接受主人的吩咐，就好像使者奉命出使一样。

凡作为国君使者出使的，一旦接受了命令就必须立即出发，不得带着君命在家过夜。国君有命令传到，主人就要出门拜迎君命；使者回去的时候，主人要到大门外拜送。如果臣下派使者到国君那里请示君命，则一定要穿上朝服命令使者。使者返回后，一定要下堂接受使者带回的君命。

博闻强记而能够谦让，广多善事而不懈怠，可称之为君子。君子不要求别人无尽地喜欢自己，也不要求别人全力为自己尽忠，以使交情得以完美地保持下去。

《礼》书上说；"君子抱孙不抱子。意思是说孙子可以充当祭祀祖父的尸，儿子却不可以充当祭祀父亲的尸。为已故君王充当尸为人，大夫、士见了都要下马致敬。国君知道了为先君充当尸的人，也要亲自下车（向他致意）。而充当尸的人也应当凭轼还礼。

尸乘车时一定要用几垫脚。

斋戒的人，不听音乐，也不凭吊死者。

守丧之礼：虽因哀伤而身体羸瘦，但不可形销骨立，也不可损坏视力和听力；上、下堂不走阼阶，进、出门不走正中的甬道。守丧之礼：头上长了疮才能洗头，身上发痒了才可洗澡，生病了才能饮酒吃肉，病愈后还要恢复原样。假如孝子禁不住哀伤而伤害了身体，就要等同于不慈不孝。五十岁守丧不可因悲痛而毁坏身体，六十岁守丧不可影响健康，七十岁守丧只需身穿丧服，可以饮酒吃肉，住在室内。

慰问病人而不能馈赠钱物，就不要问病人需要什么。

凡作为国君使者出使的，一旦接受了命令就必须立即出发。

活人（为死人的服丧期）从人死的第二天算起，死者的（殓殡期）从人死的当天算起。

与死者的亲属相识的要向他们致慰问辞，与死者相识的要向死者致悼辞。只与亲属相识而不认识死者的，仅致慰问辞而无须致悼辞；只与死者相识而不认识其家属的，仅致悼辞而不必致慰问辞。

吊丧而不能拿出钱物来助人办丧事，就不要询问丧家的花费。慰问病人而不能馈赠钱物，就不要问病人需要什么。见到客人而不能招待住宿，就不要问他住在什么地方。赠人礼物不要让人家来取，送东西给人也不要问人家想要什么。

走进墓地不要登上坟冢，为人送葬一定要牵引灵车。参加丧礼不可嬉笑。对人作揖要离开原位。看到灵柩不要唱歌。参加丧礼不张臂走路。面对饭食不唉声叹气。邻居家有丧事，不唱歌助舂。同里有丧，不在巷中唱歌。进入墓地不要唱歌。参加吊唁的日子也不要唱歌。护送灵车不贪走捷径，也不躲避泥途和雨水。参加丧礼脸上要有哀伤的表情，牵引灵车不能嬉笑，参加欢乐的场合不唉声叹气，穿上盔甲就要有不可侵犯的威严。因此，君子要小心谨慎，不能在人前失态。

国君手抚车轼表示敬意的时候，大夫就应该下车。大夫手抚车轼表示敬意的时候，士就应该下车。

（礼不为庶人而制，故）不适用于庶人；（刑不为大夫面制，故）不施用于大夫受过刑的人不能在国君身边（听用）。

乘坐兵车的人不行轼礼，武车上旌旗要任其舒展，德车上的旗帜应缠结垂敛。

记录王事的史官要携带书写工具，管理外交的士人要携带盟会的文辞。队伍前进的时候，如果遇到河流，就树起饰有青雀的旗帜；如果前面有风吹起的尘埃，就树起饰有鸣鸢的旗帜；如果前边有车马，就树起饰有鸿雁的旗帜；如果前面有军队，就挂起虎皮；如果前面有猛兽，就树起饰有貔貅的旗织。军队布阵的法则：前为朱鸟阵，后为玄武阵，左边青龙阵，右边白虎阵。中军用画有北斗七星的军旗，高举在上，以激励战士的士气，前进、后退都有节度，向左、向右各有布局。将帅各司其职。

对于杀父的仇人，和他不共戴天。对于兄弟的仇人，随时携带兵刃（见了就杀掉）。对于朋友的仇人，不和他同住一国。

四面边境多筑壁垒，这是卿大夫的耻辱。广袤的土地，荒废而得不到开垦。这是士的耻辱。

参加祭祀不可怠慢。祭服破了，就得烧掉；祭器坏了，就得埋掉；占卜用的龟策坏了，祭祀用的牲畜死了，全部都要埋掉。凡到国君的宗庙去助祭的士，祭祀结束后必须亲自动手撤走祭品。

卒哭祭之后才开始避讳死者的名字。按照礼的规定，不避讳名字的同音字，两个字的名字不必同时邦避讳（只讳其中一个字即可）。侍奉父母的人，要避讳祖父母的名字；自幼丧失了父母的人，则可以不避讳祖父母的名字。在国君面前可以不避自己的家讳，但在大夫面前要避君讳。读《诗》《书》时可以不避讳，写文章可以不避讳，在庙中读祝告辞可以不避讳。国君夫人的家讳，即使当着国君的面，臣也可以不避讳，这是因为妇人的家讳不出家门的缘故。大功、小功的亲戚不避讳。来到一个新的地方要打听当地的禁忌，进入其他的国境要了解该国的习俗，到了别人家里要询问这家的避讳。

在宗庙外举行典礼要选在单日，在宗庙内举行典礼要选在双日。凡需要用卜筮决定举行典礼的日子，十天以外的称为“远某日”，十天以内的称为“近某日”。丧事先卜远日，吉事先卜近日。卜筮时要说“选择吉日，借助你这从无差错的大龟来占卜”，或说“借助你这从无差错的大蓍草来占筮”。卜、筮都不得超过三次。占卜、占筮也不可互相重复使用。

用龟甲叫做占卜，用蓍草叫占筮。占卜与占筮，是先代圣王用来使人民择定办事的吉日，敬重祭祀的鬼神，畏惧国家法律的；是用来使人民决断嫌疑，走出犹豫的。所以说“有怀疑就问卜，问了卜就不会再犹豫不定；办事情择吉日，择定了日子就一定要履行”。

国君的车将要套马出行，驾车的仆人要手持马鞭站在马前。马车套好后，驾车的仆人要察看一下车轴两端的辖头，试一下车马套是否牢固。然后，拂干净衣服上的灰尘，从车的右边上车，登车时要抓住副绥。上车后，要跪在车上，手执马鞭，并将马缰绳分别握在两个手中，然后驱马行车。试行五步后，再由跪乘变为立乘（以待君王上车）。君王出来乘车时，仆人要把马缰绳合握在一个手里，而用另一只手将绥递给君王。左右群臣都要为君王避让，车前行时群臣要急步紧跟。车行至大门口，君王要按住仆人的手示意停车，而回头命令车右上车。当车驶过大门、里巷、沟渠等地方时，车右要下车步行，（以保护君王的安全。）凡驾车的仆人之礼，一定要把绥递给乘车的人。如果驾车的人身份比乘车人低，乘车人就接过他递来的绥；如果驾车人身份比乘车人高，乘车人就不敢接受。如果驾车人身份比乘车人低，乘车人要先按住他的手（以示不必客气，然后再接绥）；如果驾车人不比乘车人身份低，乘车人就要从驾车人的手下边取过绥来。

客人的车不可直接驶进主人家的大门，妇女不站着乘车。向人赠送犬马不能牵上堂来。

因此，国君乘车，路遇高龄老人要行轼礼，经过卿的朝位要下车步行，进入国都不驱驰，行过里巷要行轼礼。

国君命令召见臣下，即使国君的使者地位卑下，大夫、士也必须亲自迎接。

身穿铠甲的人不下拜。（因为铠甲沉重，行动不便，致使穿铠甲行礼不到位）所以，穿铠甲下跪会使人觉得不诚实。

载魂的祥车要守着左边（以象征死者之神乘坐）。乘国君的车却不敢空着左边，但臣子乘在左边一定要俯身凭轼。

仆人为妇女驾车，要使左手在前执辔，右手置身后。（略示侧身背向妇女，以避嫌疑，因为仆人居中驾车，妇女居左。）为国君驾车，就要右手在前执辔，左手置于身后，并微俯身躯以示恭敬。国君不乘奇邪不正的车。

乘车时不大声咳嗽，不胡乱指划。立乘在车上只能向前看相当于车轮五周的距离，行轼礼时要看着马尾，回头看时目光不超过车毂。在都城中，要用竹子轻轻赶马，以便扬起的灰尘不飞出车辙之外。

国君乘车，经过宗庙要下车，看到祭牛要行轼礼。大夫、士乘车，经过国君门口要下车，看到国君的车马要行轼礼。臣子乘国君的车马，一定要穿上朝服，将马鞭载在车上（而不敢使用），而且不敢让驾车人向自己授绥，站在车左边的位子上一定要凭轼俯身。牵着国君的马行走时，一定要走在路的中间。用脚践踏了君马吃的饲料要受到处罚，估算君马的年龄也要受到处罚。

曲礼下第二

【原文】

凡奉者当心，提者当带。

执天子之器，则上衡[①]；国君，则平衡；大夫，则绥之[②]；士，则提之。

凡执主器，执轻如不克。执主器，操币圭璧，则尚左手[③]；行不举足，车轮曳踵；立则磬折垂佩[④]。主佩倚，则臣佩垂；主佩垂，则臣佩委。执玉，其有藉者则裼，无藉者则袭。

国君不名卿老、世妇[⑤]。大夫不名世臣、侄娣[⑥]。士不名家相、长妾[⑦]。

君大夫之子，不敢自称曰“余小子”[⑧]。大夫、士之子，不敢自称曰“嗣子某”[⑨]，不敢与世子同名[⑩]。

君使士射，不能，则辞以疾，言曰：“某有负薪之忧[⑪]。”

侍于君子，不顾望而对，非礼也。

君子行礼，不求变俗。祭祀之礼，居丧之服，哭泣之位，皆如其国之故，谨修其法而审行之[⑫]。

去国三世，爵禄有列于朝，出入有诏于国，若兄弟宗族犹存，则反告于宗后[⑬]。

去国三世，爵禄无列于朝，出入无诏于国，唯兴之日[⑭]，从新国之法。

君子已孤不更名；已孤暴贵[⑮]，不为父作谥。

居丧未葬，读丧礼。既葬，读祭礼。

凡执主器，执轻如不克。

丧复常，续乐章。居丧不言乐，祭事不言凶，公庭不言妇女。

振书、端书于君前[16]，有诛。倒策、侧龟于君前，有诛。

龟筴、几杖、席盖、重素、袗绤绤[17]，不入公门。苞屦、扱衽[18]、厌冠[19]，不入公门。书方、衰、凶器[20]，不以告，不入公门。

公事不私议。

君子将营宫室，宗庙为先，厩库为次，居室为后。凡家造，祭器为先，牺赋为次[21]，养器为后。

侍于君子，不顾望而对，非礼也。

无田禄者，不设祭器。有田禄者，先为祭服。君子虽贫，不粥祭器[22]；虽寒，不衣祭服；为宫室，不斩于丘木。

大夫、士去国，祭器不逾竟。大夫寓祭器于大夫[23]，士寓祭器于士。

大夫、士去国，逾竟，为坛位，乡国而哭；素衣，素裳，素冠；彻缘[24]，鞮屦[25]，素簚[26]；乘髦马，不蚤鬋[27]，不祭食；不说人以"无罪"；妇人不当御，三月而复服。

大夫、士见于国君，君若劳之，则还辟，再拜稽首[28]；君若迎拜，则还辟，不敢答拜。

公事不私议。

大夫、士相见；虽贵贱不敌，主人敬客，则先拜客；客敬主人，则先拜主人。凡非吊丧，非见国君，无不答拜者。

大夫见于国君，国君拜其辱[29]。士见于大夫，大夫拜其辱。同国始相见，主人拜其辱。君于士，不答拜也；非其臣，则答拜之。大夫于其臣，虽贱，必答拜之。

男女相答拜也。

国君春田不围泽[30]，大夫不掩群，士不取麛卵[31]。

天子

诸侯

大夫

庶人

岁凶，年谷不登，君膳不祭肺[32]，马不食谷，驰道不除，祭事不县[33]；大夫不食粱，士饮酒不乐。

君无故玉不去身，大夫无故不彻悬，士无故不彻琴瑟。

士有献于国君，他日君问之曰："安取彼？"再拜稽首而后对。

大夫私行，出疆必请，反必有献。士私行，出疆必请，反必告。君劳之，则拜；问其行，拜而后对。

国君去其国[34]，止之曰："奈何去社稷也？"大夫[35]，曰："奈何去宗庙也？"士，曰："奈何去坟墓也？"

国君死社稷，大夫死众[36]，士死制。

君天下，曰"天子"。朝诸侯，分职授政任功，曰"予一人"。践阼[37]，临祭祀，内事曰"孝王某"，外事曰"嗣王某"。临诸侯，畛于鬼神[38]，曰"有天王某甫"。崩，曰"天王崩"。复，曰"天子复矣"。告丧，曰"天王登假"。措之庙，立之主，曰"帝"。天子未除丧，曰"予小子"。生名之，死亦名之。

天子有后，有夫人，有世妇，有嫔，有妻，有妾。

天子建天官，先六大[39]，曰大宰、大宗、大史、大祝、大士、大卜，典司六典。天子之五官，曰司徒、司马、司空、司士、司寇，典司五众。天子之六府，曰司土、司木、司水、司草、司器、司货，典司六职。天子之六工，曰土工、金工、石工、木工、兽工、草工，典制六材。

五官致贡曰享[40]。五官之长曰伯，是职方。其摈于天子也，曰"天子之吏"。天子同姓，谓之"伯父"；异姓谓之"伯舅"，自称于诸侯，曰："天子之老"。于外，曰公；于其国，曰君。

九州之长[41]，入天子之国，曰牧。天子同姓，谓之"叔父"；异姓谓之"叔舅"。于外，曰侯；于其国，曰君。

其在东夷、北狄、西戎，南蛮，虽大曰"子"。于内，自称曰"不穀"[42]；于外，自称曰"王老"。

庶方小侯，入天子之国，曰"某人"。于外，曰子，自称曰孤。

天子当依而立[43]，诸侯北面而见天子，曰觐。天子当宁而立[44]，诸公东面，诸侯西面，曰朝。

诸侯未及期相见，曰遇；相见于郤地[45]，曰会。诸侯使大夫问于诸侯，曰聘；约信，曰誓；涖牲，曰盟。

诸侯见天子，曰"臣某侯某"[46]。其与民言，自称曰"寡人"。其在凶服，曰"嫡子孤"。临祭祀，内事，曰"孝子某侯某"；外事，曰"曾孙某侯某"。死曰"薨"，复，曰"某甫复矣"。既葬，见天子，曰"类见"[47]。言谥曰"类"。

诸侯使人使于诸侯，使者自称曰"寡君之老"。

天子穆穆，诸侯皇皇，大夫济济，士跄跄，庶人僬僬。

天子之妃曰后，诸侯曰夫人，大夫曰孺人，士曰妇人，庶人曰妻。公侯有夫人，有世妇，有妻，有妾。夫人自称于天子，曰"老妇"；自称于诸侯，曰"寡小君"；自称于其君，曰"小童"。自世妇以下，自称曰"婢子"。

子于父母，则自名也。

列国之大夫，入天子之国曰"某士"；自称曰"陪臣某"。于外曰"子"，于其国曰"寡君之老"。使者，自称曰"某"。

天子不言"出"。诸侯不生名。君子不亲恶。诸侯失地，名；灭同姓，名。

天子的女官

后

夫人

命妇

嫔

妻

妾

天子之六太

太宰

太宗

太史

太祝

太士

太卜

天子之五官

司徒

司马

司空

司士

司寇

天子之六府

司土

司水

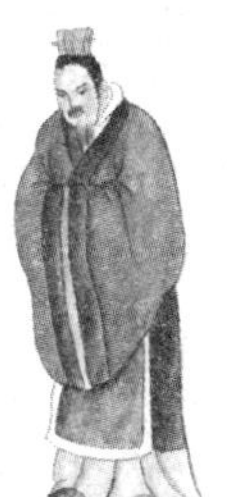
司草

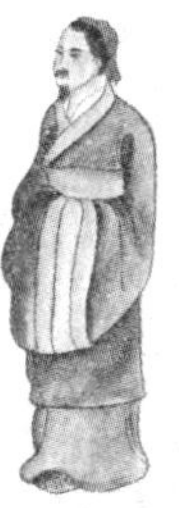
司器

司木

司货

天子之六工

为人臣之礼，不显谏。三谏而不听，则逃之。子之事亲也，三谏而不听，则号泣而随之。

君有疾饮药，臣先尝之。亲有疾饮药，子先尝之。医不三世，不服其药。

儗人必于其伦[48]。

问天子之年，对曰：“闻之，始服衣若干尺矣。”问国君之年，长，曰：“能从宗庙社稷之事矣。”幼，曰：“未能从宗庙稷社之事也。”问大夫之子，长，曰：“能御矣。”幼，曰“未能御也”。问士之子，长，曰：“能典谒矣[49]。”幼，曰：“未能典谒也。”问庶人之子，长，曰：“能负薪矣。”幼，曰：“未能负薪也。”

问国君之富，数地以对，山泽之所出。问大夫之富，曰：“有宰食力[50]，祭器衣服不假。”问士之富，以车数对，问庶人之富，数畜以对。

天子祭天地，祭四方，祭山川，祭五祀，岁遍。诸侯方祀，祭山川，祭五祀，岁遍。大夫祭五祀，岁遍。士祭其先。

凡祭：有其废之，莫敢举也；有其举之，莫敢废也。非其所祭而祭之，名曰淫祀[51]。淫祀无福。

天子以牺牛，诸侯以肥牛，大夫以索牛，士以羊、豕。

支子不祭，祭必告于宗子。

凡祭宗庙之礼，牛曰“一元大武”[52]，豕曰“刚鬣”[53]，豚曰“腯肥”[54]，羊曰“柔毛”，鸡曰“翰音”，犬曰“羹献”，雉曰“疏趾”，兔曰“明视”；脯曰“尹祭”[55]，槁鱼曰“商祭”[56]，鲜鱼曰“脡祭”[57]；水曰“清涤”，酒曰“清酌”；黍曰“芗合”[58]，粱曰“芗萁”，稷曰“明粢”[59]，稻曰“嘉蔬”；韭曰“丰本”，盐曰“咸鹾”[60]；玉曰“嘉玉”，币曰“量币”[61]。

天子死曰崩，诸侯死曰薨，大夫曰卒，士曰不

夫人自称于诸侯，曰“寡小君”。

天子的配偶叫做后，诸侯的配偶叫做夫人。

为人臣之礼，不显谏。三谏而不听，则逃之。

禄，庶人曰死。在床曰尸，在棺曰柩。

羽鸟曰降，四足曰渍。

死寇曰兵。

祭王父曰皇祖考，王母曰皇祖妣。父曰皇考，母曰皇妣，夫曰皇辟。

生曰父，曰母，曰妻；死曰考，曰妣，曰嫔。

寿考曰卒，短折曰不禄。

天子视不上于袷[62]，不下于带。国君绥视[63]，大夫衡视，士视五步。凡视，上于面则敖，下于带则忧，倾则奸。

君命，大夫与士肄。在官言官[64]，在府言府[65]，在库言库[66]，在朝言朝。朝言不及犬马。辍朝而顾，不有异事，必有异虑。故辍朝而顾，君子谓之固[67]。在朝言礼，问礼对以礼。

大飨不问卜，不饶富。

凡挚，天子鬯[68]，诸侯圭，卿羔，大夫雁，士雉，庶人之挚匹。童子委挚而退。

野外军中无挚，以缨、拾、矢，可也。

妇人之挚：椇，榛，脯，脩，枣，栗[69]。

纳女于天子，曰"备百姓"[70]；于国君，曰"备酒浆"；于大夫，曰"备扫洒"。

【注解】

①衡：平的意思。此指平正当心的位置。②绥（tuǒ）之：指低于心的位置。③尚：上。④磬折：指臣子为表示恭敬而佝偻着身子，样子像磬的背一样。⑤世妇：指两媵，其地位仅次于夫人而贵于诸妾。⑥世臣、侄娣：世臣，指父亲时代的老臣。侄，指妻子兄长的女儿。娣，指妻子的妹妹。⑦家相、长妾：家相，又叫家宰，是帮助治理家事的家臣的首领。长妾，指家中生有儿子的妾。⑧余小子：天子居丧时的自我称呼。君大夫的儿子应当避讳。⑨嗣子某：诸侯守丧时的自我称呼。大夫、士的儿子应当避讳。⑩世子：天子、诸侯的嫡长子。⑪负薪之忧：这是有病的谦虚的说法。⑫修：循，遵循的意思。⑬反告：是指冠、娶妻必通报，死亡必奔丧。⑭兴：是指被国君起用为卿大夫。⑮暴贵：指士庶被起用为诸侯，有连升数级的意思。⑯振书：书，指文书。振书，是指去掉文书上的灰尘。⑰袗（zhěn）：单也。⑱扱（chā）衽：将上衣前襟插入腰带中，是为初丧父母所服的丧服。⑲厌冠：即丧冠，因形状低伏而称厌冠，厌者，伏也。⑳凶器：指冥器，古代的殉葬器物。㉑牺赋：牺，指祭祀用的牺牲，大夫所用牺牲可以向人民征收，因此叫牺赋。㉒粥：通"鬻"，卖。㉓寓：藏，寄放。㉔缘：衣服的滚边。㉕鞮（dī）屦：革屦。㉖素幭（mì）：素，白狗皮。幭，同"幦"，车轼上的覆盖物。㉗蚤、鬋：蚤，通"爪"。鬋，通"剪"，指剃治须发。㉘稽首：古代的一种拜礼，其拜法是用手扶地，头先拜至手，然后再把头碰至地上，完成这一套动作就叫一稽首。㉙拜其辱：拜其自屈辱至此。㉚泽：指猎场。㉛麛（mí），幼鹿，此泛指幼兽。㉜祭肺：周人重肺，因此，吃牲肉前先用牲的肺行食前祭礼，即从肺的末端掐取一小块儿，放进祭器里祭祀先人。㉝县：通"悬"，悬挂。㉞去其国：指出国征伐。㉟大夫："大夫去其国"的省略说法，指大夫因获罪于国君而被迫离开祖国。㊱众：指讨贼御敌。㊲践阼：指上下庙堂和郊坛（设于郊外以祭祀天地、山川诸神之坛）的主阶。㊳畛（zhěn）：告诉，祷告。㊴大：太。㊵享：献。㊶九州之长：天下九州，天子于每一州中选择一位诸侯中的贤才，加之一等官爵，使他主持一州之内的列国。取牧养下民之义，故叫做牧。㊷不穀：谦称。穀是善的意思，不穀即不善之人。㊸依：通"扆"，又名斧依，户牖之间绣有斧纹的屏风。㊹宁：古代宫殿的门、屏之间，为群臣朝帝王的地方。㊺郤地：郤，间也，指两国之间的边境。㊻臣某侯某：上"某"代表国名，下"某"代表诸侯名。㊼类见：类，像也。类见，指类似于正式朝见天子的礼节，但又不是正式的朝见礼节。㊽儗：拟，比。㊾谒：请的意思。㊿宰：通"采"，采食力，

指采集土地的租税，收集老百姓的贡赋。㉛淫祀：过多而滥的祭祀。㉜一元大武：元，头也。武，迹也。牛若肥则脚大，因此，一元大武，犹言一头大肥牛。㉝刚鬣（liè）：鬣，指猪鬃。猪肥大则鬃硬长。㉞腯：肥。㉟尹祭：尹者正也，指将脯裁截方正后用于祭祀。㊱商祭：商者量也。祭用干鱼，应当干湿适中。㊲脡（tǐng）祭：艇者直也。用活鱼祭祀必须是鲜鱼。鱼鲜煮熟才能挺直。㊳芗合：芗，通"香"。合，指黍熟后则黏聚不散。芗合指煮熟的黍饭。㊴明粢：明，洁白。粢，稷。㊵咸鹾（cuó）：盐的咸味比较浓。㊶量币：量者度也，币者帛也。㊷袷（jié）：古代人所穿中衣的交领。㊸绥：通"妥"，绥视，指视于面部以下。㊹官：放版图文书之处。㊺府：放宝藏货贿之处。㊻库：车马兵甲之处。㊼固：固陋，指鄙野不懂礼节。㊽鬯（chàng）：酒名。用黑黍酿制，其味芳香。㊾椇（jǔ）榛（zhěn）：两种植物的果实。㊿备：充数。以下几句都是谦卑之辞，不敢以伉俪期望，仅充数而言。

【译文】

凡捧东西的人要捧在当心处，提东西的人要提至腰带处。

为天子拿器物，就要高过胸口；为国君拿器物，要和胸口一平；为大夫拿器物，要低于胸口；为士人拿器物，提到腰际就可以了。

凡为主人拿器物，要举轻若重，即使东西很轻，也要做出不胜重负的样子（以表示小心恭敬）。为主人拿器物，如币、圭、璧等物时，要左手在上（右手在下）；行走时，不要高抬脚步，要像车轮辗地一样脚跟擦地而行。站立时，上身要微向前倾，使佩玉悬垂下来。如果主人直立，腰佩依贴在身上，臣下就要弯腰，使腰佩悬垂下来。如果主人弯腰，腰佩悬垂下来，臣子就要俯身使腰佩垂到地上。（行聘礼时）手拿玉器，如果玉器衬垫有束帛，就要袒露出里面的裼衣；如果没有衬托，就要披上外衣。

国君不直接呼唤上卿、世妇的名字。大夫不直接呼唤世臣、侄娣的名字。士人不直接呼唤家相、长妾的名字。

君大夫的儿子，不敢自称"余小子"，大夫、士的儿子不敢自称"嗣子某"，不敢和世子同名。

如果国君使士与自己一块儿射箭，而士不会射，就应当以有病为托辞，说："我有负薪之忧。"

侍奉君子，如果君子发问，（应当观察一下在座诸位有无超过自己的，然后再做回答。）如果目中无人，抢先回答，这便是失礼了。

徙居他国的君子，不可改变原来的礼俗。祭祀的礼仪，守丧的服制，哭泣死者的位置，应当一如祖国的礼法，并谨慎地遵循，认真地实行。

如果离开母国已经三代了，但族人中仍然有人在朝居官，那么出入来往

父亲过世后，即使能够大富大贵，也不为亡父追赠谥号。

别国仍然需要向国君报告。如果本国仍有宗族兄弟，自己遇有婚丧诸事，也应当回去告诉族长。

如果离开母国已经三代了，族中已经没有人在朝廷做官，出入来往别国就不需要再向国君报告，但只有做了别国的卿大夫，才可以遵从新国的礼法。

君子在父亲过世后不可更换名字。父亲过世后，即使能够大富大贵，也不为亡父追赠谥号。

守丧而未下葬，应当研读有关丧礼的书；下葬之后就要研读祭礼的书；除丧恢复正常之后，就可以研读诗书了。守丧期间不谈论乐事，祭祀当中不谈论凶事，公庭之上不谈论妇女。

到国君面前（才）拂去书簿上的尘土，整理散乱的书籍，是要治罪的。当着国君的面，颠倒筮策、翻倒卜龟，也要受到处罚。

卜问吉凶的龟策，老人使用的几杖，丧车专用的席盖，以及穿戴纯白色的衣冠和露出身体的单内衣，都不能进国君的宫门。穿丧鞋，戴丧冠，孝服装束，也不能进入国君的宫门。记录宾客赠送葬礼的方板、丧服以及丧葬所用的冥器，不事先禀告，也不得拿进国君的宫门。

凡是公家的事情，不许私下议论。

君子将要营建宫室，首先应建造宗庙，其次是马厩和库房，最后才建自己的住房。大夫家中制造器具，要先造祭器，其次造祭牲的圈牢，最后造日常使用的饮食器皿。

没有田地俸禄的人，可以不置备祭器；有田地俸禄的人，要先制作祭服。君子即使贫穷，也不能出卖祭器；即使天气寒冷，也不能随便穿上祭服。营造宫室，不砍伐墓地的树木。

士、大夫离开自己的国家，不可把祭器带出国外。大夫的祭器应寄放在大夫家中，士的祭器则应存放于士的家里。

大夫、士离开自己的母国，一出国境，就应当设置祭坛，面向母国伤心地哭泣；应当穿素衣、素裳，戴素冠；要拆去衣裳和帽子的镶边，穿生皮革做的鞋，用白狗皮覆盖车轼；要乘不修剪毛的马，不能修剪手脚指甲和胡须头发，吃饭之前也不用行食前祭礼；不向人辩解自己冤屈无罪；不同妇女行房事。这样经过三个月后，才可以恢复原来的生活。

大夫、士晋见国君，如果国君亲自对他们表示慰问，大夫、三就应当后退避让，并两次稽首拜谢国君。国君如果迎接大夫、士并行拜礼，大夫、士就应该后退避让，并且不敢回礼答拜（以此表示自己不敢接受国君的拜礼）。

大夫、士相见，彼此虽然贵贱悬殊，但如果主人尊敬客人，就可以先拜客人；如果客人尊敬主人，就可以先拜主人。除非吊丧和进见国君这两种情况，受过拜礼都要回拜答礼。

大夫去见别国国君，国君要拜谢他屈尊来访。士去见别国大夫，大夫要拜谢士屈尊来访。同国之人初次相见，主人要拜谢客人驾临寒舍。但是，国君对于士则可以不回礼答拜。如果是别国的士，国君就要答拜。大夫对于自己的家臣，即使家臣地位卑贱，也一定要回礼答拜。

男女之间一定要互相回礼答拜。

国君春天打猎不合围猎场，大夫打猎不对群处的野兽赶尽杀绝，士打猎时不获取幼兽和鸟卵。

灾荒年月，收成不好，国君用膳不杀牲，喂马不用谷物；驰道不加修整，祭祀不悬钟磬；大夫不吃稻粱饭，士请客饮酒不奏乐。

国君无故不让佩玉离身，大夫无故不撤去钟磬，士无故不撤掉琴瑟。

士向国君献礼。如果有一天国君问："(你)是从哪里得来这些东西的？"士先要跪拜叩头，然后再回答。

大夫因私出国，行前必先请示君王，回来后一定要对君王有所馈献。士因私出国，行前必先请示君王，回来后一定要向君王报告。国君慰劳他们，他们应该拜谢；国君询问他们旅途的见闻，他们应该先下拜，然后回答。

国君离开自己的国家，群臣应该劝止他说："为什么要抛弃自己的社稷呢？"大夫离开自己的国家，应当劝止说："为什么要离开自己的宗庙呢？"如果是士，就应当劝止说："为什么要抛弃自己的祖坟呢？"

国君应当为社稷效死，大夫应当为黎民百姓效死，士应当为国家法制效死。

君临天下称为"天子"。朝会诸侯，分派官职，授予政事，委任事功，(天子在行使这些政务时)就称"予一人"。以主人身份主持祭祀，如果祭祖宗，就称"孝王某"；如果祭天地神祇，就称"嗣子某"。天子临幸诸侯国内，祭祀鬼神时就称"天王某"。天子去世，要说"天王崩"。为天子招魂，要说："天王，魂兮归来。"为天子讣告天下，要称"天王升天了"。将天子的神灵安置于宗庙，敬立牌位，要称"帝"。天子守丧而未除，要称"予小子"。活着守丧如此称呼，未除丧而去世也如此称呼。

天子的女官，有后，有夫人，有世妇，有嫔，有妻，有妾。

天子设立治天道、事鬼神的官职，名为六太，即太宰、大宗、太史、太祝、太士、太卜，其职责是掌管六种法典制度。天子设立的五官名叫司徒、司马、司空、司士、司寇，其职责是管理五个方面的臣属。天子设立的六府之官名叫司土、司木、司水、司草、司器、司货，其职责是掌握分类职事。天子设立的六种工匠之官名叫土工、金工、石工、木工、兽工、草工，负责六个方面的器材和制作。

公、侯、伯、子、男五等诸侯向天子呈献各自的政绩，称为"享"。诸侯之长称做"伯"，主管一方的政事。他辅佐天子治理天下，因此又称"天子之吏"。伯如果与天子

遇

会

聘

誓

盟

同姓，就称为“伯父”；如果与天子异姓，就称为“伯舅”。伯对诸侯们自称“天子之老”，在封国之外称“公”，在封国之内称“君”。

九州之长进入天子京畿内，就称为“牧”。如果他同天子同姓，就称为“叔父”。如果与天子异姓，就称为“叔舅”。在封国之外称“侯”，在封国之内称“君”。

其他诸如东边的夷人、北边的狄人、西边的戎人、南边的蛮人，即使拥有广袤的土地，也只能称“子”。他们在国内自称“不穀”，在国外自称“王老”。

作为荒蛮之地的方国小侯，进入天子王畿就称“某人”。他们在国内自称“子”，在国外自称“孤”。

天子背对着屏风南面站立，诸侯面朝北而见天子叫做觐。天子站在屏风和路门之间，诸公站在天子的西边面朝东、诸侯站在天子的东边面朝西叫做朝。

诸侯之间未曾预约见面时间和地点而相见叫遇，按约定时间在两国边境附近相见叫做会。诸侯派大夫向别国诸侯慰问叫做聘。诸侯之间以言语相互约束以取信叫做誓。面对神灵杀牲缔约叫做盟。

诸侯去见天子，自称“臣某侯某”。对臣民讲话，自称“寡人”。服丧期间会见外国宾客，自称“嫡子孤某”。在宗庙主持祭祀，自称“孝子某侯某”。在郊坛主持祭祀自称“曾孙某侯某”。诸侯去世叫做“薨”，招魂时要说：“某甫回来吧。”诸侯下葬后，嗣君未除丧而见天子叫“类见”。将要出葬时向天子请赐谥号叫“请类”。

诸侯派使者出使别的诸侯国，使者要自称“寡君之老”。

天子的仪容，幽深和敬；诸侯的仪容，雄壮显明；大夫的仪容，齐齐整整；士的仪容洒脱舒扬；庶人的仪容，忙忙匆匆。

天子的配偶叫做后，诸侯的配偶叫做夫人，大夫的配偶叫做孺人，士的配偶叫做妇人，庶人的配偶叫做妻。公侯有夫人，有世妇，有妻，有妾。公、侯的夫人对天子自称为“老妇”，向别国诸侯自称“寡小君”，对自己的国君自称“小童”。从世妇以下，都自称“婢子”。

子女在父母面前都自称名。

各诸侯国的大夫，进入天子的畿内就称为“某士”；自己称为“陪臣某”。在别国被称为“子”，对本国被称为“寡君之老”。使者出使别国，应称为“某”。

史书记载天子的事迹不用“出”字。诸侯去世，史书不直呼其名。君子不原谅作恶的天子与诸侯。因此，如果诸侯丧失自己的国土，或者攻灭自己的同胞，史书记载这些事情时可以直呼其名。

作为臣子，不当面指责国君的过错（应当微言讽谏以劝国君纠正错误）。但是，如果再三劝谏，君王死活听不进去，做臣子的就可以离开国君而出走。然而，作为儿子，在侍奉父母的时候，如果再三劝谏，父母仍不听从，就应当号啕哭泣跟从父母（而不能离他们而去）。

国君有病需要吃药，做臣子的应当预先尝一下。父母有病需要吃药，做儿子的应当预先尝一下。行医治病相传不过三代的医生，不服用他的药物。

要比较一个人，必须把他置于同类人中间（如大夫同大夫相比，士与士相比）。

询问天子的年龄，如果年长，可以说：“听说可以穿多大的衣服了。”询问国君的年龄，如果年长，可以说：“能主持宗庙祭祀和国家大事了。”如果国君年幼，则可以说：“还不能主持宗庙祭祀和国家大事。”询问大夫儿子的年龄，如果儿子年龄已大，就可以说：“（您儿子）可以驾车了吧？”如果儿子年纪尚幼，则可以说：“（您儿子）还不会驾驶车吧？”问询士的儿子的年龄，如果儿子尚幼，就可以问：“（您儿子）还不能主持接待宾客的事吧？”如果儿子已经长大，就可以问：“（您儿子）可以主持接待宾客的事了吧？”

询问庶人的儿子的年龄，如果儿子已经长大，就可以说："（您儿子）可以背柴薪了吧？"如果儿子年纪尚幼，则可以说："（您儿子）还不能背柴薪吧？"

问询国君的财富，应当历数国土上山川、土地出产的物产，然后再作回答；问询大夫的财富，应当回答说："有采地可以收取租赋，祭祀时不需向人求借祭器和祭服。"问询士的家财，就用有多少车轫来回答。问询庶人的家产，就用有多少牲畜来回答。

天子应当祭祀天地之神，四方神灵，山川之神，以及户神、灶神、溜神、门神、行神等五祀之神。一年要祭祀一遍。诸侯应当祭祀封国之内的山川之神，以及户神、灶神、溜神、门神、行神等五祀之神，一年也要遍祭一次。大夫应当祭祀户神、灶神、溜神、门神、行神等五祀之神，一年也要遍祭一次。士则只需要祭祀各自的祖先。

凡是祭祀，（应当注意把握以下原则：）如果有已经废弃不再祭祀的，就不敢再祭祀；如果已经开始祭祀，就不敢再废弃了。不是自己应该祭祀的神而加以祭祀，就叫"淫祀"，淫祀不会给祭祀者带来福音。

天子祭祀用纯一毛色的牛，诸侯祭祀用经过精心饲养的牛，大夫祭祀可以用临时挑选的牛，士祭祀可以用羊和猪。

庶出的子孙不主持祭祀，（如果有特殊情况需要）主持祭祀，必须事先报告嫡系子孙。

凡祭祀宗庙所用的礼物（牲物都有特殊的称号）：牛叫做"一元大武"，猪叫做"刚鬣"，小猪叫做"腯肥"，羊叫做"柔毛"，鸡叫做"翰音"，狗叫做"羹献"，野鸡叫做"疏趾"，兔叫做"明视"，干肉叫做"尹祭"，干鱼叫做"商祭"，鲜鱼叫做"脡祭"，水叫做"清涤"，酒叫"清酌"，黍叫做"芗合"，粱叫做"芗萁"，稷叫做"明粢"，稻叫做"嘉蔬"，韭叫做"丰本"，盐叫做"咸鹾"，玉叫做"嘉玉"，币叫做"量币"。

天子死叫做"崩"，诸侯死叫做"薨"，大夫死叫做"卒"，士死叫做"不禄"，庶人死叫做"死"。死人放在床上叫做"尸"，装进棺材里叫做"柩"。

有羽毛的鸟死叫做"降"，四脚的动物死叫做"渍"。

抵御贼寇而死叫做"兵"。

祭祀祖父称为"皇祖考"，祭祀祖母称为"皇祖妣"，祭祀父亲称为"皇考"，祭祀母亲称为"皇妣"，祭祀丈夫称为"皇辟"。

当他们在世时就分别称为父、母、妻；死后就称为考、妣、嫔。

长寿而死叫做"卒"，短寿夭折叫做"不禄"。

瞻望天子，视线往上不可高于他的交领，往下不可低于衣带。瞻望国君，视线要稍低于面部。至于士人，视线可以旁及士周围五步以内的地方。凡是瞻望他人，视线高于对方的面部就显得傲慢，低于衣带就显得忧愁，歪着头、乜斜着眼睛看人就显得似有奸邪之心。

国君有命令，士和大夫要认真研究学习。在官署就谈论官署的事，在府中就谈论府中的事，在库中就谈论库中的事，在朝廷就谈论朝廷的事。在商讨国家政事的地方，不谈论犬马等私事。退朝之后，（臣子们应当各自退去，不要回头观望：）如果回头观望，则不是另有他事，就是心里转换了别的念头，因此退朝而回头看，君子称之为"固"。上朝时，言谈举止都应该符合礼仪：提问题要有礼，回答问题同样要有礼。

天子设宴大飨诸侯，事先不必预卜吉日；（所用酒食器物）符合飨礼即可，无需奢侈浪费。

凡是送见面礼，天子用鬯，诸侯用圭，卿用小羊，大夫用雁，士用野鸡，庶人用鸭。儿童送见面礼，把礼物放在地上就应该退避到一旁去。

在野外行军打仗，没有别的见面礼，就可以用马缨、射箭时束袖的臂套或箭代替。

妇女的见面礼，用橡子、榛子、肉脯或干肉、枣子、栗子等物。

把女儿嫁给天子时应当说“备百姓”，嫁给国君时应当说“备酒浆”，嫁给大夫时应当说“备扫洒”。

学记第十八

【原文】

发虑宪[①]，求善良，足以谀闻[②]，不足以动众。就贤体远，足以动众，未足以化民。君子如欲化民成俗，其必由学乎！

玉不琢，不成器。人不学，不知道。是故古之王者建国君民，教学为先。《兑命》曰[③]：“念终始典于学[④]。”其此之谓乎？

虽有嘉肴，弗食，不知其旨也；虽有至道，弗学，不知其善也。是故学然后知不足，教然后知困。知不足，然后能自反也；知困，然后能自强也。故曰“教学相长”也。《兑命》曰“学学半”[⑤]。其此之谓乎？

古之教者，家有塾，党有庠，术有序，国有学[⑥]。比年入学，中年考校。一年，视离经辨志。三年，视敬业乐群。五年，视博习亲师。七年，视论学取友，谓之小成。九年，知类通达，强立而不反，谓之大成。夫然后足以化民易俗，近者说服而远者怀之。此大学之道也。《记》曰：“蛾子时术之[⑦]。”其此之谓乎？

大学始教，皮弁、祭菜[⑧]，示敬道也。《宵雅》肄三[⑨]，官其始也[⑩]。入学鼓箧，孙其业也[⑪]。夏、楚二物[⑫]，收其威也。未卜禘[⑬]，不视学[⑭]，游其志也。时观而弗语，存其心也。幼者听而弗问，学不躐等也[⑮]。此七者，教之大伦也。《记》曰：“凡学，官先事，士先志。”其此之谓乎？

大学之教也，时教必有正业，退息必有居。学：不学操缦[⑯]，不能安弦；不学博依[⑰]，不能安诗；不学杂服[⑱]，不能安礼；不与其艺[⑲]，不能乐学。故君子之于学也，藏焉修焉[⑳]，息焉游焉。夫然，故安其学而亲其师，乐其友而信其道，是以虽离师辅而不反也。《兑命》曰：“敬孙务时敏[㉑]，厥修乃来[㉒]。”其此之谓乎？

今之教者，呻其佔毕[㉓]，多其讯[㉔]，言及于数进而不顾其安[㉕]，使人不由其诚，教人不尽其材。其施之也悖，其求之也佛[㉖]。夫然，故隐其学而疾其师，苦其难而不知其益也。虽终其业，其去之必速。教之不刑[㉗]，其此之由乎？

大学之法，禁于未发之谓豫，当其可之谓时，不陵不节而施之谓孙[㉘]，相观而善之谓摩。此四者，教之所由兴也。

发然后禁，则扞格而不胜[㉙]；时过然后学，则勤苦而难成；杂施而不孙，则坏乱而不修；独学而无友，则孤陋而寡闻。燕朋逆其师[㉚]，燕辟废其学[㉛]。此六者，教之所由废也。

君子既知教之所由兴，又知教之所由废，然后可以为人师也。故君子之教喻也。道而弗牵，强而弗抑，开而弗达。道而弗牵则和，强而弗抑则易，开而弗达则思。和易以思，可谓善喻矣。

学者有四失，教者必知之。人之学也，或失则多，或失则寡，或失则易，或失则止。此四者，心之莫同也。知其心，然后能救其失也。教也者，长善而救其失者也。

善歌者，使人继其声。善教者，使人继其志。其言也约而达，微而臧[32]，罕譬而喻，可谓继志矣。

君子知至学之难易，而知其美恶，然后能博喻[33]；能博喻，然后能为师；能为师，然后能为长；能为长，然后能为君。故师也者，所以学为君也[34]，是故择师不可不慎也。《记》曰："三王四代唯其师[35]。"此之谓乎？

凡学之道，严师为难。师严，然后道尊。道尊，然后民知敬学。是故君之所不臣于其臣者二：当其为尸，则弗臣也；当其为师，则弗臣也。大学之礼，虽诏于天子，无北面，所以尊师也。

善学者，师逸而功倍，又从而庸之[36]。不善学者，师勤而功半，又从而怨之。善问者，如攻坚木，先其易者，后其节目，及其久也，相说以解。不善问者反此。善待问者如撞钟，叩之以小者则小鸣，叩之以大者则大鸣；待其从容，然后尽其声。不善答问者反此。此皆进学之道也。

记问之学，不足以为人师。必也其听语乎？力不能问[37]，然后语之。语之而不知，虽舍之可也。

良冶之子，必学为裘[38]。良弓之子，必学为箕[39]。始驾马者反之，车在马前[40]。君子察于此三者，可以有志于学矣。

古之学者，比物丑类[41]。鼓无当于五声[42]，五声弗得不和。水无当于五色[43]，五色弗得不章。学无当于五官[44]，五官弗得不治。师无当于五服[45]，五服弗得不亲。

君子曰：大德不官，大道不器，大信不约，大时不齐。

察于此四者，可以有志于学矣。三王之祭川也，皆先河而后海，或源也，或委也，此之谓务本。

【注解】

①宪：法则。②谀（xiǎo）闻：小有名气。③《兑命》：《尚书》中的篇名。兑，当为"说（yuè）"。④典：经常。⑤学（xiào）学半：前一学指教学。学学半，意思是说，教别人，一半也是向人学习。⑥"家"至"学"：塾、庠、序、学，均为学校的名称。术，当为"遂"，古代五百家为党，一万二千五百家为遂。⑦蛾子时术：蛾，即蚁。术，为"衔"字之误。⑧皮弁：皮弁服。祭菜：指举行释菜礼祭祀先师、先圣。⑨《宵雅》肄三：《宵雅》，即《小雅》，《诗经》中的篇名。肄三，指学习《小雅》中的三篇诗歌，即《鹿鸣》《四牡》《皇皇者华》。⑩官其始：以居官受任的优越之处诱导人们致力于学习。⑪孙：顺也，指恭顺的意思。⑫夏、楚：古代惩罚学生用的教鞭。夏，指用榣木做的教鞭；楚，指用荆条做的教鞭。⑬卜禘：禘，大的祭祀。在举行禘祭之前要进行占卜，因此称为卜禘。⑭视学：考校学校的优劣。⑮躐（liè）：越过，超越。⑯操缦：练习弹奏音乐的指法。⑰博依：即博喻，指博通于鸟兽、草木、天时、人事之情状。⑱杂服：指洒扫、应对、投壶、沃盥等细碎的小事。⑲与：喜欢。⑳臧：心怀学习之志。㉑敬：敬道。孙：逊，顺业。务：努力学习。敏：快速。㉒厥修乃来：指所修习的学业学有所成。㉓呻其佔毕：呻，吟诵。佔，看视。毕，简册，书籍。㉔多其讯：讯者难也。指教师自己并不通晓义理，在外面又不肯承认，因此假装知识丰富，向学生们提问一些疑难问题，以掩饰自己的无知。㉕数：指名物制度。㉖佛：通"拂"，违背。㉗刑：成功。㉘陵节：超过限度。㉙扞（hàn）格：互相抵触，格格不入。㉚燕朋：燕者亵也。指不正当、不庄重的朋友。㉛燕辟：指贪图享受玩乐。㉜臧：善，美。㉝博喻：此指广泛地因材施教。㉞所以学为君：指向教师学习做国君的品德。㉟三王四代：三王，指夏、商、周。四代，指夏、商、周、虞。㊱庸：功劳。㊲力不能问：指学生的能力不足于回答教师的提问。㊳良冶之子，必学为裘：孔《疏》

曰："善冶之家，其子弟见其父兄世业陶铸金铁，使之柔合以补治破器，皆令全好，故此子弟仍能学为裘袍补续兽皮，片片相合，以至完全也。"㊴良弓之子，必学为箕：孔《疏》曰："言善为弓之家，使干角挠曲调和成其弓，故其子弟亦观其父兄世业，仍取柳和软挠之成箕也。"㊵车在马前：指将初学驾车的马拴在车后面，使之熟悉驾车之事。㊶丑：比。㊷五声：宫、商、角、徵、羽。㊸五色：青、赤、黄、白、黑。㊹五官：泛指各级政府官员。㊺五服：斩衰、齐衰、大功、小功、缌麻。

【译文】

思考问题先考虑到法度，热衷于求得贤才，这样的人可以取得一点名气，但却不足以感动民众。亲近贤良的人，体察关心关系疏远的人，就足以感动民众，但却不足以教化人民。君子如果要想教化人民，移风易俗，就一定要从办学兴教做起！

玉石不经过雕琢，不能成为（精美的）玉器。人不经过学习，不会懂得（世间的）道理。所以说，古代的君王，建立国家，统治人民，都会把办学兴教放在第一位。《说命》里说："应该自始至终经常地想着学习。"说的大概就是这个意思吧？

即使有美味佳肴，不亲口尝一尝，就不会知道它的滋味；即使有非常好的道理，不去认真学习，就不会懂得它的美妙。因此，通过学习，才知道自己的不足；通过教育别人，才能发现自己的学识哪里还有未通达的地方。知道了自己的不足，然后才能自我反省；知道了自己还有未通达的地方，然后才能自强不息，不断进步。因此说，教和学是互相促进的。《说命》里说："教育别人，同时也是在增长自己的知识。"大概说的就是这个意思吧？

古代的教育，家里有私塾，党中有学校，遂中和国都有学校。学子们每年入学一次，隔年考试一次。学习一年过后，要考察学子们读经断句的能力以及他们的学习志趣；学习三年过后，要考察学子们是否专心致力于学业以及是否与同学们和乐相处；学习五年过后，要考察学子们是否能够广博地学习并亲敬师长；学习七年过后，要考察学子们谈论学问的深浅以及结交什么样的朋友，至此，学子们的学习便可以称之为学业小成。学习九年过后，学子们要能够触类旁通，有自己独立的见解而不违反师道，这就可以称之为学业大成。这之后，就可以教化人民，移风易俗，使自己身边的人心悦诚服，使远方的人也都慕名归附，这便是大学教育的宗旨。《记》中说："蚂蚁随时都在衔泥，（久而久之）也就积成土堆。"大概说的就是这层意思吧？

大学开学的时候，要头戴皮弁帽身穿皮弁服，用释菜礼祭祀先圣、先师，用来表示尊师重道之意。教学子们学习并歌唱《诗·小雅》中的《鹿鸣》《四牡》《皇皇者华》三首诗歌，以居官受任的优越处诱导人们致力于学习。学生入学，学官要击鼓召集学生，打开书箱发放书籍，以使学子们以恭敬顺从的态度对待自己的学业。教鞭是用来鞭笞不听教的学子，以整肃校风。国君不举行卜禘活动，不到学校考察学生的学业，目的在于让学生们从容畅游地用心学习。老师时时对学子们认真观察而不轻易开口解说，目的在于使学生们心存疑问（从而激起学子们努力学习的动力）。低年级的学子们只听（教师）讲解而不提出问题，是因为学习应当一级一级上升而不能一蹴而就。以上七项，便是教学的大原则。《记》中说："凡教学，学官应当安排好教学的相关事宜，学子们则要先树立学习的志向。"大概讲的就是以上的道理吧？

大学的教学，一定要按照季节时令安排教学内容，所教内容一定要是古籍经典，课后休息一定要有固定的场所。学习（要循序渐进，不能急于求成）：不练习弹奏音乐的指法，就不能演奏琴瑟；不广泛地学习博喻比兴手法，就学不会作诗；不学习各种服饰细碎的制度，就学不好礼仪；对技艺的学习缺少兴趣，就不可能掌握这些技艺。因此，君子对于学习，心中常怀向学的志向，经常修整学习思路而不废弃，无论是休息时间，还是闲暇游乐的时候都能如此。这样的话，所以便能够安心向学而亲敬师长，与同学和乐友善而笃信道义，因此，即使离开了老师和同学，也不会违背道义。《说命》中说："重视道义，顺从学业，努力学习，不断精进，不断实践，那么他修习的学业也就可以取得成功了。"大概说的就是上面的道理吧？

现如今的教师，只会照本宣科，（却不懂得其中的深奥道理；）还经常向学生提一些疑难问题，（以掩盖自己的无知；）还只讲那些名物制度，（而不去深究其中的义理；）只顾盲目地赶教学进度，而不考虑学子们的接受能力；教育学生时也并不竭尽所能地把自己的知识毫无保留地传授给学生，而是有所保留；教授给学生们的知识错误百出，向学生们提出的问题也不符合情理。像这样下去的话，学生们学得不清不楚，对老师又心怀怨恨，苦于学习的艰难而又不知道学习到底有什么用处，虽然最后毕业了，学过的知识也一定就很快忘记了。教育的不成功，大概就是这个缘故吧？

大学的教育方法：在学子们的邪念还没有萌发之前就能够及时制止便称之为"预防"，在学子们到了适龄的时候及时开始教育便称之为"适时"，不超越阶段而循序渐进地开展教育叫做"顺序"，相互观察学习对方身上的优点长处就叫做"观摩"。以上四个方面，便是教育兴盛成功的方法。

如果坏事发生了之后才加以制止，就会互相抵制、格格不入而难以奏效；错过了适学年龄才开始学习，就会既费工夫力气而又难有所成；如果杂乱无章地而不是循序渐进地教学，教学秩序就会变得混乱不堪；如果一个人独自学习而没有良师益友，就会孤陋寡闻。结交不正当的朋友，就会违背师教；沉溺在享受游乐中，就会荒废自己的学业。以上六者，是教育失败的原因所在。

君子知道了兴盛教育的办法，又懂得了造成教育失败的原因，这样之后就可以作为教师去从事教学了。因此，君子教育学生的方法，是去引导学生而不是强制灌输，是去鼓励学生进取而不是去抑制思维，是去多方面加以启发且又不说透的教学方法。加强引导而不强制，就能使学生心平气和地学习；鼓励进取而不抑制，就会使学生感到知识容易接受；加以启发且不说透，就会使学生勤于思索。学生在学习过程中就能够做到心平气和地学习，而且感到学习起来比较容易，而又养成了勤于思索习惯，这就可以称之为善于教学了。

学生容易犯四种错误，教师在教学过程中一定要注意。人们在学习过程当中，有的失于贪多，有的失于求少，有的失于求易，有的失于半途而废。以上四者，心理变化都是不一样的，各有各的特点。只有了解学生们的各种心理，才能纠正他们容易犯的各种错误。教育目的的根本，就在于使人的长处得到发扬、使他们的错误得到纠正。

善于唱歌的人，能够吸引别人跟着自己一块儿唱；善于教学的人，能够影响别人继承自己的治学志向。老师的语言应该言简意赅，含蓄精妙，比喻要少用且明白易懂，（能做到以上几点）就可以称得上能使人继承他的志向了。

君子懂得治学上的难易，而又知道学问上的是非，这样以后就能够广泛地因材施教。能广泛地因材施教，就能够为人师表；能够做别人的老师，就能够做国家的官吏；能够做官吏，就可以做一国之君。因此，跟随老师学习，就是在向他学习做国君的道理。因此，选择老师一定要慎重。《记》中说："三王四代（时的君主之所以圣明）就是因为他们选择了优秀的老师。"说的大概就是这个意思吧？

大凡在求学的过程中，学生尊敬老师是最难做到的。只有老师受到了尊敬，他所教授的道理才能受到尊重；道理被人尊重了，人们才会懂得崇尚学习，养成学习之风。因此，只有两种情况国君才可不以对待臣子的礼仪对待臣下：一是当臣子充当尸的时候，国君不把他当成臣子；再就是当臣子担任自己的老师时，也不把他当臣子看待。根据大学的礼仪，老师即使被召到国君那儿去讲学，也不面朝北坐在臣子的位置上，这都是为了表现对老师的尊敬。

善于学习的人，老师无须费多少力气力就可以取得事半功倍的效果，而且还能够将功劳归于老师。不善于学习的人，老师辛辛苦苦的教学也只能取得事倍功半的效果，而且还会怨恨老师。善于提问题的人，如同砍削坚硬的木头，先从比较容易砍削的部位入手，然后再是较难的结节处，砍到一定程度后，木头自然就会分解。不善于提问题的人，就刚好与此相反。善于回答问题的人就像撞钟一样，轻轻地撞击会发出轻微的声音，重重地撞击就会发出震耳的轰鸣，等到钟声渐渐消失，问题也就迎刃而解了。不善于回答问题的人，刚好与此相反。所有这些，都是促进学业进步的办法。

死记硬背书上的一些内容来等待学生的提问，作为老师就不合格。必须等学生提出问题，再（根据这些问题）一一解答才行。只有当学生们没有能力提出问题时才能够直接给他讲解；如果讲解之后他们仍然不能理解，这个问题就可以先放弃不用管了。

优秀的铁匠的儿子,一定先学会缝补衣裘。优秀的弓匠的儿子,一定先学会编制畚箕。刚开始学习驾车的小马驹，要将它拴在车子的后面（以逐渐适应驾车）。君子明白这三件事情里面的道理，就可以树立学习的志向了。

古代的学者，在各类事物的类比上都很擅长。鼓声，并不能归入五声之中，但若缺了鼓声,五声就难以和谐。水,并不能归入五色之中,但若缺少了水,五色就不可能鲜亮。学习，并不能归入五官的分内职能之事，但若缺少了学习，各级官吏就难以掌管好自己的职事。老师，并不属于五服之亲的任何一种，但若没有老师的教育，五服之亲就不会懂得相亲相爱这个道理。

君子说：具有大德行的圣人，不会局限在一官一职；掌握大道理的贤才，不会专于一种才能；拥有大信用的人，无须订盟立约；懂得把握大时机的人，绝不讲究整齐划一。明白了这四个方面的道理，就可以明确学习的根本、确立学习的志向了。

三王在祭祀河流的时候，都是先祭祀河流，后祭祀大海。河是海的源头，海是河的归宿，这种祭祀就叫做致力于根本。

冠义第四十三

【原文】

凡人之所以为人者，礼义也。礼义之始，在于正容体[①]，齐颜色，顺辞令。容体正，颜色齐，辞令顺，而后礼义备，以正君臣、亲父子、和长幼。君臣正，父子亲，长幼和，而后礼义立。故冠而后服备，服备而后容体正、颜色齐、辞令顺。故曰：冠者礼之始也。是故古者圣王重冠。

古者冠礼：筮日、筮宾，所以敬冠事；敬冠事所以重礼，重礼所以为国本也。

故冠于阼，以著代也；醮于客位，三加弥尊[②]，加有成也。

已冠而字之，成人之道也；见于母，母拜之，见于兄弟，兄弟拜之，成人而与为礼也；玄冠玄端，奠挚于君，遂以挚见于乡大夫、乡先生，以成人见也。

成人之者，将责成人礼焉也。责成人礼焉者，将责为人子、为人弟、为人臣、为人少者之礼行焉。将责四者之行于人，其礼可不重与！

故孝弟忠顺之行立，而后可以为人；可以为人，而后可以治人也。故圣王重礼。故曰：冠者礼之始也，嘉事之重者也。

是故古者重冠，重冠故行之于庙。行之于庙者，所以尊重事③。尊重事，而不敢擅重事，不敢擅重事，所以自卑而尊先祖也。

【注解】

①容体：举止，举动。吕大临说："容体，动乎四体者也。"②三加：冠礼始加缁布冠，再加皮弁服，三加爵弁服。弥尊：更加贵重。因爵弁尊于皮弁，皮弁尊于缁布冠，故每加益尊。③尊重事：尊崇嘉事。

【译文】

人之所以成为人，是因为有礼仪。礼仪的肇始，是在于使举动端正，使态度端庄，使言谈恭顺。举动端正，态度端庄，言谈恭顺，然后礼仪才算齐备；并用来使君臣各安其位，使父子相亲，使长幼和睦。君臣各安其位，父子相亲，长幼和睦，然后礼仪才算建立。所以戴上成人的帽子，然后能够举动端正、态度端庄、言谈恭顺。所以说，冠礼是成人之礼的开始。因此，古代圣王很重视冠礼。

古时举行冠礼要占卜日期和选择主持人，这是用来表示对冠礼之事的恭敬。对冠礼之事表示恭敬，因而重视守礼法；而重视礼法，又是用以立国的根本。

所以在主人阼阶上加冠，是用来显示加冠者将要替代父亲成为一家之长。又请他站在客位上，并向他敬酒，加冠三次，愈加愈贵重，则是勉励他往后有所成就。

既已加冠，就要用字称呼他，这是对待成人的道理。见了母亲，拜母亲，母亲也答拜他；见于兄弟，兄弟要再次拜见他，这是因为他已成人，而都得跟他行礼。穿戴上黑色的帽子和朝服去拜见国君，将见面礼物放在地上，（表示不敢直接交给国君；）又带了礼物去拜见乡大夫、乡先生，都是以成人的身份去拜见。

已经是成人的人，就要求他以后能行成人之礼。要求他能行成人之礼，就是要求他以后能有作为他人儿子、兄弟、臣下、晚辈的合于礼的行为。对于一个人将要求有这四种合礼的行为，那么冠礼怎么可以不重视呢！

所以为人子能孝，为人弟能悌，为人臣能忠，为人晚辈能顺，然后可以成人；可以成人了，然后才可以管治别人。所以圣王都重视冠礼。所以说，冠礼是成人之礼的开始，是嘉礼中最重要的。

因此古时候很重视冠礼。因为重视冠礼，所以要在宗庙里举行。在宗庙举行冠礼，是表示尊崇大事。尊崇大事就不敢专擅它。不敢专擅大事，是表示辈分低微而尊敬祖先。